Oliver Koch

Kontextorientierte Informationsversorgung
in medizinischen Behandlungsprozessen

VIEWEG+TEUBNER RESEARCH

Entwicklung und Management von Informationssystemen und intelligenter Datenauswertung

Herausgeber:
Prof. Dr. Paul Alpar, Philipps-Universität Marburg
Prof. Dr. Ulrich Hasenkamp, Philipps-Universität Marburg

Oliver Koch

Kontextorientierte Informationsversorgung in medizinischen Behandlungsprozessen

Informationslogistische Konzeption
eines Lösungsansatzes für Ärzte

Mit einem Geleitwort von Dr. Wolfgang Deiters

VIEWEG+TEUBNER RESEARCH

Bibliografische Information der Deutschen Nationalbibliothek
Die Deutsche Nationalbibliothek verzeichnet diese Publikation in der
Deutschen Nationalbibliografie; detaillierte bibliografische Daten sind im Internet über
<http://dnb.d-nb.de> abrufbar.

Dissertation Philipps-Universität Marburg, 2009

1. Auflage 2010

Alle Rechte vorbehalten
© Vieweg+Teubner Verlag | Springer Fachmedien Wiesbaden GmbH 2010

Lektorat: Ute Wrasmann | Britta Göhrisch-Radmacher

Vieweg+Teubner Verlag ist eine Marke von Springer Fachmedien.
Springer Fachmedien ist Teil der Fachverlagsgruppe Springer Science+Business Media.
www.viewegteubner.de

Das Werk einschließlich aller seiner Teile ist urheberrechtlich geschützt. Jede Verwertung außerhalb der engen Grenzen des Urheberrechtsgesetzes ist ohne Zustimmung des Verlags unzulässig und strafbar. Das gilt insbesondere für Vervielfältigungen, Übersetzungen, Mikroverfilmungen und die Einspeicherung und Verarbeitung in elektronischen Systemen.

Die Wiedergabe von Gebrauchsnamen, Handelsnamen, Warenbezeichnungen usw. in diesem Werk berechtigt auch ohne besondere Kennzeichnung nicht zu der Annahme, dass solche Namen im Sinne der Warenzeichen- und Markenschutz-Gesetzgebung als frei zu betrachten wären und daher von jedermann benutzt werden dürften.

Umschlaggestaltung: KünkelLopka Medienentwicklung, Heidelberg
Druck und buchbinderische Verarbeitung: STRAUSS GMBH, Mörlenbach
Gedruckt auf säurefreiem und chlorfrei gebleichtem Papier.
Printed in Germany

ISBN 978-3-8348-1284-1

für

Alexandra, Zarah und Johannes

Geleitwort

Die rasante Entwicklung der Informationstechnologie hat zur einer Wissensgesellschaft geführt, in der Informationen zu substanziellen Produktionsfaktoren geworden sind, da sich Wertschöpfungsketten mehr und mehr aus wissensintensiven Dienstleistungen zusammensetzen.

Das Internet hat dabei in Fragen von Zugang zu und Verwaltung von Informationen eine enorme Bedeutung gewonnen. Informationsbestände, die nicht mindestens auch elektronisch und dabei vor allem auch über Internet-Technologien erreichbar sind, drohen über kurz oder lang in der Bedeutungslosigkeit zu verschwinden. Dabei sind insbesondere die Phänomene einer explosionsartigen Zunahme ubiquitär verfügbarer Informationen sowie der diskriminierungsfreie Zugang zu Informationen für jedermann erwähnenswert.

Die einfache und mittlerweile kostengünstige Speicherung von Informationen (sowie deren Transport) hat dazu geführt, dass nahezu jede Information an jedem Ort der Welt verfügbar wird. Diese Informationen sind die Grundlage für Wissensprozesse, in deren Folge wiederum neue Informationen entstehen und verfügbar gemacht werden. Die Wissenschaft beschäftigt sich intensiv mit diesem Phänomen der Informationszunahme und der daraus resultierenden Informationsüberflutung. Unter dem Oberbegriff „Informationslogistik" behandelt daher eine Community von Forschern und Praktikern Lösungsmuster für eine intelligente Informationsversorgung, die nur „die richtige Information zum richtigen Zeitpunkt am richtigen Ort" zur Verfügung stellen soll. Einige Technologien in diesem Umfeld sind etwa die semantische Verschlagwortung oder die semantische Suche, um relevante Informationen auffinden zu können, sowie Personalisierungsstrategien oder Context Computing Ansätze, um identifizieren zu können, welche Informationen konkrete Personen zu einem Zeitpunkt benötigen oder um festzustellen, wie etwa momentane Arbeitssituationen oder Orte, an denen Personen sich befinden, den konkreten Informationsbedarf beeinflussen.

Aufgrund der allgegenwärtigen und prinzipiell für jedermann vorfügbaren Informationen kann zwar jeder eine größere Informationsmenge nutzen und damit potenziell sein Wissen erweitern, doch die Qualität und Vertrauenswürdigkeit dieser Informationen ist auch immer schwerer prüfbar, da ja im Umkehrschluss jeder unabhängig von seiner Fachkenntnis Informationen nicht nur rezipieren, sondern auch einstellen kann. Dies kann zu Bewertungsproblemen von Informationen führen. Wenn Laien durch Fehlinformationen vermeintlich Wissen aufgebaut haben und die Kompetenz von Spezialisten anzweifeln, dann werden die Experten es schwer haben, sich in ihrer Rolle zu behaupten.

Die hier soweit allgemein diskutierten Effekte einer Durchdringung verschiedenster Anwendungsbereiche mit IuK-Technologien findet natürlich auch im medizinischen Umfeld statt. So sehr medizinischer Fortschritt zum guten Teil ohne IuK-Technologien gar nicht stattfinden konnte und kann, so sehr ist auch richtig, dass das Problem von Informationsfülle und Informationsüberflutung in ganz erheblichem Maße für den im Medizinumfeld tätigen Anwender gilt. Insofern haben IuK-Technologien auch erheblichen Einfluss auf die Arbeitswelt des Mediziners, sei es bezogen auf neue Diagnose- und Therapieformen, veränderte Wissenszugänge oder ein neues Arzt-Patienten-Verhältnis.

An dieser Stelle greift Herr Koch mit seinem Buch an, wenn er Konzepte für eine effiziente Versorgung von Ärzten mit medizinischen Informationen entwirft. Ausgehend von dem beobachtbaren Antagonismus, dass Ärzte in immer weniger zur Verfügung stehender Zeit einen nahezu explosionsartig steigenden medizinischen Wissenszuwachs aufnehmen zu müssen, beschäftigt er sich mit Strategien zu einem effizienten Informationsmanagement. Basierend auf informationswissenschaftlichen Vorarbeiten entwickelt er ein eigenes Beschreibungsmodell der kontextorientierten Informationsversorgung. Er greift dabei Prinzipien der Informationslogistikforschung wie das Konzept eines kontextorientierten Informationsmanagements auf und überträgt es in das Umfeld des Mediziners, in dem er die Umgebung, in der der Arzt agiert, sein spezifisches Kompetenz- und Erfahrungsspektrum, den speziellen Behandlungsfall des Patienten sowie den aktuellen Zustand des Behandlungsprozesses als Determinanten des Kontextes, der für die Informationsbereitstellung herangezogen wird, definiert. Mit seiner Definition von Kontext und der spezifischen Art der Informationsbereitstellung erweitert er die Informationslogistik um das Konzept der selektiven Informationsräume.

Die in der Arbeit beschriebenen Bedarfe sind in der Praxis ermittelt, die entwickelten Ergebnisse sind mit wissenschaftlichen Konzepten der Informationswissenschaften und der Informatik fundiert auf eine konkrete Anwendungsdomäne – die Medizin - ausgerichtet. Das Buch hat somit sowohl einen hohen wissenschaftlichen wie auch praktischen Wert. Seine Lektüre ist für verschiedene Zielgruppen empfehlenswert: den Informationswissenschaftler, der über innovative Konzepte zum Management großer Wissensbestände nachdenkt, den Praktiker, der an technischen Lösungen für seine Probleme der Informationsbeschaffung und -verwaltung interessiert ist und last but not least den Software-Ingenieur, der das Thema Informationsmanagement für den Arzt in praktische Toolsets münden lassen möchte.

Dortmund, im Februar 2010   Dr. Wolfgang Deiters

Danksagung

Zunächst möchte ich Herrn Prof. Dr. Ulrich Hasenkamp für die Betreuung meiner Dissertationsarbeit und die Unterstützung in den letzten Jahren ganz herzlich danken. Danken möchte ich auch Herrn Prof. Dr. Michael Lingenfelder für die Zweitkorrektur meiner Arbeit und Herrn Prof. Dr. Paul Alpar für die Übernahme des Prüfungsausschussvorsitzes. Die Zusammenarbeit mit dem Fachbereich Wirtschaftswissenschaften an der Philipps-Universität Marburg wird mir in positiver Erinnerung bleiben.

Mein besonderer Dank gilt Dr. Wolfgang Deiters vom Fraunhofer-Institut für Software- und Systemtechnik (ISST), der die Arbeit von der Diskussion der ersten Ideen bis hin zur fachlichen und formalen Korrektur der Endversion kontinuierlich und immer verlässlich begleitet hat. Ihm kommt ein maßgeblicher Anteil am erfolgreichen Abschluss der Arbeit zu. Danke, Wolfgang!

Wichtig für das Gelingen der Arbeit war auch die Diskussionsbereitschaft und das „Rücken frei halten" meiner Mitarbeiter der Abteilung Business Communication Management des Fraunhofer ISST. Besonders hervorheben möchte ich hierbei Elisei Rotaru, der einen sehr wichtigen Beitrag zu Entstehung der Kontextapplikation geleistet hat und immer wieder für inspirierende Diskussionen zur Verfügung stand.

Während der Endkorrektur der Arbeit hatte ich große Unterstützung durch meinen Vater Ortwin Koch, meine Brüder Hartmuth Koch und Prof. Dr. Eckhard Koch sowie Andreas Schymik und Dr. Thomas Kamphusmann. Mein besonderer Dank gilt Norbert Gölitzer, der mich an vielen Tagen und Nächten bei der Endredaktion begleitet hat.

Den wichtigsten Personen möchte ich zum Schluss danken: Meiner Familie. Ohne dich an meiner Seite, liebe Alexandra, und euer Verständnis und Verzichten, liebe Zarah und lieber Johannes wäre die Arbeit nie zum Abschluss gekommen. Danke!

Mülheim, im April 2010

Oliver Koch

Management Summary

Die effiziente Versorgung mit medizinischen Fachinformationen (aktuelle Studien, Leitlinien etc.) bietet Potenziale, um Kosten im Gesundheitswesen zu senken und die Qualität der medizinischen Versorgung zu verbessern, da ärztliche Entscheidungen auf Basis eines fundierten Wissensstands getroffen werden können. Bei der Suche nach webbasierten Fachinformationen sehen sich Ärzte jedoch häufig mit dem Problem des Information Overload konfrontiert. Die kontextorientierte Informationsversorgung bietet einen Lösungsansatz für dieses Problem. Die Erarbeitung einer informationslogistischen Konzeption zur kontextorientierten Informationsversorgung in Behandlungsprozessen ist das zentrale Ergebnis dieser Dissertation.

Um vertiefende Einblicke in die Struktur des Informationsbedarfs und Informationsbeschaffungsverhaltens von Ärzten zu erhalten, führt der Verfasser eine Metaanalyse von 14 Studien zu diesem Thema sowie eine schriftliche Befragung unter 2.500 Ärzten in der Modellregion Bochum-Essen durch. Die gewonnenen Erkenntnisse unterstreichen das Vorliegen von signifikanten Defiziten in der Versorgung mit Fachinformationen und liefern Anforderungen an die Gestaltung von Kontextmodell und Kontextapplikation.

Basierend auf informationswissenschaftlichen Vorarbeiten entwickelt der Verfasser ein eigenes Beschreibungsmodell der kontextorientierten Informationsversorgung. Er erweitert darüber hinaus die Informationslogistik um das Konzept der selektiven Informationsräume. Basierend auf einem Vergleich von Ansätzen aus dem Ubiquitous Computing und dem Information Retrieval leitet der Verfasser die vier Kontextbereiche „Behandlungsfall", „Medizinischer Prozess", „Arzt" und „Umgebung" ab. Er beschreibt die Kontextmerkmale der Bereiche und fügt sie zu einem Gesamtmodell zusammen.

Der Verfasser analysiert die bisher entwickelten Ansätze einer optimierten Informationsversorgung von Ärzten und zeigt auf, dass diese nicht geeignet sind, die Anforderungen an eine bedarfsgerechte Lösung zu erfüllen. Als Proof-of-Concept und Grundlage für die empirische Überprüfung seines Ansatzes entwickelt der Verfasser eine Serviceorientierte Architektur (SOA) für die modellbasierte Kontextapplikation und implementiert diese als Teil eines webbasierten Krankenhausinformationssystems.

Im Rahmen von zwei Laborexperimenten und Praxistests mit Ärzten überprüft der Verfasser, ob die auf seinem Kontextmodell beruhende Lösung geeignet ist, die Einflussfaktoren auf die Entstehung des IO-Problems bei Ärzten zu reduzieren und zeigt auf in welche Richtung sich die kontextorientierte Informationsversorgung von Ärzten künftig (weiter-)entwickeln könnte.

Inhaltsübersicht

1 Einleitung 1

    1.1 Ausgangslage und Problemstellung 1

    1.2 Zielsetzung und Vorgehensweise 6

    1.3 Aufbau der Arbeit 7

2 Informationsbedarf und Informationslogistik 9

    2.1 Daten, Informationen und Wissen 9

    2.2 Informationsbedarf und Informationsverhalten 20

    2.3 Information Overload und Informationslogistik 36

3 Ergebnisse einer Befragung zum ärztlichen Informationsbedarf und -verhalten ... 45

    3.1 Zielsetzung und Erhebungsdesign 45

    3.2 Zentrale Ergebnisse der Befragung 46

    3.3 Zusammenfassung der Ergebnisse 57

4 Information Retrieval, Serviceorientierte Architekturen und Web Services: Grundlagen und Konzepte 61

    4.1 Information Retrieval 61

    4.2 Information Retrieval im World Wide Web 72

    4.3 Serviceorientierte Architekturen (SOA) und Web Services 81

5 Kontextorientierte Informationsversorgung: Grundlagen, Modelle und eigener Ansatz 91

    5.1 Einführung und Definitionsansätze 91

    5.2 Abgrenzung des Kontextverständnisses im Ubiquitous Computing und im Information Retrieval 92

    5.3 Formale Darstellung von Kontextmodellen 94

    5.4 Beschreibungsmodell der kontextorientierten Informationsversorgung 97

    5.5 Analyse ausgewählter Kontextmodelle und Kontextapplikationen 106

5.6 Erweiterung der Informationslogistik um das Konzept der selektiven Informationsräume 121

6 Kontextmodell der Informationsversorgung in Behandlungsprozessen 125

6.1 Vorgehen zur Bestimmung der Teilmodelle und der Kontextmerkmale 125

6.2 Gesamtmodell in der Übersicht 128

6.3 Teilmodell "Medizinischer Prozess" 130

6.4 Teilmodell "Behandlungsfall" 143

6.5 Teilmodell "Arzt" 150

6.6 Teilmodell „Umgebung" 154

7 Konzeption und Implementierung einer informationslogistischen Kontextapplikation 159

7.1 Motivation und Zielsetzung der Kontextapplikation 159

7.2 Grundlegende Architekturprinzipien und genutzte Technologien 160

7.3 Darstellung von Gesamtarchitektur und Einzelkomponenten der Kontextapplikation 161

7.4 Mögliche Weiterentwicklungen 193

7.5 Benutzeroberflächen der Kontextapplikation 194

8 Überprüfung des Konzepts der kontextorientierten Informationsversorgung 199

8.1 Empirische Konzeption 199

8.2 Ergebnisse der empirischen Erhebungen 210

9 Fazit und Ausblick 225

Anhangverzeichnis 229

Literaturverzeichnis 293

Inhaltsverzeichnis

Geleitwort.. VII

Danksagung.. IX

Management Summary... XI

Inhaltsübersicht.. XIII

Inhaltsverzeichnis... XV

Abbildungsverzeichnis... XXI

Tabellenverzeichnis.. XXV

Abkürzungsverzeichnis... XXVII

1 Einleitung... 1
   1.1   Ausgangslage und Problemstellung.. 1
   1.2   Zielsetzung und Vorgehensweise... 6
   1.3   Aufbau der Arbeit.. 7

2 Informationsbedarf und Informationslogistik... 9
   2.1   Daten, Informationen und Wissen.. 9
        2.1.1   Einführung grundlegender Begriffe... 9
        2.1.2   Kategorisierung und Management von Informationen und Wissen.... 11
        2.1.3   Daten, Informationen und Wissen im ärztlichen Umfeld................... 17
   2.2   Informationsbedarf und Informationsverhalten... 20
        2.2.1   Informationswissenschaftliche Erklärungsmodelle der Entstehung eines Informationsbedarfs... 20
        2.2.2   Aufgabenorientierte Definition des Begriffs „Informationsbedarf".... 27
        2.2.3   Generische Merkmale eines Informationsbedarfs............................... 29
        2.2.4   Metaanalyse von Studien zum Informationsbedarf und -verhalten von Ärzten.. 31
   2.3   Information Overload und Informationslogistik... 36

2.3.1 Information Overload als Ausgangsproblemstellung der
Informationslogistik 36
2.3.1.1 Entstehung des Begriffs „Information Overload" 37
2.3.1.2 Definition des Begriffs „Information Overload" 38
2.3.1.3 Mögliche Gegenmaßnahmen im ärztlichen Bereich 39
2.3.2 Informationslogistik: Grundlagen, Konzepte und Anwendung 40

3 Ergebnisse einer Befragung zum ärztlichen Informationsbedarf und -verhalten ... 45

3.1 Zielsetzung und Erhebungsdesign 45
3.2 Zentrale Ergebnisse der Befragung 46
3.2.1 Untersuchung des Information-Overload-Problems bei Ärzten 47
3.2.2 Informationsbedarf und Informationsverhalten von Ärzten 49
3.2.3 Anforderungen an eine bedarfsgerechte Informationsversorgung 54
3.3 Zusammenfassung der Ergebnisse 57

4 Information Retrieval, Serviceorientierte Architekturen und Web Services:
Grundlagen und Konzepte 61

4.1 Information Retrieval 61
4.1.1 Definition des Begriffs „Information Retrieval" 61
4.1.2 Modelle von Information-Retrieval-Systemen 62
4.1.3 Abgrenzung von Information Retrieval, Data Retrieval und Information
Filtering 65
4.1.4 Gütemaße im Information Retrieval 67
4.1.5 Information-Retrieval-Modelle 68
4.1.5.1 Übersicht der wichtigsten Retrieval-Modelle 69
4.1.5.2 Boolesches Modell 69
4.1.5.3 Vektorraummodell 70
4.1.5.4 Wahrscheinlichkeitsmodell 71
4.2 Information Retrieval im World Wide Web 72
4.2.1 Aufruf statischer und dynamischer Inhalte 73
4.2.2 Visible Web versus Deep Web 73
4.2.3 Suchmaschinen im Internet 74
4.2.4 Semantic Web 76

4.2.4.1 Annotation von webbasierten eRessourcen 77
4.2.4.2 Ontologie-Sprachen 79
    4.2.4.2.1 RDF-Schema (RDFS) 80
    4.2.4.2.2 Web Ontology Language (OWL) 80
4.2.5 Web Retrieval: Eine Alternative zur kontextorientieren Informationsversorgung? 81
4.3 Serviceorientierte Architekturen (SOA) und Web Services 81
    4.3.1 Grundlagen Serviceorientierter Architekturen 81
        4.3.1.1 Hintergründe und Motivation 81
        4.3.1.2 Definition des Begriffs „Serviceorientierte Architektur" 82
        4.3.1.3 Merkmale einer SOA 83
    4.3.2 Grundlagen von Web Services 85
        4.3.2.1 Definition des Begriffs „Web Services" 85
        4.3.2.2 Grundlegende Spezifikationen 85
            4.3.2.2.1 SOAP 86
            4.3.2.2.2 Web Services Description Language 87
            4.3.2.2.3 Universal Description, Discovery and Integration (UDDI) 89

5 Kontextorientierte Informationsversorgung: Grundlagen, Modelle und eigener Ansatz 91

5.1 Einführung und Definitionsansätze 91
5.2 Abgrenzung des Kontextverständnisses im Ubiquitous Computing und im Information Retrieval 92
5.3 Formale Darstellung von Kontextmodellen 94
5.4 Beschreibungsmodell der kontextorientierten Informationsversorgung 97
    5.4.1 Informationswissenschaftliche Ansätze: Context is more than location 97
    5.4.2 Eigenes Modells der kontextorientierten Informationsversorgung 101
5.5 Analyse ausgewählter Kontextmodelle und Kontextapplikationen 106
    5.5.1 Kontextmodelle im nicht-medizinischen Umfeld 106
    5.5.2 Ansätze im medizinischen Umfeld 110
        5.5.2.1 Infobutton 110
            5.5.2.1.1 Definition und grundlegende Konzeption des Infobuttons 110
            5.5.2.1.2 Funktionsweise des Infobuttons 111

5.5.2.1.3 Kontextmodell des Infobuttons 112

5.5.2.1.4 Bewertung 113

5.5.2.2 Smart Query 113

5.5.2.2.1 Hintergrund und Motivation 113

5.5.2.2.2 Grundprinzip 114

5.5.2.2.3 Bewertung 115

5.5.2.3 Context-Aware Information Services for Healthcare (COWSPOT)-Ansatz 115

5.5.2.3.1 Grundprinzip 115

5.5.2.3.2 Bewertung 116

5.5.2.4 Weitere Ansätze 117

5.5.3 Anforderungen an eine kontextorientierte Informationsversorgung und Bewertung der untersuchten Lösungsansätze 117

5.6 Erweiterung der Informationslogistik um das Konzept der selektiven Informationsräume 121

6 Kontextmodell der Informationsversorgung in Behandlungsprozessen 125

6.1 Vorgehen zur Bestimmung der Teilmodelle und der Kontextmerkmale 125

6.2 Gesamtmodell in der Übersicht 128

6.3 Teilmodell "Medizinischer Prozess" 130

6.3.1 Gesundheitsökonomische Motivation der Prozessmodellierung im Gesundheitswesen 130

6.3.2 Sprachen zur Modellierung von Prozessen im Gesundheitswesen 132

6.3.3 Beschreibung der Kontextelemente und des gesamten Teilmodells "Medizinischer Prozess" 134

6.4 Teilmodell "Behandlungsfall" 143

6.4.1 Einleitende Bemerkungen zum Patientenfall als Kontextbereich 143

6.4.2 Beschreibung des Teilmodells „Behandlungsfall" und seiner Kontextelemente 144

6.5 Teilmodell "Arzt" 150

6.5.1 Einleitende Bemerkungen zum Teilmodell „Arzt" 150

6.5.2 Beschreibung des Teilmodells „Arzt" und seiner Kontextelemente 151

6.6	Teilmodell „Umgebung"	154
6.6.1	Charakteristika der Arbeitsumgebung eines Arztes	154
6.6.2	Beschreibung des Teilmodells „Umgebung" und seiner Kontextelemente	155

7 Konzeption und Implementierung einer informationslogistischen Kontextapplikation ... 159

7.1	Motivation und Zielsetzung der Kontextapplikation	159
7.2	Grundlegende Architekturprinzipien und genutzte Technologien	160
7.2.1	Grundüberlegungen zur Applikationsgestaltung	160
7.2.2	Entwicklungs- und Betriebsplattform	161
7.3	Darstellung von Gesamtarchitektur und Einzelkomponenten der Kontextapplikation	161
7.3.1	Beschreibung des zugrunde liegenden Nutzungsszenarios	161
7.3.2	Statische und dynamische Sicht auf die Gesamtarchitektur	163
7.3.3	Web Service „MappingComponent"	168
7.3.4	Web Service „ContextManager"	178
7.3.5	Web Service „eResourceManager"	182
7.3.6	Web Service „QueryHandler"	186
7.4	Mögliche Weiterentwicklungen	193
7.4.1	Web Service „QueryArchiveComponent"	193
7.4.2	Weitere Entwicklungsperspektiven	194
7.5	Benutzeroberflächen der Kontextapplikation	194

8 Überprüfung des Konzepts der kontextorientierten Informationsversorgung ... 199

8.1	Empirische Konzeption	199
8.1.1	Einleitung und Zielsetzung	199
8.1.2	Praxistests mit Ärzten	200
8.1.2.1	Zugrunde liegende Stichprobe	200
8.1.2.2	Vorgehensmodell für die Praxistests	201
8.1.2.3	Fragebogengestaltung und Testbereiche	202
8.1.3	Laborexperimente mit der Kontextapplikation	204
8.1.3.1	Laborexperiment „Faktor Zeit"	204
8.1.3.2	Laborexperiment „Faktor Menge"	208

8.2 Ergebnisse der empirischen Erhebungen 210

    8.2.1 Ergebnisse des Praxistests mit Ärzten 210

        8.2.1.1 Vorbemerkungen 210

        8.2.1.2 Ergebnisse im Testbereich „Qualität der Suchergebnisse" 211

        8.2.1.3 Ergebnisse im Testbereich „Verbesserungsmöglichkeiten" 215

        8.2.1.4 Ergänzende Anmerkungen der Ärzte 218

    8.2.2 Ergebnisse des Laborexperiments „Faktor Zeit" 219

    8.2.3 Ergebnisse des Laborexperiments „Faktor Menge" 221

    8.2.4 Zusammenfassung der Ergebnisse 223

9 Fazit und Ausblick **225**

Anhangverzeichnis **229**

Literaturverzeichnis **293**

Abbildungsverzeichnis

Abbildung 1: Einflussfaktoren auf die Entstehung eines Information Overload 4
Abbildung 2: Ergebnisse der Arbeit und Zuordnung zu Arbeitsschritten 6
Abbildung 3: Begriffshierarchie Zeichen, Daten, Information und Wissen 9
Abbildung 4: Matrix Wissensarten 11
Abbildung 5: Kategorien expliziten externen Wissens 12
Abbildung 6: Dreidimensionale Klassifikation von Fachliteratur 13
Abbildung 7: Vier Formen der Wissensumwandlung und Wissensspirale 15
Abbildung 8: Bausteine des Wissensmanagements 16
Abbildung 9: Taylors vier Stufen des Informationsbedarfs 21
Abbildung 10: Entstehung von Informationsbedarfen 22
Abbildung 11: Zusammenhänge zwischen Informationsbedarfskontext und
Informationssuchverhalten 24
Abbildung 12: Verhaltensmuster bei der Informationssuche nach Ellis 25
Abbildung 13: ISP-Modell von Kuhltau 25
Abbildung 14: Modell von Westbrook 26
Abbildung 15: Zusammenhänge zwischen Informationsbedarf, -nachfrage und -angebot 28
Abbildung 16: Charakteristika des Informationsbedarfs 31
Abbildung 17: Beziehung zwischen Informationsverarbeitung und zu verarbeitender
Informationsmenge 38
Abbildung 18: Niveau der Informationsverarbeitung als Zusammenspiel zwischen
dispositionsbedingten und situationsbedingten Faktoren 39
Abbildung 19: Einordnung der Informationslogistik (ILOG) 41
Abbildung 20: Dimensionen der Informationslogistik 42
Abbildung 21: Zeitaufwand für Informationsbeschaffung und -verarbeitung (Frage 11) 47
Abbildung 22: Empfundener Zeitaufwand und dessen erwartete Entwicklung in der
Zukunft (Frage 12) 48
Abbildung 23: Präferenzen bzgl. der Informationsversorgung (Frage 14) 48
Abbildung 24: Dringlichkeit des Informationsbedarfs (Frage 13) 49
Abbildung 25: Anteil benötigter Informationen bezogen auf Prozessphasen (Frage 1) 50
Abbildung 26: Bedarf nach Ad-hoc-Informationen (Frage 6) 50
Abbildung 27: Nachfragehäufigkeit ausgewählter Informationsarten bezogen auf nicht
patientenbezogene Informationen (Frage 5) 51

XXII	Abbildungsverzeichnis

Abbildung 29: Erwartete künftige Nutzung von Quellen der Informationsbeschaffung
(Frage 7) 53
Abbildung 30: Art der Informationsbeschaffung (Frage 4) 53
Abbildung 31: Probleme im Rahmen der Informationsrecherche und -beschaffung
(Frage 17) 54
Abbildung 32: Individualisierungsgrad eines optimalen Informationsangebotes
(Frage 25) 55
Abbildung 33: Mobilität in der Informationsversorgung (Frage 26) 56
Abbildung 34: Wichtigkeit von Aspekten einer optimierten Informationsversorgung
(Frage 27) 56
Abbildung 35: Typisches Information Retrieval Systems 62
Abbildung 36: Modell des IR-System 63
Abbildung 37: Allgemeines Modell des Information Retrieval 64
Abbildung 38: Kognitves Modell der Information-Retrieval-Interaktion von Ingwersen 65
Abbildung 39: Begriffsabgrenzung Informationsbeschaffung 66
Abbildung 40: Übersicht der wichtigsten Retrieval-Modell 69
Abbildung 41: Komponenten einer Suchmaschine 74
Abbildung 42: Beispiel eines RDF-Graphen 79
Abbildung 43: Magisches Dreieck einer SOA 84
Abbildung 44: Einordnung der Spezifikationen 86
Abbildung 45: Aufbau einer SOAP-Nachricht 87
Abbildung 46: Beispiel einer Klasse 96
Abbildung 47: Wissenschaftliche Einordnung des kontextorientierten Information
Retrievals 98
Abbildung 48: Verschachteltes Modell der Kontextschichten 99
Abbildung 49: Information-Retrieval-Bewertungsrahmen 100
Abbildung 50: Modell der kontextorientierten Informationsversorgung 104
Abbildung 51: Sequenzdiagramm der Infobuttoninteraktionen in Variante 1 112
Abbildung 52: Analyse existierender Lösungsansätze 120
Abbildung 53: Konzept der selektiven Informationsräume 124
Abbildung 54: Gruppenbezogene Informationsräume 124
Abbildung 55: Übersicht der Vorgehensschritte 125
Abbildung 56: Klassendiagramm des Kontextmodells der Informationsversorgung im
Behandlungsprozess 129

Abbildungsverzeichnis XXIII

Abbildung 57: Ausschnitt aus einem Behandlungsablauf mit wissensintensiver Aktivität. 131
Abbildung 58: Abgrenzung Prozessmodell und Prozessinstanz 135
Abbildung 59: Teilprozesse eines allgemeinen medizinischen Prozesses 137
Abbildung 60: Mögliche Wertebereiche des Aufgabenkontexts 139
Abbildung 61: Klassendiagramm des Teilmodells "Medizinischer Prozess" 141
Abbildung 62: Objektdiagramm der Aktivität „OP-Vorbereitung" 142
Abbildung 63: Klassendiagramm des Teilmodells "Behandlungsfall" 147
Abbildung 64: Objektdiagramm des Behandlungsfalls „S2009-0123" 150
Abbildung 65: Klassendiagramm des Teilmodells "Arzt" 152
Abbildung 66: Objektdiagramm eines Arztes und seiner Nutzungsprofile 154
Abbildung 67: Klassendiagramm des Teilmodells "Umgebung" 155
Abbildung 68: Objektdiagramm einer exemplarischen Arbeitsumgebung eines Arztes 157
Abbildung 69: Komponentendiagramm der Kontextapplikation (statische Sicht) 166
Abbildung 70: Sequenzdiagramm der Kontextapplikation (dynamische Sichtt) 167
Abbildung 71: Sequenzdiagramm des MappingComponent-Web-Service 168
Abbildung 72: TupelMapping der MappingComponent 169
Abbildung 73: Funktionsprinzip des Concept Mappings 171
Abbildung 74: Aktivitätsdiagramm Concept Mapping (Teil 1) 172
Abbildung 75: Aktivitätsdiagramm Concept Mapping (Teil 2) 174
Abbildung 76: Aktivitätsdiagramm Concept Mapping (Teil 3) 175
Abbildung 77: Aktivitätsdiagramm Concept Mapping (Teil 4) 176
Abbildung 78: WSDL-Datei des MappingComponent-Web-Service 177
Abbildung 79: Architektur von Care2x 179
Abbildung 80: Kontextmodell und Kontextquellen 179
Abbildung 81: Sequenzdiagramm des ContextManager-Web-Service 181
Abbildung 82: WSDL-Grafik des ContextManager-Web-Service 182
Abbildung 83: Sequenzdiagramm des eResourceManager-Web-Service 185
Abbildung 84: WSDL-Datei des eResourceManager-Web-Service 186
Abbildung 85: Sequenzdiagramm des QueryHandler-Web-Service 188
Abbildung 86: Abfolge der Suchiteration in PubMed 190
Abbildung 87: Semantik eines Leitlinien-Links in Point5 192
Abbildung 88: WSDL-Grafik des QueryHandlers 193
Abbildung 89: Care2x-Oberfläche mit integrierter Kontextapplikation 195
Abbildung 90: Trefferdetails in PubMed 195

Abbildung 91: Trefferanzeige in Point5 196
Abbildung 92: Eingabeformular des fallbezogenen Informationsbedarfsprofils 197
Abbildung 93: Zuordnung empirischer Instrumente zu IO-Faktoren 199
Abbildung 94: Vorgehensmodell für die Praxistests 201
Abbildung 95: Aktivitätsdiagramm des Ablaufs beim Praxisexperiment
"Faktor Zeit" (Teil 1) 206
Abbildung 96: Aktivitätsdiagramm des Ablaufs beim Praxisexperiment
"Faktor Zeit" (Teil 2) 209
Abbildung 97: Iterationsschritte beim Laborexperiment "Faktor Menge" 209
Abbildung 98: Auswertung Frage I.1 211
Abbildung 99: Auswertung Frage I.2 212
Abbildung 100: Auswertung Fragen I.3 und I.4 (Anzahl Nennungen) 213
Abbildung 101: Auswertung Frage I.3 und I.4 (Durchschnittliche Bewertung) 214
Abbildung 102: Auswertung Frage II.1 (1. Teil) 215
Abbildung 103: Auswertung Frage II.1 (2. Teil) 215
Abbildung 104: Auswertung Frage II.1 (Durchschnittliche Bewertung) 216
Abbildung 105: Auswertung Frage II.3 217
Abbildung 106: Letzter erfolgreicher Iterationsschritt 222
Abbildung 107: Visualisierung der Reduktion des Faktors „Informationsmenge" 223
Abbildung 108: Ablauf der Anfragebearbeitung eines HTTP-Requests 252
Abbildung 109: Aufruf dynamischer Inhalte mittels Servlets 253
Abbildung 110: Hierarchie der ICD-Klassen H60 - H95 254
Abbildung 111: Grundbausteine von OWL 257
Abbildung 112: Grundstruktur einer HL7-Nachricht 261
Abbildung 113: Beispiel eines PID-Segments 262
Abbildung 114: Kernklassen des Reference Information Model (RIM) 263
Abbildung 115: Standardelemente zur Darstellung Klinischer Algorithmen 271
Abbildung 116: GLIF-Klassen und -Attribute 272
Abbildung 117: Grundstruktur des UMLS 275
Abbildung 118: Sequenzdiagramm der lexikalischen Analyse (Teil 1) 278
Abbildung 119: Sequenzdiagramm der lexikalischen Analyse (Teil 2) 279
Abbildung 120: Sequenzdiagramm der lexikalischen Analyse (Teil 3) 280

Tabellenverzeichnis

Tabelle 1:	Typologie medizinischer Informationen	18
Tabelle 2:	Übersicht der analysierten Studien	34
Tabelle 3:	Anzahl versendeter Fragebögen	46
Tabelle 4:	Differenzierte Betrachtung des Rücklaufs	46
Tabelle 5:	Dokument-Term-Matrix	71
Tabelle 6:	Elemente einer WSDL-Datei	88
Tabelle 7:	Kategorisierung von Kontextmodellen und -strukturen	106
Tabelle 8:	Generische Kontextmodelle aus dem Anwendungsbereich des Ubiquitous Computing	108
Tabelle 9:	Generische Kontextmodelle aus dem Anwendungsbereich des Information Retrieval	109
Tabelle 10:	Wichtige Prozessmodellierungssprachen im Gesundheitswesen	133
Tabelle 11:	Struktur des OPS	148
Tabelle 12:	Übersicht der Kontextvariablen und verwendeten Transformationsarten	170
Tabelle 13:	Testdaten für die Praxistests	201
Tabelle 14:	Gruppierung der teilnehmenden Ärzte nach unterschiedlichen Kriterien	210
Tabelle 15:	Suchzeiten der Kontextapplikation	219
Tabelle 16:	Arithmetisches Mittel für die Zeiten t_1 und t_2 bei der manuellen Suche	220
Tabelle 17:	Anzahl Treffer pro Iterationsschritt (arithmetisches Mittel)	222
Tabelle 18:	Hierachischer Konzeptbaum für das UMLS-Konzept "Artrial Fibrillation"	284
Tabelle 19:	Wichtige Suchfelder des PubMed-Dienstes	293

Abkürzungsverzeichnis

ABDA	Bundesvereinigung Deutscher Apothekerverbände
ACM	Association for Computing Machinery
ADT	Admission Dissemination Transfer
ÄK	Ärztekammer
ANSI	American National Standards Institute
ASCII	American Standard Code for Information Interchange
ASK	Anomalous State of Knowledge
ASP	Active Server Pages
ATC	Anatomisch-Therapeutisch-Chemisches Klassifikationssystem
AUI	Atom Unique Identifier
AWMF	Arbeitsgemeinschaft der Wissenschaftlichen Medizinischen Fachgesellschaften
BMI	Body Mass Index
BPEL	Business Process Execution Language
BPMN	Business Process Modeling Notation
bspw.	beispielsweise
CDA	Clinical Document Architecture
CGI	Common Gateway Interface
CIN	Concrete Information Need
CIR	Context-Based Information Retrieval
CIS	Clinical Information System
COWSPOT	Context-Aware Information Services for Healthcare
CT	Computertomographie
CUI	Concept Unique Identifier
DAML-ONT	DARPA Agent Markup Language - Ontology
DARPA	Defense Advanced Research Projects Agency
DC	Dublin Core
DIM	Domain Information Model
DKG	Deutsche Krankenhausgesellschaft
DMS	Dokumentenmanagementsystem
DRG	Diagnosis Related Groups
DSTU	Draft Standard for Trial Use

EDV	Elektronische Datenverarbeitung
eEPK	erweiterte Ereignisgesteuerte Prozesskette
eFA	elektronische Fallakte
eGK	elektronische Gesundheitskarte
EHIC	European Health Insurance Card
EPK	Ereignisgesteuerte Prozesskette
ERM	Entity-Relationship-Modell
FG	Fachgruppe
FGIR	Fachgruppe Information Retrieval der Gesellschaft für Informatik
FIFO	First In-First Out
ggf.	gegebenenfalls
GKV	Gesetzlichen Krankenversicherung
GLIF	GuideLine Interchange Format
GMDS	Deutsche Gesellschaft für Medizinische Informatik, Biometrie und Epidemiologie e.V.
GMG	Gesetz zur Modernisierung der gesetzlichen Krankenversicherung
GOÄ	Gebührenordnung für Ärzte
HCI	Human Computer Interaction
Herv.	Hervorhebung
HIS	Hospital Information System
HL7	Health Level 7
HTML	Hypertext Markup Language
HTTP	Hypertext Transfer Protocol
IB	Informationsbedarf
ICD	International Classification of Diseases
ICF	International Classification of Functioning, Disability and Health
ICPM	Internationale Klassifikation der Prozeduren in der Medizin
ICT	Information and Communication Technology
ID	Identifikator
IEC	International Electrotechnical Commission
IKT	Informations- und Kommunikationstechnik
ILOG	Informationslogistik
InEK	Institut für das Entgeltsystem im Krankenhaus
IO	Information Overload

IQWiG	Institut für Qualität und Wirtschaftlichkeit im Gesundheitswesen
IR	Information Retrieval
ISO	International Organization for Standardization
ISP	Information Search Process
ISST	Institut für Software- und Systemtechnik
IT	Informationstechnologie
IV	Informationsverhalten
JSP	Java Server Pages
KI	Künstliche Intelligenz
KIS	Krankenhausinformationssystem
KV	Kassenärztliche Vereinigung
LIFO	Last In-First Out
LIS	Laborinformationssystem
LOINC	Logical Observation Identifiers Names and Codes
LUI	Lexical Unique Identifier
Medline	MEDical Literature Analysis and Retrieval System OnLINE
MeSH	Medical Subject Headings
MIM	Message Information Model
MMC	Mortsiefer Management Consulting
MPI	Master Patient Index
ms	Millisekunden
MSH	Message Header
MVZ	Medizinisches Versorgungszentrum
N3	Notation 3
NASA	National Aeronautics and Space Administration
NLM	National Library of Medicine
OASIS	Organization for the Advancement of Structured Information Standards
OIL	Ontology Inference Layer
OMG	Object Management Group
OPS	Operationen- und Prozedurenschlüssel
OSI	Open Systems Interconnection
OWL	Web Ontology Language
PACS	Picture Archiving and Communication System
PC	Personal Computer

PDA	Personal Digital Assistant
PDF	Portable Document Format
PDMS	Patientendatenmanagementsystem
PHP	PHP: Hypertext Preprocessor
PID	Patient Identification (HL7-Nachricht)
POIN	Problem-Oriented Information Need
PS	Postscript
PVS	Praxisverwaltungssoftware
PV1	Patient Visit (HL7-Nachricht)
QM	Qualitätsmanagement
RDF	Resource Description Framework
RDFS	Resource Description Framework Schema
RFID	Radio Frequency Identification
RIM	Reference Information Model
RIS	Radiologieinformationssystem
RPC	Remote Procedure Call
RWI	Rheinisch-Westfälisches Institut für Wirtschaftsforschung
SDI	Selective Dissemination of Information
SMDM	Society for Medical Decision Making
SDO	Standards Developing Organization
SGB	Sozialgesetzbuch
SIG	Special Interest Group
SIGIR	Special Interest Group Information Retrieval
SMDM	Society for Medical Decision Making
SMTP	Simple Mail Transfer Protocol
SOA	Serviceorientierte Architektur
SOAP	Simple Object Access Protocol (bis zur Version 1.2. Akronym)
SPARQL	SPARQL Protocol and RDF Query Language
SQL	Structured Query Language
SUI	String Unique Identifier
TC	Technical Committee
TIFF	Tagged Image File Format
UBR	UDDI Business Registry
UDDI	Universal Description, Discovery and Integration

UMDNS	Universal Medical Device Nomenclature System
UML	Unified Modeling Language
UMLS	Unified Medical Language System
URI	Uniform Resource Identifier
URL	Uniform Resource Locator
VRM	Vektorraummodell
vs.	versus
W3C	World Wide Web Consortium
WfMS	Workflow-Management-System
WSDL	Web Services Description Language
WWW	World Wide Web
XHTML	Extensible HyperText Markup Language
XML	Extensible Markup Language
XSD	XML-Schema-Definition

1 Einleitung

1.1 Ausgangslage und Problemstellung

Der Reformdruck im deutschen Gesundheitswesen ist ungebrochen. Fast täglich unterstreichen dies Medienberichte über die Kostenexplosion in der Leistungserbringung, ein bevorstehendes Krankenhaussterben[1], Beitragssatzerhöhungen für Kranken- und Pflegeversicherung sowie Medikamentenzuzahlung oder Praxisgebühren. Die Ursachen für die finanzielle Schieflage des deutschen Gesundheitswesens liegen in zwei grundlegenden Trends:[2]

Demografische Entwicklung

Die Entwicklung der Bevölkerungsstruktur in Deutschland hat einen ganz entscheidenden Einfluss auf das Gleichgewicht der Finanzierung der Gesetzlichen Krankenversicherung (GKV), der ca. 70,5 Mio. Versicherte angehören.[3]

Während der Anteil der 20- bis unter 65-Jährigen, also der potenziellen Beitragszahler, von 2005 bis 2050 von 60,8 % auf 51,7 % sinken wird, steigt der Anteil der über 65-Jährigen, also der potenziellen Leistungsempfänger, in diesem Zeitraum von 19,3 % auf 33,2 %.[4] Laut einer weiteren Modellrechnung des Statistischen Bundesamtes wird es im Jahr 2050 doppelt so viele 60-Jährige geben wie Neugeborene.[5] Eine Folge dieser Entwicklung ist die fortschreitende Umkehrung der Bevölkerungspyramide und der damit verbundene sinkende Anteil an Beitragszahlern.

Medizinischer und medizintechnischer Fortschritt

Medizinischer und medizintechnischer Fortschritt haben einen wichtigen Beitrag dazu geleistet, das allgemeine Gesundheitsniveau und die Lebenserwartung der Bevölkerung zu erhöhen. Gesundheitsökonomisch betrachtet bringt dieser Fortschritt jedoch auch zusätzliche Kosten

---

[1] Exemplarisch seien die Ergebnisse von zwei Studien genannt: 1. Die Studie „Konzentriert. Marktorientiert. Saniert. Gesundheitsversorgung 2020" von Ernst & Young (2005) kommt zu dem Ergebnis, dass von derzeit ca. 2.000 Krankenhäusern bis zum Jahr 2020 nur etwa 1.500 übrig bleiben werden. 2. Der Krankenhaus Rating Report 2007, den u. a. das Rheinisch-Westfälische Institut für Wirtschaftsforschung (RWI) in Essen erstellt hat, geht davon aus, dass etwa 40 % der Krankenhäuser in Deutschland bis 2020 von Insolvenz bedroht sein werden.
[2] Vgl. [DIW01], S. 51 ff.
[3] Vgl. [BMG07a].
[4] Vgl. [SB06], Variante 1-W1. Weitere Statistiken finden sich bei [GKS05], S. 1267 ff. Die Gruppe der 65 - 85-Jährigen repräsentierte in 2002 einen Anteil von 15,5 % der Bevölkerung, verursachte aber 34,6 % der Krankheitskosten von knapp 224 Mrd. € (siehe [BMG07b]).
[5] Vgl. [Zah06].

mit sich. So wurde bspw. 1956 die erste Implantation eines Hüftgelenks durchgeführt.[6] Dieser Eingriff hilft mittlerweile 220.000 Betroffenen pro Jahr (Stand: 2004), verursacht gleichzeitig aber Kosten von ca. 1,6 Mrd. €.[7]

Beide Trends führen dazu, dass bei weitgehend gedeckelten Budgets im kassenärztlichen Bereich und im stationären Sektor ein erheblicher Einsparungsdruck entsteht.[8] Dieser wird dadurch noch verstärkt, dass die Qualität der Gesundheitsversorgung stetig verbessert werden soll. Es besteht also die Notwendigkeit, die Kosten für die Leistungserbringung, z. B. durch Effizienzsteigerung in den Prozessen, zu senken und gleichzeitig die Qualität konstant hoch zu halten.

Neben diversen Reformen der Organisations- und Kooperationsformen, der Krankenkassenfinanzierung und der Leistungsabrechnung im deutschen Gesundheitswesen wird von Seiten der Politik, aber auch seitens der Leistungserbringer und Kostenträger dem Einsatz moderner Informations- und Kommunikationstechnik (IKT) ein erhebliches Potenzial zur Realisierung der vorgenannten Ziele zugesprochen.[9] Im Vordergrund steht dabei die Digitalisierung von internen und einrichtungsübergreifenden Prozessen (z. B. Archivierung, Patientenakten, Überweisung, Abrechnung etc.) und die Verbesserung des Wissensmanagements von medizinischem Personal – insbesondere Ärzten – durch den Zugang zu Expertensystemen und internetbasierten elektronischen Informationsquellen, den sogenannten „eRessourcen".

In dem am 01.01.2004 in Kraft getretenen Gesetz zur Modernisierung der Gesetzlichen Krankenversicherung (GMG) wurde mit der Einführung der elektronischen Gesundheitskarte und der damit verbundenen Implementierung einer Telematikinfrastruktur der zentrale Schritt hin zur Realisierung des elektronischen Informationsaustauschs im Gesundheitswesen beschlossen. Die Einführung der Infrastruktur für die elektronische Gesundheitskarte (eGK) und die damit verbundenen Pflichtanwendungen und freiwilligen Anwendungen durch die Gesellschaft für Telematikanwendungen der Gesundheitskarte (Gematik) mbH haben sich in den

---

[6] Vgl. [BMG07c].
[7] Vgl. ebd. Ähnlich signifikant ist die Entwicklung bei der Bypass-Operation, die 1969 erstmals durchgeführt wurde. So sind in 2004 115.000 Eingriffe durchgeführt worden und haben dabei Kosten in Höhe von 1,4 Mrd. € verursacht. Weitere Beispiele: Knochenmarkstransplantation (erstmals 1975) – 5.500 Eingriffe bei Kosten von 175 Mio. € (in 2004), Herzschrittmacherimplantation (erstmals 1961) – 111.000 Eingriffe bei Kosten von 900 Mio. € (in 2004).
[8] Die Budgetzuwächse der Krankenhäuser sind in Deutschland an die Grundlohnentwicklung gekoppelt.
[9] Wichtige Reformen in der Ablauf- und Aufbauorganisation des deutschen Gesundheitswesens sind bspw. die Einführung von Fallpauschalen (sog. Diagnosis Related Groups (DRG)), Disease Management Programme (DMP) für chronisch Kranke, integrierte Versorgungsverträge, Hausarztmodelle und medizinische Versorgungszentren. Vgl. auch [Koc05], S. 72 f.

Ausgangslage und Problemstellung 3

letzten Jahren immer wieder verzögert.[10] Es ist jedoch unbestritten, dass die Digitalisierung des Austauschs patientenbezogener Informationen (z. B. Laborbefunde, Arztbriefe, Medikationsdaten) zwischen Ärzten und anderen Beteiligten im Gesundheitswesen erforderlich ist und einen zentralen Beitrag zur Verbesserung der Abläufe leisten kann.

Die Versorgung von Ärzten mit medizinischen Fachinformationen ist nicht Teil der neu entstehenden Telematikinfrastruktur.[11] Dabei können z. B. die Ergebnisse aktueller klinischer Studien zu innovativen Therapieformen, Empfehlungen in medizinischen Leitlinien bzgl. differentialdiagnostischer Maßnahmen oder pharmakologischer Fachinformationen eine wichtige Entscheidungshilfe für Ärzte in Behandlungsprozessen darstellen. Das Vorliegen entsprechender Informationen kann Behandlungszeiten verkürzen, die Kosten für diagnostische Maßnahmen verringern oder Fehlmedikationen vermeiden helfen. Die genutzten Primärsysteme können einem Arzt solche Informationen nur sehr rudimentär liefern. Der Arzt ist in der Regel gezwungen, einen Systemwechsel (z. B. Primärsystem → Internetbrowser) und teilweise auch Medienwechsel (z. B. digital → papierbasiert) vorzunehmen.[12]

Bei der Informationsrecherche tritt zudem aufgrund der kaum überschaubaren Fülle an digitalen und webbasierten Informationsquellen (eRessourcen) häufig das Phänomen der Informationsüberflutung (*Information Overload*) auf.[13] Verantwortlich dafür sind die drei Einflussfaktoren „Zeit", „Menge" und „Informationscharakteristika" (Abbildung 1).

Die Zeit, welche einem Arzt zur Informationsrecherche und Verarbeitung von behandlungsrelevanten medizinischen Informationen zur Verfügung steht, ist in der Regel sehr beschränkt. Die 1996 - 1999 in sechs europäischen Ländern[14] durchgeführte Eurocommunication-Studie zeigt, dass niedergelassenen Ärzten im Durchschnitt der sechs Länder nur 10,7 Minuten für die Patientenkommunikation zur Verfügung stehen.[15] In Deutschland sind es sogar nur 7,6 Minuten. In dieser kurzen Zeit muss der Arzt den Patienten untersuchen, mit ihm sprechen, seine Patientenakte aktualisieren, ggf. ein Rezept oder eine Verordnung

---

[10] Aktuelle Informationen und Spezifikationen zur Einführung der eGK können von der Webseite der Gematik (http://www.gematik.de) heruntergeladen werden.
[11] Zu den nicht patientenbezogenen Informationen zählen medizinisches Wissen und behandlungsrelevante Zusatzinformationen, Fachliteratur, Forschungsberichte, medizinische Leitlinien, pharmakologische und toxikologische Fachinformationen, Pfadmodelle, medizinische Wörterbücher und Lexika, interne Laborhandbücher sowie relevante Nachrichten (News) oder Adressverzeichnisse.
[12] Primärsysteme sind die vom Arzt in der Krankenversorgung hauptsächlich genutzten IT-Systeme. Im stationären Sektor ist dies in der Regel das Krankenhausinformationssystem (KIS) und beim niedergelassenen Arzt die Praxisverwaltungssoftware (PVS).
[13] Siehe auch Kapitel 2.3.1.
[14] An der Studie nahmen 190 Ärzte und 3.674 Patienten aus Belgien, Deutschland, Großbritannien, Niederlande, Schweiz und Spanien teil.
[15] Vgl. [DDB02], S. 473 und [BVB03], S. 482.

ausstellen und ggf. nach behandlungsrelevanten medizinischen Informationen und Wissen recherchieren. Vergleichbarer Zeitdruck herrscht auch im stationären Sektor. Die Informationsrecherche eines praktizierenden Arztes sollte daher nicht mehr als 30 Sekunden in Anspruch nehmen, um von den Ärzten angenommen zu werden.[16]

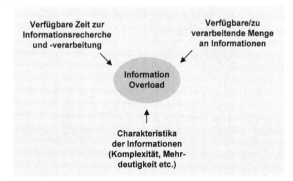

Abbildung 1: Einflussfaktoren auf die Entstehung eines Information Overload

Die Menge des zur Verfügung stehenden medizinischen Wissens ist groß und verdoppelt sich alle 19 Jahre.[17] Die Anzahl der medizinischen Fachzeitschriften hat sich in den letzten 100 Jahren mehr als verhundertfacht.[18] In der Medline-Datenbank der US-amerikanischen National Library of Medicine (NLM) wurden in den letzten zehn Jahren bspw. 130.000 Artikel zum Thema „Krebs" veröffentlicht.[19] Das sind 13.000 Artikel pro Jahr und etwa 35 pro Tag. Würde ein Arzt in diesem Fachgebiet auf dem neuesten Stand bleiben wollen, müsste er täglich 19 Fachartikel lesen.[20] Diese Zahlen belegen eindrucksvoll die Bedeutung des Faktors Informationsmenge auf das Problem der Informationsüberflutung bei Ärzten.

Der dritte Einflussfaktor, die Charakteristika der Informationen, zeichnet sich im medizinischen Umfeld durch ein hohes Maß an Komplexität, Mehrdeutigkeit und Novität aus. Dadurch ergeben sich hohe Anforderungen an die Informationsverarbeitungsfähigkeit von Ärzten.

Insgesamt führen die genannten Einflussfaktoren dazu, dass die Informationsverarbeitungsanforderungen bei der Recherche in Behandlungsprozessen die Verarbeitungsfähigkeiten von Ärzten übersteigen und als Folge Information Overload (IO) entstehen kann. Dies kann

---

[16] Vgl. [MYB06], S. 67.
[17] Vgl. [Wya91], S. 1380.
[18] Ebd., S. 1379 f.
[19] Vgl. [HN97], S. 70. Zur Medline-Datenbank siehe auch Anhang 16.
[20] Vgl. [KJM98], S. 700.

Ausgangslage und Problemstellung

bewirken, dass die Recherche nicht zum gewünschten Ziel führt oder abgebrochen wird.[21] Als weitere Folge ist davon auszugehen, dass viele Ärzte aufgrund negativer Erfahrungen mit der Informationsrecherche bei der nächsten unsicheren Behandlungsentscheidung erst gar nicht nach weiterführenden Informationen suchen, sondern auf Basis eines „unsicheren" Kenntnisstandes entscheiden. Dies kann im Extremfall dazu führen, dass Fehlentscheidungen bei der Diagnostik getroffen werden oder nicht die optimale Therapievariante gewählt wird.[22] Die Defizite in der Informationsversorgung von Ärzten mindern so nicht nur die Qualität der Gesundheitsversorgung, sondern können letztendlich auch zu höheren Kosten führen, indem sich bspw. längere Behandlungszeiten oder medizinische Komplikationen ergeben.

Einen umfassenden Lösungsansatz für das IO-Problem bietet die Informationslogistik.[23] Entsprechend dem informationslogistischen Leitgedanken, die richtige Information in der richtigen Menge und Qualität zur richtigen Zeit an den Ort des Bedarfs zu liefern, strebt sie an, eine bedarfsgerechte Informationsversorgung zu realisieren. In der informationslogistischen Forschung gilt die Berücksichtigung von Kontextinformationen als wichtigster Hebel für die Erreichung dieses Ziels. Die aktuelle Tätigkeit eines Arztes, sein Fachgebiet und seine Berufserfahrung, Diagnosedaten des Patienten sowie dessen Krankengeschichte lassen sich als Kontext des jeweiligen Informationsbedarfs und der damit korrespondierenden Informationssuche eines Arztes interpretieren. Dabei ist es unerheblich, ob dieser Informationsbedarf ad hoc in einer Behandlungssituation oder kontinuierlich im Sinne eines „sich auf dem neuesten Wissensstand halten" entsteht. Die implizite (ggf. explizite) Berücksichtigung von Kontextinformationen bei der computergestützten Suche nach Informationen, dem Information Retrieval (IR), kann ein Ansatz zur Verbesserung der gelieferten Suchergebnisse und damit der Qualität der Informationsversorgung sein. Kontextorientiertes Information Retrieval ist eine junge Teildisziplin der informationslogistischen Forschung. Erste Ansätze eines kontextorientierten Information Retrievals im ärztlichen Umfeld existieren. Ein umfassendes Kontextmodell der Informationsversorgung von Ärzten und dessen Integration in eine informationslogistische Gesamtkonzeption fehlt jedoch bisher.

---

[21] Vgl. dazu die Ergebnisse der vom Verfasser und seinem Projektteam durchgeführten Befragung unter Ärzten in der Modellregion Bochum-Essen. Die Ergebnisse werden im Kapitel 3 dargestellt. In der Befragung gaben die Ärzte an, dass in nur 43 % der Fälle Informationsrecherche erfolgreich verläuft. Zudem beklagen knapp 72 % der Ärzte die Unübersichtlichkeit des Informationsangebots.
[22] Vgl. [Kal98d], S. 540.
[23] Siehe auch Kapitel 2.3.2.

1.2 Zielsetzung und Vorgehensweise

Zentrale Zielsetzung dieser Dissertation ist die Entwicklung einer Konzeption zu einer bedarfsgerechten Informationsversorgung von Ärzten im Behandlungsprozess basierend auf einem domänenspezifischen Kontextmodell. Auf dem Weg zur Erreichung dieser Zielsetzung wurden verschiedene (Zwischen-)Ergebnisse erarbeitet. Diese lassen sich den folgenden grundlegenden Arbeitsschritten zuordnen:

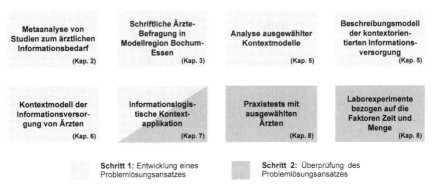

Abbildung 2: Ergebnisse der Arbeit und Zuordnung zu Arbeitsschritten

Schritt 1: Entwicklung eines Problemlösungsansatzes

Im ersten Schritt soll ein Lösungsansatz für die kontextorientierte Informationsversorgung von Ärzten im Behandlungsprozess entwickelt werden. Basierend auf den Erkenntnissen einer Metaanalyse von 14 Studien zum ärztlichen Informationsbedarf und -verhalten sowie einer eigenen schriftlichen Befragung in der Modellregion Bochum-Essen werden grundlegende Anforderungen an den Lösungsansatz abgeleitet. Ausgewählte Kontextmodelle aus verschiedenen Anwendungsbereichen werden untersucht und die gewonnenen Erkenntnisse bei der Entwicklung eines eigenen Kontextmodells der Informationsversorgung von Ärzten im Behandlungsprozess verarbeitet. Ein Ausschnitt dieses Kontextmodells wird bei der Konzeption der webbasierten Architektur einer informationslogistischen Kontextapplikation implementiert. Das Kontextmodell und die Architektur der Applikation bilden den Kern des erarbeiteten Lösungsansatzes.

Schritt 2: Überprüfung des Problemlösungsansatzes

Der Problemlösungsansatz soll im zweiten Schritt überprüft werden. Durch die Umsetzung der Architektur inkl. eines Kontextmodellausschnittes in Form einer implementierten und vollständig lauffähigen Kontextapplikation wird die Realisierbarkeit des erarbeiteten Lösungsansatzes dokumentiert. Anhand empirischer Methoden wird überprüft, ob die Applikation das Information-Overload-Problem von Ärzten in Behandlungssituationen reduziert. Dazu bewerten Ärzte in einem Praxistest u. a. die Relevanz der Suchergebnisse aus verschiedenen eRessourcen bezogen auf eigene Patienten und/oder deren Grunderkrankung. Darüber hinaus werden in zwei Laborexperimenten die Reduktion der „Time-to-Information" und der Informationsmenge gemessen. Die gewonnenen Erkenntnisse werden analysiert und bezogen auf den Lösungsansatz eingeordnet.

Das dargestellte Vorgehen spiegelt sich im Aufbau der Arbeit wieder. Dieser wird im folgenden Kapitel dargestellt.

1.3 Aufbau der Arbeit

Die Dissertation ist nach dem einleitenden Kapitel 1 in acht weitere untergliedert. In Kapitel 2 werden die grundlegenden Begriffe und Begriffsabgrenzungen aus dem Informations- und Wissensmanagement domänenübergreifend und domänenspezifisch eingeführt. Der Stand der wissenschaftlichen Forschung und Lehre in unterschiedlichen Disziplinen (Informationswissenschaften, Informatik etc.) zum Thema „Informationsbedarf" und „Informationsverhalten" wird vorgestellt. In einem Unterkapitel werden die Ergebnisse von 14 wichtigen nationalen und internationalen Studien und Erhebungen zum Informationsbedarf und zur Informationsversorgung von Ärzten zusammenfassend analysiert. Es folgt eine Einführung in das Information-Overload-Problem sowie die Darstellung der Informationslogistik als möglichem Problemlösungsansatz.

Die Ergebnisse einer schriftlichen Befragung aller Ärzte in der Modellregion Bochum-Essen werden in Kapitel 3 beschrieben. Sie sollen der Untersuchung des Information-Overload-Problems sowie als Grundlagen für die Entwicklung des Kontextmodells der Informationsversorgung sowie der Kontextapplikation dienen.

In Kapitel 4 werden die Grundlagen einer digitalen und webbasierten Informationsversorgung dargestellt. Zu diesen zählen die wichtigsten Begrifflichkeiten und Modelle sowie Gütemaße des Information Retrieval. Besonderes Gewicht wird auf das Thema „Information Retrieval im World Wide Web" gelegt. Eng damit verbunden ist das Thema „Serviceorientierte Architekturen (SOA)" und deren mögliche Implementierung auf Basis von Web Services. Diese bilden die Grundlage für die Umsetzung der Kontextapplikation.

Die Einführung in das Thema der kontextorientierten Informationsversorgung erfolgt in Kapitel 5. Es werden die unterschiedlichen Kontextsichten im Ubiquitous Computing und in den Informationswissenschaften diskutiert. Darauf aufbauend wird ein eigenes Beschreibungsmodell der kontextorientierten Informationsversorgung entwickelt. Basierend auf einer Literaturanalyse werden verschiedene Kontextmodelle und Implementierungsansätze analysiert und bewertet. Den Abschluss des Kapitels bildet eine zusammenfassende Darstellung von Anforderungen an eine kontextorientierte Informationsversorgung.

Die Erarbeitung des Kontextmodells der Informationsversorgung von Ärzten im Behandlungsprozess ist Gegenstand von Kapitel 6. Nach einer Beschreibung des Vorgehens zur Bestimmung der Kontextmerkmale und -bereiche folgt die Darstellung des Gesamtmodells und der Teilmodelle „Medizinischer Prozess", „Behandlungsfall", „Arzt" und „Arbeitsumgebung".

In Kapitel 7 werden Konzeption und Architektur der informationslogistischen Kontextapplikation (statische und dynamische Sicht) sowie ein zugrundeliegendes Nutzungsszenario dargestellt. Die Web Services „MappingComponent", „ContextManager", „eResourceManager" und „QueryHandler" werden detailliert beschrieben sowie deren interne Abläufe und Schnittstellen über Sequenzdiagramme und grafische WSDL-Abbildungen dokumentiert. Die eigenen Ansätze für ein ConceptMapping und eine iterative Suchlogik sowie der im Rahmen der Applikation realisierte Ausschnitt aus dem Kontextmodell werden dargestellt. Am Ende des Kapitels wird ein Ausblick auf mögliche Weiterentwicklungen (z. B. Web Service „QueryArchiveComponent") gegeben.

Die Überprüfung der informationslogistischen Konzeption einer kontextorientierten Informationsversorgung von Ärzten im Behandlungsprozess, insbesondere bezogen auf die Zielsetzung, das Information-Overload-Problem signifikant zu reduzieren, ist Gegenstand von Kapitel 8. Zur Überprüfung werden zwei Laborexperimente zur Messung der zeitlichen Verbesserung (Faktor Zeit) und der Reduktion der Informationsmenge (Faktor Menge) sowie ein Praxistest mit acht Ärzten (Faktor Informationscharakteristika) durchgeführt sowie deren Ergebnisse dokumentiert und interpretiert.

Im letzten Kapitel erfolgt eine zusammenfassende Darstellung der Ergebnisse der Dissertation. Es wird ein Ausblick auf künftige Forschungsarbeiten zur kontextorientierten Informationsversorgung gegeben.

2 Informationsbedarf und Informationslogistik

2.1 Daten, Informationen und Wissen

2.1.1 Einführung grundlegender Begriffe

Im Rahmen ihrer medizinischen Tätigkeit sind Ärzte in hohem Maße auf Informationen und medizinisches Wissen angewiesen. Dies wird nicht nur in den Kapiteln 2.2.4 und 3 vorgestellten Erhebungen zum Informationsbedarf und -verhalten von Ärzten, sondern auch durch zahlreiche Fachliteraturquellen unterstrichen.[24] Ärzte müssen eigene Informationsbedarfe erkennen, nach Informationen suchen, diese sichten und verarbeiten. Sie sind somit Wissensarbeiter und auf ein effizientes Wissensmanagement angewiesen.[25] Hilfestellung leisten ihnen dabei u. a. Konzepte und Technologien des Information Retrieval und der Informationslogistik (Kapitel 2.3.2 und 4.1). Zuvor soll zunächst auf Daten, Informationen und Wissen als „Gegenstand" des Information Retrieval und der Informationslogistik eingegangen werden:

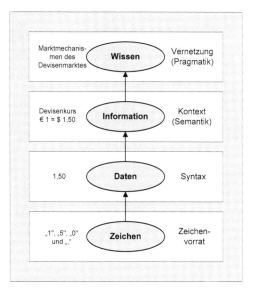

Abbildung 3: Begriffshierarchie Zeichen, Daten, Information und Wissen[26]

---

[24] Vgl. u. a. [DB93], S. 259, [CLB02], S. 170, [Kal98b], S. 81 ff., [Nit01], S. 13 und [Smi96], S. 1062 f.
[25] Smith führt dazu aus: „*The central job of doctors is to meet the needs of patients by drawing on the knowledge accumulated by medicine over 5000 years.*" [Smi96], S. 1. González-González et al. leiten ihre Studie mit den folgenden Gedanken ein: „*Physicians cannot practice high-quality medicine without constantly updating their clinical knowledge to help them manage patients.*" [GDS07], S. 345.
[26] In Anlehnung an [RK96], S. 6 und [Krc05], S. 14.

Die Begriffe „Zeichen", „Daten", „Information" und „Wissen" lassen sich in einen hierarchischen Zusammenhang bringen. In dieser Hierarchie stellen Zeichen die „[...] *kleinsten Informationseinheiten* [...]" dar.[27] „*Ein Zeichen ist ein Element aus einer zur Darstellung von Informationen vereinbarten endlichen Menge von verschiedenen Elementen* [...].[28] Diese Menge bezeichnet man als Zeichenvorrat.[29] Durch die Auswahl von Zeichen, Bildung einer Reihenfolge und Durchnummerierung entsteht ein Zeichensatz (z. B. ASCII, Unicode etc.).

Daten werden unter Verwendung einer Syntax durch Zeichen repräsentiert. Sie sind jedoch „[...] *Gegebene zur Verarbeitung ohne Verwendungshinweise* [...]".[30] Daten bestehen aus einzelnen Zeichen oder Zeichenfolgen. Gemäß DIN 44300 Nr. 19 sind Daten „*Informationen, die durch Zeichen oder kontinuierliche Funktionen aufgrund bekannter oder unterstellter Abmachungen zum Zweck der Verarbeitung dargestellt werden*".[31] Im Beispiel wird durch die Anwendung einer Syntax aus den Zeichen „1", „5", „0" und einem Komma das Datum „1,50". In der IKT werden Daten in der Regel in einer digitalen Repräsentationsform gespeichert und verarbeitet.

Um aus Daten Informationen zu gewinnen, müssen sie in einem Bedeutungskontext interpretiert werden. Erst durch den Kontext „Wechselkurs" kann das Datum „1,50" als Wechselkursinformation mit dem Wert „1,50" interpretiert werden und erhält eine semantische Bedeutung. Informationen sind also „*[...] in den Kontext eines Problemzusammenhangs [Semantik] gestellte Daten* [...]".[32]

Zusätzlich zur Syntax der Daten und der Semantik von Informationen ist Wissen durch seine Pragmatik – einen konkreten Handlungsbezug – gekennzeichnet.[33] „*Wissen ist Information in Aktion*" lautet eine andere Definition, die in die gleiche Richtung weist.[34] Nohr definiert Wissen als die „*[...] Gesamtheit der Kenntnisse, Erfahrungen, Fähigkeiten, Fertigkeiten und Wertvorstellungen* [...]" kognitiver Systeme.[35] Besonders treffend formuliert Hersh: „*Knowledge is what is learned from the data and information, and what can be applied in*

---

[27] [HN05], S. 83.
[28] Ebenda, S. 83.
[29] Vgl. [Han05], S. 7, [RK96], S. 3 und [Fuh06], S. 7.
[30] [Fin00], S. 25.
[31] Inzwischen wurde die DIN 44300 durch die Norm DIN ISO/IEC 2382 ersetzt.
[32] [RK96], S. 4.
[33] [Fuh06], S.7 f. In der Informationswissenschaft wird eine alternative Abgrenzung der Begriffe „Information" und „Wissen" vorgenommen: Danach ist „[...] *Information* [...] *die Teilmenge von Wissen, die von jemandem in einer konkreten Situation zur Lösung von Problemen benötigt wird* [...]." [Kuh90], S. 13.
[34] [Fuh06], S. 8.
[35] [Noh04], S. 257.

Daten, Informationen und Wissen 11

new situations to understand the world."[36] Wissen ist das Ergebnis der individuellen Verarbeitung von Daten und Informationen, welches in der Praxis zur Lösung von Aufgabenstellungen angewendet werden kann. Es befindet sich also ausschließlich „im Kopf" einer Person. Bezogen auf eine IT- Unterstützung der Informationsversorgung bedeutet dies, dass Softwareanwendungen immer nur Daten und Informationen, niemals aber Wissen bereitstellen können. Dieses entsteht erst durch die Verarbeitung der Daten und Informationen im Rahmen kognitiver Prozesse durch den Anwender.

2.1.2 Kategorisierung und Management von Informationen und Wissen

Wissen lässt sich nach unterschiedlichen Kriterien kategorisieren. In der Literatur ist die Unterscheidung in internes und externes Wissen sowie explizites und implizites Wissen besonders häufig anzutreffen.

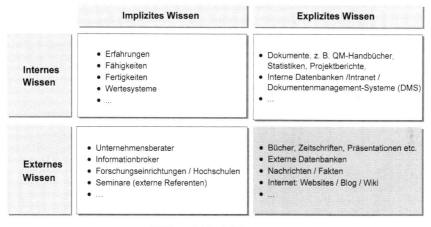

Abbildung 4: Matrix Wissensarten

Internes Wissen ist das innerhalb einer Organisation, z. B. einem Unternehmen oder einer medizinischen Einrichtung, vorhandene Wissen. Externes Wissen ist außerhalb einer Organisation verfügbares Wissen.

Das Konzept des impliziten Wissens (*Tacit Knowledge*) wurde von Polanski entwickelt.[37] Implizites Wissen ist Wissen „in den Köpfen der Menschen". Es ist personengebunden und daher schwer formalisierbar, teilbar und kommunizierbar. Man unterscheidet zwischen tech-

---

[36] [Her03], S. 22 f.
[37] Vgl. dazu [Pol66] bzw. in der deutschen Fassung [Pol85].

nisch-implizitem Wissen (Fähigkeiten/Fertigkeiten) und kognitiv-implizitem Wissen (mentale Modelle, Überzeugungen etc.).[38] Implizites Wissen kann durch Referenzierung, z. B. in Form von Gelben Seiten oder Wissenslandkarten zugänglich gemacht werden. Unter explizitem Wissen versteht man den Anteil des Wissens einer Person, der formal beschreibbar oder artikulierbar ist. Explizites Wissen wird durch Kodifikation, z. B. durch Niederschrift in Dokumentform oder als Datensatz über Bibliotheken, Archive und Datenbanken, papierbasiert oder digital zugänglich gemacht. Digitales explizites Wissen liegt dann in Form von Informationen und Daten vor.

Der Schwerpunkt der Dissertation liegt auf explizitem externem Wissen in digitaler Repräsentation (blau eingefärbter Bereich in Abbildung 4).[39] In der folgenden Abbildung werden die wichtigsten Arten expliziten externen Wissens dargestellt:

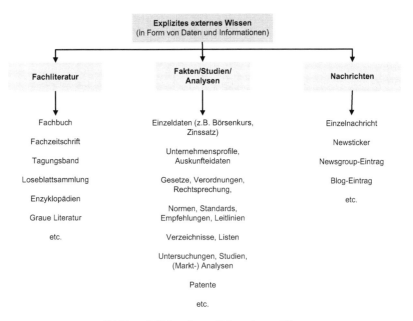

Abbildung 5: Kategorien expliziten externen Wissens

---

[38] Vgl. [NT97], S. 72 f.
[39] Kontextorientierte Informationsversorgung kann sich grundsätzlich auch auf internes explizites Wissen beziehen.

Die erste Kategorie bildet Fachliteratur. Sie lässt sich anhand der Merkmale „Fachliteraturart", „Informationstiefe" und „Medium" in einem dreidimensionalen Koordinatensystem klassifizieren (Abbildung 6).

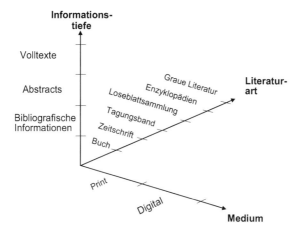

Abbildung 6: Dreidimensionale Klassifikation von Fachliteratur

Fakten, Studien und Analysen bilden eine sehr heterogene Kategorie. Sie reichen von Einzeldaten (z. B. Börsenkurse, Zinssätze, Umsatzzahlen etc.), die der Befriedigung eines sehr konkreten Informationsbedarfs dienen, bis hin zu komplexen Dokumenten.[40] Nachrichten werden als Informationstyp zunehmend wichtiger, um zeitnah auf Entwicklungen reagieren zu können. Auch für Ärzte können Nachrichten große Relevanz für ihr ärztliches Handeln haben. Dies gilt z. B. für Nachrichten über Arzneimittelskandale, aktuelle Forschungserkenntnisse oder Ergebnisse von medizinischen Studien.

Takeuchi und Nonaka haben sich mit der Generierung von explizitem externem Wissen und anderen Wissensarten beschäftigt. Sie beschreiben vier mögliche Kombinationen der Transformation impliziten und expliziten Wissens:[41]

1. Sozialisation

Transformation von implizitem in implizites Wissen (Ergebnis: sympathetisches Wissen). Sie findet z. B. im Rahmen eines Erfahrungsaustausches statt, aus dem sich gemeinsame mentale

---

[40] Vgl. zur Unterscheidung zwischen konkretem und problemorientiertem Informationsbedarf auch Kapitel 2.2.1.
[41] [NT97], S. 74 ff.

Modelle entwickeln und/oder technische Fertigkeiten entstehen (Beispiel: Lehrling lernt durch Anschauung von seinem Meister).

2. Externalisierung

Transformation von implizitem in explizites Wissen (Ergebnis: konzeptuelles Wissen). Ist ein Prozess der Artikulation von implizitem Wissen in explizite Konzepte (Beispiel: Erstellung eines Lehrbuchs durch einen Fachexperten).

3. Kombination

Transformation von explizitem in explizites Wissen (Ergebnis: systemisches Wissen). Ist ein Prozess der Erfassung von Konzepten innerhalb eines Wissenskomplexes mit dem Ziel, verschiedene Bereiche expliziten Wissens miteinander zu verbinden (Bsp.: Aufnahme von neuen Quellen in eine Literaturdatenbank).

4. Internalisierung

Transformation von explizitem in implizites Wissen (Ergebnis: operatives Wissen). Ist ein Prozess zur Eingliederung expliziten Wissens in implizites (Bsp.: Learning-by-doing-Erfahrung; durch das mehrfache bewusste Tun werden Abläufe verinnerlicht).

Takeuchi und Nonaka gehen davon aus, dass die vier Transformationsformen im Sinne eines Kreislaufs im Unternehmen nacheinander ablaufen können und durch das gestiegene Wissensniveau (z. B. im Rahmen der Produktentwicklung) einen neuen Kreislauf anstoßen. Die Abfolge nacheinander ablaufender Kreisläufe bezeichnet man als Wissensspirale (Abbildung 7). Die Wissensspirale in Gang zu halten ist eine der wichtigsten Aufgaben systematischen Wissensmanagements in Organisationen. In der Literatur lassen sich unterschiedliche Definitionsansätze für den Begriff „Wissensmanagement" (*Knowledge Management*) finden.[42] Davenport und Prusak verstehen darunter einen formalen Ansatz der Generierung, Verteilung und Verwendung von Wissen in Organisationen. Ziel dieser Aktivitäten ist es, „[...] *corporate knowledge into corporate value* [...]" zu transformieren.[43] Damit wird eine anspruchsvolle

---

[42] Die Begriffe „Wissensmanagement" und „Knowledge Management" werden in dieser Arbeit synonym verwendet.
[43] Vgl. [DP98], S. 51.

Zielsetzung an das Wissensmanagement im Unternehmen geknüpft. Diese konnte in den letzten Jahren nicht immer erfüllt werden.[44]

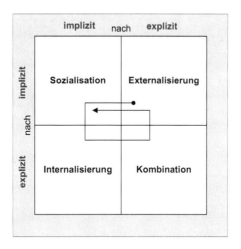

Abbildung 7: Vier Formen der Wissensumwandlung und Wissensspirale[45]

Eine ähnliche Perspektive legen Probst et al. zugrunde, indem sie Wissensmanagement über seine Kernprozesse „Wissensidentifikation", „Wissenserwerb", „Wissensentwicklung", „Wissens(ver)teilung", „Wissensnutzung" und „Wissensbewahrung" definieren (Abbildung 8).[46]

Beginnend mit der Definition von Wissenszielen wird das notwendige Wissen, um die Wissensziele zu erreichen, identifiziert. Ist dieses Wissen nicht vorhanden, wird es (extern) erworben bzw. (intern) entwickelt. Es folgt die Distribution des Wissens in der Organisation sowie Maßnahmen zu seiner Bewahrung. Den Abschluss bilden die Nutzung des Wissens und seine Bewertung. Anhand der Bewertung des Wissens können nun die Wissensziele hinterfragt und gegebenenfalls angepasst werden.

---

[44] Wilson merkt zu den Ursachen des „Misserfolgs" an, Wissensmanagement basiere auf „[...] *an utopian idea of organizational culture in which the benefits of information exchange are shared by all, where individuals are given autonomy in the development of their expertise, and where 'communities' within the organization can determine how that expertise will be used. Sadly, we are a long way removed from that Utopia [...]*", [Wil02], S. 20.
[45] In Anlehnung an [NT97], S. 75 und 84.
[46] Vgl. [PRR99], S. 53 ff.

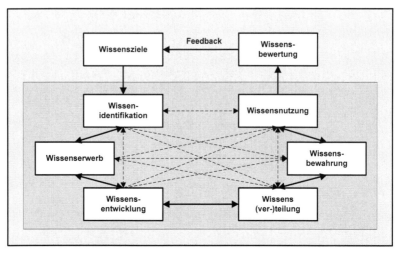

Abbildung 8: Bausteine des Wissensmanagements[47]

Eine ebenfalls prozessorientierte Sichtweise auf den Begriff „Wissensmanagement" vertritt Nohr.[48] Die Prozesssicht bezieht er sowohl auf die Wissensmanagement- und Wissensprozesse selbst als auch auf die Integration von Wissen in Geschäftsprozesse.

Bezogen auf das ärztliche Umfeld erreichen umfassende Wissensmanagement-Ansätze bislang nur Ärzte in sehr großen Krankenhäusern und insbesondere privaten Klinikketten (z. B. Asklepios, Rhön-Klinikum, Sana oder Helios). Kleine oder mittelgroße Häuser verfügen zumeist über eine sehr schlanke Organisationsstruktur im Bereich der strategischen Managementaufgaben, zu denen das Wissensmanagement zählt. Im niedergelassenen Sektor, dessen Struktur durch Einzel- bzw. Gemeinschaftspraxen in der Rechtsform eines Einzelunternehmens oder einer Gesellschaft bürgerlichen Rechts (GbR) geprägt ist, beschränkt sich Wissensmanagement auf persönliche Informationssammlungen von Ärzten und den Austausch im Rahmen von ärztlichen Qualitätszirkeln oder Fortbildungen.

Im Rahmen dieser Arbeit wird daher der Fokus auf die IT-Konzeption einer bedarfsgerechten Informationsversorgung und weniger auf deren Einordnung und Verankerung im Rahmen eines einrichtungsweiten Wissensmanagements gerichtet.

---

[47] [PRR99], S. 58.
[48] Vgl. [Noh04], S. 261 ff.

2.1.3 Daten, Informationen und Wissen im ärztlichen Umfeld

Die Verwendung der Begriffe „Daten", „Informationen" und „Wissen" im Umfeld der IT-gestützten ärztlichen Informationsversorgung macht keine Neudefinition der Begriffe erforderlich. Kaltenborn überträgt sie in das ärztliche Umfeld und verwendet analoge Definitionen.[49] Daten liegt laut Kaltenborn eine syntaktische Auffassung mit dem Ziel der formalen Verarbeitungsfähigkeit zugrunde. Nicht zusammenhängende Fakten, einzelne Beobachtungen oder Instruktionen können Daten im medizinischen Sinne darstellen. Ein Beispiel für medizinische Daten ist eine Blutdruckmessreihe mit den Werten 130/80, 140/80, 140/90.

Informationen entstehen durch die Auswahl, Organisation, Herstellung von Querbeziehungen, Analyse und Synthese von medizinischen Daten. Ein Beispiel für Information ist eine wissenschaftliche Publikation, in der eine medikamentöse Therapie für Hypertonie beschrieben wird. Durch die Kombination einzelner Blutdruckdaten und Namen von Medikamenten entsteht eine eigene und neue Semantik der Daten.

Im Rahmen von Lern- und Verstehensprozessen entsteht durch Analyse und Synthese von Informationen Wissen. Wissen ist also strukturierte, vernetzte und komplex organisierte Information. Der pragmatische Handlungsbezug von Wissen wird laut Kaltenborn dadurch realisiert, dass Wissen sich auf konkrete Handlungsbereiche, z. B. die Therapie einer bestimmten Erkrankung, bezieht und dort vom Arzt genutzt wird. Als Beispiele für explizites medizinisches Wissen können medizinische Leitlinien oder Kapitel in medizinischen Lehrbüchern genannt werden.

Slawson, Shaughnessy und Bennett ergänzen den begrifflichen Dreiklang um den Begriff der Weisheit (*Wisdom*).[50] Sie verstehen darunter die Anwendung von medizinischem Wissen auf einen konkreten Sachverhalt und basierend auf erfahrungsgestützter Intuition. Für die IT-gestützte Informationsversorgung hat dieser Begriff jedoch eine geringe Bedeutung, da ärztliche Intuition nicht technisch abgebildet werden kann.

Kaltenborn unterscheidet medizinische Daten, Informationen und Wissen dahingehend, ob sie sich direkt auf einen einzelnen Patienten/Behandlungsfall beziehen oder nicht bzw. nicht ausschließlich auf einen bestimmten Patienten (Tabelle 1).[51] Nicht direkt bzw. nicht ausschließ-

---

[49] Vgl. [Kal98a], S. 1 ff.
[50] Vgl. [SSB94], S. 506.
[51] Vgl. [Kal98a], S. 5 oder [Kal91], S. 46. Eine ähnliche Typisierung findet sich auch bei Smith. Er unterscheidet zwischen Informationen „on particular patients" (1) und nicht patientenbezogenen Informationen in Form

lich patientenbezogene Informationen sind zumeist auf eine bestimmte Erkrankung (Indikation) oder Fallgruppe bezogen. Für den Arzt sind die patientenbezogenen Informationstypen von grundlegender Bedeutung für sein medizinisches Handeln. Sie liegen ihm im Rahmen des von ihm genutzten Primärsystems vor, und ihre bedarfsgerechte Bereitstellung stellt in der Regel keine informationslogistische Herausforderung dar.

Informationstyp	Beispiel/Beschreibung
I. Patientenbezogene Informationstypen	
I.1 Patientenbezogene Daten	Anamnese, Befunde, Laborwerte etc.
II. Nicht patientenbezogene Informationstypen	
II.1 Populationsbezogene Information	Informelle epidemiologische Information, Information über Inzidenz und Prävalenz einer Krankheit in der lokalen Bevölkerung, Gesundheit der lokalen Bevölkerung, statistische Daten aus dem öffentlichen Gesundheitswesen und der Literatur
II.2 Medizinisches Wissen	Wissen über Krankheitsbilder, Therapie, Operationstechniken, diagnostische Verfahren etc. aus Zeitschriften, Monographien etc.
II.3 Logistische Information	Information über die lokalen und regionalen Gegebenheiten für die Krankenversorgung, zum Beispiel für die Überweisung des Patienten an eine spezielle Einrichtung, Verfügbarkeit von Medikamenten entsprechend einer Medikamentenliste der Klinik, Versicherungsleistungen etc.
II.4 Information über soziale Einflussfaktoren auf die Krankenversorgung	Wissenschaftliche, politische, rechtliche, ethische Information sowie Managementkenntnisse mit Bedeutung für die Krankenversorgung; Erwartungen und Haltungen von Kollegen und Patienten in Bezug auf Gesundheit, Krankheit und die Praxis der Medizin

Tabelle 1: Typologie medizinischer Informationen[52]

Von den nicht patientenbezogenen Informationstypen zeichnet sich insbesondere das medizinische Wissen durch eine Vielzahl an unterschiedlichen Repräsentationsformen und extern verfügbaren und webbasierten Informations- und Wissensquellen sowie ein nahezu unüberschaubares Angebot an Inhalten aus (Kapitel 2.3.1).

---

von Daten bzgl. der Gesundheit und Erkrankungen innerhalb der lokalen Bevölkerung (2), medizinischem Wissen (3), Informationen bzgl. der lokal verfügbaren Ärzte für eine Überweisung o. ä. (4), Informationen über lokale soziale Einflüsse und Aussichten (5) sowie Informationen über wissenschaftliche, politische, juristische, soziale, wirtschaftliche und ethische Veränderungen, die einen Einfluss darauf haben, wie Medizin in einer Gesellschaft praktiziert wird und wie Ärzte mit den einzelnen Patienten interagieren (6). Vgl. [Smi96], S. 1065.

[52] In Anlehnung an [Kal98a], S. 5 oder [Kal91], S. 46.

Zur Klassifikation von gesundheitsbezogenen Informationsinhalten (*Health Information Content*) hat Hersh folgende Systematik entwickelt[53]:

1. Bibliografische Inhalte: Bibliografische Datenbanken, Web-Kataloge oder spezielle Verzeichnisse
2. Volltexte: Fachzeitschriften, Bücher oder Webseiten
3. Datenbanken und Sammlungen: Bilder, Zitate oder Studien
4. Aggregationen: Bei der Aggregation werden unterschiedliche Informationsquellen (bspw. Leitlinien zusammen mit Weblinks und Volltexten) zusammengeführt.[54]

Zusammenfassend betrachtet bieten sich zur Bezeichnung des Gegenstands der webbasierten Informationsversorgung von Ärzten verschiedene Begriffe an: Der Begriff „explizites externes medizinischen Wissen" kann irreführend sein. Explizites Wissen liegt in eRessourcen in Form von Daten oder Informationen vor. Gegenstand der Informationsversorgung ist also nicht Wissen, sondern Daten und Informationen. Wissen entsteht erst durch deren Verarbeitung durch den Anwender (Kapitel 2.1.2).

Auch der Begriff „Nicht patientenbezogene Informationstypen bzw. Informationen" ist unpräzise. So haben Fachliteratur oder Leitlinien, die von einem Arzt im Rahmen von Behandlungsprozessen gelesen werden, durchaus einen direkten Patientenbezug. Sie lassen sich jedoch im Gegensatz zu Patientendaten zu mehreren Patienten in Beziehung setzen.

Der von Hersh genutzte Begriff der gesundheitsbezogenen Informationsinhalte (*Health Information Content*) impliziert – zumindest in der deutschen Übersetzung – eine stark patientenbezogene Perspektive. Aus ärztlicher Sicht sollte ein geeigneter Begriff weniger den Bezug zur Gesundheit, sondern mehr zu Medizin herstellen.

Vom Verfasser wurde der Begriff „medizinische Fachinformation" ausgewählt. Dieser Begriff setzt die Information in Bezug zum medizinischen Fachgebiet und nicht zum Patienten. Gleichzeitig schließt der Begriff „medizinische Fachinformation" eine Verwendung im Zusammenhang mit einem konkreten Patientenfall nicht aus.[55]

---

[53] Vgl. [Her03], S. 117 ff.
[54] Beispiele für solche Aggregationen sind http://medlineplus.gov/ als Informationsportal für Patienten oder auch die Metasuchmaschine http://www.medpilot.de/.
[55] Zur Vereinfachung wird im Folgenden auch der Begriff „Information" verwendet. Steht dieser im Zusammenhang mit der kontextorientierten Informationsversorgung, so sind damit immer „medizinische Fachinformationen" gemeint.

2.2 Informationsbedarf und Informationsverhalten

Das Vorliegen eines Bedarfs nach Informationen ist Grundlage für jede Form der Bedarfsbefriedigung im Rahmen der IT-gestützten kontextorientierten Informationsversorgung.[56] Die Einführung des Begriffs „Informationsbedarf" (*Information Need*) in der wissenschaftlichen Forschung, insbesondere in der Informationswissenschaft, erfolgte in den 1960er Jahren.[57] Der erste Artikel zum Thema „Information Use Studies" wurde von Fishenden 1965 veröffentlicht.[58] Im Laufe der Zeit wandelte sich die Betrachtungsweise auf die Themen „Information Retrieval" und „Informationsbedarf" von einer systemzentrierten hin zu einer benutzerzentrierten Sicht.[59] Es wurde eine Vielzahl an Erklärungsmodellen, insbesondere aus der Perspektive der Informationswissenschaften, für die Entstehung eines Informationsbedarfs und die Beschreibung des Informationsverhaltens (*Information Behavior*) entwickelt.

2.2.1 Informationswissenschaftliche Erklärungsmodelle der Entstehung eines Informationsbedarfs

Die Interpretation des Begriffs „Informationsbedarf" (IB) erfolgt in den Informationswissenschaften u. a. auf Basis von Erkenntnissen der Systemtheorie, der kognitiven Psychologie und des Information Retrieval. Im Folgenden werden wichtige Erklärungsmodelle zur Entstehung eines Informationsbedarfs dargestellt.

Die vier Stufen des Informationsbedarfs nach Taylor (1968)[60]

Taylor gilt als einer der Pioniere der Informationswissenschaften. In einer Untersuchung aus dem Jahr 1968 beschäftigt er sich u. a. mit vier möglichen Stufen des Informationsbedarfs von Bibliotheksnutzern (Abbildung 9).

---

[56] Vgl. dazu Kapitel 5.4.
[57] Vgl. [FSV96], S. 373 f.
[58] Vgl. [Wil94], S. 15. Wilson verweist auf [Fis65].
[59] Unterstrichen wird dies durch eine Vielzahl an Benutzerstudien (*User Studies*), die den Fokus auf Anwenderbedürfnisse lenkt. Vgl. dazu u. a. [Bel80], [Wil81], [Der92], [Wes93] und [Wil94].
[60] Basierend auf [Tay68].

Informationsbedarf und Informationsverhalten 21

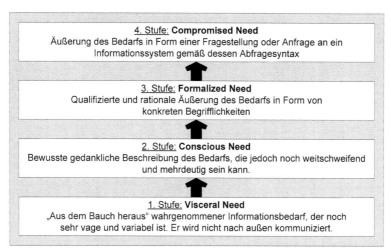

Abbildung 9: Taylors vier Stufen des Informationsbedarfs

Bibliothekare sind mit diesen Informationsbedarfen konfrontiert und geben auf deren Basis in einem iterativen Prozess (*Question Negotiation*) Hilfestellung bei der Informationsbeschaffung. In Stufe 1 hat noch keine Informationsbedarfsäußerung durch den Bibliotheksnutzer stattgefunden. Informationsbedarfe der Stufe 2 und 3 versuchen Bibliothekare in die Stufe 4 zu überführen und unter Verwendung einer Abfragesyntax an ein Informationssystem zu übermitteln.

Anomalous State of Knowledge (ASK)-Ansatz von Belkin (1980)[61]

Belkins Überlegungen basieren auf dem Schema der Fragestufen von Taylor. Er sieht eine Anomalie im Wissensstand (*Anomaly in the State of Knowledge*) als Auslöser eines Informationsbedarfs. D. h. ein Anwender, der vor einer Problemstellung steht, stellt fest, dass sein Wissen nicht ausreicht, um ein Problem oder eine Fragestellung zu lösen. Um diese Anomalie auszugleichen, stellt der Anwender eine Anfrage an ein IR-System. Die vom IR-System auf die Anfrage gelieferte Information führt zu einer Änderung des Wissensstands (*State of Knowledge*) des Anwenders. Reicht der „neue" Wissensstand aus, das Problem zu lösen, erfolgt keine weitere Anfrage an das System. Bei einer geringen Präzisierung der Wissensanomalie und damit des Informationsbedarfs sind jedoch zumeist mehrere Anfragen erforderlich, um einen problemadäquaten Wissensstand zu erreichen.

---

[61] Basierend auf [Bel80].

Erklärungsansätze zur Entstehung von Informationsbedarfen anhand der kognitiven Psychologie durch Norman, Bobrow (1976) und Frants et al. (1988, 1996, 1997)[62]

Der Mensch als biologisches System mit dem primären Ziel des Systemerhalts (also des Überlebens), hat zur Erfüllung dieser Zielsetzung einen Bedarf an externen und internen Informationen zur Systemsteuerung. Externe und interne Informationen erzeugen Muster (*Patterns*) im Gehirn.

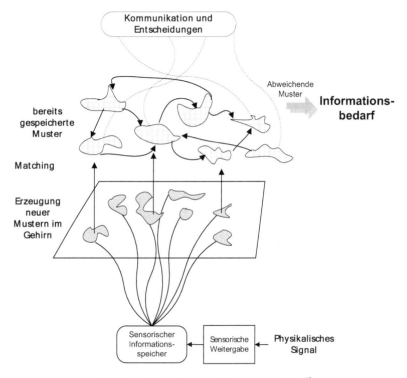

Abbildung 10: Entstehung von Informationsbedarfen[63]

Stimmen die Muster nicht oder nur teilweise mit gespeicherten Verhaltens- oder Reaktionsmustern überein, entsteht Unsicherheit (= Informationsbedarf). Um die Unsicherheit zu reduzieren, versucht der Mensch, Informationen zu beschaffen, die geeignet sind, das Muster zu vervollständigen oder ein neues zu entwickeln. Diese Unsicherheit löst also einen Informa-

---

[62] Basierend auf [NB76], [FB88], S. 86 f., [FSV96] 374 f. und 383 ff. sowie [FSV97], S. 38 ff.
[63] Eigene Darstellung in Anlehnung an [NB76], S. 118.

tionsbedarf aus. Dieser besteht so lange, bis das Muster einen neuen und zunächst ausreichenden Grad von Vollständigkeit erreicht hat.

Frants et al. unterscheiden zwischen einem konkreten Informationsbedarf (*concrete information need (CIN)*), der sich bspw. in Fragestellungen äußert wie "What is the melting temperature of lead under standard conditions?" und einem problemorientierten Informationsbedarf (*problem-oriented information need (POIN)*), manifestiert in Fragestellungen wie bspw. "How can malignant tumors be treated?"[64]

Sense-Making-Methapher von Dervin (1992)[65]

Dervins Erklärungsansatz zur Entstehung eines Informationsbedarfs basiert auf dem methodologischen Ansatz des „Sense-making", d. h. Sinnerzeugung bzw. der Wissenskonstruktion insbesondere in komplexen (Entscheidungs-)Situationen. Die Sense-Making-Methapher von Dervin beschreibt, wie Menschen sich in Raum und Zeit bewegen bis sie auf eine Wissenslücke (*Cognitive Gap*) stoßen und einen Informationsbedarf bemerken.[66] Diese Wissenslücken können dann durch die Beschaffung neuer Informationen überwunden werden.

Erklärungsmodell von Wilson (1981)[67]

Nach Wilson können personenbezogene kognitive, affektive oder physiologische Bedürfnisse Auslöser eines Informationsbedarfs sein (Abbildung 11).

Die Bedürfnisse stehen untereinander in Beziehung und werden durch den Kontext des Informationssuchenden beeinflusst. Dieser Kontext ist auf der ersten Ebene durch seine soziale Rolle (Arbeitsaufgabe und Ausführungsebene bezogen auf die Arbeitsaufgabe) und die Umgebung, in die der Benutzer eingebettet ist, gekennzeichnet. Bevor ein Informationsbedarf geäußert wird und sich in Form von Informationssuchverhalten manifestiert, sind individuelle, interpersonale und Umgebungsbarrieren zu überwinden. Wilson schlägt vor, den Begriff „In-

---

[64] Vgl. [FB88], S. 90, [FSV96], S. 375 oder auch [Sto07], S. 51 f. CIN ist dadurch gekennzeichnet, dass die thematischen Grenzen klar abgesteckt sind, die Suchanfrage durch Terme exakt formuliert werden kann, eine Fakteninformation (z. B. aus Handbüchern, Tabellen, Enzyklopädien und Wörterbüchern) in der Regel ausreicht, um den Informationsbedarf zu decken und das Informationsproblem mit der Übermittlung der Information erledigt ist. Im Gegensatz dazu sind die thematischen Grenzen bei POIN nicht klar und die Suchanfrage lässt mehrere terminologische Varianten zu. In der Regel müssen mehrere Dokumente (z. B. Forschungsartikel oder Bücher) in einem iterativen Prozess beschafft werden, um den Informationsbedarf zu decken.
[65] Vgl. [Der92].
[66] Vgl. [Der92], S. 68. In Grafik 6.1 der Quelle wird die Sense-Making-Methapher dargestellt.
[67] Basierend auf [Wil81].

formationsbedarf" nicht zu verwenden, sondern stattdessen von „[...] *information-seeking towards the satisfaction of needs*" zu sprechen.[68]

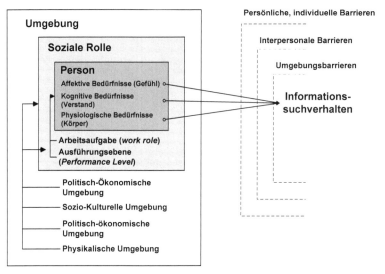

Abbildung 11: Zusammenhänge zwischen Informationsbedarfskontext und Informationssuchverhalten[69]

Wilson verbindet seine Überlegungen später mit dem Modell von Ellis und konkretisiert das Informationssuchverhalten durch die Verhaltensmuster in Ellis Modell.[70]

Der Begriff des Informationsverhaltens ist eng mit dem des Informationsbedarfs verknüpft. Informationsverhalten (IV) beschreibt „[...] *how people need, seek, manage, give and use information in different contexts*".[71] Die Aktivitäten im Rahmen des Informationsverhaltens lassen sich als Ablauf oder Prozess darstellen. In der Literatur werden verschiedene Modelle des Informationsverhaltens unterschieden.

---

[68] Ebenda, S. 8.
[69] Deutsche Übersetzung der Abbildung [Wil81], S. 8.
[70] Vgl. [Wil94], S. 33 f.
[71] [Sav07], S. 112.

Informationsbedarf und Informationsverhalten   25

Informationssuchverhalten nach Ellis (1993)[72]

Ellis führte im Rahmen seiner Arbeit verschiedene Studien zur Untersuchung des Informationssuchverhaltens von Wissenschaftlern unterschiedlicher Fachrichtungen durch. Als Ergebnis identifizierte er die folgenden Modelle von Verhaltensmustern bei der Informationssuche:

Abbildung 12: Verhaltensmuster bei der Informationssuche nach Ellis

Information Search Process (ISP)-Modell von Kuhltau (1991)[73]

Aufbauend auf den Arbeiten des Psychologen Kelly erarbeitete Kuhltau das Modell des Informationssuchprozesses (*Information Search Process*) mit insgesamt sechs Stufen und ordnete den sechs Stufen Ausprägungen in den Bereichen „Gefühle" (*Feelings*), „Gedanken" (*Thoughts*) und „Handlungen" (*Actions*) zu (Abbildung 13).

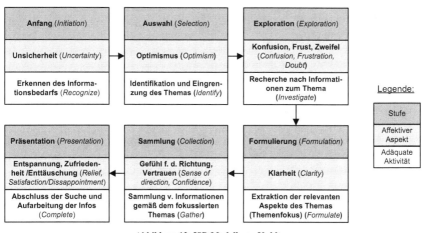

Abbildung 13: ISP-Modell von Kuhltau

---

[72] Basierend auf [Ell93].
[73] Basierend auf [Kuh91].

Die sechs Stufen werden darüber hinaus um die jeweils adäquate Aktivität (*Appropriate Task*) zur Erreichung der nächsten Stufe ergänzt. In der Anfangsphase (*Initiation*) wird die suchende Person aufmerksam auf ihr Wissens- oder Verständnisdefizit und fühlt sich unsicher. Die adäquate Aufgabenstellung in dieser Phase ist es, den Informationsbedarf genau zu identifizieren. Über die in der Abbildung aufgeführten Stufen mündet der Suchprozess schließlich in der Präsentationsphase, in der sich ein Gefühl der Erleichterung (oder auch Enttäuschung bei Misserfolg) einstellt und die Suche abgeschlossen wird.

Erklärungsmodell von Westbrook (1993)[74]

Das Modell von Westbrook basiert auf den Ansätzen von Belkin und Kuhltau. Westbrook unterscheidet fünf potenziell ineinandergreifende und sequenziell ablaufende Aktivitäten im Rahmen des Informationsverhaltens. Neben dem Informationsverhalten umfasst das Modell auch den Informationsbedarf. Das „Bedürfen" von Informationen stellt die erste Aktivität im Modell dar. Es folgen das „Beginnen" mit der Arbeit am Informationsbedarf (*Starting to Work on the Need*), die Arbeit am Informationsbedarf selbst (*Working on the Need*), die „Bewertung" der Ergebnisse dieser Arbeit (*Deciding on the Value of Working on the Need*) und das „Beenden" der Arbeit (*Closing the Effort to Work on the Need*).

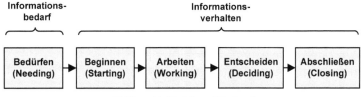

Abbildung 14: Modell von Westbrook

Westbrook weist darauf hin, dass jede dieser Aktivitäten die abschließende sein und das Ergebnis jeder Aktivität zu einer früheren Aktivität zurückführen oder einen Neubeginn auslösen kann.

Fazit

In den vorgestellten Erklärungsmodellen zur Entstehung eines Informationsbedarfs und des Informationsverhaltens findet der Kontext nur implizit Berücksichtigung. Kontextaspekte fanden in den informationswissenschaftlichen Ansätzen erst mit dem Aufkommen des For-

---

[74] Basierend auf [Wes93].

Informationsbedarf und Informationsverhalten 27

schungsfeldes des kontextorientierten Information Retrieval explizit Berücksichtigung (Kapitel 5).

2.2.2 Aufgabenorientierte Definition des Begriffs „Informationsbedarf"

Insbesondere aus der Wirtschaftsinformatik entstammt eine auf die zu erledigende Aufgabenstellung fokussierte Sichtweise des Begriffs „Informationsbedarf". Die folgenden Definitionen des Begriffs verdeutlichen seine Verknüpfung mit einem Aufgabenträger in einer Organisation (insbesondere einem Unternehmen) und dessen Aufgabenstellung:

1. *„Unter Informationsbedarf verstehen wir die Summe aller Informationen, die erforderlich sind, um einen Sachverhalt – z. B. einen Realprozess oder eine Problemsituation – abzubilden."*[75] Der Bedarfsträger ist dabei im Regelfall eine Person, kann aber auch ein System sein.

2. *„[...] Art, Menge und Qualität der Informationsgüter, die ein Informationssubjekt im gegebenen Informationskontext zur Erfüllung einer Aufgabe in einer bestimmten Zeit und innerhalb eines gegebenen Raumgebiets benötigt bzw. braucht."*[76]

3. *„Informationsbedarf bezeichnet die Art, Qualität und Menge der Information, welche Aufgabenträger (Personen oder Organisationseinheiten) zur Erfüllung einer bestimmten Aufgabe benötigen."*[77]

Bei all diesen Ansätzen stehen die drei Entitäten „Information(-sgut)", „Aufgabenträger" und „zu erfüllende Aufgabe" im Zentrum der Betrachtung. Die zu entwickelnden Informationssysteme sollen einen Aufgabenträger mit den zur Aufgabenerfüllung erforderlichen Informationen versorgen. Fokussiert man dabei im Sinne der Wirtschaftsinformatik auf einen betrieblichen Kontext, so ist eine zu erfüllende Aufgabe immer in einen betrieblichen Vorgang bzw. in einen Geschäftsprozess eingebettet zu sehen. Ein einzelner Vorgang bzw. ein Geschäftsprozess hat eine Zielsetzung, die aus dem Gesamtunternehmensziel abgeleitet ist. Ein Informationsbedarf im betrieblichen Kontext sollte sich somit immer aus dem Gesamtunternehmensziel ableiten lassen bzw. zu dessen Erreichung beitragen.

Diese Sichtweise lässt sich auf das Gesundheitswesen übertragen. Die Analogie zum Geschäftsprozess stellt der Behandlungsprozess im Rahmen der Patientenversorgung dar. Ärztli-

---

[75] [Kor76], S. 65.
[76] [Szy80], Spalte 904.
[77] [Ste01], S. 238 f.

che Tätigkeiten lassen sich in der Regel einer der übergeordneten Tätigkeitskategorien „Prävention", „Diagnose", „Therapie" und „Nachsorge" zuordnen.

Der Begriff des Informationsbedarfs lässt sich weiter differenzieren und in den Zusammenhang mit anderen Begriffen stellen:

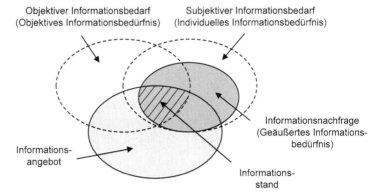

Abbildung 15: Zusammenhänge zwischen Informationsbedarf, -nachfrage und -angebot[78]

Grundlegend ist die Unterscheidung zwischen Informationsbedarf und Informationsbedürfnis. Der Informationsbedarf stellt dabei die gruppen- bzw. rollenbezogene Kumulation bzw. Abstraktion der Einzelbedürfnisse von Individuen dar.[79] Subjektive und individuelle Aspekte fließen nicht in die Beschreibung eines Informationsbedarfs ein.

Kaltenborn unterscheidet zwischen dem subjektiven und dem objektiven Informationsbedürfnis und definiert das objektive Informationsbedürfnis als „[...] *die Informationsinhalte, die das Individuum für eine Aufgabenstellung objektiv zur Ergänzung seines Vorwissens benötigt.*"[80] Das subjektive Informationsbedürfnis bezieht sich auf „[...] *Informationsinhalte, die das Individuum für eine Aufgabenstellung subjektiv zur Ergänzung seines Vorwissens als notwendig erachtet.*"[81] Die Informationsnachfrage, also der Anteil des Informationsbedürfnisses, der tatsächlich geäußert wird, umfasst solche „[...] *Informationsinhalte, die das Individu-*

---

[78] Eigene Darstellung in Anlehnung an [Szy80], Sp. 904. Die Ursprungsquelle ist nicht eindeutig bestimmbar. [Kor76], S. 68 verweist auf [Sch73], S. 29, dieser wiederum auf einen Vortrag von Szyperski. Szyperski nennt in [Szy80], Sp. 906 keine Quelle. Es kann daher angenommen werden, dass Szyperski diese Darstellung entwickelt hat.
[79] Vgl. [Sto07], S. 52, [Szy80], S. 908 und [Kal98b], S. 98 f.
[80] [Kal98b], S. 81.
[81] Ebenda, S. 81.

um für eine Aufgabenstellung zur Ergänzung seines Vorwissens als notwendig darstellt beziehungsweise kommuniziert."[82]

Der Informationsstand ist die Schnittmenge zwischen geäußertem Informationsbedürfnis und der Menge an Informationen, die von einem System oder einer Person angeboten werden. Der Informationsstand lässt sich in einen Teil untergliedern, der nur subjektiv für notwendig erachtet wird und einen Teil, der sowohl subjektiv als auch objektiv zur Aufgabenerfüllung benötigt wird.

Die aufgabenorientierte Sichtweise findet in zunehmendem Maße auch in den Informationswissenschaften Beachtung. Wilson verwendet in seinem Modell die Dimension der Arbeitsaufgabe (*Work Role*).[83] Auch Ingwersen bindet die Arbeitsaufgabe in sein kognitives Modell der Information-Retrieval-Interaktion ein.[84] Mit der Entwicklung von kontextorientierten Ansätzen wird der Arbeits- und Prozesskontext nun endgültig Kernbestandteil des Informationsbedarfsbegriffs in den Informationswissenschaften.[85]

2.2.3 Generische Merkmale eines Informationsbedarfs

Nachdem in den vorangegangenen Kapiteln Modelle zur Entstehung des Informationsbedarfs und des Informationsverhaltens sowie begriffliche Definitionsansätze skizziert wurden, soll in diesem Kapitel auf die generischen, also anwendungsbereichsunabhängigen, Merkmale und Charakterisierungsmöglichkeiten von Informationsbedarfen eingegangen werden. Obwohl in der Literatur seit mehr als 30 Jahren eine intensive Auseinandersetzung mit dem Thema „Informationsbedarf-" und „-verhalten" erfolgte, finden sich nur wenige Quellen, die explizit auf die charakterisierenden Merkmale eines Informationsbedarfs eingehen. Nicholas hat sich eingehend damit beschäftigt und nennt die folgenden Hauptcharakteristika eines Informationsbedarfs:[86]

1. Gegenstand des Informationsbedarfs:
   Anzahl der Themen, die für den Nutzer potenziell relevant sind sowie Ausprägung und Tiefe des Interesses für das jeweilige Themengebiet

---

[82] Ebenda, S. 81 f.
[83] Vgl. [Wil81].
[84] Vgl. [Ing94] und [Ing96].
[85] Siehe auch Kapitel 5.
[86] Vgl. [Nic96], S. 13 ff.

2. Funktion der Informationssuche:
   - Fact-finding-Funktion: Um Antworten auf spezifische Fragen zu geben
   - Current Awareness-Funktion: Um auf dem laufenden Stand zu bleiben
   - Research-Funktion: Um ein neues Thema in der Tiefe zu untersuchen
   - Briefing-Funktion: Um Hintergrundverständnis für ein Thema zu bekommen
   - Stimulus-Funktion: Um Ideen und Anregungen zu bekommen
3. Wesensart der Information:
   Handelt es sich um konzeptuelle/theoretische, historische, deskriptive, statistische oder methodologische Informationen?
4. Intellektuelles Niveau der Information:
   Beschreibung des Mindestniveaus an Vorwissen (und teilweise auch Intelligenz), das der User braucht, um die Information zu verstehen
5. Blickwinkel:
   Informationen werden häufig aus einem bestimmten Blickwinkel oder theoretischem Ansatz (z. B. Denkschule, politische Ausrichtung etc.) geschrieben.
6. Benötigte Menge an Informationen zur Bedarfsbefriedigung
7. Erforderliche Qualität der Information: Von wem stammt die Information? Ist die Quelle schon länger bekannt? Sind die Informationen qualitätsgesichert?
8. Benötigte Aktualität/zeitliche Reichweite der Information:
   Informationen altern je nach Wissenschaftsdisziplin unterschiedlich schnell. Während Mediziner zumeist sehr aktuelle Informationen benötigen, sind Historiker ggf. auf viele Jahrhunderte alte Primärquellen angewiesen.
9. Herkunftsort der Information:
   Der Ort oder das Land, aus dem eine Information stammt, kann für den Informationsnutzer eine wichtige Rolle spielen.
10. Verarbeitung und Aufmachung der Information:
    Dieses Charakteristikum bezieht sich auf die Aufarbeitungs- und Darstellungsart ein und derselben Information, z. B. als Forschungsbericht, Zeitschriftenartikel, Zeitungsbeitrag, Fernsehnachrichten etc.

Zusammenfassend lässt sich festhalten, dass das Thema, der Inhalt oder Gegenstand, zu dem der Benutzer Informationen sucht, zentrales Charakteristikum eines Informationsbedarfs ist.

Informationsbedarf und Informationsverhalten 31

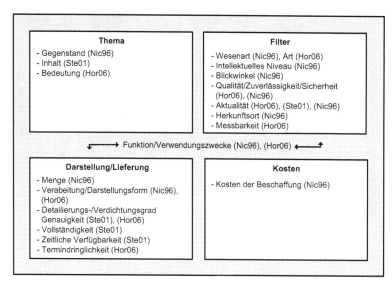

Abbildung 16: Charakteristika des Informationsbedarfs[87]

Zu den Charakteristika, die im Wesentlichen denen von Nicholas entsprechen, ergänzt Horvath auch Kosten, welche mit der Informationsbeschaffung verbunden sind.[88] Diese sind häufig der entscheidende Faktor, ob Informationen überhaupt beschafft werden. Auch Stelzer definiert in seinem Beitrag zum Thema „Informationsbedarf" Kriterien zu dessen Konkretisierung:[89] Inhalt, Detaillierungsgrad, Vollständigkeit, Aktualität, Darstellungsform sowie zeitliche Verfügbarkeit der benötigten Information.

2.2.4 Metaanalyse von Studien zum Informationsbedarf und -verhalten von Ärzten

Die fundierte Kenntnis der Informationsbedarfe und des Informationsverhaltens von Ärzten ist Grundvoraussetzung, um die Konzeption einer kontextorientierten Informationsversorgung von Ärzten erstellen und Anforderungen an deren Umsetzung im Rahmen einer informationslogistischen Kontextapplikation ableiten zu können. Im Rahmen der Dissertation wurde daher eine Metaanalyse von 14 ausgewählten nationalen und internationalen Studien zu diesem Themenkomplex erstellt, um die entsprechenden Einblicke zu erhalten. Zudem sollten Anregungen für die Überprüfung der erarbeiteten Konzeption einer kontextorientierten Informati-

---

[87] Die Charakteristika wurden aus den Quellen [Hor06], [Nic96] und [Ste01] zusammengetragen.
[88] Vgl. [Hor06], S. 332 f.
[89] Vgl. [Ste01], S. 193.

onsversorgung mit Hilfe empirischer Methoden gewonnen werden. Darüber hinaus wurde eine eigene Befragung von ca. 2.500 Ärzten in der Modellregion Bochum-Essen als Teil eines Förderprojektes durchgeführt, um sich ein eigenes Bild der aktuellen Problemstellungen und Bedarfslagen bei deutschen Ärzten zu machen. Die Ergebnisse der Metaanalyse und deren Implikationen für die weitere Arbeit werden in diesem Kapitel vorgestellt. Die Präsentation der Ergebnisse der Befragung in der Modellregion Bochum-Essen erfolgt im Kapitel 3.

Im ersten Schritt der Metaanalyse wurde die Auswahl der betrachteten Studien vorgenommen. Seit Mitte der 1990er Jahre wurden vor allem in den USA eine Vielzahl an empirischen Untersuchungen zum Informationsbedarf und -verhalten von Ärzten, insbesondere im Hinblick auf die Nutzung von Bibliotheken und Fachliteraturdatenbanken, durchgeführt. Hinsichtlich ihrer Relevanz und Übertragbarkeit auf die Forschungsfragestellungen der Dissertation wurden 14 Studien ausgewählt.[90]

Im zweiten Schritt wurde ein einheitliches Analyse-Raster entwickelt, um die Vergleichbarkeit der Studien zu ermöglichen. Das Analyse-Raster besteht aus den folgenden Kriterien:

- Zielsetzung der empirischen Untersuchung
- Angewendetes Stichprobenverfahren
- Eingesetzte empirische Methoden
- Vorgehen bei der Durchführung
- Ergebnisse der Untersuchung

Die folgende Tabelle gibt eine Übersicht der untersuchten Studien. Die Details der Auswertung sind im Anhang 1 dargestellt.

Autoren und Quelle	Ort/Region und Jahr	Zielsetzung
Dee et al. [DB93]	Zentralflorida (USA), 1993	Untersuchung des Informationsbedarfs und Informationssuchverhaltens von Landärzten sowie der Fragestellungen aus der täglichen klinischen Praxis.
Gorman et al. [GAW94]	Oregon (USA), 1994	Untersuchung, ob medizinische Fachliteratur in der Lage ist, eine zufällige Auswahl an Fragen von Hausärzten zu beantworten.

---

[90] Die folgenden Studien wurden nicht ausgewählt, liefern aber dennoch interessante Einblicke in die Informationsversorgung von Ärzten: [BKT94], [LTW94], [OFB91], [EBV92] und [GHG94].

Autoren und Quelle	Ort/Region und Jahr	Zielsetzung
Gorman et al. [GH95]	Oregon (USA), 1995	Identifikation der Faktoren, die Ärzte bei gegebenem Informationsbedarf motivieren, nach Informationen zu suchen.
Haux et al. [HGR95]	Heidelberg (Deutschland), 1995	Untersuchung der Nutzung von netzwerkbasierten Informationsmedien bezogen auf die präferierten Informationsquellen, Fragestellungen und den Nutzen
Smith [Smi96]	Großbritannien, 1996	Metaanalyse von Studien aus den Jahren zwischen 1978 und 1994
Kaltenborn [Kal98c]	Marburg (Deutschland), 1998	Explorative Studie mit der Zielsetzung, die subjektiven Erfahrungen von Beschäftigen in Universitätskliniken über Bedarf und Nutzung von Information und Wissen in der Medizin zu analysieren.
Ely et al. [EOG00]	Iowa (USA), 2000	Entwicklung einer Taxonomie ärztlicher Fragen bezogen auf die Patientenversorgung
Alper et al. [ASW01]	Missouri (USA), 2001	Untersuchung der Möglichkeiten, klinische Fragestellungen von Hausärzten über medizinische Datenbanken zu beantworten
McKnight et al. [MSB01]	New York (USA), 2001	Untersuchung der unterschiedlichen Wahrnehmung von Informationsbedarfen und Kommunikationsmustern bei medizinischem Fachpersonal im Zusammenhang mit medizinischen Fehlern
Nitzsche [Nit01]	Köln (Deutschland), 2001	Erhebung von Bedarf und Nutzung von Information und Literatur an einem deutschen Universitätsklinikum
Bryant [Bry04]	Aylesbury Vale (Großbritannien), 2004	Identifikation der Faktoren, die Hausärzte motivieren, nach Informationen zu suchen und Gewinnung von Einblicken in den Informationsbedarf sowie die Erfahrungen mit der Informationssuche von Ärzten

Autoren und Quelle	Ort/Region und Jahr	Zielsetzung
Seol et al. [SKM04]	New York (USA), 2004	Gewinnung eines Einblicks in den Informationsbedarf, den Ärzte während der Durchsicht von Patientenakten äußern. Darauf aufbauend sollten Fragemuster entwickelt werden, die einen hohen Anteil dieser Informationsbedarfe abdecken.
Andrews et al. [API05]	Lexington (USA), 2005	Untersuchung des Informationssuchverhaltens von Hausärzten
Gonzalez-Gonzalez et al. [GDS07]	Madrid (Spanien), 2007	Bestimmung des Informationsbedarfs von spanischen Hausärzten und Beschreibung der Informationssuchmuster

Tabelle 2: Übersicht der analysierten Studien

Die einzelnen Ergebnisse der Metaanalyse lassen sich wie folgt verdichten und Implikationen für die Entwicklung des Kontextmodells (Kapitel 6) und der Kontextapplikation (Kapitel 7) ableiten:

Ergebnis 1:

Informationsbedarfe und die damit verbundenen typischen Fragestellungen beziehen sich insbesondere auf Behandlung/Therapie/Medikation und Diagnostik/Differentialdiagnostik sowie in geringerem Umfang auch auf Informationen für den Patienten. Ärzte möchten die Informationen als Entscheidungs- und Interpretationshilfen im medizinischen Behandlungsprozess nutzen.

- Kontextmodell: Integration des Aspektes „aktueller Prozess" bzw. „Prozessschritt" (z. B. Therapie, Diagnostik etc.) in das Gesamtmodell
- Kontextapplikation: Einbeziehung des aktuellen Prozessschritts als Kontextmerkmal (Subheading [SB]) bei der Suche in Medline

Ergebnis 2:

Neben den ärztlichen Kollegen zählen Fachliteratur und Lehrbücher, Leitlinien sowie pharmakologische Datenbanken (z. B. Rote Liste) zu den bevorzugten Informationsquellen. Die

Informationsbedarf und Informationsverhalten 35

Nutzung der Informationsquellen, insbesondere der eRessourcen erfolgt in der Praxis komplementär, d. h. es werden verschiedene Quellen gleichzeitig und ergänzend genutzt.

- Kontextapplikation: Auswahl von eRessourcen (Fachliteratur/Medline, Leitlinien/Arbeitsgemeinschaft der Wissenschaftlichen Medizinischen Fachgesellschaften (AWMF) etc.) entsprechend den geäußerten Bedarfen und Anbindung unterschiedlicher eRessourcen zur Unterstützung der komplementären Nutzung

Ergebnis 3:

Elektronische Ressourcen im Allgemeinen und Fachliteratur im Speziellen sind geeignet, den überwiegenden Anteil klinischer Fragestellungen im Behandlungsprozess zu beantworten.

- Grundbedingung für die Relevanz des eigenen Ansatzes

Ergebnis 4:

Die Versorgung mit Informationen aus eRessourcen wird von den Ärzten als problematisch empfunden. Sie haben insbesondere während des Patientenkontaktes wenig Zeit für Recherchen[91] bzw. die Informationssuche ist zeitaufwändig, erfordert Recherche-Know-how und ist ggf. zu teuer. Der Großteil der ärztlichen Informationsbedarfe entsteht während eines Patientenkontaktes, bleibt derzeit meist unbeantwortet.
- Kontextapplikation:
  1. Gestaltung der Bedienung: Einfachheit der Benutzung, Automatisierung der Recherche, kein Recherche-Know-how erforderlich
  2. Kosten: Nutzung möglichst kostenfrei
  3. Aspekt „Zeit" und „Menge": Applikation muss Einflussfaktoren auf Entstehung des Information Overload reduzieren und sehr schnell hochrelevante Informationen liefern

Ergebnis 5:

Lösungsansätze einer Informationsversorgung sollten die individuellen Bedürfnisse der Ärzte berücksichtigen.
- Kontextmodell: Berücksichtigung von Präferenzen über ein Arztprofil (Teilmodell)

---

[91] Gonzalez-Gonzales et al. haben eine Durchschnittszeit von 2,25 min ermittelt, die sich die Ärzte in der Untersuchung für eine Recherche während eine Patientenkontaktes und 32,27 min nach dem Patientenkontakt genommen haben. Siehe [GDS07], S. 347.

- Kontextapplikation: Individuelle Konfigurationsmöglichkeiten einer Suche durch den Arzt ermöglichen (z. B. Auswahl der Sprache, des Publikationstyps etc.)

Ergebnis 6:

Die Fragestellungen der Ärzte, die zu einer Informationssuche führen, sind häufig mehrdimensional und komplex.

- Erweiterung des auf Data Retrieval abzielenden Konzepts der Informationslogistik (Kapitel 2.3.2) in Richtung eines Information Retrieval.

Die Metaanalyse liefert darüber hinaus auch Hinweise für die Gestaltung des empirischen Teils (Kapitel 8). So stellen Alper et al. ein Laborexperiment vor, in dem es um die Überprüfung der Möglichkeiten geht, klinische Fragestellungen von Hausärzten mittels medizinischer Datenbanken zu beantworten.[92] Dieses Vorgehen ist auf die Zielsetzung des eigenen empirischen Teils übertragbar. Die Erkenntnisse können in die Gestaltung der Experimente einfließen.

2.3 Information Overload und Informationslogistik

2.3.1 Information Overload als Ausgangsproblemstellung der Informationslogistik

Im einleitenden Kapitel wurde auf das Phänomen der Informationsüberflutung als motivierende Ausgangsproblemstellung dieser Dissertation eingegangen. Auch in einigen Untersuchungen zum Thema „Informationsbedarf und -verhalten von Ärzten" wird Information Overload als Problem explizit genannt.[93] Bevor im Folgekapitel die Ergebnisse einer eigenen Befragung in der Modellregion Bochum-Essen u. a. zum IO-Problem dargestellt werden, soll in diesem Kapitel eine vertiefende Einführung in das IO-Problem erfolgen.

Die effizientere Gestaltung des Zugangs zu Informationen im Internet durch eine verbesserte semantische Erschließung von webbasierten Informationsquellen führt zu einem „Mehr an Informationen", welche als Antwort auf eine Informationsanfrage geliefert werden können. Sie kann aber auch Ursache dafür sein, dass die Menge der gelieferten Informationen das vom Anwender verarbeitbare Maß übersteigt. Dieses Phänomen der Informationsüberflutung bezeichnet man als „Information Overload". Als Synonyme zu „Information Overload" finden

---

[92] Vgl. [ASW01].
[93] Vgl. [Smi96] und [API05].

sich in der Literatur „Data Smog", „Information Glut", „Cognitive Overload", „Sensory Overload", „Communication Overload", „Knowledge Overload", „Information Fatique Syndrome" und „Analysis Paralysis".[94] Im Kapitel 1.1 wurden drei zentrale Einflussfaktoren auf die Entstehung von Information Overload beschrieben: Zu viele Informationen, hohe Komplexität/Mehrdeutigkeit der gelieferten Informationen und wenig Zeit, die Informationen zu selektieren und zu verarbeiten (Abbildung 1).

2.3.1.1 Entstehung des Begriffs „Information Overload"

Die negativen Aspekte des stetigen Informationszuwachses werden seit den späten 50er und frühen 60er Jahren des vorigen Jahrhunderts allgemein als Problem wahrgenommen.[95] So schrieb Georg Simmel 1950 von einer Überflutung mit Sensationen in der urbanen Welt, die es den Bewohnern erschwert, mit der nötigen Energie auf neue Situationen reagieren zu können.[96] Karl Deutsch bezeichnete 1961 Communication Overload als eine Krankheit der Städte und Richard Meier sagte 1962 eine Sättigung in den Kommunikationsflüssen und eine Overload-Krise in den nächsten 50 Jahren voraus.[97] Seit den 70er Jahren wird mit der zunehmenden EDV-Nutzung die IO-Thematik intensiver diskutiert.[98] So kündigte Torkelson 1973 die Entwicklung und den Betrieb eines speziellen Informationsdienstes zur Filterung von Informationen und Dokumenten (*Selective Dissemination of Information (SDI)*) an.[99] Heute wird SDI zumeist in Form von vordefinierten Datenbankabfragen eingesetzt. Diese Datenbankabfragen repräsentieren Bedarfsprofile von Nutzern und werden insbesondere auf Updates des Datenbestands in einer Datenbank angewendet.

Seit den 90er Jahren gilt Information Overload als zentrales und vordringliches Problem sowohl bei der internetbasierten Informationsbeschaffung (Informationsexplosion im World Wide Web) als auch bei der internetbasierten Kommunikation (Spamproblematik bei der eMail-Nutzung).[100]

---

[94] Siehe u. a. bei [Car03], S. 169, [EM00], S. 18, [EM02] und S. 3 f., [SVV99], S. 337.
[95] Vgl. [BHC99], S. 249, [EM00], S. 20 und [Sal03], S. 7.
[96] Vgl. [Sim50], S. 415 und auch [Mil60].
[97] Vgl. [Deu61], S. 7.
[98] Vgl. [Owe92] und [BHC99].
[99] Vgl. [Tor73].
[100] Vgl. [Car03], S. 171. Die erste Spam-Mail wurde am 12.04.94 von Canter und Siegel an über 6.000 Usenet Newsgroups versendet. Es ging dabei um ein kommerzielles Angebot, Immigranten bei der bevorstehenden Green-Card-Lotterie zu helfen.

2.3.1.2 Definition des Begriffs „Information Overload"

Zur Definition des Begriffs „Information Overload" findet sich in der Literatur eine Vielzahl an Ansätzen. Laut Schneider ist Information Overload dann gegeben, wenn die Informationsverarbeitungsanforderungen die Informationsverarbeitungskapazität überschreiten: Information-processing Requirement > Information-processing Capacity.[101] Nach Speier et al. ist Information Overload dann gegeben, wenn die Menge des Inputs die Informationsverarbeitungskapazität eines Systems übersteigt.[102]

Allen und Wilson ergänzen die Betrachtungsweise auf individueller Ebene um eine Definition von Information Overload auf der Ebene einer Gesamtorganisation und stellen zudem den Bezug zur aktuellen Arbeitsaufgabe her: *„At the personal level, we can define information overload as a perception on the part of the individual (or observers of that person) that the flows of information associated with work tasks is greater than can be managed effectively, and a perception that overload in this sense creates a degree of stress for which his or her coping strategies are ineffective. Similarly, at the organizational level, information overload is a situation in which the extent of perceived individual information overload is sufficiently widespread within the organization as to reduce the overall effectiveness of management."*[103]

Die entscheidenden Parameter zur Beschreibung des IO-Phänomens sind also die Informationsmenge und die Informationsverarbeitungsfähigkeiten/-kapazitäten (Abbildung 17).

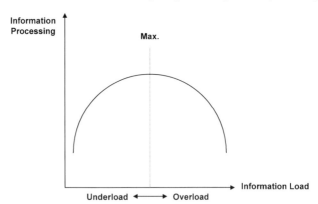

Abbildung 17: Beziehung zwischen Informationsverarbeitung und zu verarbeitender Informationsmenge[104]

---

[101] Vgl. [Sch87], S. 144. Ähnlich formulieren es [EM02] und [SVV99].
[102] Vgl. [SVV99], S. 338.
[103] [AW03], S. 34.
[104] [HL99], S. 214.

Information Overload und Informationslogistik 39

Mit dem Anstieg der Informationsmenge (*Information Load*) steigt zunächst auch die Intensität der Informationsverarbeitung (*Information Processing*) bis zu einem maximalen Wert an. Steigt die Informationsmenge dann weiter an, sinkt die Intensität der Informationsverarbeitung und das verarbeitende System ist immer weniger in der Lage, die Informationsflut zu bewältigen.

Die Fähigkeit, Informationen zu verarbeiten, ist eine individuelle Eigenschaft von Personen, aber auch Systemen und Organisationen. In Abbildung 18 wird dies durch die Unterscheidung in ein hohes konzeptuelles Niveau (*High Conceptual Level*) und ein niedriges konzeptuelles Niveau (*Low Conceptual Level*) zum Ausdruck gebracht. Das System mit hohem konzeptuellem Level kann bei ansteigender Informationsversorgung ein höheres Niveau an maximaler Informationsverarbeitung realisieren.

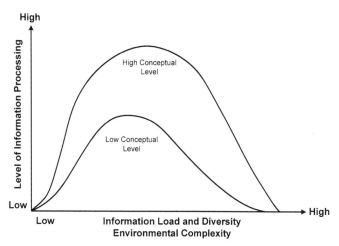

Abbildung 18: Niveau der Informationsverarbeitung als Zusammenspiel zwischen dispositionsbedingten und situationsbedingten Faktoren [105]

2.3.1.3 Mögliche Gegenmaßnahmen im ärztlichen Bereich

In der Literatur wird eine Vielzahl an technischen und nichttechnischen Ansätzen zum Umgang mit dem Information-Overload-Problem diskutiert.[106] Im Bereich der nichttechnischen Ansätze wird immer wieder die Herausbildung von Information Literacy als zentraler Fähigkeit zum Umgang mit Information Overload bezeichnet. Information Literacy steht in seiner ursprünglichen Bedeutung für „Belesenheit". Übertragen auf das Informationszeitalter ver-

---

[105] [Sch71], S. 264.
[106] Vgl. [BHC99], [Car03], [ALA89], [EM02] oder [EM00].

steht man unter Information Literacy „[...] *the ability to access, evaluate and use information from a variety of sources.*"[107] Diese Fähigkeit ist unbestritten sehr hilfreich, um Informationen selektieren, bewerten und nutzen zu können. Nichtsdestotrotz gibt das Arbeitsumfeld von Ärzten diesen in der Regel weder ausreichend Zeit, Information Literacy zu entwickeln, noch gehört Information Retrieval zu den klassischen ärztlichen Tätigkeiten.

Es empfehlen sich daher Maßnahmen, die auf automatisierte technische Unterstützung zurückgreifen. Dee und Blazek beschrieben bereits 1993 recht prägnant die Ausgangs- und Bedarfslage im Umfeld von Ärzten: *„Lack of time due to heavy workloads was an obstacle to systematic information retrieval. Rural physicians need immediate access to high-quality, synthesized answers to specific patient care questions at the time of patient contact."*[108] Andrews, Pearce und Ireson betonen: *„Information overload is considered one of the key barriers to accessing the best evidence for decision making and effective knowledge updating* [...]".[109] Letztendlich benötigen Ärzte die richtige Information zur richtigen Zeit und verfügbar im Kontext ihrer aktuellen Tätigkeit bzw. dem aktuellen klinischen Fall. Technisch gesehen können diese Anforderungen über intelligente Suchagenten und Metasuchmaschinen, Profile und Filtermechanismen, Kontextmodelle etc. realisiert werden.[110] Diese Themen werden im Forschungsfeld „Informationslogistik", auf das im folgenden Kapitel eingegangen werden soll, bearbeitet.

2.3.2 Informationslogistik: Grundlagen, Konzepte und Anwendung

Das Forschungsfeld „Informationslogistik" wurde in den 90erJahren [111] in verschiedenen Einrichtungen (u. a. im Fraunhofer-Institut für Software- und Systemtechnik (ISST)) entwickelt und hat mittlerweile auch zur Gründung von entsprechenden Studiengängen und Forschungsschwerpunkten geführt.[112]

Informationslogistik (ILOG) wird als Teilgebiet dem Informationsmanagement zugerechnet. Stahlknecht und Hasenkamp nennen als primäre Aufgabenstellung des Informationsmanagements: *„[...] Informationen zu beschaffen und in einer geeigneten Infrastruktur bereitzu-*

---

[107] [Doy94], Teil des Abstract zum Buch.
[108] [DB93], S.259.
[109] [API05], S. 207.
[110] Vgl. [BHC99], [Car03], [EM00], [HSS01] und [Sal03].
[111] Vgl. [Krc05], S. 54.
[112] Z. B. an der Hochschule für Technik Stuttgart, der Universität Duisburg-Essen oder an der Fachhochschule Neu-Ulm.

stellen [...]".[113] Informationslogistik soll im Rahmen des Informationsmanagements die Informationsbeschaffung und -bereitstellung verbessern. Es bestehen daher auch Überschneidungen zum Information Retrieval und zum Wissensmanagement (Abbildung 19).

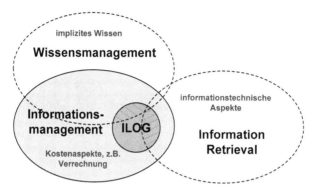

Abbildung 19: Einordnung der Informationslogistik (ILOG)

Der logistische Aspekt wird durch die Übertragung des logistischen Just-in-time-Prinzips auf die Informationsversorgung repräsentiert. Augustin definiert 1990 folgende Zielsetzung des informationslogistischen Grundprinzips:

„*Die richtige Information* [...] *zum richtigen Zeitpunkt* [...] *in der richtigen Menge* [...] *am richtigen Ort* [...] *in der erforderlichen Qualität* [...]".[114] Dieses Grundprinzip spiegelt sich mehr oder weniger stark in allen späteren Definitionsansätzen des Begriffs wider.

„*Informationslogistik bedeutet, die richtige Information, in richtiger Form, am richtigen Ort, zur richtigen Zeit, in ausreichender Redundanz zu ökonomisch vertretbaren Kosten verfügbar zu haben.*"[115]

„[...] *Information Logistics is the application of information and communication technology (ICT) to a situation, organisation, or problem with the purpose of providing the right user with the right information at the right time, and to the right place.*"[116]

Eine informationslogistische Anwendung ist ein Softwaresystem „[...] *that equally takes into account the dimensions of content, time, communication, and context in order to ensure the optimization of information supply to individuals.*"[117]

---

[113] [SH05], S. 437, vgl. dazu auch [Krc05], S. 54.
[114] [Aug90], S. 23 (Bild 8).
[115] [EU97], S. 12.
[116] [Lun07], S. 3.
[117] [Has05], S. 9.

Im Rahmen der Forschung am Fraunhofer ISST wurden drei Kerndimensionen der Informationslogistik identifiziert:[118]

- Inhalt (*Content*): Die Lieferung des richtigen Informationsinhalts ist Grundlage für die Bedarfsgerechtheit der Informationsversorgung. Ein ILOG-System muss in der Lage sein, die Relevanz von Inhalten zu bewerten und entsprechend zu selektieren sowie die Inhalte ggf. zu aggregieren.

- Zeit (*Time*): Der Zeitpunkt der Lieferung/Bereitstellung einer Information kann entscheidend für deren Relevanz und Nutzen sein. Idealerweise soll die Auslieferung Just-in-time erfolgen, also im Moment des Auftretens eines Informationsbedarfs.

- Ort (*Location*): Die Zustellung einer Information an den Ort des Bedarfs stellt in vielen Fällen eine Herausforderung dar. Der Aufenthaltsort des Nutzers muss zunächst bestimmt und bei der Aufarbeitung und Bereitstellung von Informationen berücksichtigt werden. Insbesondere in mobilen Einsatzszenarien stellen die verfügbaren Endgeräte einen begrenzenden Faktor vor allem hinsichtlich der übermittelbaren Informationsmenge dar. Aufgrund der Bedeutung dieser Dimension waren insbesondere in der Anfangsphase der informationslogistischen Forschung viele ILOG-Applikationen im Umfeld des Mobile und des Ubiquitous Computing angesiedelt.[119]

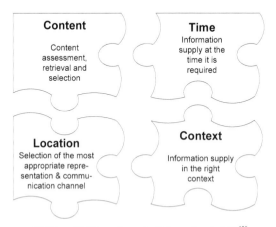

Abbildung 20: Dimensionen der Informationslogistik[120]

---

[118] Vgl. u. a. [Lie01], S. 15 oder [Lun07], S. 3.
[119] Vgl. hierzu auch Kapitel 2.3.2.
[120] In Abwandlung von [Has05], S. 8.

Die genannten Dimensionen wurden durch Haseloff um die Dimension des Kontextes (*Context*) erweitert. Haseloff begründet dies folgendermaßen: *„We have pointed out that instead of taking into account entities' locations alone a consideration of their entire context is necessary in order to realize the full potential for optimization."*[121]

Die Einbeziehung des Kontextes im Rahmen der Informationsversorgung bildet den Ansatzpunkt für eine bedarfsgerechte kontextorientierte Informationsversorgung und damit die Grundlage für diese Arbeit.

---

[121] [Has05], S. 8 f., aber auch [Has01], S. 282 f.

3 Ergebnisse einer Befragung zum ärztlichen Informationsbedarf und -verhalten

3.1 Zielsetzung und Erhebungsdesign

Um das Information-Overload-Problem sowie den Informationsbedarf und die Informationsversorgung von Ärzten im Behandlungsprozess genauer zu untersuchen, wurde im Jahr 2005 vom Forschungsbereich „Informationslogistik" am Fraunhofer ISST eine Befragung aller Ärzten in der Modellregion Bochum-Essen[122] durchgeführt. Diese war als Arbeitspaket in das öffentlich geförderte Projekt „Bedarfsgerechte Unterstützung von Ärzten an ihrem Arbeitsplatz über informationslogistische IT-Anwendungen" eingebettet.[123] Die inhaltliche Konzeption der Befragung stammt als Teil der Arbeiten an der Dissertation vom Verfasser, der auch das Gesamtprojekt leitete.[124] Die bei der Befragung gewonnenen Erkenntnisse wurden sowohl im Rahmen der Dissertation genutzt, um das Information-Overload-Problem im ärztlichen Sektor zu validieren sowie Input für die Gestaltung von Kontextmodell (Kapitel 6) und Kontextapplikation (Kapitel 7) zu erhalten, als auch im Rahmen der Anforderungsanalyse für die Gestaltung einer informationslogistischen Anwendung (Leitlinien-Server) im Rahmen des genannten Projektes.

Die Befragung wurde als Vollerhebung unter allen Ärzten in beiden Städten konzipiert. Aufgrund der großen Anzahl von Ärzten wurde die schriftliche Befragung als empirisches Erhebungsinstrument ausgewählt. Es wurde ein Fragebogen mit 28 geschlossenen sowie vier offenen Fragen basierend auf allen gängigen Skalenniveaus (Nominal-, Ordinal-, Intervall- und Verhältnisskala) entwickelt.[125]

Die niedergelassenen Ärzte wurden postalisch mit Fragebögen direkt angesprochen (Anhang 2). Bei den Krankenhausärzten wurde zunächst die Krankenhausleitung hinsichtlich der Bereitschaft zur Teilnahme befragt. Bei positiver Rückmeldung wurden die Fragebögen an die Krankenhausleitung zur Verteilung und zum Einsammeln verschickt.

---

[122] Die Modellregion Bochum-Essen wurde vom Landesgesundheitsministerium NRW im Jahr 2004 eingerichtet, um in dieser Region innovative Konzepte aus dem Bereich der Telematik und Telemedizin zu testen. Siehe dazu u. a. http://www.egesundheit.nrw.de.
[123] Zu den Ergebnissen des Förderprojektes vgl. [KRV05], [KK05] und [RVK06].
[124] Fragebogengestaltung und operative Durchführung der Befragung wurden vom Projektpartner Mortsiefer Management Consulting (MMC) übernommen.
[125] Vgl. [BEE06], S. 74 ff. und S. 101 f. sowie [Gre07], S. 66 ff. Der Fragebogen wurde vom Verfasser mit allen wichtigen ärztlichen Einrichtungen in Nordrhein-Westfalen (Ärztekammern, Kassenärztlichen Vereinigungen, Hartmannbund etc.) abgestimmt. Siehe Deckblatt des Fragebogens im Anhang 2.

Insgesamt wurden 2.543 Fragebögen direkt oder über die Krankenhausleitungen an die Ärzte versandt:

Anzahl Fragebögen	Niedergelassene Ärzte	Krankenhausärzte	Gesamt
Bochum	606	485	1091
Essen	842	610	1452
Gesamt	1448	1095	2543

Tabelle 3: Anzahl versendeter Fragebögen[126]

Es wurden insgesamt 238 Fragebögen zurückgesandt. Von den 238 zurückgesandten Bögen waren 220 uneingeschränkt auswertbar.[127] Dies entspricht einer Rücklaufquote von 8,7 % (Tabelle 4).

Anzahl Ärzte	Anteil Fragebögen (Niedergelassene)		Anteil Fragebögen (Krankenhaus)		Anzahl Fragebögen	
	Versand	Rücklauf	Versand	Rücklauf	Versand	Rücklauf
Bochum	44,9 %	6,3 %	44,3 %	10,7 %	42,9 %	8,2 %
Essen	58,1 %	7,6 %	55,7 %	10,8 %	57,1 %	9,0 %
Gesamt	100,0 %	7,0 %	100 %	10,8 %	100 %	8,7 %

Tabelle 4: Differenzierte Betrachtung des Rücklaufs

3.2 Zentrale Ergebnisse der Befragung

Im Folgenden werden ausgewählte Ergebnisse der Befragung, die sich auf

- die Überprüfung des IO-Problems bei Ärzten,
- die Struktur des Informationsbedarfs und Informationsverhaltens von Ärzten sowie
- Hinweise auf Anforderungen an eine verbesserte Informationsversorgung von Ärzten mit medizinischen Fachinformationen

beziehen, dargestellt. Die erhobenen Daten bieten grundsätzlich die Möglichkeit einer Differenzierung zwischen den Aussagen von niedergelassenen und Krankenhausärzten. Die Unterschiede sind jedoch zumeist gering, so dass bei der Darstellung der Ergebnisse keine Differenzierung vorgenommen wird. Ähnliches gilt für die Unterscheidung zwischen den Städten Bochum und Essen.

---

[126] Die Ärzte für Arbeits- und Betriebsmedizin (insgesamt 40) sowie die Ärzte aus öffentlichen Einrichtungen (insgesamt fünf) wurden den niedergelassenen Ärzten zugerechnet.
[127] In den geannten 220 Fragebögen wurden von den befragen Ärzten nicht alle Fragen beantwortet. Daher kann „n" bei den verschiedenen Fragen nach unten abweichen.

3.2.1 Untersuchung des Information-Overload-Problems bei Ärzten

Die Bedeutung des IO-Problems bei Ärzten hängt davon ab, ob diese in ihrem beruflichen Alltag in einem signifikanten Maße Informationen suchen und auch verarbeiten müssen. Um dies zu klären, wurden die Ärzte gefragt, wie viel Zeit sie im Durchschnitt pro Woche für die Suche und Beschaffung sowie die Durchsicht (Verarbeitung) von medizinischen Fachinformationen benötigen:[128]

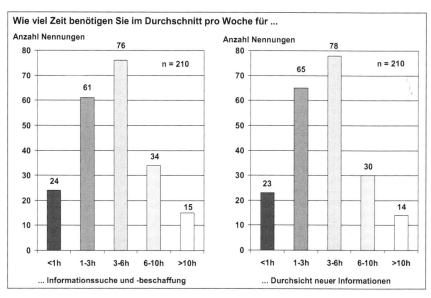

Abbildung 21: Zeitaufwand für Informationssuche, -beschaffung und -durchsicht (Frage 11)[129]

Knapp 60 % der Ärzte (125 Nennungen) verbringen mehr als drei Stunden pro Woche mit Informationssuche und -beschaffung. 23,3 % wenden sogar mehr als sechs Stunden pro Woche auf. Hinzu kommen die Zeiten für die Informationsdurchsicht (Informationsverarbeitung). Auch hierfür investieren 58,1 % der Ärzte mehr als drei und 21 % mehr als sechs Stunden. Ärzte können also zu Recht als „Wissensarbeiter" bezeichnet werden, die zur Erfüllung ihrer Aufgabenstellung in hohem Maße auf Informationen angewiesen sind.

Der Zeitaufwand für die Informationsbeschaffung wird von mehr als 2/3 der Ärzte (140 Nennungen) als hoch oder sehr hoch empfunden (Abbildung 22). Über 50 % gehen davon

---

[128] Im Fragebogen wird der Begriff „nicht patientenbezogene Informationen" synonym für den Begriff „medizinische Fachinformationen" verwendet.
[129] In der Abbildung sind die Antworten bezogen auf nicht patientenbezogene Informationen dargestellt.

aus, dass sich dieses Problem künftig noch verschärfen wird. Nur knapp 18 % erwarten eine Reduktion des Zeitbedarfs. Der Faktor „Zeit" als einer der wichtigsten IO-Faktoren spielt also im ärztlichen Umfeld eine wichtige Rolle.

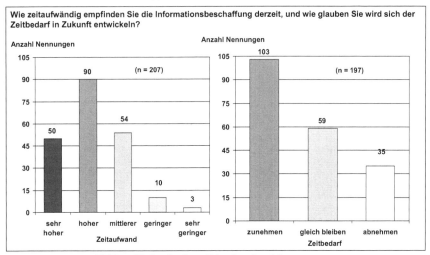

Abbildung 22: Empfundener Zeitaufwand und dessen erwartete Entwicklung in der Zukunft (Frage 12)

Eine weitere Frage sollte klären, ob die Ärzte eher mehr Informationen verfügbar haben wollen oder eher weniger Zeit für deren Beschaffung investieren möchten (Abbildung 23).

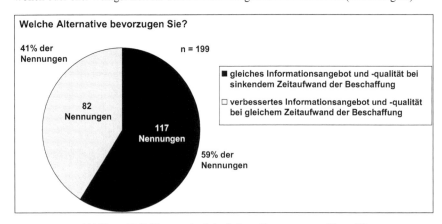

Abbildung 23: Präferenzen bzgl. der Informationsversorgung (Frage 14)

59 % der Ärzte sprachen sich dafür aus, lieber weniger Zeit für die Informationsbeschaffung investieren zu müssen, dafür gleich viele Informationen verfügbar zu haben. Die Informationsmenge scheint also ausreichend zu sein.

Das Verbesserungspotenzial liegt verstärkt in der Reduktion des Aufwands für die Informationsbeschaffung. In der Befragung wurden auch die Auswirkungen von fehlenden und unvollständigen Informationen untersucht. Die Ärzte gaben an, dass es in durchschnittlich 28 % der Patientenkontakte zu längeren Wartezeiten (n = 190) und in durchschnittlich 26 % zu Mehrfachuntersuchungen (n = 185) durch Defizite in der Informationsversorgung kommt.

Zwischenfazit: Der Faktor Zeit spielt eine bedeutsame Rolle im Rahmen der Informationsversorgung von Ärzten. Ärzte müssen in signifikantem Maße Zeit investieren, um Informationen zu beschaffen. Sie empfinden den Zeitaufwand dafür als zu hoch. Sie gehen zudem davon aus, dass sich dieses Problem künftig noch verschärfen wird. Obwohl viel Zeit in die Informationsversorgung fließt, verläuft sie nicht zufriedenstellend und führt in mehr als ¼ der Behandlungsfälle zu längeren Wartezeiten sowie Mehrfachuntersuchungen und damit ggf. auch zu höheren Behandlungskosten

3.2.2 Informationsbedarf und Informationsverhalten von Ärzten

Der zweite Untersuchungsbereich der Befragung befasste sich mit der Struktur des Informationsbedarfs und des Informationsverhaltens von Ärzten. Zur Untersuchung der Struktur wurden die Ärzte nach der Dringlichkeit ihres Informationsbedarfs gefragt. 16,1 % der Ärzte gaben an, dass sie medizinische Fachinformationen sehr häufig sofort verfügbar haben müssen. Weitere 38,7 % sind häufig in dieser Situation (Abbildung 24).

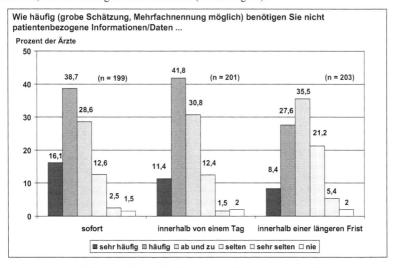

Abbildung 24: Dringlichkeit des Informationsbedarfs (Frage 13)

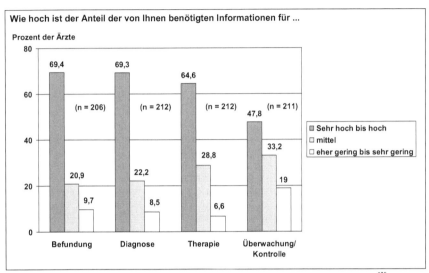

Abbildung 25: Anteil benötigter Informationen bezogen auf Prozessphasen (Frage 1)[130]

Abbildung 25 verdeutlicht, dass insbesondere in den ersten Phasen (Befundung, Diagnose) des Behandlungsprozesses der Informationsbedarf hoch bzw. sehr hoch ist. Während der Therapie lässt der Bedarf nur leicht nach. Erst in der Nachsorge sinkt er deutlich ab.

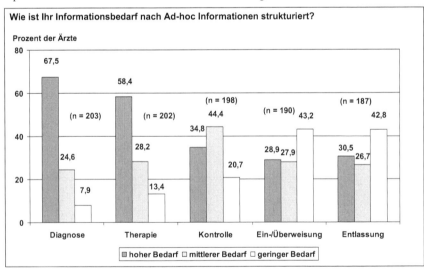

Abbildung 26: Bedarf nach Ad-hoc-Informationen (Frage 6)

---

[130] In der Abbildung werden die vier wichtigsten Kategorien dargestellt.

Zentrale Ergebnisse der Befragung 51

Die Versorgung mit ad hoc nachgefragten Informationen ist nicht planbar und entsteht aus der Situation heraus (Abbildung 26). Sie ist daher hinsichtlich des Information Retrievals besonders anspruchsvoll. Für die Diagnose-Phase gaben über 2/3 der Ärzte an, dass sie einen hohen Bedarf an solchen Informationen haben. In der Therapie-Phase haben 58,4 % ebenfalls einen hohen Bedarf. In den Phasen/bei den Aktivitäten „Entlassung", „Ein-/Überweisung" und „Kontrolle" ist der Bedarf nach ad hoc nachgefragten Informationen deutlich geringer.

Die Untersuchung der informationsartenbezogenen Nachfrage zeigte, dass 45 % der Ärzte mindestens einmal täglich fachmedizinische Informationen nachfragen. Relativ hohe Werte ergaben sich auch für allgemeinmedizinische (40 %) und medizintechnische Informationen (44 %). Weniger stark ist die Nachfrage (mindestens einmal täglich) nach ad hoc verfügbaren pharmazeutischen Informationen (20 %) und Informationen aus Forschung und Entwicklung (10 %). Die Einzelwerte können Abbildung 27 entnommen werden.

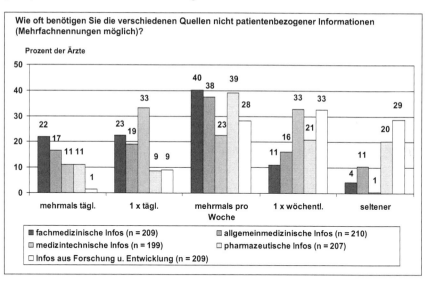

Abbildung 27: Nachfragehäufigkeit ausgewählter Informationsarten bezogen auf nicht patientenbezogene Informationen (Frage 5)[131]

Digitale Informationsquellen rangieren hinsichtlich der Nutzungsintensität immer noch etwas hinter den klassischen Quellen (Abbildung 28).

---

[131] In der Abbildung werden die fünf am intensivsten genutzten Informationsquellen dargestellt.

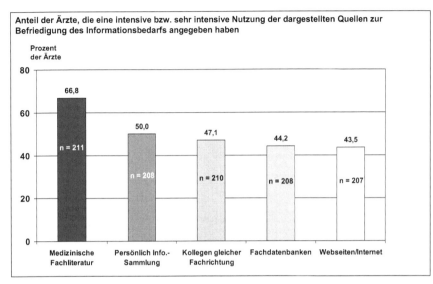

Abbildung 28: Wichtigste Informationsquellen von Ärzten (Frage 7)[132]

Die wichtigste Quelle ist medizinische Fachliteratur. Es folgen die persönlichen Informationssammlungen der Ärzte und der Rat von Kollegen gleicher Fachrichtung. Da Fachliteratur in zunehmendem Maße nicht mehr allein in gedruckter Form, sondern auch über das Internet verfügbar gemacht wird, ist die Unterteilung der beiden Kategorien nicht ganz trennscharf. Befragt man die Ärzte nach ihren Erwartungen für die künftige Nutzung, so nehmen Webseiten/Internet und Fachdatenbanken die vorderen Positionen ein (Abbildung 29). Zudem ist davon auszugehen, dass bspw. auch Leitlinien und Fachliteratur immer häufiger über das Internet abgefragt werden.

---

[132] In der Abbildung werden die fünf am intensivsten genutzten Quellen der Informationsbeschaffung dargestellt.

Zentrale Ergebnisse der Befragung

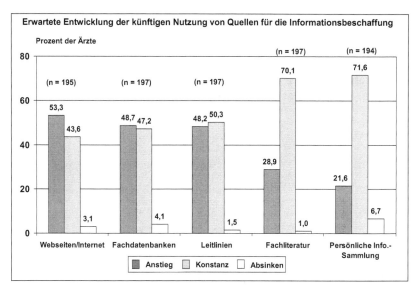

Abbildung 29: Erwartete künftige Nutzung von Quellen der Informationsbeschaffung (Frage 7)[133]

Bezüglich der Informationsbeschaffung dominiert die aktive Variante (Abbildung 30). Durchschnittlich 62 % der durch die Ärzte selbst beschafften nicht patientenbezogenen Informationen wurden in Datenbanken, Büchern, Zeitschriften etc. recherchiert.

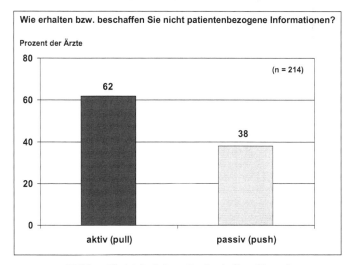

Abbildung 30: Art der Informationsbeschaffung (Frage 4)

---

[133] Vgl. Fußnote 132.

Zwischenfazit: Die Tatsache, dass über 50 % der befragten Ärzte häufig bzw. sehr häufig medizinische Fachinformationen sofort verfügbar haben müssen, verdeutlicht die Notwendigkeit einer effizienten Informationsversorgung, die Informationen Just-in-time liefert. Dabei ist der Informationsbedarf abhängig von der jeweiligen Aktivität im Behandlungsprozess. Die IT-gestützte Informationsversorgung hat bereits heute eine hohe Bedeutung und wird künftig noch wichtiger werden.

3.2.3 Anforderungen an eine bedarfsgerechte Informationsversorgung

Bei der Untersuchung der Anforderungen an eine verbesserte Informationsversorgung von Ärzten wurden zunächst die bei der Informationsrecherche und -beschaffung festgestellten Probleme erfragt (Abbildung 31). Nur etwas mehr als 1/3 der befragten Ärzte gab an, die Kosten seien ihnen zu hoch. Die Probleme liegen eher im Informationsangebot und dem Angebotszugang. 71,4 % der Ärzte benennen das „klassische" IO-Phänomen der Unübersichtlichkeit des Informationsangebots. Dies hängt eng mit dem Problem der aufwändigen Suche nach einer geeigneten Informationsquelle (62,3 %) und der hohen Zeitdauer für die Informationsbeschaffung (61,8 %) zusammen. Die Problembeschreibungen „Häufig ungenaue Suchergebnisse (66,8 %) und „Mangelnde Aktualität der gefundenen Infos" (52,7 %) deuten darauf hin, dass Informationen nicht bedarfsgerecht geliefert werden. Die unsichere Qualität von Informationen, insbesondere aus dem Internet, wird von 61,8 % der Ärzte problematisiert.

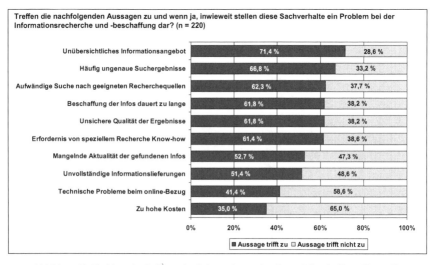

Abbildung 31: Probleme im Rahmen der Informationsrecherche und -beschaffung (Frage 17)

Zentrale Ergebnisse der Befragung 55

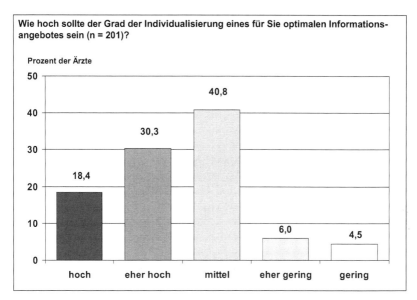

Abbildung 32: Individualisierungsgrad eines optimalen Informationsangebotes (Frage 25)

Knapp 50 % der Ärzte sprechen sich bei der folgenden Frage für einen eher hohen bis hohen Individualisierungsgrad der Informationsversorgung aus. 10,4 % wünschen einen eher geringen bis geringen Individualisierungsgrad (Abbildung 32).

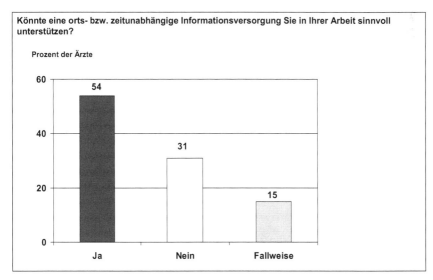

Abbildung 33: Mobilität in der Informationsversorgung (Frage 26)

Zeit- und Ortsunabhängigkeit in der Informationsversorgung, z. B. über mobile Endgeräte, Tablet-PCs oder Mobile-Clinical-Assistant-PCs, wird von über 2/3 der Ärzten zumindest fallweise für sinnvoll gehalten (Abbildung 33).

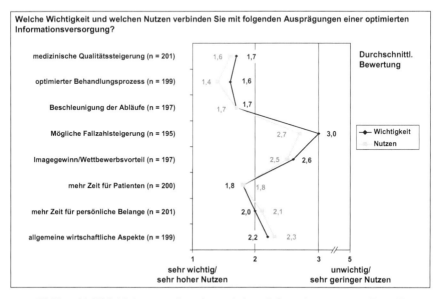

Abbildung 34: Wichtigkeit von Aspekten einer optimierten Informationsversorgung (Frage 27)

Die Erwartungshaltung der Ärzte an eine optimierte Informationsversorgung wurde in einer weiteren Frage erhoben (Abbildung 34). Besondere Wichtigkeit haben für die Ärzte die Optimierung der Behandlungsprozesse (1,6), die Beschleunigung der Abläufe in Praxis und Krankenhaus (1,7) und Verbesserung der Behandlungsqualität (1,7) sowie das Bestreben nach insgesamt mehr Zeit für den einzelnen Patienten (1,8). Die von den Ärzten erwarteten Aussagen zum erwarteten Nutzen unterstreichen den in der Einleitung (Kapitel 1.1) hergestellten Zusammenhang zwischen einer Optimierung der Informationsversorgung und der Verbesserung der Behandlungsqualität sowie der Senkung von Behandlungskosten durch beschleunigte Abläufe und verbesserte Behandlungsprozesse.

Zwischenfazit: Die Anforderungen der Ärzte bezogen auf eine bedarfsgerechte Informationsversorgung deuten auf eine IT-System hin, das die Informationsmenge reduziert, Recherchezeiten verkürzt und damit das IO-Problem insgesamt löst. Letztendlich soll dadurch die Qualität der Krankenversorgung verbessert und die Effizienz der Abläufe erhöht werden.

3.3 Zusammenfassung der Ergebnisse

Aus den Ergebnissen der Befragung in der Modellregion Bochum-Essen können verschiedene Schlussfolgerungen gezogen werden, die in die Arbeiten an der informationlogistischen Konzeption der Informationsversorgung von Ärzten und deren Implementierung als Kontextapplikation einfließen:[134]

Anforderung 1: Prozessorientierte Informationslogistik (Kontextmodell - Kapitel 6)
Die Befragung ergab, dass der Informationsbedarf von niedergelassenen und Krankenhausärzten von der aktuellen Aktivität im Behandlungsprozess (Diagnose, Befundung, Therapieformulierung etc.) abhängig ist. Der zugrundeliegende medizinische Prozess eines Behandlungsfalls sollte daher als wichtiger Teilbereich in das Kontextmodell aufgenommen werden. Gleichzeitig gewährleistet die Verknüpfung der Informationsversorgung mit dem medizinischen Prozess eine optimale Integration in die Arbeitsabläufe des Arztes und hilft damit, Verzögerungen oder Unterbrechungen zu vermeiden.

Anforderung 2: Umgang mit Unschärfe in der Informationsbedarfsformulierung (Konzept der selektiven Informationsräume - Kapitel 5.6, Kontextmodell - Kapitel 6)
Im Rahmen der Befragung wurde von den Ärzten u. a. bemängelt, dass die Informationsversorgung zu unpräzise verlaufe. D. h. die von den Ärzten genutzten Systeme liefern nicht die medizinischen Fachinformationen, welche ihrem Bedarf entsprechen. Die Ursache dafür kann entweder darin liegen, dass die genutzten eRessourcen den Informationsbedarf eines Arztes unpräzise interpretieren oder aber die Abfragen vom Arzt nicht so formuliert werden, dass die benötigten Informationen gefunden werden können (siehe Anforderung 3). Die meisten Informationsquellen werden über eine schlagwortbasierte Suche erschlossen, d. h. der Nutzer gibt ein oder mehrere Schlagworte ein, um seine Anfrage zu formulieren. Wichtige Informationen über den Kontext, aus dem heraus die Anfrage formuliert wird, fließen so nicht in die Query ein. Ein Lösungsansatz sollte daher Kontextinformationen mit einbeziehen.

---

[134] Zu jeder Anforderung ist vermerkt, in welchem Kapitel sie verarbeitet wurde.

Anforderung 3: Hoher Automatisierungsgrad der Informationsversorgung (Konzeption der Kontextapplikation - Kapitel 7)

Ärzte sind zwar in hohem Maße auf Informationen angewiesen. Sie verfügen jedoch in der Regel nicht über professionelle Rechercheerfahrungen. In der Befragung bestätigt die Mehrzahl von Ihnen die Aussage, dass die Suche nach Recherchequellen aufwändig und spezielles Recherche-Know-how nötig ist. Ärzte sollten daher von Recherchetätigkeiten entlastet werden. Die Formulierung von Abfragen und die Aufarbeitung der Suchergebnisse sollten in möglichst hohem Maße automatisiert ablaufen (Information Push). Ärzte sollten keine spezifischen Recherchekenntnisse benötigen, um bspw. mit Hilfe einer Retrieval-Sprache Abfragen zu formulieren.

Anforderung 4: Faktor Zeit bei der Informationslieferung (Konzeption der Kontextapplikation - Kapitel 7)

Von den Einflussfaktoren auf die Entstehung eines Information Overload wird der Faktor „Zeit" von den Ärzten mehrfach genannt. So benennen die Ärzte bspw. den hohen zeitlichen Aufwand für Informationssuche und wünschen sich in der Mehrzahl einen geringeren zeitlichen Aufwand für die Informationsbeschaffung bei gleichem Informationsangebot. Darüber hinaus ist der Anteil von Informationsbedarfen, die eine Ad-hoc-Belieferung benötigen, relativ hoch. Ein informationslogistischer Lösungsansatz sollte also den zeitlichen Aufwand für die Informationsbeschaffung reduzieren.

Anforderung 5: Übersichtlichkeit des Informationsangebots (Konzeption der Kontextapplikation - Kapitel 7)

Bei der Benennung der derzeitigen Probleme in der Informationsversorgung von Ärzten wird die Unübersichtlichkeit des Informationsangebots an erster Stelle genannt. Sie benennen mit dieser Feststellung den IO-Faktor „Informationsmenge". Die Menge der gelieferten Suchtreffer sollte daher für den Arzt überschaubar sein. Zudem sollte die Präsentation der Informationen strukturiert erfolgten (z. B. getrennt nach Fachliteratur, Leitlinien etc.).

Anforderung 6: Anbindung der präferierten eRessourcen (Konzeption der Kontextapplikation - Kapitel 7)

Von den Ärzten wurden medizinische Leitlinien, Fachliteratur und Webseiten (Zugriff z. B. über Google-Suche) als präferierte eRessourcen genannt. Diese Auswahl sollte bei der Umsetzung der informationslogistischen Konzeption berücksichtigt werden.

Zusammenfassung der Ergebnisse 59

Anforderung 7: Individualisierung des Informationsangebots (Kontextmodell - Kapitel 6, Konzeption der Kontextapplikation - Kapitel 7)

Etwa die Hälfte der befragten Ärzte wünscht sich einen hohen oder sehr hohen Individualisierungsgrad der Informationsversorgung. Die Informationsversorgung sollte folglich personalisiert erfolgen. Dies kann bspw. über einen eigenen Teilbereich „Arzt" im Kontextmodell berücksichtigt werden. In diesem Teilbereich sollten Präferenz des Arztes bezogen auf die Informationsversorgung und Merkmale, die den Arzt charakterisieren, abgebildet werden.

4 Information Retrieval, Serviceorientierte Architekturen und Web Services: Grundlagen und Konzepte

4.1 Information Retrieval

4.1.1 Definition des Begriffs „Information Retrieval"

Bereits seit den 40er-Jahren des vorherigen Jahrhunderts gewinnen die Themen der Speicherung (*Storage*) von und Suche (*Retrieval*) nach Informationen und explizitem Wissen zunehmend an Bedeutung.[135] Information Retrieval als interdisziplinäres wissenschaftliches Forschungsfeld der Informationswissenschaften, Computerlinguistik und Informatik beschäftigt sich im Kern mit den Ansätzen einer computergestützten inhaltsorientierten Suche.

Eine allgemein anerkannte Definition des Begriffs „Information Retrieval" existiert nicht.[136] Salton definiert Information Retrieval 1968 als „[...] *field concerned with the structure, analysis, organization, storage, searching, and retrieval of information.*"[137] Diese Definition geht über die reine Suche nach Informationen weit hinaus. Eine weitere Definition liefern Baeza-Yates und Ribeiro-Neto: „*Information retrieval (IR) deals with the representation, storage, organization of, and access to information items. The representation and organization of the information items should provide the user with easy access to the information in which he is interested.*"[138] Auch diese Definition ist weit gefasst.

Hilfreich für eine Annäherung an die Begrifflichkeit ist die folgende definitorische Beschreibung der Fachgruppe Information Retrieval der Gesellschaft für Informatik (FGIR): „*Im Information Retrieval (IR) werden Informationssysteme in Bezug auf ihre Rolle im Prozess des Wissenstransfers vom menschlichen Wissensproduzenten zum Informations-Nachfragenden betrachtet*".[139]

Besonders treffend für den Kontext der Informationslogistik ist die 1981 von Robertson gewählte Definition von Information Retrieval als „[...] *retrieval of references to documents in response to requests for information [...]*".[140] Dabei wird ein Information Retrieval System verstanden als „[...] *a set of rules and procedures, as operated by humans and/or machines,*

---

[135] [Rij79], S. 3.
[136] Vgl. [Kur04], S. 7 f. Kuropka verweist darauf, dass die meisten IR-Definitionen eher vage formuliert sind. [Fer03], S. 29. Ferber ergänzt, dass es keine allgemein akzeptierte Definition gebe. Auch van Rijsbergen vermerkt: „*Information retrieval is a wide, often loosely-defined term [...]*", [Rij79], Chapter 1, S. 1.
[137] [Sal68], Preface S. V.
[138] [BR99], S. 1.
[139] [Fuh96], S. 1.
[140] Vgl. [Rob81], S. 9 und auch [BC92], S. 30.

for doing some or all of the following operations: Indexing [...]; Search formulation [...]; Searching [...]; Feedback [...]; Index language construction [...]".[141] Robertson führt darüber hinaus an, dass *„Since (we assume) the user's purpose is to satisfy an information need, we might describe the function of an information retrieval system as 'leading the user to those documents that will best enable him/her to satisfy his/her need for information'."*[142]

Diese Definition entspricht im Wesentlichen dem Kernverständnis des Begriffs „Information Retrieval" im Rahmen dieser Dissertation:

Information Retrieval ist die bedarfsgerechte Versorgung mit Informationen aus elektronischen Informations- und Wissensbasen (eRessourcen). Die Bedarfsgerechtheit soll insbesondere durch die Einbeziehung von Kontextinformationen realisiert werden.

Dass die Befriedigung des Informationsbedarfs eines Anwenders keine triviale Aufgabe ist, unterstreicht die Aussage von Baeza-Yates und Ribeiro-Neto: „[...] *Unfortunality, characterization of the user information need is not a simple problem.*"[143]

4.1.2 Modelle von Information-Retrieval-Systemen

Information Retrieval entsprechend der vorgestellten Definition wird durch IR-Systeme unterstützt. Bereits 1979 beschreibt van Rijsbergen in einer vereinfachten Struktur drei zentrale Komponenten eines IR-Systems (Abbildung 35).

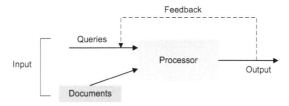

Abbildung 35: Typisches Information Retrieval System[144]

Suchbare Dokumente bzw. Repräsentationen dieser Dokumente fließen als Input in das IR-System ein. Traditionelle Retrieval-Systeme verwenden Datenbankindizes, z. B. in Form von Indextermen, als Repräsentationen, um Dokumente (*Documents*) zu indizieren und dann zu suchen. Im engeren Sinne ist ein Datenbankindex ein Stichwort, das eine eigene semantische

---

[141] [Rob81], S. 9.
[142] Ebenda, S. 10.
[143] [BR99], S. 1.
[144] [Rij79], S. 4.

Bedeutung hat.[145] Dies setzt die Grundannahme voraus, dass ein Dokument hinreichend über Indizes beschrieben werden kann. In der Praxis ist dies nicht unproblematisch, da viele Bedeutungsaspekte eines Dokuments nicht hinreichend über Indexterme ausgedrückt werden können. Die zweite Form des Inputs stellen Anfragen (*Queries*) an das System durch den Benutzer dar. Diese werden durch den Prozessor, der zentralen Komponente des Information-Retrieval-Systems, verarbeitet. Der Prozessor übernimmt neben der Anfragebearbeitung auch die bereits oben beschriebene Indizierung und Klassifikation von Dokumenten und Informationen. Das dritte Element ist der Output, also das Suchergebnis. Dieses wird gewöhnlich durch eine Liste von Dokumentennummern oder auch bibliografischen Informationen repräsentiert. Der Output wiederum kann als Feedback und neuer Input für die Anpassung einer Anfrage genutzt werden.

Ähnliche Beschreibungsmodelle des IR-Systems finden sich auch über zwei Jahrzehnte später in fast unveränderter Form z. B. bei Hersh oder Henrich.[146] Hersh stellt die ein Dokument bzw. eine Information beschreibenden Metadaten in den Mittelpunkt seines Modells (Abbildung 36). Das Suchergebnis und eine mögliche Verfeinerung der Suchanfrage sind nicht Teil des Modells.

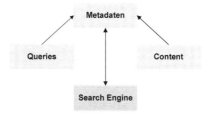

Abbildung 36: Modell des IR-Systems[147]

Belkin und Croft vertiefen in ihrem Modell (Abbildung 37) die Perspektive der „Autoren" sowie der „Anwender" von IR-Systemen. Autoren erstellen die Dokumente, welche den Anwendern durch das System zugänglich gemacht werden sollen. Anwender agieren vor einem Hintergrund von Zielen und Aufgabenstellungen und haben Informationsbedarfe, die sie in Form von Anfragen zu formulieren versuchen. Sowohl die Anfragen als auch die Dokumentrepräsentationen basieren auf Repräsentationsmodellen. Die gefundenen Dokumente werden vom Anwender bewertet. Dem Anwender bietet sich nur die Möglichkeit, die Dokumentenre-

---

[145] Vgl. [BR99], S. 19.
[146] Vgl. [Her03], [Hen08].
[147] [Her03], S. 5.

präsentationen, die Anfrage oder auch den Informationsbedarf selbst zu modifizieren bzw. zu hinterfragen. Der Ablauf dieser möglichen Modifikationen hängt vom zugrunde liegenden Interaktionsmodell ab.

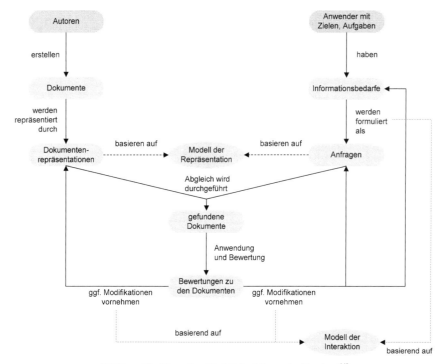

Abbildung 37: Allgemeines Modell des Information Retrieval[148]

Die grundlegenden Zusammenhänge bei der Interaktion zwischen dem Anwender und seinem IT-System im Rahmen der Informationssuche und -beschaffung wurden auch von Ingwersen auf Grundlage der kognitiven Sichtweise des Information Retrievals untersucht (Abbildung 38).[149] Ausgangspunkt seiner Überlegungen ist der kognitive Raum des Anwenders. Dieser ist u. a. geprägt durch seine Arbeitsaufgabe, seine Ziele und dem daraus abgeleiteten Informationsbedarf. Der Anwender selbst ist eingebettet in einen sozialen und organisatorischen Kontext, der auf seinen kognitiven Raum (1), die verfügbaren Informationsobjekte (6) und Informationstechnologien (7) einwirkt. Seinen Informationsbedarf formuliert er in Form einer Anfrage (2). Diese wird durch einen Intermediär bzw. eine Benutzerschnittstelle

---

[148] [Kur04], S. 9. Die Grafik entspricht im Wesentlichen einer Grafik von [BC92], S. 31.
[149] Vgl. [Ing94] und [Ing96].

(*Interface*) in eine für das IT-System verständlichen Suchabfrage (*Query*) umgewandelt (3). Über diese Query werden dann die relevanten Informationsobjekte selektiert und über das Benutzerinterface an den Anwender weitergegeben (4). Das Retrieval der Informationsobjekte wird zudem durch die genutzte Abfragesprache, die zugrunde liegenden Algorithmen sowie Indexierungsregeln und andere Systemeinstellungen des IR-Systems beeinflusst. Die Autoren von Informationsobjekten (5) und Entwickler (8) von Informationstechnologien sind ebenfalls kognitive Akteure.

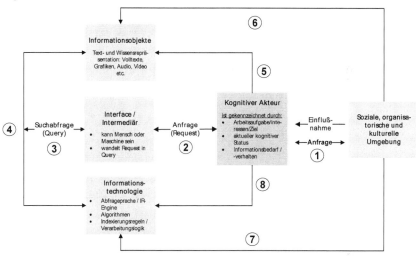

Abbildung 38: Kognitives Modell der Information-Retrieval-Interaktion von Ingwersen[150]

4.1.3 Abgrenzung von Information Retrieval, Data Retrieval und Information Filtering

Im Rahmen der Informationsbeschaffung eines Anwenders lassen sich unterschiedliche Aktivitäten unterscheiden. Die folgende Abbildung systematisiert die Begriffe:

Bei der Informationsbeschaffung wird zwischen dem Retrieval, also der Suche bzw. gezielten Abfrage, und dem Browsing, also dem Durchstöbern von Informationsbeständen, differenziert (Abbildung 39).

Beim Retrieval formuliert der Anwender oder ein System eine Suchabfrage, die dann möglichst passgenau beantwortet wird. Beim Browsing klickt sich der Anwender durch Menüfolgen, Verzeichnis- oder Hypertextstrukturen bis hin zur gewünschten Information. Der An-

---

[150] [Ing94], S. 103 oder [Ing96], S. 9.

wender kann so erkennen, in welchem inhaltlichen Zusammenhang der von ihm gewählte Suchbegriff steht. In der Praxis finden sich häufig auch Kombinationen von manuellem oder automatisiertem Retrieval und Browsing. So wird bspw. auf Basis einer Suchanfrage eine Treffermenge zurückgeliefert, die die Navigation in einer hierarchisch aufgebauten Trefferliste ermöglicht.

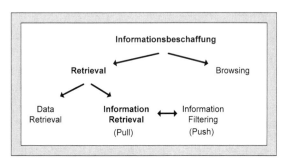

Abbildung 39: Begriffsabgrenzung Informationsbeschaffung

Information Retrieval grenzt sich deutlich von der klassischen Datenbanksuche, dem Data Retrieval, ab.[151] Ein wichtiges Unterscheidungskriterium ist die Vagheit der Informationsbedarfsformulierung. Der Nutzer hat in der Regel einen diffusen Informationsbedarf, den er nicht präzise und formal beispielsweise als SQL-Query formulieren kann. Ein weiteres wichtiges Kriterium ist die Unsicherheit hinsichtlich des genauen Inhalts der im System gespeicherten Informationen oder Dokumente, die Texte, Bilder, Videos etc. enthalten können. Letztendlich kann das inhaltliche Erschließen von Dokumenten, z. B. über eine intelligente Indexierung, nie alle Informationen, die in einem Dokument repräsentiert sind, zugänglich machen. Dies führt dazu, dass die Trefferlisten ungenaue und teilweise fehlerhafte Ergebnisse enthalten.

Des Weiteren lässt sich das Information Retrieval (auch als Ad-hoc-Retrieval bezeichnet) vom Information Filtering abgrenzen.[152] Beim Ad-hoc-Retrieval ist die Datenbasis relativ statisch, während die Anfragen selbst immer wieder neu formuliert werden. Pull-Dienste (Bsp.: Literaturdatenbank Medline) im Internet basieren auf dem Konzept des Ad-hoc-Retrieval. „[...] *IR is typically concerned with single uses of the system, by a person with a one-time goal and onetime query [...].*"[153] Beim Information Filtering ändert sich die Datenba-

---

[151] Vgl. [Rij79], Kapitel 1, S. 1.
[152] Vgl. [BC92], S. 30 ff., [Sto07], S. 58ff., [Kur04], S. 9 ff. und [BR99], S. 21 ff.
[153] [BC92], S. 32.

sis relativ dynamisch, d. h. es kommen häufig neue Dokumente hinzu (z. B. bei Archiven von Nachrichtenagenturen), aber die Suchanfrage bleibt unverändert im Sinne eines Suchprofils. „[...] *Information filtering is concerned with repeated uses of the system, by a person or persons with long-term goals or interests.*"[154] Information Filtering kommt klassischerweise bei Push-Diensten (Wetter, Staus etc.) zum Einsatz.

4.1.4 Gütemaße im Information Retrieval

Zur Beurteilung der Güte einer Recherche wurden die folgenden Maße eingeführt:[155]

Recall (Vollständigkeit)

Der Recall-Wert ist der Quotient aus der Menge P der gefundenen relevanten Dokumente und Gesamtmenge R der relevanten Dokumente in einer Datenbasis. Dabei setzt sich R aus der Menge P der gefundenen relevanten Dokumente und der Menge N der nicht gefundenen relevanten Dokumente zusammen.

$$RECALL = \frac{|P|}{|P \cup N|} = \frac{|P|}{|R|}$$

Im Idealfall, d. h. alle relevanten Dokumente in einer Datenbasis wurden gefunden, liegt der Recall-Wert bei 1. In der Praxis gestaltet sich die Errechnung des Recall-Wertes durchaus schwierig, da nicht immer bekannt ist bzw. geschätzt werden kann, wie groß die Menge der relevanten Dokumente in einer Datenbasis ist.

Precision (Genauigkeit)

Der Precision-Wert errechnet sich als Quotient aus der Menge P der gefundenen relevanten Dokumente und der Menge G der insgesamt gefundenen Dokumente, wobei sich die Menge G aus der Vereinigung der Menge P der gefundenen relevanten Dokumente und der Menge I der gefundenen irrelevanten Dokumente ergibt.

$$PRECISION = \frac{|P|}{|P \cup I|} = \frac{|P|}{|G|}$$

Beim Precision-Wert ist der Idealwert 1, d. h. alle gefundenen Dokumente sind relevant.

---

[154] Ebenda, S. 32.
[155] Vgl. [Sto07], S. 63 f., [BR99], S. 75 ff., [Her03], S. 96 ff., [Rij79], Kapitel 7, S. 7 ff. und [Kor76], S. 55 f.

Ein weiteres Maß zur Beurteilung der Güte des Information Retrieval ist der Fall-Out-Wert. Über diesen Wert wird die Effektivität des Suchprozesses gemessen. Der Fall-Out-Wert ist der Quotient aus der Menge I der gefundenen irrelevanten Dokumente und der Gesamtmenge N der irrelevanten Dokumente. Die Menge N ist die Vereinigungsmenge der Menge I und der Menge M der nicht gefundenen irrelevanten Dokumente.

$$FALLOUT = \frac{|I|}{|I \cup M|} = \frac{|I|}{|N|}$$

Im Rahmen des Praxistests (Kapitel 8.2.1) wird der Precision-Wert zur Beurteilung der Güte der über die Kontextapplikation erzielten Suchtreffer errechnet.

4.1.5 Information-Retrieval-Modelle

Das einem Information-Retrieval-System zugrunde liegende Retrieval-Modell bestimmt die Eigenschaften und Nutzungsmöglichkeiten des Systems. Bei der Anbindung einer eRessource an die im Rahmen der Dissertation entwickelte Kontextapplikation muss das jeweils implementierte IR-Modell berücksichtigt werden. Medline als wichtigster Fachliteraturdatenbank in der Medizin ein einfaches boolesches Modell zugrunde. Ein IR-Modell lässt sich als ein Quadrupel [D, Q, F, R(qi, dj)] charakterisieren:[156]

D = Menge der logischen Sichten (oder Repräsentationen) auf Dokumente in der Datenbasis. Eine Dokumentenrepräsentation kann bspw. eine Menge von relevanten Termen aus dem Dokument mit den jeweiligen Vorkommenshäufigkeiten sein.

Q = Menge der logischen Sichten (oder Repräsentationen) der Informationsbedarfe der Benutzer. Diese entsprechen den möglichen Suchabfragen an das IR-System und können z. B. boolesche Ausdrücke mit Termen als Operanden sein.

F = Framework zur Modellierung der Dokument-Repräsentationen (D) und Suchabfragen (Q) und der Beziehungen zwischen beiden. F ist also wichtig für die Ausgestaltung des IR-Systems und repräsentiert im Kern das jeweilige IR-Modell.

R = Rankingfunktion R (q_i, d_j), die jeder Kombination von Suchabfrage $q_i \in$ Q und Dokument-Repräsentation $d_j \in$ D eine reelle Zahl zuordnet.

---

[156] Vgl. [BR99], S. 23 und [Fuh06], S. 53 f.

4.1.5.1 Übersicht der wichtigsten Retrieval-Modelle

Eine Übersicht der wichtigsten Retrieval-Modelle ist in Abbildung 40 dargestellt.

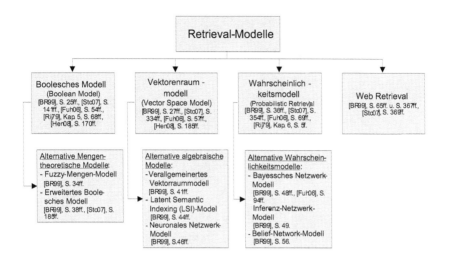

Abbildung 40: Übersicht der wichtigsten Retrieval-Modell

4.1.5.2 Boolesches Modell

Das Boolesche Retrieval gehört zu den ersten und einfachsten Formen des Information Retrieval. Die Repräsentation (D) der Dokumente im System erfolgt über Indexterme, d. h. die Dokumente werden verschlagwortet. Dabei erfolgt keinerlei Gewichtung der Indexterme hinsichtlich ihrer Relevanz bezogen auf das Dokument. Ein Ranking der Treffermenge mit Hilfe einer Rankingfunktion (F) ist also gemäß dieser Grundfunktion nicht möglich.

Die Suchabfragen (Q) werden beim Booleschen Retrieval durch Verknüpfung von Indextermen mit booleschen Operatoren (z. B. UND, ODER, NICHT) formuliert. Die zurückgelieferten Ergebnisse einer Suchanfrage sind bezogen auf die einzelnen Dokumente binär, d. h. ein Dokument entspricht entweder dem Suchterm oder entspricht ihm nicht. Eine differenzierte Aussage, dass ein Dokument bspw. sehr gut oder eher weniger gut zur Suchanfrage passt, ist nicht möglich.

Um eine Suchanfrage formulieren zu können, muss der Benutzer die möglichen bzw. zulässigen Indexterme kennen. Dies kann bspw. durch ein kontrolliertes Vokabular oder einen

Thesaurus (z. B. Medical Subject Headings[157]) sowie Drilldown-Felder in der Suchmaske unterstützt werden.

Vorteile:
- Das Modell weist eine große Mächtigkeit auf, da mit einer Anfrage jede Teilmenge von D gebildet werden kann.

Nachteile:
- Es werden häufig sehr große Treffermengen geliefert, die nicht nach „sehr relevant" oder „weniger relevant" sortiert werden können.
- Indexterme können bei der Anfrageformulierung nicht gewichtet werden. Die Trennung in Treffer oder Nicht-Treffer erfolgt dadurch häufig zu „streng".
- Die Erstellung der Anfrage-Terme ist zum Teil komplex und nur von professionellen Rechercheuren sinnvoll zu bewältigen.
- Die Retrieval-Qualität ist schlechter als bei anderen Retrieval-Methoden.

Das Boolesche Retrieval-Modell wurde in verschiedene Richtungen weiterentwickelt. Beim Fuzzy-Mengen-Modell werden alle Suchanfragen als Fuzzy-Mengen modelliert und für jedes Dokument wird angegeben, zu welchem Maß (zwischen 0 und 1) es Teil dieser Fuzzy-Menge ist.

Beim Erweiterten Booleschen Retrieval werden Indexterme, Suchterme und auch ganze Dokumente mit Gewichtungen versehen. Dadurch wird einer der wesentlichen Kritikpunkte am Booleschen Retrieval behoben.

4.1.5.3 Vektorraummodell

Das Vektorraummodell stellt neben dem Booleschen Retrieval den zweiten wichtigen Ansatz dar. Es wurde in den 60er und 70er Jahren von Salton entwickelt und schneidet bei Vergleichsmessungen der verschiedenen Verfahren regelmäßig sehr gut ab.

Grundgedanke des Modells ist es, Index- und Suchterme als Dimensionen eines n-dimensionalen Raumes zu betrachten. Dokumente und Suchanfragen werden als Punkte in diesem mehrdimensionalen Vektorraum positioniert. Die Term-Vektoren sind orthogonal und damit linear unabhängig. Im Normalfall (gewichteter Fall) wird in einer Dokument-Term-Matrix für jedes Dokument der Datenbasis D der Gewichtungswert des jeweiligen Terms im Modell angegeben (Tabelle 5).

---

[157] Vgl. dazu auch den Anhang 11.

Information Retrieval

	Term$_1$	Term$_2$	...	Term$_n$
Dokument$_1$	Term$_{11}$	Term$_{12}$	...	Term$_{1n}$
Dokument$_2$	Term$_{21}$	Term$_{22}$	...	Term$_{2n}$
...	...	...	...	...
Dokument$_n$	Term$_{n1}$	Term$_{n2}$	...	Term$_{nn}$

Tabelle 5: Dokument-Term-Matrix[158]

Der Gewichtungswert wird über Methoden der Textstatistik aus einem Dokument oder auch einer Suchanfrage errechnet. Der Vektor einer Anfrage aus der Menge Q besteht aus den Anfragetermen und deren Gewichtungen. Die Basis hierfür kann neben einem Langtext, der der Suchanfrage entspricht, auch ein Beispieldokument sein, dem die Suchtreffer möglichst stark entsprechen sollen.

Das Relevanzranking R erfolgt anhand der Nähe oder Distanz zwischen Suchanfragevektor und Dokumentenvektoren. Als Vektorähnlichkeitsmaße können z. B. Cosinusmaße genutzt werden.

Vorteile:
- Bei der Formulierung von Suchanfragen müssen keine booleschen Operatoren verwendet werden. Aus Sicht von Rechercheexperten kann dies ein Nachteil sein.
- Da sowohl Suchanfrage als auch Dokumente gewichtet sind, ist die Trefferliste immer nach Relevanz sortiert.
- Dokumente zu thematisch ähnlichen Clustern werden gebündelt.

Nachteile:
- Das Modell setzt eigentlich die Unabhängigkeit der Terme voraus. Dies ist in der Praxis nicht gegeben, da Terme bzw. Begriffe semantische Ähnlichkeiten aufweisen.
- Suchanfragen mit wenigen Termen bilden sehr kleine Suchvektoren. Verglichen mit der Vielzahl an Termen, die ein Dokument charakterisieren, können deshalb Treffermengen verzerrt sein.

4.1.5.4 Wahrscheinlichkeitsmodell

Im Gegensatz zum Data Retrieval ist das Information Retrieval durch ein hohes Maß an Unsicherheit bezogen auf die informationsbedarfsgerechte Formulierung einer Suchanfrage und

---

[158] [SM83], S. 128.

auch die Bedarfsgerechtheit der Trefferliste gekennzeichnet. Diesem Problem versucht man mit dem probabilistischen Retrieval (*Probabilistic Retrieval*) zu begegnen.

Dem Wahrscheinlichkeitsmodell liegt folgende Annahme zugrunde: Gegeben sind eine Suchanfrage $q_i \in Q$ und ein Dokument $d_j \in D$. Mit Hilfe des Modells versucht man nun die bedingte Wahrscheinlichkeit P (d_j | q_i) abzuschätzen, dass dieses Dokument für den Benutzer bezogen auf seinen Informationsbedarf (repräsentiert durch q_i) relevant ist. Nach dem Bayes-Theorem gilt für bedingte Wahrscheinlichkeiten:

$$P(D \mid Q) = \frac{[P(Q \mid D) \times P(D)]}{P(Q)}$$

Anhand des Wertes der bedingten Wahrscheinlichkeit, dass ein Dokument bezogen auf eine bestimmte Suchanfrage relevant ist, wird das Relevanzranking R, welches im probabilistischen Retrieval seinen Anfang genommen hat, möglich. D. h. diejenigen Dokumente mit dem höchsten Wahrscheinlichkeitswert gehörten zu den ausgewählten Suchergebnissen. In der Praxis erfolgt die Errechnung der bedingten Wahrscheinlichkeiten durch ein iteratives Vorgehen, indem entweder ein direktes „Relevance Feedback" durch den Benutzer oder ein „Pseudo Relevance Feedback" durch das System genutzt wird.

Das Bayes'sche Netzwerkmodell, das Inferenz-Netzwerkmodell und das Belief-Net-work-Modell sind Verfeinerungen des Wahrscheinlichkeitsmodells.

Vorteile:
- Die Vorteile des Wahrscheinlichkeitsmodells entsprechen denen des Vektorraummodells verglichen mit dem booleschen Modell.
- In der Literatur wird als Stärke des Modells die theoretische Stringenz betont.

Nachteile:
- Das Modell setzt wie das Vektorraummodell die Unabhängigkeit der Terme voraus. Dies ist in der Praxis nicht gegeben, da Terme bzw. Begriffe semantische Ähnlichkeiten aufweisen.

4.2 Information Retrieval im World Wide Web

Das World Wide Web ist in den letzten 15 Jahren zur wichtigsten Quelle für Informationen in digitaler Form geworden. Web Information Retrieval unterscheidet sich in einigen Merkmalen deutlich vom „klassischen" Information Retrieval.[159] So liegen Dokumente im WWW in unterschiedlichen Sprachen und Formaten vor, die Länge und Granularität der Dokumente vari-

---

[159] Vgl. hierzu [Lew05b], S. 140 ff. und [Lew05a], S. 75 ff.

Information Retrieval im World Wide Web 73

iert stark, Dokumente sind über eine Hypertext-Struktur[160] miteinander verknüpft, die Größe der möglichen Zielmenge ist unklar, die Benutzeroberfläche der genutzten Suchmaschine ist in der Regel einfacher zu bedienen, Dubletten und Spam erschweren die Informationsversorgung. Die Modifikation einer Suche sowie die Auswahl der Dokumente sind in der Regel eingeschränkt.[161]

4.2.1 Aufruf statischer und dynamischer Inhalte

Im Internet werden zwei Arten von Inhalten (*Content*) unterschieden[162]:

1. Statische Informationen in Form von statischen Inhalten
2. Dynamische Informationen in Form von dynamisch erzeugten Inhalten

Statische Inhalte sind in der Regel Dokumente, die auf einem Web-Server eines Informationsanbieters gespeichert werden und von diesem in unveränderter Form an den Web-Client (z. B. Internet-Explorer, Mozilla Firefox etc.) des Anwenders übertragen werden. Typische Dokumententypen sind dabei HTML (in der Regel zusammen mit einer Stylesheet-Datei und Bildern), PDF, PostScript-Datei, Office-Dokumente oder auch Multimedia-Dateien (Filme, Bilder etc.). Die technischen Abläufe bei der Abfrage von statischen und dynamischen Inhalten sind im Anhang 4 dargestellt.

4.2.2 Visible Web versus Deep Web[163]

In Abgrenzung zum „sichtbaren Teil" des Internets (*Visible Web*)[164] ist der „unsichtbare Teil" des Internets, das sogenannte Deep Web, nicht über die klassischen Suchmaschinen erreichbar. Das Deep Web besteht im Wesentlichen aus Fachdatenbanken und Hosts sowie dynamisch generierten Webseiten, welche durch Suchmaschinen nicht indexiert werden können. Man geht davon aus, dass das Deep Web um ein Vielfaches größer ist als das Visible Web.

---

[160] *„Hypertext* [Herv. durch Verfasser] *und begrifflich eingeschlossen seine mit Hypermedia* [Herv. durch Verfasser] *umschriebene multimediale Erweiterung zeichnet sich durch eine netzwerkartige Struktur der Informationsrepräsentation aus, die lineare und sequentielle Anordnungen aufbrechen soll.",* [Eib04], S. 148. Zur Vertiefung des Themas seien z. B. [Eib04] oder [Sch92] empfohlen.
[161] Lewandowski bietet eine vollständige Übersicht der Unterscheidungsmerkmale. [Lew05b], S. 8. Diese befindet sich im Anhang 3.
[162] Vgl. [Hen08], S. 356 ff.
[163] Vgl. hierzu [Ber01], [Hen08], S. 358 ff., [Lew05b], S. 139.
[164] Alternativ findet sich in der Literatur auch die Bezeichnung „Surface Web" oder „Shallow Web". Siehe [Ber01], S. 1 ff und [Hen08], S. 358.

Bergman spricht von einem Faktor 400 bis 550.[165] Da die Datenbestände in den Fachdatenbanken in signifikantem Maße redundant vorliegen und sich darunter auch die mehrere hundert Terabyte zählenden Daten der NASA und Klimadaten befinden, muss diese Zahl jedoch kritisch hinterfragt werden. Unbestritten ist jedoch, dass im Deep Web hochrelevante Informationen verfügbar sind, deren Erschließung sich für den Nutzer lohnen kann.

Neben den bereits genannten Gründen, warum Inhalte im Internet unsichtbar sind, gibt es noch weitere Ursachen: Passwortschutz von Webseiten, zeitliche Begrenzung des Zugriffs, Neuheitsgrad, Flash-Präsentationen, Ausschluss von Indexierungsrobotern, versteckte Seiten oder die geografische Beschränkung des Zugriffs.[166]

Dem Anwender bietet sich aber auch die Möglichkeit, Suchmaschinen zu nutzen, die das Deep Web erschließen sollen, wie bspw. Clusty, Complete Planet oder Google Scholar.[167]

4.2.3 Suchmaschinen im Internet

Die Erschließung von Informationen im Internet erfolgt durch Suchmaschinen bzw. Crawler und Indexierer als Bestandteile von Suchmaschinen.[168] Die folgende Abbildung zeigt die verschiedenen Komponenten einer Suchmaschine:

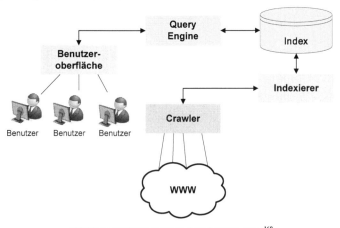

Abbildung 41: Komponenten einer Suchmaschine[169]

---

[165] Vgl. [Ber01], S. 1.
[166] Vgl. [oV06], S. 2 f.
[167] Die genannten Suchmaschinen können unter folgenden Webseiten aufgerufen werden: http://clusty.com/, http://aip.completeplanet.com und http://scholar.google.de.
[168] Vgl. hierzu [Hen08], S. 360 ff. und [Fer03], S. 300 ff.
[169] In Anlehnung an [Hen08], S. 351.

Die vorbereitende Arbeit zur Erschließung von Inhalten im WWW leisten Crawler (Synonyme: Spider, Robots). Ausgehend von einem (oder ggf. auch mehrere) Start-URL[170] ruft der Crawler das lokalisierte Dokument (z. B. HTML-Seiten) von einem Webserver ab. Er extrahiert die Hyperlinks aus dem Dokument und speichert sie in einer Warteschlange der zu besuchenden Webseiten. Je nach Suchvariante besucht der Crawler nun alle zwischengespeicherten URLs entweder nach dem Last In-First Out (LIFO)-Prinzip (Tiefensuche) oder nach dem First In-First Out (FIFO)-Prinzip (Breitensuche). Der Indexierer baut dabei einen Index der besuchten Seiten auf, welcher später von der Suchmaschine genutzt werden kann. In regelmäßigen Intervallen wird der Index für die Suchmaschine zugänglich gemacht und aktualisiert den vorhandenen Index. Nach diesem Grundprinzip kann das ganze Internet durchsucht und indexiert werden.

Betreiber von Webseiten haben die Möglichkeit, ihre Seite aktiv zur Indexierung anzumelden oder auch das Verhalten von Crawlern folgendermaßen zu beeinflussen:

- Robots Exclusion Standard: Zentrales Instrument ist die robots.txt-Datei, über die gesteuert werden kann, welcher Webcrawler welche Bereiche einer Webseite durchsuchen darf und welche nicht.

- Auch über Meta-Tags im HTML-Quellcode kann die Indexierung einer Seite beeinflusst werden (z. B. <meta name=„robots" content=„noindex,nofollow" /> bedeutet: keine Indexierung und kein Weiterverfolgen von Links im Dokument).

Zur Indexierung von Dokumenten werden im WWW entweder Parser oder Filter verwendet. Parser werden für bestimmte Dokumententypen (z. B. HTML, XML, PDF, PS, Office-Formate) entwickelt und eingesetzt. Sie erkennen die Struktur eines Dokuments und identifizieren die Bereiche, welche in den Index aufgenommen werden sollen. Filter transformieren ein Dokument in ein anderes Format, das von einem Parser verarbeitet werden kann. Idealerweise werden die Dokumente vom Filter in Klartext (*Plain Text*) überführt. Klartext kann ohne weitere Verarbeitung durch einen Parser direkt in den Index überführt werden.[171]

---

[170] URL steht für „Uniform Resource Locator". Eine URL dient der Identifikation und Lokalisierung einer Ressource (also z. B. eines Webservers) in einem Netzwerk über ein Netzwerkprotokoll (z. B. http). Eine URL ist eine Unterart des Uniform Resource Identifier (URI). Dieser wurde erstmals 1994 von Tim Berners-Lee im „Request for Comments 1630" der Network Working Group eingeführt. Berners-Lee definiert URI dort als *„the syntax used by the World Wide Web initiative to encode the names and adresses of objects on the Internet."* [Ber94], S. 1.
[171] Auf Probleme, die sich bei der Indexierung von Webseiten z. B. durch Frames ergeben, soll an dieser Stelle nicht eingegangen werden.

Der Zugang zu Suchmaschinen wird über Suchdienste angeboten. Zu den Suchdiensten der ersten Generation zählen beispielsweise Altavista und Lycos. Bei diesen wird die Rankingposition eines Treffers maschinell ermittelt. Die Treffer werden in einer vertikalen Darstellung entsprechend der Relevanz geordnet. Bekanntester Suchdienst der zweiten Generation ist Google. Mit dem Page-Rank-Algorithmus nutzte Google erstmals die Popularität einer Webseite als Qualitätsindikator. Bei der Verlinkung im Umfeld einer Webseite wird zwischen Forward und Backward Links unterschieden. Forward Links sind Verweise aus einer Webseite oder einem Dokument heraus auf andere Seiten. Backward Links dagegen sind diejenigen Links, die von anderen Webseiten bzw. Dokumenten auf die betrachtete Seite verweisen. Je mehr Backward Links auf eine Webseite verweisen, desto höher ist deren angenommene Qualität, da man davon ausgeht, dass die verweisenden Webseitenbetreiber bzw. Autoren die Webseite für empfehlenswert halten. Der Page-Rank-Algorithmus von Google errechnet sich folgendermaßen:[172]

$$PR(A) = (1-d) + d \times \sum_{i=1}^{n} \frac{PR(T_i)}{C(T_i)}$$

Dabei ist PR(A) der PageRank einer Seite A, $PR(T_i)$ der PageRank der Seiten T_i, von denen ein Link auf die Seite A zeigt, $C(T_i)$ die Gesamtanzahl der Links auf Seite T_i und d ein Dämpfungsfaktor, der zwischen 0 und 1 liegt. Der Dämpfungsfaktor gibt die Wahrscheinlichkeit an, mit der ein Zufalls-Surfer die Verfolgung von Links nicht abbricht, sondern weiterklickt.

Google und andere Suchdienste der zweiten Generation setzen bei der Relevanzermittlung also zentral auf die Einschätzung von Content-Anbietern und Nutzern. Eine weitere Option ist die Nutzung von Konzept/Begriffs-Hierachien oder personalisierten Suchanfragen.

4.2.4 Semantic Web

Ein zentraler Ansatz, Informationen und Wissen im WWW effizienter zu erschließen, ist der Semantic-Web-Ansatz von Tim Berners-Lee aus dem Jahr 2001.[173] Elektronische Ressourcen im Internet (Webseiten, Dateien, Web Services oder auch E-Mail-Empfänger) werden mit maschinenlesbaren Metadaten versehen und so semantisch interpretierbar gemacht. Unter Metadaten versteht man „[...] *Daten, die über einen gegebenen Datensatz Aussagen ma-*

---

[172] [BP98], S. 4, [Fer03], S. 304, [Hen08], S. 387 ff.
[173] Vgl. dazu [BHL01].

chen."[174] Zur eindeutigen Bezeichnung von Ressourcen werden Uniform Resource Identifier (URI) verwendet. Die Metainformationen liefern Aussagen zur semantischen Bedeutung von einzelnen Ressourcen. Durch den Aufbau und die Nutzung von Taxonomien (Baumstruktur) und Ontologien (Netzstruktur)[175] ist die Einordnung in einen Wissenskontext möglich. Liefert das Metadatum einer Ressource die Information „Diabetes", so findet sich dieser Begriff auch in einer medizinischen Ontologie wieder. Anhand dieser lässt sich dann ableiten, dass Diabetes eine chronische Erkrankung ist, die über bestimmte diagnostische Maßnahmen festgestellt werden kann und durch bestimmte Therapieformen behandelt wird. So wird es möglich, auch komplexere Fragestellungen zu beantworten (z. B. „Welches ist der zentrale Diagnoseparameter für Diabetes?").

4.2.4.1 Annotation von webbasierten eRessourcen

Während Datenbanken durch ihre Datenbankstruktur und Abfragesprachen das Auffinden von Informationen im Rahmen einer kontextorientierten Suche gezielt unterstützen, fehlt insbesondere Webseiten und deren Inhalten ein entsprechend mächtiges Instrumentarium. Durch die Annotation von webbasierten eRessourcen mit Metadaten wird versucht dies zu unterstützen. Das Semantic Web bietet zwei Annotations-Konzepte:[176]

Mikroformate

Ein Mikroformat ist ein Auszeichungsformat zur semantischen Annotation von HTML- und XHTML-Dokumenten. Mikroformate werden für spezifische Anwendungs- und Themenbereiche (z. B. Veranstaltungen, Adressen, Lizenzbestimmungen etc.) entwickelt.[177] Ein klassisches Beispiel für ein Microformat ist das hCard-Format zum Austausch von Kontaktinformationen. Das hCard-Format überträgt die Eigenschaften und Werte des vCard-Standards auf „semantisches" HTML.

---

[174] [HKR08], S. 35.
[175] Der Begriff „Ontologie" und dessen Verwendung in der Informatik werden im Kapitel 4.2.4.2 erläutert.
[176] Komplexere Annotationsmöglichkeiten bieten Ontologiebeschreibungssprachen (Kapitel 4.2.4.2) oder auch WSDL (Kapitel 4.3.2.2.2).
[177] Weitere Informationen und Beispieel zu Mikroformaten finden sich unter: http://microformats.org.

Die folgende hCard-Definition zeigt den Ausschnitt für die berufliche Telefonnummer eines Kontaktes:

```
<span class="tel">
    <span class="type">office</span>:
    <span class="value">+49.231.97677.412<span>
</span>
```

Durch Anontation wird die Zeichenkombination „+49.231.96777.412" mit der semantischen Information versehen, dass es sich um eine berufliche Telefonnummer handelt. Über ein Browser-Plugin kann diese Information ausgelesen und interpretiert werden und damit die Adresse direkt in ein elektronisches Adressbuch übernommen oder in einer Routenplanung eingetragen werden.

Resource Description Framework (RDF)

RDF ist ein Framework zur Beschreibung von Ressourcen mit Metadaten. Die zentralen Beschreibungselemente von RDF sind Aussagen (*Statements*) – sogenannte RDF-Triples – in der Subjekt-Prädikat-Objekt-Form.

Ein Statement besteht aus einer Ressource (*Resource*), einer Eigenschaft (*Property*) und dem zugehörigen Eigenschaftswert (*Object*). Beispiel: Die Ressource „http://www.isst.fraunhofer.de/company/index.jsp" hat eine Autorin (Eigenschaft der Ressource) mit Namen „Britta Schmitz" (Wert der Eigenschaft). Diese Aussage ermöglicht es, die genannte Ressource bei einer gezielten Suche nach allen Ressourcen, deren Autorin „Britta Schmitz" ist, aufzufinden.

Zur Beschreibung einer Ressource wird eine eindeutige Bezeichnung in Form eines URI verwendet. Zur Darstellung von Eigenschaften empfiehlt sich die Verwendung von standardisierten Vokabularen. Ein bekanntes Beispiel für ein solches Vokabular ist das Dublin Core Element Set (DC) der Dublin Core Metadata Initiative. DC dient der Annotation von Dokumenten und anderen Objekten im Internet.[178]

RDF-Statements können in Form von RDF Graphen dargestellt werden. Im folgenden Beispiel werden Autor, Titel und Sprache einer Webseite beschrieben (Abbildung 42).

---

[178] Vgl. auch [Her03], S. 164 ff. Vertiefende Hintergrundinformationen zur 1994 gegründeten DC-Initiative und dem Vokabular können auf deren Webseite abgerufen werden: http://dublincore.org/.

Information Retrieval im World Wide Web 79

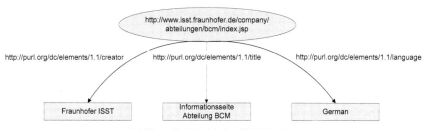

Abbildung 42: Beispiel eines RDF-Graphen

Alternativ oder auch ergänzend zu grafischen Darstellungen von RDF-Statements als RDF Graph kommt insbesondere RDF/XML als sog. RDF-Syntax zum Einsatz. Als effektivere Alternative zu XML wurde von Tim Berners-Lee eine eigene Kurznotation unter der Bezeichnung „N3" entwickelt.[179] Verkürzungen der N3-Syntax finden sich in N-Triple und Turtle.[180] Das obige Beispiel würde in Turtle-Syntax wie folgt aussehen:

```
@prefix ex: <http://www.isst.fraunhofer.de/company/abteilungen/>
@prefix dc: <http://purl.org/dc/elements/1.1/">

ex:bcm      dc:creator      Fraunhofer ISST
ex:bcm      dc:title        Informationsseite Abteilung BCM
ex:bcm      dc:langugage    German
```

URI werden mit Hilfe von Präfixen (im Beispiel: „ex") abgekürzt. Die dargestellte Form „Präfix:Name" wird auch als QName (Kurzform von: QualifiedName) bezeichnet. Eine Sammlung von Graphen, die Subjekte und auch Objekte in Beziehung zueinander setzt und somit eine einfache Ontologie repräsentiert, bezeichnet man als RDF-Modell. Die Suche in RDF-Modellen wird über spezielle Abfragesprachen (z. B. SPARQL[181]) realisiert.

4.2.4.2 Ontologie-Sprachen

Gruber definiert eine Ontologie als „[...] *an explizit specification of a conceptualization*", wobei er unter einer Konzeptualisierung „[...] *an abstract, simplified view of the world* [...]" versteht.[182] Hesse umschreibt diesen „abstrakten, vereinfachten Blick auf die Welt" in seinem Definitionsansatz als „Wissensbereich": *„In diesem Sinne beschreibt eine Ontologie also einen Wissensbereich (knowledge domain) mit Hilfe einer standardisierten Terminologie sowie*

---

[179] [Ber98] enthält die offizielle W3C-Spezifikation von Notation 3 (N3).
[180] Vgl. [HKR08], S. 40 f.
[181] [PS08] enthält die offizielle W3C-Empfehlung zur SPARQL Query Language for RDF.
[182] [Gru93], S. 199.

Beziehungen und ggf. Ableitungsregeln zwischen den dort definierten Begriffen."[183] Ein solcher Wissensbereich kann bspw. das Fachgebiet „Medizin" sein. Neben der Wissensrepräsentation bieten Ontologien die Möglichkeit – basierend auf dem gemeinsamen Begriffsverständnis – unterschiedliche Wissensbestände zusammenzuführen und über Ableitungsregeln (*Inference Rules*) Widersprüchlichkeiten aufzudecken. Metadaten, über die webbasierte eRessourcen (insbesondere Dokumente) beschrieben werden, und Ableitungsregeln, mit deren Hilfe Zusammenhänge zwischen eRessourcen definiert werden, stellen die Grundelemente von Ontologien dar.[184] Zur Beschreibung von Ontologien im Semantic Web wurden spezielle Ontologie-Sprachen entwickelt.[185]

4.2.4.2.1 RDF-Schema (RDFS)

Mit RDF ist es möglich, beschreibende Aussagen für einzelne Ressourcen zu erstellen. Es ist jedoch nicht möglich, darüber hinaus, einheitliche Schemata für Kategorien bzw. Klassen von Ressourcen (z. B. Fachliteratur oder Leitlinien) zu definieren. Zu diesem Zweck wurde RDF-Schema als semantische Erweiterung und Teil der RDF Empfehlungen (*Recommendations*) des W3C entwickelt. RDFS „*[...] provides mechanisms for describing groups of related resources and the relationships between these resources.*"[186] Eine Beschreibung der wichtigsten Sprachelemente von RDFS findet sich im Anhang 5.

4.2.4.2.2 Web Ontology Language (OWL)

Die Web Ontology Language (OWL) ist eine formale Sprache zur Beschreibung von Ontologien. Sie liegt in der derzeit aktuellen Version vom 10.02.2004 als W3C-Empfehlung vor.[187] Zentrale Zielsetzung von OWL ist die Erstellung, Veröffentlichung und Verteilung von Ontologien im Umfeld des Semantic Web. Im Anhang 6 wird eine Einführung in OWL gegeben.

---

[183] [Hes02], S. 477.
[184] Vgl. [Hes02], S. 478.
[185] Vgl. [HKR08], S. 11 f.
[186] [BG04], S. 2.
[187] [SWM04] enthält die offizielle W3C-Empfehlung zu OWL. Die Inhalte dieses Kapitel basieren auf [SWM04].

4.2.5 Web Retrieval: Eine Alternative zur kontextorientieren Informationsversorgung?

In den vorangegangenen Kapiteln wurden die Grundprinzipien der Suche im WWW über Suchmaschinen der ersten und zweiten Generation dargestellt. Es wurde erläutert, wie Suchmaschinen Indizes von Webseiten bilden und welche Grenzen der semantischen Erschließung des WWW dabei erkennbar sind. Als weitergehender Ansatz wurde das Sematic Web-Konzept vorgestellt. Über einfache Ansätze der Annotation mittels Metatags bis hin zur Nutzung komplexer Ontologiebeschreibungssprachen wie RDFS und OWL verfolgt das Semantic Web-Konzept die Zielsetzung, webbasierte eRessourcen semantisch zu beschreiben und damit für eine gezieltere Suche zugänglich zu machen.

Es stellt sich die Frage, ob Semantic Web-Ansätze eine kontextorientierte Suche überflüssig machen. Kann eine Suche in Google künftig das Gleiche leisten wie eine Kontextapplikation? Beide Fragen können eindeutig verneint werden, da sich die Konzepte ergänzen und somit keine „Konkurrenz" darstellen. Ziel der kontextbasierten Suche ist es, den Kontext eines Anwenders, aus dem heraus ein potenzieller oder aktueller Informationsbedarf entsteht, zu erfassen und Informationen für eine Suche (z. B. Suchterme) abzuleiten. Diese Informationen können dann genutzt werden, um gezielt nach eRessourcen zu suchen, welche über eine Ontologie semantisch annotiert wurden, zu suchen. Während Semantic Web-Ansätze die verfügbaren Inhalte (Angebotsseite) beschreiben, dienen Konzepte der kontextorientierten Suche dazu, den Informationsbedarf eines Anwenders (Nachfrageseite) umfassender zu charakterisieren.

Suchmaschinen, die das Suchverhalten ihrer Nutzer protokollieren und analysieren, versuchen, Informationen über den Benutzer und seinen Kontext abzuleiten, um die Suche zu optimieren. Sie stellen damit keine Alternative zur kontextorientierten Suche dar, sondern machen sich vielmehr dessen Grundgedanken zu Nutze und integrieren ihn.

4.3 Serviceorientierte Architekturen (SOA) und Web Services

4.3.1 Grundlagen Serviceorientierter Architekturen

4.3.1.1 Hintergründe und Motivation

Der Begriff „Serviceorientierte Architektur" wurde erstmals 1996 in einem zweiteiligen Papier der Gartner Group erwähnt und dort grundlegend geprägt.[188] Ausgangspunkt der Überlegungen der Gartner Group war zunächst ein nicht technischer Gedanke: Die Geschäftsprozes-

---

[188] Vgl. [Rau04], S. 4. Dort werden die Papiere [SN96] und [Sch96] genannt.

se eines Unternehmens sollten Ausgangspunkt und treibende Kraft für die Gestaltung der IT-Infrastruktur eines Unternehmens sein. Die Gestaltung der IT-Infrastruktur muss dabei auf der Grundlage einer Architektur erfolgen, die es ermöglicht, flexibel und schnell auf Änderungen in den Geschäftsprozessen, z. B. aufgrund von Änderungen im Marktumfeld, reagieren zu können (Gedanke des Echtzeitunternehmens).[189] Diese Grundanforderungen an Prozessorientierung, Verteiltheit und Flexibilität prägen die grundlegenden Merkmale einer SOA.

In den letzten zehn Jahren hat sich SOA zu einem „Trendthema" in der Software- und Systemtechnik entwickelt. Experten gehen davon aus, dass SOA die Grundlage der Business-IT-Systeme, inbesondere in räumlich verteilt agierenden Konzernen, sein wird. Auch im Gesundheitswesen ist dieser Trend deutlich erkennbar. Die IT-Infrastrukturen und -Lösungen im ambulanten und stationären Sektor waren in der Vergangenheit durch Insellösungen, Interoperabilität und proprietäre Lösungen gekennzeichnet. SOA bietet nun die Möglichkeit, durch die Kapselung von Legacy-Systemen, diese als Dienste in eine Gesamtinfrastruktur einzubinden. Zielsetzung ist es dabei, moderne und innovative Anwendungen mit den Altsystemen zu kombinieren und zukunftsfähige prozessorientierte Strukturen, über die sich bspw. klinische Pfade abbilden lassen, zu schaffen.[190]

4.3.1.2 Definition des Begriffs „Serviceorientierte Architektur"

Eine allgemeingültige Definition des Begriffs „Serviceorientierte Architektur" existiert nicht. Die Organization for the Advancement of Structured Information Standards (OASIS) definiert SOA als „[...] *a paradigm for organizing and utilizing distributed capabilities that may be under the control of different ownership domains.*"[191]

Besonders treffend für den Kontext dieser Arbeit ist die Definition von Melzer: „*Serviceorientierte Architekturen, kurz SOA, sind das abstrakte Konzept einer Software-Architektur, in deren Zentrum das Anbieten, Suchen und Nutzen von Diensten über ein Netzwerk steht.*"[192]

„*Unter einer SOA versteht man eine Systemarchitektur, die vielfältige, verschiedene und eventuell unkompatible Methoden oder Applikationen als wiederverwendbare und offen zugreifba-*

---

[189] Zum Thema „Echtzeitunternehmen" siehe bspw. [Okr05].
[190] Hersteller wie bspw. Siemens Medical Solutions oder iSoft setzen mit ihren neuen Krankenhausinformationssystem-Produkten „SOARIAN" und „Lorenzo" auf SOA-Konzepte.
[191] [MLM06], S. 8.
[192] [Mel08], S. 9.

re Dienste repräsentiert und dadurch eine plattform- und sprachenunabhängige Nutzung und Wiederverwertung ermöglicht."[193]

4.3.1.3 Merkmale einer SOA

Im Kern führt SOA den Gedanken einer komponentenbasierten Architektur bzw. der komponentenbasierten Entwicklung fort. Komponentenbasierte Architekturen sind leicht in eine SOA zu überführen.

Im Zusammenhang mit SOA werden immer wieder Web Services genannt. Einzelne Dienste im Rahmen einer SOA können – müssen aber nicht – als Web Services realisiert werden. Web Services eignen sich gut zum Aufbau einer SOA. Ihre Nutzung als technische Realisierungsoption führt jedoch umgekehrt nicht zwangsläufig zu einer SOA.[194] Eine Serviceorientierte Architektur lässt sich anhand von vier grundlegenden Merkmalen, die historisch gesehen Merkmale des verteilten Rechnens (*Distributed Computing*) wiederaufnehmen, charakterisieren:

Lose Kopplung

Das Merkmal „Lose Kopplung" bezieht sich auf die geringe Abhängigkeit der einzelnen Softwarebausteine untereinander. Änderungen, die an einem Dienst vorgenommen werden, haben zunächst nur lokale Auswirkungen auf diesen Service und nicht die Gesamtapplikation (Black-Box-Prinzip). Dies erleichtert die Wiederverwendbarkeit (*Reuse*) der einzelnen Komponenten in anderen Applikationen.

Dynamisches Binden

Die einzelnen Dienste werden erst zur Laufzeit der Gesamtapplikation miteinander gekoppelt. Die sog. Orchestrierung, also die Festlegung der Reihenfolge der einzelnen Diensteaufrufe, kann bswp. über die Business Process Execution Language (BPEL) festgelegt werden.[195]

---

[193] [Mel08], S. 13.
[194] Vgl. [Rau04], S. 5.
[195] OASIS definiert die Zielsetzung von BPEL folgendermaßen: „*Enabling users to describe business process activities as Web [!] services and define how they can be connected to accomplish specific tasks*". [OASoJ], S. 1. [OASoJ] bietet auch weitergehende Informationen zu BPEL.

Verzeichnisdienst

Über einen Verzeichnisdienst werden die im Rahmen einer Plattform verfügbaren Dienste veröffentlicht und somit auffindbar gemacht.[196]

Verwendung von Standards

Für Entwicklung und Betrieb von Applikationen auf Basis von Einzelkomponenten ist die Nutzung von Standards unverzichtbar. Nur so kann die Interoperabilität vor dem Hintergrund der Merkmale 1 und 2 gewährleistet werden. Dies wird dann umso wichtiger, wenn die Einzelkomponenten von unterschiedlichen Entwicklern/Anbietern stammen.

Eine SOA kann sich auf die Anwendungssystemlandschaft eines einzelnen Unternehmens, einer Kooperation von Unternehmen/Organisationen oder auch auf Dienste, welche von unterschiedlichen Diensteanbietern im Internet angeboten werden, erstrecken. Das Zusammenspiel der unterschiedlichen Rollen (Diensteverzeichnis, -nutzer, -anbieter) verdeutlicht das „Magische Dreieck" einer SOA:

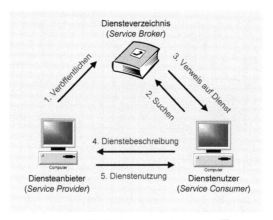

Abbildung 43: Magisches Dreieck einer SOA[197]

Der Diensteanbieter veröffentlicht sein „Angebot" in einem Diensteverzeichnis, welches bspw. von einem Service-Broker verwaltet wird. Ein Dienstenutzer hat nun die Möglichkeit, nach einem Dienst oder einer Applikation entsprechend seinem Bedarf zu suchen. Ist ein solcher Dienst verfügbar, erhält er einen Verweis auf den Dienst. Über diesen Verweis kann er

---

[196] Vgl. Kapitel 4.3.2.2.3.
[197] In Anlehnung an [Mel08], S. 14.

vom Diensteanbieter eine Dienstebeschreibung (angebotene Funktionen, Preise, Schnittstellenbeschreibung etc.) abrufen und den Dienst nutzen.

4.3.2 Grundlagen von Web Services

4.3.2.1 Definition des Begriffs „Web Services"

Web Services haben sich als besonders geeignete technologische Umsetzungsoption für Serviceorientierte Architekturen erwiesen.[198] Es besteht allerdings kein zwangsläufiger Zusammenhang zwischen SOA und Web Services.

Bevor auf relevante Standards im Umfeld von Web Services eingegangen wird, sollen zunächst die Begriffe Dienst und Web Services definiert werden.

In der Informations- und Kommunikationstechnologie ist „[...] ein Dienst [Herv. durch Verfasser] ein Programm oder auch eine Softwarekomponente, die lokal oder über ein Netzwerk von anderen genutzt werden kann."[199] Handelt es sich bei diesem Netzwerk um das Internet und werden bestimmte Standards genutzt, so spricht man von einem Web Service: „*A Web Service is a software system designed to support interoperable machine-to-machine interaction over a network. It has an interface described in a machine-processable format (specifically WSDL). Other systems interact with the Web Service in a manner prescribed by its description using SOAP-messages, typically conveyed using HTTP with an XML serialization in conjunction with other Web-related standards.*"[200]

4.3.2.2 Grundlegende Spezifikationen

In der Definition des Begriffs „Web Service" wurden bereits zwei von drei relevanten Spezifikationen im Umfeld von SOA genannt. SOAP[201] wird zur Kommunikation zwischen Web Services genutzt und die Web Services Description Language (WSDL) dient der einheitlichen Beschreibung von Web Services. Hinzu kommt noch die Spezifikation eines Verzeichnisdienstes (z. B. Universal Description, Discovery and Integration (UDDI)).

---

[198] Die Kontextapplikation (Kapitel 7) wurde basierend auf Web Services realisiert.
[199] [Mel08], S. 14.
[200] [HB04], Chapter 2 – Definitions.
[201] Obwohl der heutige SOAP-Standard inhaltlich nichts mehr mit der ursprünglichen Bezeichnung „Simple Object Access Protocol" gemein hat, wird der Begriff „SOAP" aufgrund seiner großen Verbreitung weiter verwendet. Er ist aber kein Akronym mehr, sondern ein feststehender Begriff.

86 Information Retrieval, Serviceorientierte Architekturen und Web Services: Grundlagen und Konzepte

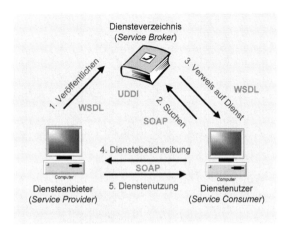

Abbildung 44: Einordnung der Spezifikationen[202]

4.3.2.2.1 SOAP

SOAP beschreibt als Spezifikation ein „[...] *XML-basiertes Nachrichtenformat zur Kommunikation mit Web Services und dessen Einbettung in ein fast beliebiges Transportprotokoll.*"[203] Das gängigste Transportprotokoll ist TCP in Kombination mit HTTP. Via SOAP können Dienste aufgerufen, Parameter übergeben und Ergebnisse einer Verarbeitung durch den Web Service zurückgeliefert werden. Die aktuelle SOAP-Spezifikation des W3C liegt in der Version 1.2 vor und besteht aus folgenden Bestandteilen:[204]

- Part 0 - Primer: Einführung in die SOAP-Spezifikation in Form eines Tutorials

- Part 1 - Messaging Framework: Zentraler Teil der Spezifikation, normative Festlegung des Rahmens und der Elemente einer SOAP-Nachricht

- Part 2 - Adjuncts: Definition eines Datenmodells für SOAP und eines Codierungsschemas für Remote Procedure Calls (RPC)

- Specification Assertions and Test Collection: Bereitstellung von Testfunktionen als Hilfestellung für die Entwicklung von SOAP Prozessoren

---

[202] In Anlehnung an [Mel08], S. 56.
[203] [Mel08], S. 76.
[204] Die aktuellen Spezifikationen der verschiedenen Teile können unter http://www.w3.org/TR/soap/ abgerufen werden. [GHM07] enthält die Spezifikation des Messaging Frameworks als zentralem Teil der Gesamtspezifikation.

Serviceorientierte Architekturen (SOA) und Web Services

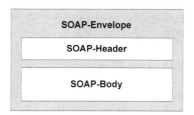

Abbildung 45: Aufbau einer SOAP-Nachricht

Der SOAP-Envelope enthält als „Umschlag" die eigentliche SOAP-Nachricht. Diese besteht aus dem SOAP-Header und dem SOAP-Body. Der SOAP-Header ist ein optionales Element. Sein Inhalt ist in der Spezifikation nicht definiert und somit frei wählbar. Typische Inhalte sind in der Praxis Routinginformationen, Transaktionsdaten oder Sicherheitsinformationen, wie z. B. Authentifizierungs- und Autorisierungsinformationen.

Der SOAP-Body ist obligatorisch und enthält die zu übertragenden Informationen (sog. Nutzlast) der SOAP-Nachricht. Er ist als wohlgeformtes XML-Dokument zu gestalten. Seine Nutzlast ist anwendungsspezifisch und wird zwischen den Kommunikationspartnern vorher verbindlich festgelegt. SOAP-Body und -Header sind im folgenden XML-Rahmendokument dargestellt.

```
<?xml version="1.0"?>
<s:Envelope xmlns:s="http://www.w3.org/2001/12/soap-envelope">
    <s:Header>
    </s:Header>
    <s:Body>
    </s:Body>
</s:Envelope>
```

4.3.2.2.2 Web Services Description Language

Laut W3C-Spezifikation „WSDL 2.0" von 2007 bietet die Web Services Description Language „[...] *a model and an XML format for describing Web Services. WSDL 2.0 enables one to separate the description of the abstract functionality offered by a service from concrete details of a service description such as "how" and "where" that functionality is offered.*"[205] WSDL ist ebenfalls eine XML-basierte Sprache zur Beschreibung der Schnittstellen eines Web Services sowohl auf einer abstrakten Ebene im Sinne der angebotenen Funktionalität als

---

[205] [CMR07], S. 6.

auch auf einer konkreten Ebene im Sinne der konkreten technischen Umsetzung (z. B. SOAP über HTTP).

Diese Unterscheidung in abstrakte und konkrete Beschreibungselemente spiegelt sich in der Struktur einer WSDL-Datei, also der beschreibenden Datei eines Web Services, wider. Die Elemente einer WSDL-Datei sind eingebettet in das Wurzelelement „Definitions" und lassen sich wie folgt zuordnen:[206]

Abstrakte Definitionen	Konkrete Definitionen
Types	Service
Messages	Binding (inkl. Ports/Endpoints)
Port Types	-

Tabelle 6: Elemente einer WSDL-Datei

1. Element „Types"

Im Elementbereich „Types" werden die zulässigen Datentypen zur Definition von abstrakten Nachrichten, die der Web Service sendet oder empfängt, festgelegt.

2. Element „Message"

Im Elementbereich „Message" werden die abstrakten Nachrichten mit eindeutigem Namen definiert. Diese Definitionen werden im Elementbereich „PortType" und „Binding" referenziert. Die „Messages" setzen sich aus logischen Bestandteilen (*Parts*) zusammen. Ein Bestandteil kann z. B. ein Parameter eines Remote Procedure Calls (RPC) sein.

3. Element „PortType"

Die abstrakte Schnittstelle des Web Services als Menge von abstrakten Operationen (*Operations*) wird im Elementbereich „PortType" beschrieben. WSDL unterscheidet vier Grundtypen von möglichen Interaktionsmustern der Schnittstelle. Anhand der Definition und Reihenfolge der abstrakten Input- und/oder Output-Nachrichten ist erkennbar, welches Interaktionsmuster der Web Service unterstützt:

- Input-Output-Operation: Der Web Service erhält eine Input-Nachricht von einem Client und antwortet mit einer Output-Nachricht.

- Input-Only-Operation: Der Web Service erhält eine Input-Nachricht vom Client.

---

[206] Anhang 15 enthält exemplarisch die WSDL des Web Service „ContextManager". Vgl. auch Kapitel 7.3.4.

- Output-Input-Operation: Der Web Service sendet eine Output-Nachricht an den Client und erwartet eine Input- Nachricht.
- Output-Only-Operation: Der Web Service sendet eine Output-Nachricht im Sinne einer Notifikation.

4. Element „Binding"

Im Elementbereich „Binding" wird beschrieben, welche Protokolle für den Nachrichtentransport verwendet werden und welche Operationen (s. o.) der Schnittstelle dabei genutzt werden. Bzgl. der genutzten Protokolle für die Bindungen stehen „SOAP via HTTP-POST" (synchrone SOAP-Schnittstelle), „SOAP via SMTP" (asynchrone SOAP-Schnittstelle) und „HTML via HTTP-Get" zur Verfügung.

5. Element „Service"

Die vom Web Service angebotene Menge an Schnittstellen (*Port*) wird im Elementbereich „Service" zusammen mit seinem Namen definiert. Das Subelement „Port" wurde in der Version 2.0 in Endpunkt (*Endpoint*) umbenannt. Jede Endpunktbeschreibung enthält einen Namen, den Verweis auf die konkrete Bindung und die Adresse der Bindung, welche üblicherweise als URI kodiert wird.

4.3.2.2.3 Universal Description, Discovery and Integration (UDDI)

UDDI steht stellvertretend für die mögliche Ausgestaltung eines Verzeichnisdienstes für Web Services.[207] „*UDDI spezifiziert eine standardisierte Verzeichnisstruktur für die Verwaltung von Web-Services-Metadaten.*"[208] Über eine SOAP-Schnittstelle bietet der XML-basierteVerzeichnisdienst UDDI eine Übersicht sämtlicher Ressourcen in einem Netzwerk (Internet oder Intranet) und macht dieses Verzeichnis anderen Benutzern und Applikationen zugänglich.

---

[207] WS-Inspection ist eine Alternative zu UDDI. [BBM01] enthält die Originalspezifikation von WS-Inspection.
[208] [Mel08], S. 55.

Der UDDI-Dienst bietet dabei im Wesentlichen die folgenden vier Arten von Informationen an:[209]

- White Pages dienen als „Telefonbuch" der Diensteanbieter. Unternehmen können hier Informationen über sich einstellen (z. B. Identität, Geschäftsfeld, Kontaktdaten von Ansprechpartnern etc).

- Yellow Pages unterstützen analog zu den Gelben Seiten die Suche nach Anbietern in bestimmten Branchen und Leistungsangeboten.

- In den Green Pages können Diensteanbieter Beschreibungen der von ihnen angebotenen Dienste hinterlegen. Dienstenachfrager können umgekehrt in diesen Beschreibungen suchen und die für sie passenden Dienste und deren Anbieter finden.

- Die Service Type Registration bietet Informationen in Analogie zu den Green Pages in maschinenlesbarer Form.

Während SOAP und WSDL sehr große Anwendung gefunden haben, kommt die Verbreitung von Verzeichnisdiensten als dritte Komponente des SOA-Konzeptes nur schleppend voran. Im Januar 2006 wurde bspw. das UDDI Business Registry (UBR) von IBM, Microsoft, SAP und NTT-Communications mit ehemals 50.000 Einträgen abgeschaltet.[210] Die Hindernisse für eine Verbreitung von Verzeichnisdiensten liegen insbesondere in der Komplexität von Nutzung und Wartung sowie fehlenden Geschäftsmodellen.

---

[209] Vgl. [Mel08], S. 138 f.
[210] Zu den Hintergründen der Abschaltung siehe vgl. [oV05].

5 Kontextorientierte Informationsversorgung: Grundlagen, Modelle und eigener Ansatz

5.1 Einführung und Definitionsansätze

Ein Gesprächspartner kann in einer Gesprächssituation aus dem (Gesprächs-)Kontext, ein tieferes Verständnis sowie Interpretationsmöglichkeiten für das vom Gegenüber Gesagte ableiten und damit die inhaltliche Bandbreite der Konversation erhöhen. Dies geschieht implizit, d. h. ohne dass es explizit vom Gesprächspartner ausgedrückt werden müsste. In der Mensch-Maschine-Kommunikation ist diese implizite Übermittlung von Kontextinformationen nicht gegeben. Kontextinformationen müssen explizit an das System übermittelt werden, um in die Interaktion zwischen Mensch und Maschine einfließen zu können. Dabei bietet die Einbeziehung von Kontextinformationen erhebliche Vorteile: *„By improving the computer's access to context, we increase the richness of communication in human-computer interaction and make it possible to produce more useful computational services."*[211]

Zunächst soll der Begriff des Kontextes im Zusammenhang mit Informations- und Kommunikationssystemen definiert werden. Unter einem Kontext versteht man laut Duden Fremdwörterbuch den „[...] *umgebenden Zusammenhang*[...]".[212] Übertragen auf den IKT-Bereich liefert der Kontext also Informationen über den Zusammenhang einer Systeminteraktion (*Human-Computer Interaction (HCI)*).

Im wissenschaftlichen Bereich hat sich die Definition von Dey aus dem Jahre 2000 mittlerweile durchgesetzt und allgemein akzeptierte Gültigkeit erlangt. Dey definiert einen Kontext als „[...] *any information that can be used to characterize the situation of an entity. An entity is a person, place, or object that is considered relevant to the interaction between a user and an application, including the user and applications themselves.*"[213]

Der Begriff des Kontextes ist somit eng verbunden mit dem Begriff „Situation". Kontextinformationen werden herangezogen, um eine Situation näher zu beschreiben. Eine Situation ist gemäß einer Definition des Situation Calculus-Ansatzes „[...] *the complete state of the universe at an instant of time.*"[214] Haseloff grenzt diese sehr weit gefasste Definition ein

---

[211] [DA00], S. 304.
[212] [Dro90], S. 426.
[213] [DA00], S. 306 f., [Dey00], S. 4. und [DSA01], S. 109.
[214] [MH69], S. 477. Der „Situation Calculus" ist ein logischer Formalismus zur Spezifikation und Implementierung dynamischer Systeme.

und definiert den Begriff einer Situation als „[...] *a part of the world state at a specific point in time or within a specific time interval.*"[215]

Ein Kontextmodell, also das vereinfachte, abstrakte Abbild eines Kontextes in der Realität, besteht in der Regel aus einer hierarchischen Struktur von Kontextelementen und Kontextmerkmalen bzw. Kontexteigenschaften.[216]

Die Berücksichtigung von Kontextinformationen bei der Mensch-Maschine-Interaktion bezeichnet man als Kontextsensitivität (*Context Awareness*). Dieser Begriff wurde 1994 von Schilit und Theimer im IKT-Umfeld geprägt.[217] Die Eigenschaften eines solchen Systems beschreibt die folgende Definition: „*A system is context-aware if it uses context to provide relevant information and/or services to the user, where relevancy depends on the user's task.*"[218] Das System nutzt also Informationen über die Umgebung des Benutzers, um das Systemverhalten anzupassen. Die Adaptivität eines Systems kann sich auf drei Optionen beziehen:[219]

- Bereitstellung von Informationen für den Anwender
- Ausführung eines Programms oder einer Funktion
- Konfiguration/Anpassung der Benutzerschnittstelle

Die Sammlung der Kontextinformationen erfolgt in der Regel über Kontextsensoren. Diese Sensoren erfassen bspw. Temperatur, Uhrzeit, in der Nähe befindliche Objekte oder Personen und insbesondere den aktuellen Aufenthaltsort (*Location*) des Nutzers. Der letztgenannte Kontextaspekt weist auf die enge Verbindung des Themas „Context Aware Computing" mit den Themen „Mobile Computing" und insbesondere „Ubiquitous Computing" hin.

5.2 Abgrenzung des Kontextverständnisses im Ubiquitous Computing und im Information Retrieval

Die Einbeziehung von Informationen über die Umgebung eines Gerätes, z. B. Computers, bildet ein wesentliches Merkmal ubiquitärer Systeme. „*Die Berücksichtigung der Umgebung, des Kontexts, geschieht über die Erfassung, Interpretation, Speicherung und Verbindung von*

---

[215] [Has05], S. 14.
[216] Im Folgenden soll nur noch von Kontextmerkmalen als Synonym für Kontextelemente und -eigenschaften gesprochen werden.
[217] Vgl. [ST94].
[218] [DA00], S. 309, [Dey00], S. 110.
[219] Vgl. [Bro98], S. 2.

Sensorendaten."[220] Der Begriff des Ubiquitous Computing wurde erstmals 1991 in Mark Weisers Papier „The Computer for the 21st Century" geprägt.[221] Weiser entwickelt darin die Vision, dass Computer als Geräte zunehmend verschwinden und dass an ihre Stelle kleine intelligente Geräte in einem „Internet der Dinge" (*Internet of Things*) treten werden.[222] Diese kleinen Geräte sind zumeist über mobile Ad-hoc-Netze verbunden und sollen den Menschen unterstützen, ohne ihn abzulenken oder ihm überhaupt aufzufallen. Auf diese Weise bilden sie internetbasierte verteilte Systeme. Um in eine sinnvolle Kommunikationsbeziehung mit anderen Geräten in der Umgebung treten zu können, erfassen die Geräte ihre Umgebung (also ihren Kontext) und werten diese Informationen aus.

Die Anwendungsszenarien des Ubiquitous Computing liegen insbesondere in Bereichen, bei denen räumliche Mobilität sowie wechselnde Nutzungskontexte und Endgeräte eine wichtige Rolle spielen, z. B.:

- Tourismus: digitale Museumsführer, mobile Reiseführer, Restaurantführer
- Supply Chain Management, Logistik
- Wearable Computing
- Mobile Wartung

Mobile Endgeräte, wie Personal Digital Assistants (PDA) oder Radio Frequency Identification (RFID) zur eindeutigen Identifikation von Personen und Objekten sowie deren Lokalisierung, bilden die Grundlage zur Realisierung entsprechender Anwendungen.[223]

Im Ubiquitous Computing spielt der Aufenthaltsort des Anwenders (Kontextdimension „Ort") die zentrale Rolle, um ein individuelles Dienste- bzw. Datenbündel zu konfigurieren.[224] Im Gegensatz dazu soll der Kontext im Information Retrieval Informationen abbilden, die in einem inhaltlichen Zusammenhang mit der Informationssuche stehen und seinen Informationsbedarf charakterisieren. Ziel ist es, Kontextinformationen zur gezielten Abfrage von Informationsquellen zu nutzen.

Zwischen beiden Ansätzen bestehen trotz dieses grundlegenden Unterschiedes jedoch auch Gemeinsamkeiten. Brown spricht bspw. vom Context-Aware-Retrieval als einer besonders

---

[220] [BPT03], S. 1.
[221] Vgl. [Wei91].
[222] Zum Thema „Internet der Dinge" siehe bspw. [BT07].
[223] Vertiefende Informationen zum Thema „RFID im Gesundheitswesen" finden sich bei [KD07], [KGR06] und insbesondere auch [GKW06].
[224] Diese besondere Bedeutung der Kontextdimension „Ort" wird auch anhand der Zusammenstellungen in Tabelle 8 und Tabelle 9 deutlich.

einfachen Form des Information Retrieval.[225] Über eine ortsbezogene Kontextinformation („Person B befindet sich in Stadt X") wird die in einer Datenbank abgelegte Information zum detektierten Ort abgerufen und angezeigt. Dies deutet darauf hin, dass beim Context-Aware-Computing zumeist Data Retrieval- und nicht Information-Retrieval-Technologien zum Einsatz kommen.[226]

5.3 Formale Darstellung von Kontextmodellen

Zur formalen Darstellung von Kontextmodellen werden sehr unterschiedliche Notationen verwendet. In der Analyse wurden die folgenden Modellierungskonzepte identifiziert:

a) Keine formale Notation oder individuelle Darstellungsform

Eine formale und standardisierte Notation des Kontextmodells wird nicht von allen Autoren gewählt. Das Kontextmodell wird entweder ausschließlich textlich beschrieben (1), in tabellarischer Form dargestellt (2), als hierarchisches Pfeildiagramm/Begriffsnetz modelliert (3), oder es wird ein eigenes individuelles Schaubild (4) entwickelt.[227] Diese Darstellungsformen sind für den Leser zwar zumeist gut verständlich und eingängig. Sie erschweren jedoch die Vergleichbarkeit zwischen den verschiedenen Ansätzen.

b) Mathematische bzw. mengenalgebraische Notation

Die mathematische bzw. im Speziellen die mengenalgebraische Notation verzichtet auf grafische Darstellungselemente. Sie wird u. a. von Kaltz et al. und Theodorakis et al. gewählt.[228] Kaltz et al. beschreiben den Kontextraum C als Tupel von Kontextparametern, domänenspezifischen Ontologieelementen und Dienstebeschreibungen:[229]

$$C = \{U; P; L; T; D; I; S\}$$

U umfasst die Menge der Benutzer- und Rollenfaktoren, P die Menge der Prozesse und Aufgaben, L die Menge der Orte, T die Menge der Zeitfaktoren, D die Menge der Gerätefaktoren, I die Menge der verfügbaren Informationseinheiten und S die Menge der verfügbaren Dienste.

---

[225] Vgl. [Bro98], S. 6 f.
[226] Zum Unterschied zwischen Data und Information Retrieval siehe Kapitel 4.1.3.
[227] Vgl. zu (1) [DA00], zu (2) [ED07], zu (3) [GK03] oder [SBG99] und zu (4) [Ing04].
[228] Vgl. [KZ04] und [TAC02].
[229] Siehe [KZ04], S. 5.

c) XML-basierte Modellierung in Form von Attribut-Wert-Paaren

Die Darstellung eines hierarchischen Kontextmodells in XML stellt eine sehr implementierungsnahe Form dar. Die als Attribut-Wert-Paare (*Name-Value Pair*) definierten Kontextmerkmale könnten direkt von einer Applikation oder einem Dienst weiterverarbeitet werden. Die intuitive Lesbarkeit ist jedoch geringer als bei anderen, insbesondere grafischen Notationsformen. Es ist möglich, dass Kontextmodelle, die in Form von Klassendiagrammen oder ERM-Diagrammen modelliert wurden, im Rahmen der Implementierung und/oder Instanziierung in die XML-Form überführt werden. Im folgenden Beispiel ist die Notation eines Kontextes in XML dargestellt: [230]

```
<room name="Raum">
    <device name="Licht">
        <function name="Strom" value="an"/>
        <function name="Leistung" value="60"/>
    </device>
    <device name="Radio">
        <function name="Strom" value="an"/>
        <function name="Lautstärke" value="12"/>
        <function name="Sender" value="3"/>
    </device>
</room>
```

d) UML Klassen- und Objektdiagramme

Am weitesten verbreitet ist die Darstellung eines Kontextmodells in Form eines UML Klassendiagramms oder in instanziierter Form als UML Objektdiagramm.[231] Die Unified Modelling Language (UML) wird von der Object Management Group (OMG) (weiter-)entwickelt und hat sich als ISO-Standard (ISO/IEC 19501) durchgesetzt.[232] UML dient der Modellierung von Software und Systemen und ist daher als Darstellungsform bereits relativ nah an der Implementierung orientiert. Mit UML ist es möglich, sowohl statische Strukturen als auch dynamische Abläufe in Form von insgesamt sechs Strukturdiagrammen (statisch) und sieben Verhaltensdiagrammen (dynamisch) abzubilden.[233] Zur Modellierung von Kontextmodellen empfehlen sich Klassen- und Objektdiagramme, die beide zu den Strukturdiagrammen zählen.

---

[230] [BPT03], S. 3.
[231] Klassendiagramme finden sich bspw. bei [Has05], [DCR06] oder [JBD04].
[232] Eine gute Einführung in UML geben [PP06], [Kec06] und [HKK05]. Die verschiedenen Versionen der UML-Spezifikation können auf der Webseite der Object Management Group (OMG) unter http://www.omg.org/spec/UML/ aufgerufen werden. Vgl. [OMG09].
[233] Im Rahmen dieser Arbeit werden Klassen- und Objektdiagramme (Kapitel 6), Aktivitätsdiagramme (Kapitel 7.3), Komponentendiagramme (Kapitel 7.3) und Sequenzdiagramme (Kapitel 7.3) zur Darstellung verwendet.

Zentrales Element eines Klassendiagramms ist eine Klasse. „*Eine Klasse stellt eine Gruppe von Dingen dar, die alle denselben Zustand und dasselbe Verhalten haben.*"[234] Sie wird als Rechteck dargestellt. Neben dem Namen der Klasse wird diese insbesondere über Attribute, zulässige Operationen und Beziehungen beschrieben. „*Ein Objekt* [Herv. durch Verfasser] *ist eine Instanz einer Klasse (gelegentlich auch als Ausprägung bezeichnet).*"[235] Attribute dienen der Beschreibung von Klassen und Objekten. Attribute haben ebenfalls einen Namen und können einen bestimmten Wert annehmen. Über die Multiplizität eines Attributs wird ausgedrückt „[…] *wie viele Instanzen seines Typs angelegt werden, wenn seine Klasse instanziiert wird.*"[236] In Abbildung 46 wird als Beispiel die Klasse „Auto" mit den Attributen „Räder", „Motorisierung" und „Passagiere" dargestellt.

Auto
+Räder[4] : Rad
+Motorisierung[1] : Motor
+Passagiere[5] : Person

Abbildung 46: Beispiel einer Klasse[237]

Ein Auto kann mit vier Rädern vom Typ „Rad" (Multiplizität = 4), einer Motorisierung vom Typ „Motor" (Multiplizität = 1) und bis zu fünf Passagieren vom Typ „Person" charakterisiert werden.

Über Operationen kann angegeben werden, wie „*[…] ein bestimmtes Verhalten [einer Klasse] aufgerufen wird.*"[238] Für ein Auto könnte so festgelegt werden, dass dieses fahren kann. Die Modellierung von Operationen ist für die Darstellung von Kontextmodellen im Information Retrieval von untergeordneter Bedeutung. Klassen und Objekte können in unterschiedlichen Formen in Beziehung stehen. Es wird zwischen Beziehungen einer generelleren und einer spezielleren Klasse (Generalisierung), Beziehungen zwischen Objekten, die ausdrücken, wie viele Objekte in Beziehung zu anderen Objekten stehen (Assoziation), und Beziehungen zwischen einem Ganzen und seinen Teilen (Komposition und Aggregation) unterschieden.

e) RDF und OWL

Auf RDF und OWL als Sprachen zur semantischen Beschreibung von Ressourcen und Entwicklung von Ontologien wurde bereits im Kapitel 4.2.4.2. eingegangen. Insbesondere OWL

---

[234] [PP06], S. 12.
[235] Ebenda, S. 13.
[236] Ebenda, S. 17.
[237] In Anlehnung an [PP06], S. 17 mit Modifikationen.
[238] Ebenda, S. 20.

eignet sich aufgrund seiner Ausdrucksmächtigkeit sehr gut zur formalen Beschreibung von Kontextmodellen. Im folgenden Beispiel wird ein Ausschnitt aus einem Umgebungskontext, der sich auf die aktuellen Lichtverhältnisse bezieht, modelliert.[239] Die Lichtintensität wird als Unterklasse der Klasse „Lichtparameter" definiert. Diese ist wiederum die Unterklasse der Klasse „Parameter". Die Lichtintensität kann die Werte „Hell", „Dunkel" und „Totale Dunkelheit" einnehmen.

```
<owl:Class rdf:ID="Parameter"/>
<owl:Class rdf:ID="LightParameter">
   <rdfs:subClassOf rdf:resource="#Parameter"/>
</owl:Class>
   <owl:Class rdf:ID="LuminousIntensity">
      <rdfs:subClassOf rdf:resource="#LightParameter"/>
   </owl:Class>
      <owl:Class rdf:ID="Bright">
         <rdfs:subClassOf rdf:resource="#LuminousIntensity"/>
      </owl:Class>
      <owl:Class rdf:ID="TotalDark">
         <rdfs:subClassOf rdf:resource="#LuminousIntensity"/>
      </owl:Class>
      <owl:Class rdf:ID="Dark">
         <rdfs:subClassOf rdf:resource="#LuminousIntensity"/>
      </owl:Class>
</owl:Class>
```

Unter den analysierten Quellen wird OWL von Morgenroth und Shezad et al. verwendet.[240] Sacher beschäftigt sich mit der Modellierung von Kontexten in RDF und versucht, die Ausdrucksmächtigkeit von RDF durch die Einführung einer eigenen Kontextklasse zu erweitern.[241]

5.4 Beschreibungsmodell der kontextorientierten Informationsversorgung

5.4.1 Informationswissenschaftliche Ansätze: Context is more than location

Die Erkenntnis, dass ein Kontextmodell deutlich über Lokalisierungsmerkmale hinausgeht und Kontextorientierung nicht nur im Ubiquitous bzw. Mobile Computing Nutzen stiften kann, setzte sich in den letzten Jahren zunehmend durch.[242] Das Thema der kontextorientierten Informationsversorgung als interdisziplinäres Forschungsfeld wird etwa seit 2003 intensiv

---

[239] Vgl. [SNP04], S. 8.
[240] Vgl. [Mor06] und [SNP04].
[241] Vgl. [Sac04]. Zu RDF siehe auch Kapitel 4.2.4.1.
[242] Vgl. dazu u. a. [SBG99].

in der wissenschaftlichen „Community", insbesondere im Umfeld der Informationswissenschaft und des Information Retrievals sowie der Wirtschaftsinformatik diskutiert.

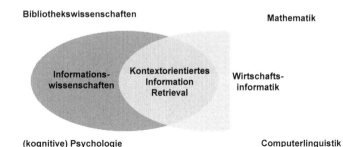

Abbildung 47: Wissenschaftliche Einordnung des kontextorientierten Information Retrievals

Auf dem jährlich stattfindenden Kongress der ACM Special Interest Group (SIG) Information Retrieval wurde im Jahre 2004 in Sheffield erstmals ein eigener Workshop zum Thema „Information Retrieval in Context" durchgeführt.[243] In der Beschreibung zum Workshop findet sich die folgende Begründung des Forschungsbedarfs im Rahmen des kontextorientierten Information Retrievals: *„There is a growing realisation that relevant information will be increasingly accessible across media and genres, across languages and across modalities. The retrieval of such information will depend on time, place, history of interaction, task in hand, and a range of other factors that are not given explicitly but are implicit in the interaction and ambient environment, namely the context. IR research is now conducted in multimedia, multi-lingual, and multi-modal environments, but largely out of context. However, such contextual data can be used effectively to constrain retrieval of information thereby reducing the complexity of the retrieval process. To achieve this, context models for different modalities will need to be developed so that they can be deployed effectively to enhance retrieval performance. Thus truly context-aware and -dependent retrieval will become feasible."*[244]

Beim kontextorientierten Information Retrieval rücken personen- und aufgabenbezogene Kontextmerkmale in den Vordergrund. Deutlich wird dies z. B. am Kontextverständnis von Ingwersen.

---

[243] Zwischenzeitlich wurden weitere Workshops zu diesem Thema durchgeführt: IRiX (Information Retrieval in ConteXt)-Workshop auf ACM SIGIR Konferenz 2005, Context-Based Information Retrieval (CIR)-Workshops auf CONTEXT-Kongressen 2005 (Paris) und 2007 (Roskilde). Führende Wissenschaftler aus dem Umfeld der Informationswissenschaften forschen an diesem Thema. Dazu zählen bspw. Ingwersen und Järvelin [KJ02], [Ing04], [JI04a], [IK05] oder Belkin [BMZ04].
[244] [IRB04], S. 3.

Beschreibungsmodell der kontextorientierten Informationsversorgung 99

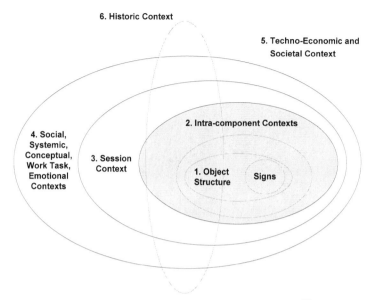

Abbildung 48: Verschachteltes Modell der Kontextschichten[245]

Die erste Kontextebene im Rahmen einer Informationssuche bildet die Struktur eines einzelnen Informationsobjekts (*Object Structure*) (1), welches z. B. aus einzelnen Zeichen besteht. Einzelne Informationsobjekte werden zu komplexeren Informationskomponenten (*Intra-Component Context*) (2) zusammengefasst. Innerhalb dieser Komponenten stehen z. B. Bilder im Kontext zum begleitenden Text in einem Dokument. Auch eine einzelne Informationsrecherche (3) bildet einen eigenen Kontext (*Session Context*). Der Session Context ist eingebettet in einen komplexeren und differenzierten direkten Umgebungskontext. Dieser Umgebungskontext besteht aus dem stark personenbezogenen emotionalen Kontext und der Arbeitsaufgabe des Anwenders sowie dessen sozialem Kontext und dem systemischen und konzeptuellen Kontext (4). Diese individuelle Kontextschicht ist wiederum eingebettet in ein ökonomisch-technisches und gesamtgesellschaftliches Umfeld (*Techno-Economic and Societal Context*), welches jenseits der individuellen Betrachtungsweise angesiedelt ist. Eine Besonderheit des Modells von Ingwersen/Järvelin stellt die Berücksichtigung des historischen Kontexts verschiedener Informationsrecherchen dar. Dieser historische Kontext (5) berücksichtigt den Erfahrungshintergrund eines Anwenders bei der Informationssuche.

---

[245] [Ing04], S. 8.

Einen vergleichbaren Ansatz haben Kekäläinen und Järvelin 2002 entwickelt (Abbildung 49).[246]

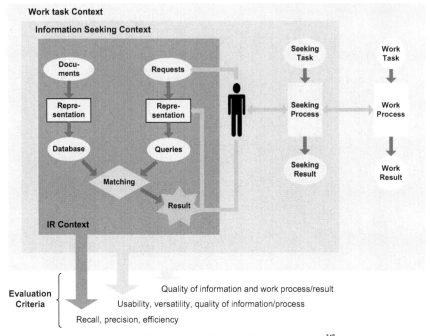

Abbildung 49: Information-Retrieval-Bewertungsrahmen[247]

Auch ihr Modell basiert auf verschiedenen Kontextschichten. Die erste Kontextschicht, der IR-Kontext (*IR Context*), umfasst im Wesentlichen das allgemeine Modell des Information Retrievals.[248] Sie ist eingebettet in den Suchkontext (*Information Seeking Context*), innerhalb dessen der Nutzer eine Suchaufgabe formuliert, die Suche durchführt und dann die Suchergebnisse bewertet. Den Auslöser und Gegenstand für eine Suchaufgabe liefert die Arbeitsaufgabe (*Work Task*) im Rahmen eines Arbeitsprozesses (*Work Process*). Dies kann bezogen auf das medizinische Umfeld bspw. eine wissensintensive Aktivität im Rahmen eines Behandlungsprozesses sein. Die Suchergebnisse (*Result*) werden in den verschiedenen Kontextschichten auf Basis von Bewertungskriterien (*Evaluation Criteria*) beurteilt. Auf der Ebene der Arbeitsaufgabe werden bspw. die Informationsqualität und die erzielten Arbeitsergebnisse

---

[246] Vgl. [KJ02].
[247] In Anlehnung an [KJ02], S. 260 f.
[248] Vgl. Abbildung 37 im Kapitel 4.1.2.

bewertet. In der Schicht des IR Kontextes werden die Suchergebnisse anhand der Gütemaße des Information Retrievals beurteilt. [249] Fällt die Bewertung in einer der Schichten negativ aus, erfolgt eine Wiederholung der Suche (Suchiteration).

5.4.2 Eigenes Modell der kontextorientierten Informationsversorgung

Unter Einbeziehung der beschriebenen informationswissenschaftlichen Erkenntnisse wurde ein eigenes Erklärungsmodell der kontextorientierten Informationsversorgung entwickelt. [250] Es soll als Grundlage und Orientierungsrahmen für die Ableitung von Kontextbereichen und Merkmalen des Kontextmodells der Informationsversorgung von Ärzten in Behandlungsprozessen (Kapitel 6) dienen. Trotz dieser domänenspezifischen Nutzung im Gesundheitswesen ist das Modell domänenneutral, d. h. es kann auch auf andere Anwendungsbereiche, z. B. Informationsversorgung von Mitarbeitern der Abteilung „Strategische Unternehmensentwicklung" bei der Durchführung einer Marktanalyse, übertragen werden.

Im Modell werden die verschiedenen relevanten Kontextbereiche und -ebenen dargestellt. Diese stehen in Beziehung zueinander oder einzelne Kontextbereiche sind in andere eingebettet. Das Gesamtmodell ist insofern beschränkt, als es sich auf die webbasierte Informationssuche in eRessourcen im beruflichen und organisationellen Umfeld bezieht. Private bzw. nicht organisationelle Informationssuchen laufen zwar prinzipiell ähnlich ab, bestimmte Kontextbereiche, wie z. B. der Aufgaben- und Prozesskontext oder auch Aspekte des personenbezogenen Kontextes, wie die Rolle oder hierarchische Position eines Anwenders, haben jedoch keinen Einfluss oder weisen eine geringere Gewichtung auf. Umgekehrt können im privaten Umfeld affektive Bedürfnisse entscheidender sein als kognitive.

Der Basiskontext eines im beruflichen bzw. organisationellen Umfeld nach Informationen suchenden Anwenders ist der „Personenbezogene Kontext". Dieser umfasst alle individuell mit der Person verbundenen Kontextmerkmale. Auslöser aller Informationssuche stellt ein Bedürfnis als Vorstufe eines Bedarfs. Das Bedürfnis lässt sich einer der folgenden Stufen zuordnen:

1. Physiologisches Bedürfnis (Stufe 1): Grundbedürfnis nach Essen, Trinken, geschützter Wohnung etc.

---

[249] Vgl. dazu auch Kapitel 4.1.4.
[250] Vgl. hierzu u. a. [Ing 04], [KJ02] und [Wil81] bzw. auch die Kapitel 2.2.1 sowie 4.1.2 und 5.4.1.

2. Affektives Bedürfnis (Stufe 2): Auch als psychologisches oder emotionales Bedürfnis bezeichnet, z. B. Bedürfnis nach Liebe, Macht, Anerkennung etc.
3. Kognitives Bedürfnis (Stufe 3): Bedürfnis zu planen, eine Fähigkeit zu erwerben/zu lernen etc.

Die drei Bedürfnisstufen sind nicht unabhängig voneinander. Physiologische Bedürfnisse können affektive oder kognitive Bedürfnisse auslösen oder affektive Bedürfnisse kognitive. In Analogie zur Maslow'schen Bedürfnispyramide stellen die drei Bedürfniskategorien aufeinander aufbauende Stufen der Bedürfnisbefriedigung dar.[251] So entstehen affektive Bedürfnisse erst, wenn die physiologischen Grundbedürfnisse nach Nahrung und sicherem Aufenthalt befriedigt sind. Im organisationellen Umfeld sollten kognitive Bedürfnisse Auslöser von Informationsrecherchen sein. Dies schließt jedoch nicht aus, dass auch affektive Bedürfnisse (z. B. nach Anerkennung durch den Vorgesetzten) motivierend wirken können.

Die Konkretisierung eines Informationsbedürfnisses in Form eines Informationsbedarfs wird durch die folgenden Merkmale des personenbezogenen Kontextes beeinflusst:

- Rolle/Position/Befugnisse: Die Rolle bzw. Position eines Anwenders in einer Organisation hat hohen Einfluss auf seinen Informationsbedarf. Sie bestimmt z. B. das Granularitätsniveau der nachgefragten Informationen (Detailinformation vs. Management Summary) oder auch die Dringlichkeit bei der Beschaffung. Zudem können die Befugnisse und verfügbaren Budgets einer Person den Zugang zu Informationsquellen (vertraulich, kostenpflichtig etc.) entscheidend beeinflussen.

- Erfahrungen/Kenntnisse/Beruf: Der Beruf sowie die damit verbundenen Erfahrungen und Kenntnisse sowohl im eigenen Tätigkeitsfeld als auch in der Informationssuche, z. B. Erfahrungen in der Nutzung von Retrieval-Sprachen, beeinflussen den Informationsbedarf eines Anwenders. Aus diesem Kontextbereich leitet sich u. a. ab, welche Informationstypen und -quellen bevorzugt werden und wie die konkrete Suchstrategie definiert wird.

- Präferenzen: Die Präferenzen einer Person bzw. eines Anwenders im Modell beziehen sich auf die Informationssuche im engeren Sinne. Sie umfassen bspw. die bevorzugten Informationsquellen (eRessourcen), die gewünschte Sprache, die Dokumenttypen bzw. In-

---

[251] Vgl. [Mas43], S. 375.

formationsarten oder auch den Zeitpunkt und Ort der Informationslieferung. Die Präferenzen eines Anwenders werden in einem Informationssystem klassischerweise im Benutzerprofil abgelegt und verwaltet.

- Werte: Auch das Wertesystem einer Person hat Einfluss auf Wahrnehmung und Formulierung eines Informationsbedarfs. Ein Wert ist eine „[...] *bewusste oder unbewusste Vorstellung des Gewünschten, die sich als Präferenz bei der Wahl zwischen Handlungsalternativen niederschlagen*" und dient als „[...] *Maßstab, der das Handeln lenkt und Entscheidungen über Handlungsweisen ermöglicht.*"[252] Ein Wertesystem ist „[...] *die Menge der Werte einer Person, einer Gruppe oder einer Gesellschaft, sofern die einzelnen Werte in einem strukturierten Zusammenhang stehen.*"[253]

Wie bereits ausgeführt, kann das im personenbezogenen Kontext entstandene Informationsbedürfnis in Form eines Informationsbedarfs konkretisiert werden. Dieser ist eingebettet in den Aufgaben- und Prozesskontext einer Person. Der Aufgaben- und Prozesskontext umfasst die konkrete Aufgabenstellung, aus der heraus der Informationsbedarf entstanden ist und sollte Teil eines Prozessablaufs als Grundlage der Tätigkeit des Anwenders (z. B. Geschäftsprozessaktivität oder Aktivität in einem klinischen Behandlungspfad) sein. Aus dem Prozess bzw. aus der aktuellen Aktivität im Prozess lassen sich Informationen über den objektiven Informationsbedarf eines Anwenders ableiten:[254] Entspricht der von der Person geäußerte subjektive Bedarf den laut Prozessbeschreibung bzw. definierten Zielen notwendigen Informationen (objektiver Informationsbedarf)? Was war die vorherige/was ist die folgende Aufgabenstellung? Hat die Person Erfahrungen mit der Tätigkeit? Wer ist in den Prozess einbezogen?

---

[252] [FLR07], S. 725.
[253] Ebenda, S. 727.
[254] Zur Unterscheidung zwischen objektivem und subjektivem Informationsbedarf vgl. Kapitel 2.1.2.

104 Kontextorientierte Informationsversorgung: Grundlagen, Modelle und eigener Ansatz

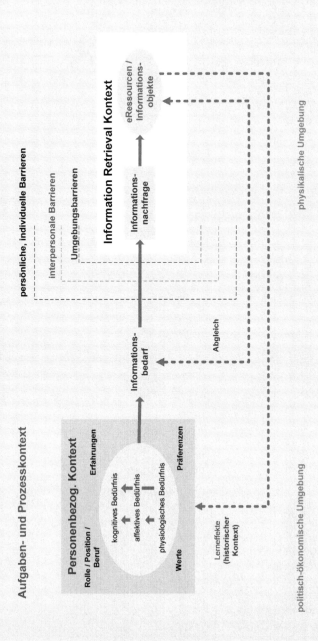

Abbildung 50: Modell der kontextorientierten Informationsversorgung

Damit ein Informationsbedarf in eine Informationsnachfrage mündet, sind diverse Barrieren zu überwinden.[255] Der Informationssuchende wägt ab, wie hoch der Aufwand für eine Recherche ist, welche möglichen Folgen durch ein Informationsdefizit entstehen, wie dringlich die Informationsrecherche ist oder ob der Informationsbedarf überhaupt als wichtig eingeschätzt wird. Diese Fragestellungen fasst man unter den persönlichen, individuellen Barrieren zusammen. Interpersonelle Barrieren können dann auftreten, wenn die benötigten Informationen nur von einer anderen Person erlangt werden können, sprachliche Barrieren bestehen oder eine andere Person die Information nicht weitergeben möchte. Auch die Umgebung, z. B. räumliche oder zeitliche Distanzen, fehlende Infrastruktur oder Zugänge zu eRessourcen, kann eine Barriere darstellen.

Wurden die genannten Barrieren überwunden, erfolgt die Nachfrage nach Informationsobjekten in eRessourcen. Die entsprechenden Abläufe wurden im Kapitel 4.1.2 hinreichend beschrieben. Die gelieferten Informationsobjekte werden mit dem Informationsbedarf abgeglichen. Je nach Grad der Bedarfsbefriedigung und in Abhängigkeit davon, ob erneut Barrieren zu überwinden wären, wird die Informationssuche beendet oder eine erneute Suche durchgeführt. Jede Informationssuche führt zu Lerneffekten. Diese beziehen sich sowohl auf die Suchergebnisse im Sinne von Wissensaufbau als auch auf die angewendete Suchstrategie. Beide Faktoren wirken auf den personenbezogenen Kontext bspw. im Bereich der Erfahrungen.

Die bisher beschriebenen Zusammenhänge sind eingebettet in einen Umgebungskontext. Merkmalsbereiche des Umgebungskontextes sind die physikalische Umgebung (insbesondere der Ort), die politisch-ökonomische sowie die soziokulturelle Umgebung. Auch diese Bereiche können Einfluss auf die Informationsversorgung haben. So hat die politisch-ökonomische Umgebung Einfluss darauf, welche Informationen überhaupt zugänglich sind (Beispiel: Zensur) und zu welchen ökonomischen Bedingungen (Beispiel: Preis für eine Recherche) Informationen abgerufen werden können. Die soziokulturelle Umgebung kann beeinflussen, wie Informationen bewertet werden oder was, z. B. auf Grund religiöser Wertvorstellungen, von der Gemeinschaft als zulässig eingestuft wird.

Das Modell der kontextorientierten Informationsversorgung dient im Kapitel 6 als Orientierungsrahmen bei der Identifikation von Kontextmerkmalen und insbesondere Kontextbereichen in medizinischen Behandlungsprozessen.

---

[255] Die Abgrenzung zwischen Informationsbedarf und -nachfrage findet sich in Kapitel 2.2.

5.5 Analyse ausgewählter Kontextmodelle und Kontextapplikationen

In der wissenschaftlichen Literatur werden unterschiedliche Kontextmodelle und -ansätze beschrieben.[256] Je nach Spezifität und Anwendungsbereich des Modells lassen sie sich den in Tabelle 7 dargestellten vier Kategorien zuordnen.

Spezifität des Modells / Anwendungsbereich	Kontextmodelle im nicht-medizinischen Umfeld	Ansätze im medizinischen bzw. ärztlichen Umfeld
Ubiquitous/ Mobile Computing	• Dey, Abowd [DA00], [Dey00] • Haseloff [Has05] • Kaltz, Ziegler [KZ04], [ZLK05] • Prante et al. [PPS04] • Schmidt et al. [SBG99] • Shehzad et al. [SNP04] • Tazari et al. [TGF03]	• Jahnke et al. [DBK03], [JBD04] (COWSPOTS, Kapitel 5.5.2.3)
Information Retrieval	• Engelbach, Delp [ED07] • Groß, Klemke [GK03] • Ingwersen [Ing04] • Morgenroth [Mor06]	• Cimino et al. [DRC06] (Infobutton, Kapitel 5.5.2.1) • Price et al. [PHO02] (Smart Query, Kapitel 5.5.2.2) • Maviglia et al. [MYB06] (KnowledgeLink, Kapitel 5.5.2.4)

Tabelle 7: Kategorisierung von Kontextmodellen und -strukturen[257]

Für diese Arbeit haben dabei eHealth-spezifische Ansätze aus dem Bereich des Information Retrievals die höchste Relevanz

5.5.1 Kontextmodelle im nicht-medizinischen Umfeld

Bei der Analyse der in den Kontextmodellen definierten Kontextmerkmale wurde deutlich, dass zwischen den generischen Kontextmodellen und Ansätzen aus dem eHealth-Bereich grundsätzliche Unterschiede bestehen.[258] Diese sind so gravierend, dass die Modelle aus beiden Bereichen nicht in einer gemeinsamen Struktur analysiert werden können.

---

[256] Vgl. dazu die Literaturverweise in Tabelle 7.
[257] Die Auswahl der untersuchten Kontextmodelle und -strukturen ist exemplarisch zu verstehen. Es wurden insgesamt 15 Ansätze betrachtet.
[258] An dieser Stelle wurde bewusst der Begriff „Ansätze" und nicht „Modelle" für den eHealth-Bereich gewählt, da es bisher keine umfassenden Kontextmodelle für diesen Bereich gibt, sondern lediglich Zusammenfassungen einzelner Kontextmerkmale.

Bei den generischen Modellen wurden Merkmale aus den Kategorien

1. Benutzer/Person,
2. Aktivität/Aufgabe,
3. soziale Umgebung/Umfeld,
4. Ort,
5. Zeit,
6. Informationen/Informationsquellen,
7. IT-Umgebung/Geräteund
8. physische Umgebung

identifiziert. Bei den Merkmalen aus eHealth-Ansätzen besteht demgegenüber ein starker Bezug zu medizinischen und patientenbezogenen Informationen (Patientenakte, Medikation, Pflegehistorie, Leitlinien, klinische Pfade etc.). Dies ist unabhängig davon, ob der Ansatz aus dem Anwendungsbereich Information Retrieval oder Ubiquitous Computing stammt. Die Analyseergebnisse für die generischen Modelle werden in Tabelle 8 und Tabelle 9 im Überblick zusammengefasst. Die Darstellung der Analyseergebnisse der eHealth-Ansätze erfolgt im folgenden Kapitel.

Die Kontextkategorien der generischen Modelle lassen sich in zwei Gruppen unterteilen. Dies sind zum einen die Merkmale aus dem Bereich „Human Factor (1) - (3)" und zum anderen aus dem Bereich „Physical Environment (4) - (8)".[259] In den Modellen aus dem Information Retrieval werden anwenderorientierte Faktoren stärker fokussiert, im Ubiquitous Computing im weiteren Sinne die physikalische Umgebung. Der Aufenthaltsort (Raum, Stadt, Land etc.) spielt im Ubiquitous Computing die zentrale Rolle und ist in allen Modellen als Merkmal vertreten. Im Gegensatz dazu kommt in den IR-Modellen der aktuellen Aufgabenstellung und anderen personenbezogenen Faktoren eine große Bedeutung zu.[260] Der Prozess als Kontextmerkmal wird derzeit noch recht oberflächlich einbezogen.[261] Auch die Bildung einer eigenen Kontextkategorie „Rolle", die bisher Teil der Kategorie „Person/Benutzer" ist, erscheint sinnvoll. Erstere würde aufgaben- und rollenbezogene Aspekte abdecken, letztere das Profil des Nutzers und auch emotionale Faktoren, Lerneffekte etc.

Diese Erkenntnisse aus der Analyse der generischen Modelle aus dem Bereich des Information Retrieval und der eHealth-spezifischen Kontextmodelle (vgl. das folgende Kapitel) fließen in die Formulierung des Kontextmodells (Kapitel 6) ein.

---

[259] Diese von Schmidt et al. vorgeschlagene Zuordnung lässt sich auf alle anderen Modelle übertragen. Vgl. [SBG99], S. 895.
[260] Im Kapitel 5.4 wurde darauf näher eingegangen.
[261] Vgl. bspw. [ED07].

Quelle	Benutzer / Person / Rolle	Aktivität / Aufgabe	Soziale Umgebung / Umfeld	Ort	Zeit	Verfügbare Informationen und Quellen	IT-Umgebung / Geräte	Physische Umgebungsmerkmale
[DA00], [Dey00]	Identity	Activity		Location	Time			
[Has05]	State: Motion, Physical and emotional conditions	State: Activity		Location			Reachability	Surroundings, e.g. Light Conditions, Temperature, Noise Level etc.
[KZ04], [ZLK05]	Benutzer und Rollenfaktoren	Aufgaben- und Prozessfaktoren		Ortsfaktoren	Zeitfaktoren	Verfügbare Informationsobjekte	Gerätefaktoren Dienste und Dienstebeschreibungen	
[PPS04]		Aktivitätskontext (bearbeitete Aufgabe)	Sozialer Kontext (umgebende Personen)	Ortskontext		Informationaler Kontext (bearbeitete Information)		
[SBG99]	User (Human Factors)	Task (Human Factors)	Social Environment (Human Factors)	Location (Physical Environment)			Infrastructure (Physical Environment)	Condition (Physical Environment)
[SNP04]	Agent/Agent Profile	Activity inkl. Activity History		Location	Time		Device	Environment: Light, Humidity, Sound, Temperature
[TGF03]	User	Task	User Context: Social Situation	Location	Time	Documents	Agents/Services Terminals	

Tabelle 8: Generische Kontextmodelle aus dem Anwendungsbereich des Ubiquitous Computing

Analyse ausgewählter Kontextmodelle und Kontextapplikationen 109

Quelle	Benutzer / Person / Rolle	Aktivität / Aufgabe	Soziale Umgebung / Umfeld	Ort	Zeit	Verfügbare Informationen u. -quellen	IT-Umgebung / Geräte	Physische Umgebungsmerkmale
[ED07]	Person: Qualifikation, Erfahrung, Werte, Einstellungen, Lernmethodik Rolle: Befugnisse und Rechte, Aufgaben und Pflichten, Verantwortung etc.	Aufgabe: Einbettung in Prozesse, Formalisierungsgrad, Prozesshäufigkeit, Zeitbudget für Informationsrecherchen		Infrastruktur: Ort			Infrastruktur: Technik	
[GK03]	Person: ID/Name, Position, Role, Skills, Interests, Expirience	Activity: Task		Location	Point of Time	Activity: Files opened	Activity: Tools used	
[Ing04] [IJ04]	Session Context Conceptual and Emotional Context Historic Context	Work Task	Social Context Systemic Context Societal Kontext			Object Structure Intracomponent Context	Techno-Economic Context	
[Mor06]	Benutzerkontext - Profile: persönliches Profile (Wissen, Fähigkeiten, Interessen), aufgabenspez. Profil Benutzerkontext - organisatorisch: Stelle, Rolle	Arbeitskontext: strukturierte und unstrukturierte Aufgaben		Benutzerkontext - physisch: geografisch	Benutzerkontext - physisch: zeitlich		Interaktionskontext - Interaktion: Nachrichten, Aktionen, Aktionsfolgen	

Tabelle 9: Generische Kontextmodelle aus dem Anwendungsbereich des Information Retrieval

5.5.2 Ansätze im medizinischen Umfeld

5.5.2.1 Infobutton

5.5.2.1.1 Definition und grundlegende Konzeption des Infobuttons

Seit Anfang der 90er Jahre beschäftigen sich Cimino und Wissenschaftler in seinem Umfeld mit dem Thema der bedarfsgerechten Informationsversorgung von Ärzten an IT-gestützten medizinischen Arbeitsplatzsystemen.[262] Bezüglich der Informationsversorgung von Ärzten lassen sich zwei Grundtypen von Systemen unterscheiden:

- Das System liefert für eine nicht veränderbare Auswahl an Fragen Antworten. Beispiel: Arzneimittelinformationssysteme liefern über eine Funktion Dosierungshinweise, über eine andere Funktion Informationen zu Nebenwirkungen.

- Basierend auf einer Datenbank mit zugehöriger Abfragesprache hat der Anwender die Möglichkeit, selbstdefinierte Anfragen zu formulieren (Bsp.: Medline). Die Anwender müssen diese Sprache beherrschen, erhalten dann aber individuelle Antworten auf individuelle Fragen.

Im Rahmen des Infobutton-Konzeptes versuchen Cimino et al. beide Ansätze miteinander zu verbinden.

Ein Infobutton ist „[...] *a point-of-care information retrieval application that generates and sends queries to electronic health information resources (e-resources) using patient data extracted from the electronic medical record and context information that is captured from the interaction between a clinical user and a CIS (e.g., user characteristics, patient demographics, task being performed by the user).*"[263]

Cimino et al. gehen davon aus, dass Ärzte bei der Nutzung IT-gestützter medizinischer Arbeitsplatzsysteme besonders häufig einen Bedarf nach medizinischen Informationen haben und sich ihre Fragen auf wenige generische Grundtypen reduzieren lassen.[264] Der Arzt kann die auf seinen Informationsbedarf am besten passende Frage auswählen. Auf Basis dieser Frage wird dann eine Suchanfrage an eine passende eRessource generiert. Cimino et al. kombinieren die Idee der statischen vordefinierten Fragen mit der dynamischen Abfrage von datenbankbasierten Informationsquellen. Die Medline-Datenbank wurde als erste eRessource in

---

[262] Vgl. [CJA92], [CAJ93], [Cim94], [BC00] und [Cim06]. Auf diesen Quellen basieren die Inhalte des Kapitels 5.5.2.1.
[263] [DCR06], S. 2. Die Abkürzung CIS steht für Krankenhausinformationssystem (*Clinical Information System*).
[264] Vgl. [CLB02], S. 170.

den Cimino-Ansatz eingebunden. In der ersten Version hieß der Infobutton daher auch Medline-Button.[265] Später kamen weitere webbasierte Informationsquellen hinzu.[266] Cimino et al. streben an, den Infobutton zu einem HL7-Standard zu entwickeln und als HL7-Infobutton zu positionieren. HL7[267] ist der wichtigste internationale Standard für den Austausch von Daten zwischen Computersystemen im Gesundheitswesen.[268] Durch ihn wird Interoperabilität innerhalb und zwischen Krankenhausinformationssystemen (KIS), Praxisverwaltungssoftware (PVS), Laborinformationssystemen (LIS), Systemen zur Leistungsabrechnung sowie elektronischen Patientenakten realisiert.[269] Im Jahre 2006 wurde der Infobutton Communication Standard von Del Fiol et al. als sogenannter Draft Standard for Trial Use (DSTU) eingereicht.[270] Bisher wurde der Entwurf aber nicht als HL7-Standard anerkannt.

5.5.2.1.2 Funktionsweise des Infobuttons

IT-technisch gesehen wird der Infobutton über einen so genannten Infobutton Manager repräsentiert. Dieser ist nichts anderes als ein CGI (Common Gateway Interface)-Programm „[...] *that can be accessed from any web-based CIS through a simple hypertext reference (HREF) that "posts" (a method of passing data to a CGI) context information."*[271] Zur Implementierung eines Infobutton Managers bieten sich drei Varianten an:

- Variante 1: Der Infobutton Manager ist eine eigenständige Einheit neben dem Krankenhausinformationssystem und den abgefragten eRessourcen.
- Variante 2: Der Infobutton Manager ist Teil des Krankenhausinformationssystems.
- Variante 3: Der Infobutton Manager ist Bestandteil der eRessource.

Die Abläufe beim Aufruf des Infobuttonmanagers werden exemplarisch anhand der ersten Variante in Abbildung 51 als UML Sequenzdiagramm dargestellt. Der Arzt arbeitet an einem webbasierten KIS. Dieses ruft er über seinen Internet-Browser auf und wählte eine digitale Patientenakte aus. Auf seiner Benutzeroberfläche werden ihm neben relevanten Patientendaten (z. B. Diagnosen, Laborwerten etc.) kleine Schaltflächen, die sogenannten Infobuttons,

---

[265] Vgl. [CJA92].
[266] Vgl. [Cim97] und [CLA04].
[267] Die Bezeichnung HL7 steht für Health Level 7. Die 7 bezieht sich auf Schicht 7 (Applikationsebene) des ISO/OSI-Referenzmodells für Kommunikation.
[268] Eine kurze Einführung in das Thema HL7 findet sich im Anhang 7 und bei [Koc08], S. 12 ff.
[269] In Deutschland kommt HL7 nur im stationären Sektor, also im Bereich der Krankenhausinformationssysteme, zum Einsatz.
[270] Vgl. [DCR06].
[271] [BC00], S. 48.

angezeigt. Im Bedarfsfall wird durch Klicken eines Buttons eine Anfrage (*HL7 Message*) an den Infobutton Manager generiert.

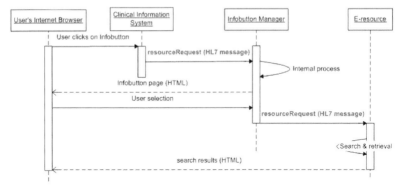

Abbildung 51: Sequenzdiagramm der Infobuttoninteraktionen in Variante 1

Dieser wertet die Anfrage aus und liefert eine HTML-Seite mit generischen Fragen zurück: „Wie ist die Definition der Camurati-Engelmann-Erkrankung?" „Wie diagnostiziert man diese Erkrankung?" oder „Wie behandelt man diese Erkrankung?" Wählt der Arzt nun bspw. die erste Frage (Definition) aus, generiert der Infobutton Manager eine HL7-Nachricht[272] mit den Parametern „Hauptsuchbegriff", „Alter", „Geschlecht" und dem Modifier „Definition" an passende eRessourcen. Die jeweilige e-Ressource empfängt die Nachricht und führt die Anfrage basierend auf den Parametern aus. Die erzielten Suchergebnisse werden dem Arzt abschließend angezeigt.

5.5.2.1.3 Kontextmodell des Infobuttons

Der Kontext der Informationssuche bei der Infobutton-Nutzung wird durch die folgenden beiden Bereiche repräsentiert:

1. Hauptsuchkriterium (*mainSearchCriteria*)

Das Hauptsuchkriterium wird über den Hauptsuchbegriff (*mainSearchConcept*) und ggf. ein Bestimmungswort (*Modifier*), z. B. „Definition" des Hauptsuchbegriffs, beschrieben. Es steht im Zentrum der Suche über den Infobutton-Manager.

---

[272] Das Grundprinzip des Nachrichtenversand und der Query-Formulierung wird im Anhang 8 dargestellt.

2. Suchkontext

Der Suchkontext besteht aus verschiedenen Merkmalen bzw. Merkmalsgruppen, die den Kontext beschreiben, aus dem heraus die Suchanfrage formuliert wird. Cimino et al. unterscheiden zwischen dem Nutzer des Systems (*userContext*), in der Regel der Arzt, und dem Empfänger der Suchergebnisse (*contentRecepient*). Dies kann dieselbe Person sein. Beide werden über ihre Sprache (*Language*), ihr medizinisches Fachgebiet (*Discipline*) und ihre Rolle (*Role*) beschrieben. Der Patient (*patientContext*) ist ebenfalls Bestandteil des Kontextmodells. Er wird über sein Alter (*Age*) und sein Geschlecht (*Gender*) dargestellt. Die Aktivität, aus der heraus der Arzt die Informationssuche beginnt, wird über den Aufgabenkontext (*taskContext*) erfasst.[273] Abschließend wird die aktuelle Behandlungssituation (*careSettingContext*) des Patienten beschrieben.

5.5.2.1.4 Bewertung

Der Infobutton-Ansatz ist insgesamt ein über viele Jahre ausgereifter Ansatz zur Verbesserung der Informationsversorgung von Ärzten. Cimino et al. setzen dabei insbesondere auf das Konzept der standardisierten Fragen und eine webbasierte Implementierung. Kontextmerkmale werden in ersten Ansätzen, jedoch ohne Gesamtkonzept berücksichtigt. Der Infobutton-Manager wird im New York Presbyterian Hospital und zwei weiteren, nicht benannten Einrichtungen eingesetzt (Stand: 2006).[274] Die Verbreitung des Ansatzes ist damit jedoch trotz des langen Zeitraums der Entwicklung und Vermarktung relativ gering.

5.5.2.2 Smart Query[275]

5.5.2.2.1 Hintergrund und Motivation

Die SmartQuery-Lösung wurde bis 2002 am Klinikum der Oregon Health and Science University in Portland (USA) entwickelt und eingesetzt.

Die Ausgangsüberlegung für SmartQuery ähnelt der des Infobuttons: Die Mehrzahl der ärztlichen Informationsbedarfe entstehen im Rahmen der Patientenversorgung. Laut Price et

---

[273] Del Fiol et al. schlagen einen Standardkatalog von Aktivitäten als zulässigen Wertebereich für den Aufgabenkontext vor. Vgl. [DCR06], S. 22 f.
[274] Vgl. [Cim06], S. 151.
[275] Die Ausführungen in diesem Kapitel basieren auf [PHO02].

al. können nur 30 % dieser Fragestellungen sofort beantwortet werden.[276] eRessourcen werden nur dann intensiver genutzt, wenn sie schnell durchsucht und mit wenig Spezialwissen (Abfragesprachen, Thesauri etc.) Antworten liefern. Um diese Anforderungen zu erfüllen wurde SmartQuery entwickelt.

5.5.2.2.2 Grundprinzip

Der SmartQuery-Ansatz unterstützt den Arzt bei der Informationssuche in folgenden Aspekten:
- eRessourcen sind in dem Moment verfügbar, in dem die Fragestellung entsteht.
- Patientendaten werden zur Antizipation des Informationsbedarfs verwendet (-> Kontextaspekt).
- Dem Anwender wird ein „Single-Point-of-Access" zu verschiedenen eRessourcen angeboten. Dadurch wird parallele Recherche in unterschiedlichen Quellen ermöglicht.
- Die elektronische Patientenakte eines Patienten wird direkt mit den eRessourcen gekoppelt.

SmartQuery ist eine „[...] prototype application to provide context-sensitive links from an electronic patient record to relevant medical knowledge sources."[277] Zu den medizinischen Informationsquellen zählen medizinische Lehrbücher, Fachartikel zur Forschung und Leitlinien. Der Arzt soll zum einen die Patientenakte nicht verlassen müssen, um zu einer anderen Applikation zu wechseln, und zum anderen bei der Formulierung komplexer Datenbankabfragen unterstützt werden.

Den Kern von SmartQuery bildet eine Sammlung von Perl CGI-Skripten, die patientenspezifische Daten nutzen, um Anfragen an eRessourcen zu generieren und zu bearbeiten. Beim Zugriff auf die Patientenakte wird basierend auf der Liste der Diagnosen eine Schlagwortsammlung aus dem Medical Subject Headings (MeSH)-Thesaurus generiert. Mit Hilfe der SAPHIRE-Anwendung werden dabei die in der International Classification of Diseases (ICD)[278] kodierten Diagnose-Daten in MeSH-Schlagworte überführt. Durch Ankreuzen von Kontrollkästchen neben Begriffen (z. B. von Laboruntersuchungen) kann der User noch wei-

---

[276] Vgl. [PH02], S. 627.
[277] Ebenda, S. 627.
[278] Im konkreten Fall wurde das ältere ICD-9 Klassifikationssystem genutzt. Derzeit ist Version ICD-10 aktuell. Eine kurze Einführung in das ICD-System wird in Kapitel 6.4.2 gegeben.

tere Schlagworte zur MeSH-Liste hinzufügen. Bevor die Anfragen an verschiedene eRessourcen (Medline, Harrison's Online etc.) verschickt werden, besteht für den Nutzer die Möglichkeit, die MeSH-Schlagwortliste zu ändern und neue Begriffe hinzufügen.

5.5.2.2.3 Bewertung

Price et al. stellen die Ähnlichkeit zum Cimino-Ansatz heraus, betonen aber, dass sie nicht das Konzept der generischen Fragen nutzen. Vielmehr definiert der Arzt selbst, welche Begriffe in eine Anfrage einfließen. Die Abbildung der Diagnose-Daten auf MeSH-Schlagworte (*Concept Mapping*) stellt eine der Stärken dieses Ansatzes dar. Die Einbeziehung von Kontextinformationen fehlt jedoch völlig. Auch der SmartQuery-Ansatz hat sich letztendlich nicht durchgesetzt. Der Veröffentlichung des Ansatzes und Vorstellung eines Prototyps in 2002 folgten keine weiteren Publikationen.

5.5.2.3 Context-Aware Information Services for Healthcare (COWSPOT)-Ansatz[279]

5.5.2.3.1 Grundprinzip

Im Rahmen des COWSPOT-Projektes wurde an der Universität von Victoria in Kanada im Jahr 2003 eine kontextsensitive Informationslösung für Ärzte im Krankenhaus entwickelt. Der Lösungsansatz basiert auf dem Grundgedanken des Ubiquitous Computing, d. h. die Bereitstellung von Informationen in Abhängigkeit von unterschiedlichen Orten/Räumen und verfügbaren Endgeräten steht im Mittelpunkt der Entwicklung. Dies unterscheidet ihn grundlegend von den beiden vorgenannten Ansätzen und auch dem in dieser Dissertation entwickelten Ansatz. Die Lösung wurde basierend auf den folgenden vier Basisszenarien des Arzt-Patienten-Kontaktes von Augenärzten im Krankenhaus und im ambulanten Bereich entwickelt:

- Erstuntersuchung (ambulant)
- Präoperative Visite (stationär)
- Chirurgischer Eingriff (stationär)
- Postoperative Untersuchung (ambulant)

---

[279] Basierend auf [JBD04], [DBK03].

Die Szenarien unterscheiden sich hinsichtlich des Ortes (und damit auch der verfügbaren IT-Infrastruktur), der Dateneingabeerfordernisse (z. B. Erstuntersuchungsbericht, OP-Bericht etc.) und der für den Arzt in der jeweiligen Situation angezeigten relevanten Informationen aus der Patientenakte. Letzteres entspricht dem antizipierten Informationsbedarf des Arztes in der spezifischen Szenario-Situation. Je nach Basisszenario erhält der Arzt auf seiner Workstation oder einem mobilen Endgerät die für ihn in diesem Szenario relevanten Eingabeformulare und Informationen aus der Patientenakte angezeigt. Der Lösung liegt eine so genannte Kontext-Ontologie zugrunde, die in einen domänenspezifischen Teil (Gesundheitswesen) und domänenunabhängigen Teil unterteilt ist.[280] Der domänenspezifische Teil der Ontologie basiert auf dem HL7 Reference Information Model (RIM).[281] Die angezeigten patientenbezogenen Dokumente sollen CDA-konform sein.[282]

Die wichtigsten Elemente in der Kontext-Ontologie sind:

- Personen in der Situation (Arzt und Patient)
- Ort/Raum an/in dem die Personen sich aufhalten, z. B. Raum 321 = Büro von Dr. David
- Genutzte IT-Infrastruktur des Arztes, z. B. Workstation oder mobiles Endgerät
- Uhrzeit (z. B. 10:33 h) bzw. zeitliche Periode der Szenario-Situation

Die Elemente der COWSPOT Kontext-Ontologie entsprechen den wichtigsten Merkmalen der in analysierten nicht-medizinischen Kontextmodelle im Ubiquitous Computing.

5.5.2.3.2 Bewertung

Die Lösung der University of Victoria entspricht nur sehr rudimentär den Anforderungen an eine kontextorientierte Informationsversorgung. Der Arzt hat keinen Einfluss auf die Auswahl der bereitgestellten Informationen. Es werden keine externen Informationsquellen (z. B. Fachliteratur, Leitlinien etc.) abgefragt. Darüber hinaus beschreibt das Kontextmodell keine patientenbezogenen Parameter. Es wird lediglich erfasst, ob ein Patient anwesend ist oder nicht.

---

[280] Zum Thema „Ontologie" vgl. Kapitel 4.2.4.2.
[281] Das HL7 RIM ist ein einheitliches Informationsmodell für HL7-Nachrichten. Vgl. [Koc08], S. 20 f.
[282] CDA steht für Clinical Document Architecture und „[…] *ist eine von HL7 erarbeitete, auf XML-basierende Dokumentenarchitektur zur Übermittlung klinischer Inhalte in Form strukturierter Dokumente.*" [Koc08], S. 26.

5.5.2.4 Weitere Ansätze

Ein weiterer Ansatz ist der 2003 von Maviglia et al. entwickelte KnowledgeLink. Er bietet in der Medikationsliste einer elektronischen Patientenakte Hyperlinks zu eRessourcen an. Die Einzelmedikation stellt somit die alleinige Kontextinformation dar. Aufgrund des auf Medikationen eingeschränkten Einsatzbereiches und eines fehlenden komplexeren Kontextmodells wurde das System nicht in die Analyse einbezogen.[283]

Insbesondere im Umfeld des Ubiquitous Computing finden sich noch weitere kontextsensitive Anwendungen für das Gesundheitswesen.[284] Diese fokussieren jedoch zumeist auf die orts- und zeitabhängige Bereitstellung von Funktionen und Daten. Die kontextorientierte Versorgung mit medizinischen Zusatzinformationen steht dabei nicht im Zentrum der Lösungen.

5.5.3 Anforderungen an eine kontextorientierte Informationsversorgung und Bewertung der untersuchten Lösungsansätze

Basierend auf den Erkenntnissen der vorangegangen Kapitel lassen sich verschiedene grundlegende Anforderungen an eine umfassende und bedarfsgerechte kontextorientierte Lösung für die Informationsversorgung von Ärzten ableiten.[285]

1. Änderungsmöglichkeiten von Suchanfragen durch den Arzt (Kapitel 3)

Grundsätzlich sollte die Formulierung eines Suchterms automatisiert ablaufen (vgl. Anforderung 2). Der Arzt als Anwender sollte aber die Möglichkeit haben, Suchanfragen manuell anpassen zu können, wenn die gelieferten Suchergebnisse nicht seinem Bedarf entsprechen. Zu den Anpassungsmöglichkeiten können die Änderung der Gewichtung von Kontextmerkmalen, die Verwendung anderer boolescher Operatoren oder die Auswahl eines alternativen Retrieval-Modells zählen.

2. Automatisierte Formulierung der Suchanfragen (Kapitel 3)

Die Abfrage von eRessourcen erfordert häufig fundierte Kenntnisse der zugrundeliegenden Abfragelogik (vgl. Exkurs zu Medline im Anhang 16). Diese können bei Ärzten in der Krankenversorgung nicht vorausgesetzt werden. Zudem ist die manuelle Formulierung von Such-

---

[283] Vgl. [MYB06], [MSB03].
[284] Z. B. [Bar04].
[285] Das bzw. die Kapitel, aus denen sich die Anforderungen ableiten lassen, sind in Klammern vermerkt.

anfragen zeitaufwändig. Die Formulierung der Suchanfragen an die eRessourcen sollte daher automatisiert ablaufen.

3. Berücksichtigung von Arztpräferenzen und Arztprofil (Kapitel 3 und 5)
Der Arzt soll im Zentrum einer bedarfsgerechten Informationsversorgung stehen. Die Berücksichtigung seiner Präferenzen (z. B. bevorzugte Sprache, eRessourcen, Informationstiefe) und seines Profils (medizinisches Fachgebiet, Erfahrung, Rolle etc.) haben folglich große Bedeutung für die Charakterisierung seines Informationsbedarfs.

4. Differenziertes umfassendes Kontextmodell als Basis (Kapitel 5)
Die Formulierung eines differenzierten umfassenden Kontextmodells bildet die Grundlage jeder Konzeption und Implementierung einer kontextorientierten Informationsversorgung in einem dezidierten Anwendungsbereich. Das Kontextmodell sollte die verschiedenen Kontextbereiche einer Informationssuche abbilden und die wichtigsten Merkmale innerhalb der Bereiche umfassen. Anforderung 4 stellt die wichtigste der zehn Anforderungen.

5. Empirische Überprüfung des Ansatzes (Kapitel 1)
Die Überprüfung eines erarbeiteten Lösungsansatzes gehört zu den grundlegenden Schritten wissenschaftlichen Arbeitens. Im Fall von Konzepten und Implementierungen einer kontextorientierten Informationsversorgung empfiehlt sich der Rückgriff auf empirische Methoden, um eine Überprüfung durchzuführen.

6. Koppelung an medizinische Prozesse (Kapitel 2 und 3)
Informationsbedarfe von Ärzten in der Krankenversorgung entstehen in der Regel aus einer Aktivität im Rahmen eines Behandlungsprozesses. Sie sind also eng an medizinische Prozesse gekoppelt. Eine kontextorientierte Informationsversorgung sollte daher möglichst barrierefrei in den medizinischen Prozess eingebettet sein und keinen Wechsel zwischen Systemen und Benutzeroberflächen erfordern.

7. Mapping von praxisbezogenen Klassifikationen auf wissenschaftliche Thesauri (Kapitel 5)
In Anforderung 6 wurde bereits deutlich, dass Informationsbedarfe insbesondere in der Krankenversorgung, entstehen. Begriffliche Konzepte in der Praxis (Diagnosen, Laborwerte, Prozeduren etc.) werden über praxisbezogene Klassifikationen (z. B. ICD-10, Logical Observati-

Analyse ausgewählter Kontextmodelle und Kontextapplikationen 119

on Identifiers Names and Codes (LOINC), Operationen- und Prozedurenschlüssel (OPS) etc.) kodiert.[286] Um eine automatisierte Suche durchführen zu können, müssen diese auf begriffliche Konzepte in wissenschaftlichen Thesauri (MeSH, Unified Medical Language Systems (UMLS) etc.) abgebildet werden.[287]

8. Integration unterschiedlicher eRessourcen und Typen von eRessourcen (Kapitel 2, 3 und 5)

Um Wechsel zwischen unterschiedlichen Informationsquellen und deren Benutzeroberflächen zu vermeiden, sollte eine Kontextapplikation den Zugriff zu eRessourcen im Sinne einer Metasuche bündeln. Hierzu ist es notwendig, unterschiedliche eRessourcen und auch Typen von eRessourcen (z. B. Fachliteraturdatenbanken oder Leitlinienarchive) an die Kontextapplikation anzubinden.

9. SOA- und Web Service-basierte Implementierung (Kapitel 4)

Serviceorientierte Architekturen ermöglichen die flexible Kopplung von einzelnen Diensten (z. B. zur Informationsversorgung) mit Aktivitäten im Rahmen von Behandlungsprozessen. Die Nutzung von Web Services als Implementierungsoption öffnet eine SOA in Richtung des WWW und erleichtert die Anbindung von eRessourcen.

10. Umsetzung des Konzeptes der Informationsräume (Kapitel 3 und 5.6)

Ärzte möchten durch eine automatisierte Informationsversorgung nicht „bevormundet" werden, sondern sich ein eigenes Bild machen. Zudem ist die vollständige Charakterisierung eines Informationsbedarfs über ein (Kontext-)Modell nicht möglich. Im Rahmen dieser Arbeit wurde daher das Konzept der Informationsräume entwickelt, welches in einer Kontextapplikation umgesetzt werden wird.

Diese zehn Anforderungen fließen zum einen in die Entwicklung des Kontextmodells (Kapitel 6) und zum anderen in die Konzeption und Implementierung der Kontextapplikation (Kapitel 7) ein.

---

[286] ICD-10, LOINC und OPS werden in Exkursen im Kapitel 6.4.2 erläutert.
[287] Kurze Einführungen zu MeSH und UMLS finden sich im Anhang 11 und im Anhang 12.

Darüber hinaus lässt sich eine Gegenüberstellung des eigenen Ansatzes (Modell und Applikation) mit den in den vorangegangenen Kapiteln dargestellten Konzepten durchführen (Abbildung 52). So wird erkennbar, worin die Unterschiede zwischen den Ansätzen liegen und welchen wissenschaftlichen „Fortschritt" und Erkenntnisgewinn der eigene Ansatz leistet. Dieser versucht alle Anforderungen an eine kontextorientierte Informationsversorgung zu erfüllen. Im Zentrum steht dabei das umfassende differenzierte Kontextmodell als Grundlage für die Realisierung der Kontextapplikation. Cimino et al. integrieren in ihre Infobutton-Nachrichten zwar Kontextmerkmale, ein fundiertes Kontextmodell liegt damit jedoch nicht vor. Die Kontext-Ontologie des COWSPOT-Ansatzes legt den Schwerpunkt auf das Ubiquitous Computing und ist daher für das Information Retrieval ungeeignet. SmartQuery verfügt über keinen Kontextmodell-Ansatz. Eine weitere hervorzuhebende Besonderheit des eigenen Ansatzes liegt in der zukunftsweisenden SOA- und Web Service-basierten Konzeption und Implementierung. Neben der einfachen Anbindung von eRessourcen ermöglicht diese auch eine prozessorientierte Informationsversorgung.

	HL7-Infobutton	SmartQuery	COWSPOT-Ansatz	Eigener Ansatz
Änderungsmöglichkeit von Suchanfragen durch Arzt		x		(x)
Automatisierte Formulierung der Suchanfragen	x	x	x	x
Berücksichtigung von Arztpräferenzen und Arztprofil	x			x
Differenziertes umfassendes Kontextmodell als Basis				x
Empirische Überprüfung des Ansatzes	x			x
Kopplung an medizinische Prozesse (Prozessmodell)				(x)
Mapping praxisbezog. Klassifikationen auf wissenschaftl. Thesauri				x
Integration unterschiedlicher eRessourcen/-typen	x	x		x
SOA- u. Web Service-basierte Konzeption u. Implementierung				x
Umsetzung des Konzepts der Informationsräume	(x)	(x)		x

x = Anforderung erfüllt   (x) = Anforderung bedingt erfüllt

Abbildung 52: Analyse existierender Lösungsansätze[288]

---

[288] Den in Fettschrift formatierten Anforderungen kommt besondere Bedeutung zu.

Die Änderungsmöglichkeit von Suchanfragen sowie die Kopplung an medizinische Prozesse wurden bei der Konzeption der Applikation bzw. im Kontextmodell umfassend berücksichtigt. Bei der Implementierung wurden beide Aspekte zunächst noch nicht umfassend realisiert. Daher wurden beide Anforderungen als „bedingt erfüllt" bewertet. Insbesondere die Kopplung an Prozessmodelle fehlt in allen anderen Ansätzen.

Zusammenfassend lässt sich festhalten, dass der eigene Lösungsansatz der erste gezielte Versuch ist, die Anforderungen an eine kontextorientierte Informationsversorgung zu erfüllen. Dabei werden zentrale informationslogistische Instrumente, wie eine SOA auf Web-Service-Basis, eine Kopplung an zugrunde liegende Arbeitsprozesse sowie insbesondere ein fundiertes Kontextmodell, genutzt, um dieses Ziel zu erreichen.

5.6 Erweiterung der Informationslogistik um das Konzept der selektiven Informationsräume

Zielsetzung des im Kapitel 2.3.2 dargestellten „klassischen" informationslogistischen Lösungsansatzes ist die Versorgung mit der richtigen Information, zur richtigen Zeit an den Ort des Bedarfs.

Die Informationsversorgung soll möglichst „punktgenau" in Form von einzelnen Daten oder einfachen Informationsstrukturen erfolgen. So übermitteln informationslogistische Anwendungen bspw. Wetterdaten, Stauinformationen oder Nachrichten (*News*).[289] Die Komplexität dieser Informationstypen ist im Vergleich zu Dokumenten eher gering. Eine Stauinformation beinhaltet Daten zur Autobahn (A 40), zum Streckenabschnitt (zwischen Bochum-Wattenscheid-West und Bochum-Stahlhausen), zur Fahrtrichtung (Richtung Dortmund), zur Staulänge (2 km) und ggf. zur Ursache des Staus (Baustelle). Der Anwender kann sehr schnell bewerten, ob die Information für ihn relevant ist und entsprechende Aktivitäten ableiten. Diese Informationscharakteristika werden in der Informationslogistik genutzt, um Lösungen zu entwickeln, die auf Grundlage eines Nutzerprofils die Informationsbewertung (relevant/nicht relevant) und die regelbasierte Auswahl von Aktivitäten oder Handlungen automatisieren. So kann auf Basis der Staulage einer Autobahnstrecke die Abfahrtszeit des Anwenders zu einem Termin neu berechnet werden. Der Anwender erhält dann eine Notifikation über die geänderte Abfahrtszeit und ggf. eine notwendige Terminverschiebung.

---

[289] Siehe dazu [KK01], [LSW01] und [MP01].

Ordnet man die „klassischen" ILOG-Applikationen in die Systematik der Informationsbeschaffung (Abbildung 39) ein, so handelt es sich um Data Retrieval oder auch Information Filtering und nicht um Information Retrieval im engeren Sinne. Die in den Kapiteln 2.2.4 und 3 dargestellten bzw. erhobenen Bedarfe von Ärzten an medizinischen Fachinformationen können daher bisher über ILOG nicht ausreichend befriedigt werden. Die Gründe dafür liegen in den folgenden drei Bereichen:

1. **Skalierung des Merkmals „Relevanz":**
Data Retrieval basiert zumeist auf einem Booleschen-Retrieval-Modell (Kapitel 4.1.5.2), d. h. ein Datenbankeintrag passt zu einer Datenbankanfrage (ist relevant) oder passt nicht (ist nicht relevant). Die Relevanzeinstufung ist somit binär. Ärzte bewerten medizinische Fachinformationen jedoch in der Regel nicht nur in den binären Kategorien „relevant" und „nicht relevant", sondern auch abgestuft, z. B. mit den Bewertungen „weniger relevant" oder „hoch relevant".

2. **Semantische Erschließung der medizinischen Fachinformation:**
Da eine Volltextsuche basierend auf einem Volltextindex in großen eRessourcen, wie bspw. der Medline-Datenbank mit über 15 Mio. Einträgen, wenig effizient ist, erfolgt die semantische Erschließung der Daten oder Dokumente über eine begrenzte Anzahl an Schlagworten. Medizinische Fachinformationen werden zumeist über Dokumente repräsentiert, die eine Vielzahl an Information enthalten, welche explizit oder auch implizit dargestellt sind. Neben der manuellen Verschlagwortung wurden verschiedene Konzepte zur automatischen inhaltlichen Erschließung von Dokumenten bspw. basierend auf statistischen oder semantischen Analysen entwickelt, ein allgemein anerkannter „Durchbruch" ist aber bisher nicht gelungen.[290] Zudem wurde eine differenzierte Gewichtung von Schlagworten, z. B. basierend auf einem Vektorraummodell, in den wichtigen medizinischen eRessourcen nicht umgesetzt.

---

[290] Ansätze werden insbesondere in den Forschungsbereichen „Text Mining" und „Künstliche Intelligenz (KI)" entwickelt. Ein Beispiel für ein statistisches Analyseverfahren ist die Fingerprint-Technologie der Firma Synxx Solutions, die z. B. zur Erschließung der Medline-Datenbank genutzt wird.

3. Umfassende Beschreibung des Informationsbedarfs:

Die umfassende Beschreibung eines Informationsbedarfs ist – wie Baeza-Yates und Ribeiro-Neto treffend beschreiben – „[...] *not a simple problem.*"[291] Die Anzahl der charakterisierenden Merkmale, welche im Rahmen einer Informationsbedarfsanalyse erhoben werden, kann sehr hoch sein. Zudem gibt es Merkmale, die vom Anwender bei Bedarfsanalyse bewusst oder unbewusst nicht genannt werden. Eine weitere Herausforderung stellt die Gewichtung der Merkmale dar: Welches Skalenniveau (z. B. Ordinal-, Intervall- oder Verhältnisskala) soll gewählt werden? Welche Merkmalsausprägungen sind zulässig? Verhält sich der Informationsbedarf statisch oder ist er im Zeitablauf veränderlich?

Die bisherigen informationslogistischen Ansätze sind nicht geeignet, diese drei Aspekte zu adressieren und eine automatisierte und bedarfsgerechte Versorgung von Ärzten mit medizinischen Fachinformationen zu realisieren. Es ist weder möglich, die Bedarfsseite (und damit die Nachfrageseite) vollständig in einer informationslogistischen Applikation abzubilden, noch ist die Angebotsseite ausreichend semantisch erschlossen, um auf eine Informationsnachfrage ausschließlich relevante Suchergebnisse zu liefern.

Um diesen Herausforderungen zu begegnen, wird vom Verfasser das Konzept der selektiven Informationsräume eingeführt, welches dem Anwender eine aktive Rolle bei der Informationsselektion zuweist. Informationslogistik im klassischen Sinne versucht den Anwender punktgenau mit der Information zu versorgen, die seinem Informationsbedarf entspricht. Bei der nun erweiterten informationslogistischen Konzeption wird für den Arzt ein Informationsraum aufgespannt. Basierend auf dem aktuellen Kontext werden dem Arzt im Informationsraum Informationen aus den angebundenen eRessourcen angeboten, die potenziell für ihn relevant sein könnten. Je präziser der Kontext Aspekte des Informationsbedarfs eines Arztes abdeckt und je genauer dieser auf das Informationsangebot über eine Suchanfrage abgebildet werden kann, desto größer ist die Anzahl der relevanten Informationen im Informationsraum. Aus dem selektiven Informationsraum kann der Arzt die für ihn tatsächlich relevanten Informationen auswählen. Durch diese aktive Einbindung des Arztes kann die Unschärfe bei der semantischen Erschließung medizinischer Fachinformationen und Beschreibung des Informationsbedarfs kompensiert werden. Eine nicht binäre Relevanzbewertung wird möglich. Zudem haben Gespräche des Verfassers mit Ärzten in verschiedenen Projektkonstellationen ergeben,

---

[291] [BR99], S. 1.

dass diese aktive Rolle auch dem Selbstverständnis von praktizierenden Ärzten entspricht. Der selektive Informationsraum sollte hinsichtlich der angebotenen Informationsmenge für den Arzt zu überschauen sein und den IO-Faktor „Informationsmenge" deutlich reduzieren.

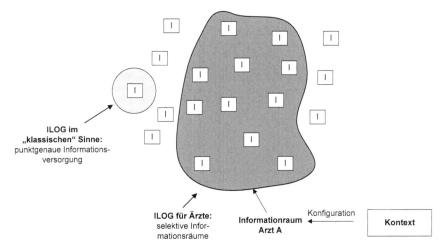

Abbildung 53: Konzept der selektiven Informationsräume

Neben dem individuellen Informationsraum eines Arztes können gruppenbezogene Informationsräume gebildet werden. Ein gruppenbezogener Informationsraum wird durch Bildung der Schnittmenge der Informationselemente zweier oder mehrerer Informationsräume definiert:

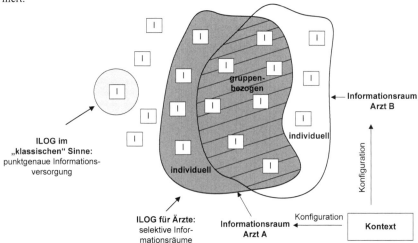

Abbildung 54: Gruppenbezogene Informationsräume

6 Kontextmodell der Informationsversorgung in Behandlungsprozessen

6.1 Vorgehen zur Bestimmung der Teilmodelle und der Kontextmerkmale

Das anwendungsorientierte Kontextmodell stellt das Kernelement des eigenen Ansatzes einer kontextorientierten Informationsversorgung von Ärzten dar. Zur Erarbeitung des Kontextmodells waren mehrere Schritte erforderlich (Abbildung 55). Im ersten Schritt wurden die relevanten Kontextmerkmale identifiziert. Diese wurden im zweiten Schritt über Attribute und mögliche Relationen zu anderen Merkmalen beschrieben. Die Gruppierung der Einzelmerkmale zu Merkmalsgruppen erfolgte dann im letzten Schritt.

Abbildung 55: Übersicht der Vorgehensschritte

Zur Durchführung der Schritte eins bis drei, insbesondere zur Identifikation der Merkmale und deren Attribuierung, wurden die folgenden Informationsquellen und Techniken genutzt:

1. **Orientierung am Modell der kontextorientierten Informationsversorgung als Identifikationsrahmen von Kontextbereichen:** Das vom Verfasser entwickelte Modell (Abbildung 50) beschreibt bereits wichtige Teilbereiche des Kontextmodells und liefert für diese eine Strukturierungshilfe. Im Modell sind der personenbezogene Kontext des Arztes, der Aufgaben- und Prozesskontext sowie der Umgebungskontext dargestellt (Kapitel 6.2). Diese Kontextbereiche finden sich auch im Gesamtmodell wieder. Auch einige Aspekte des personenbezogenen Kontextes wie bspw. die Rolle oder Position des Arztes, seine Erfahrungen oder Präferenzen sind als Kontextmerkmale in das Gesamtmodell eingeflossen.

2. **Analyse von Literatur und Studien:** In der wissenschaftlichen Literatur lassen sich nur wenige Quellen finden, in denen Kontextinformationen zur Verbesserung der Informationsversorgung von Ärzten beschrieben werden (Kapitel 5.5) und die für die Modellentwicklung genutzt werden können. Im Wesentlichen sind dies die Publikationen von Cimino et al. zum Infobutton Manager.[292] Weitere Hinweise zu möglichen – insbesondere

---

[292] Vgl. u. a. [CJA92], [CEZ97], [ACG04], [CML05] und insbesondere [DCR06].

patientenbezogenen – Kontextmerkmalen finden sich auch in den Arbeiten zur Smart-Query-Lösung.[293] Demgegenüber umfasst das im Rahmen des COWSPOT-Projekts beschriebene Kontextmodell eher die klassischen generischen Kontextmerkmale von ubiquitären Applikationen.[294]

Die generischen Ansätze der Kontextmodellierung insbesondere im Bereich des Ubiquitous Computing, aber auch des Information Retrieval, sind nur bedingt auf die Informationsversorgung von Ärzten übertragbar.[295] Demgegenüber liefern die Ergebnisse der verschiedenen Studien zum Thema „Informationsbedarf und -verhalten" sehr hilfreiche Hinweise auf die benötigten und nachgefragten medizinischen Fachinformationen.[296] Sie lassen Rückschlüsse darauf zu, welche beschreibenden Kontextmerkmale besonders geeignet sind, um zu diesen Informationen zu gelangen. Benennt ein Arzt also bspw. einen Bedarf nach medizinischen S3-Leitlinen als besonders wichtig, so sind die Haupt- und Nebendiagnosen als patientenbezogene Kontextmerkmale ggf. kombiniert mit der Information, in welcher Phase des Behandlungsprozesses (z. B. Diagnostik oder Therapiekontrolle) er sich befindet, hilfreich, um das entsprechende Kapitel in der entsprechenden S3-Leitlinie auszuwählen und anzuzeigen.

3. **Gespräche mit Ärzten:** Eine weitere Quelle zur Ermittlung der Kontextmerkmale des Modells bildeten Gespräche mit Ärzten. Im Rahmen des im Kapitel 3.1 beschriebenen Projektes unter dem Kurztitel „Ärztearbeitsplatz" wurden zur Konzeption einer Demonstrationsanwendung verschiedene Workshops und Gespräche zum Thema der Optimierung der Informationsversorgung mit Ärzten aus einem Bochumer Ärztenetz geführt. Ähnliche Gespräche wurden vom Verfasser auch im Rahmen der gemeinsamen Arbeitsgruppe „Telemedizin" mit Ärzten vom Evangelischen Krankenhaus in Witten und recherchierenden Ärzten des Informations- und Callcenter-Anbieters Sanvartis GmbH aus Duisburg geführt.

4. **Analyse von Primärsystemen und eRessourcen:** Eine kontextbasierte Informationsversorgung sollte als Funktion oder Service in die Benutzeroberfläche der ärztlichen Primärsysteme integriert werden. Das Primärsystem liefert in der Regel die benötigten Kontextinformationen. Es wurden daher verschiedene Primärsysteme (MCS ISYNET, MCS

---

[293] Vgl. Kapitel 5.5.2.2.
[294] Vgl. Kapitel 5.5.2.3.
[295] Vgl. dazu die entsprechenden Ausführungen im Kapitel 5.
[296] Dies bezieht sich nicht nur auf die eigene Studie (Kapitel 3), sondern auch auf die im Kapitel 2.2.4 vorgestellten wichtigsten Ergebnisse von 14 Studien zu diesem Thema.

Phoenix und das Open-Source-KIS Care2x) hinsichtlich der verfügbaren Kontextinformationen analysiert. Ebenso wurden eRessourcen (u. a. Medline und AWMF-Leitlinien) hinsichtlich der mit den Kontextmerkmalen korrespondierenden Suchfelder untersucht.

5. **Analyse von Klassifikationen, Fachthesauri und Metathesauri:** Das wissenschaftliche Fachgebiet der Humanmedizin zeichnet sich durch eine Vielzahl an medizinischen Klassifikationen (z. B. ICD-10 oder OPS), Fachthesauri (z. B. MeSH) und Metathesauri (z. B. UMLS) aus.[297] Keine andere Wissenschaftsdisziplin ist derart umfassend über entsprechende Verzeichnisse erschlossen. Zudem liegt mit UMLS eine Ontologie vor, die es ermöglicht, die verschiedenen Vokabulare und Verzeichnisse in Beziehung zu setzen. Die genannten Klassifikationen und Thesauri wurden zur Identifikation von Merkmalen und insbesondere zur Attribuierung herangezogen. Sie ermöglichen es zudem, die Begriffswelten der Primärsysteme mit denen von ausgewählten eRessourcen zu verbinden.

Ein Sonderproblem bei der Beschreibung der Teilmodelle stellt die Gewichtung des Einzelmerkmals im Rahmen des Gesamtmodells dar. Diese bezieht sich auf den Beitrag eines Merkmals zur Spezifizierung des Informationsbedarfs eines Arztes. Da das Kontextmodell keinen Anspruch auf Vollständigkeit der Abbildung aller denkbaren Merkmale haben kann, ist es besonders bedeutsam, nur solche Kontextmerkmale in das Modell aufzunehmen, die einen sehr großen Beitrag zur Charakterisierung des Informationsbedarfs eines Arztes leisten können. Eine gewisse Voreinschätzung kann aufgrund der beschriebenen Analysen und Informationsquellen erfolgen. Dabei ist zu beachten, dass die Merkmalsgewichtung zumeist situations- bzw. prozessspezifisch ist. So hat das Merkmal „Hauptdiagnose" zumeist eine höhere Bedeutung als die Nebendiagnose. Besteht beim Arzt jedoch ein Wissensdefizit, das sich auf die Nebendiagnose bezieht, so hat dieses Merkmal dann eine höhere Gewichtung.

Ein weiteres wichtiges Selektionskriterium ist die Fragestellung, ob eine Gewichtung von einzelnen Merkmalen und damit den Suchparametern überhaupt in der Abfrage einer eRessource Berücksichtigung finden kann, da nur wenige eRessourcen gewichtete Schlagworthierarchien anbieten. Bei der Implementierung der Kontextapplikation wurden Gewichtungen im dort umgesetzten Kontextmodell (Kapitel 7.3.4) im Rahmen der Suchiterationen (Kapitel 7.3.6) berücksichtigt. In Abhängigkeit vom jeweiligen Merkmalsgewicht wird bei

---

[297] Auf die für diese Dissertation relevanten Klassifikationen und Thesauri wird in diesem Kapitel bei der Beschreibung des jeweiligen Teilmodells sowie im Anhang 11 und Anhang 12 eingegangen.

jeder Iteration ein Merkmal aus dem Suchterm gestrichen. Die Gewichtung von Kontextmerkmalen ist also aus den genannten Gründen vom konkreten Anwendungsszenario und den angebundenen eRessourcen abhängig. Bei der Darstellung des Gesamtmodells und seiner Teilmodelle in den folgenden Kapiteln und Abbildungen wurde daher auf die Nennung von Gewichtungsfaktoren verzichtet.

6.2 Gesamtmodell in der Übersicht

Das Gesamtmodell besteht aus vier interdependenten Teilmodellen (Abbildung 56):[298]

- Teilmodell „Medizinischer Prozess"
- Teilmodell „Behandlungsfall"
- Teilmodell „Arzt"
- Teilmodell „Umgebung"

Zur formalen Darstellung der Teilmodelle wurde das UML-Klassendiagramm als Darstellungsform gewählt. Beispielhafte Instanzen der Teilmodellklassen werden als UML-Objektdiagramm modelliert. Die Teilmodelle werden als Klassen dargestellt (Abbildung 56) und über Attribute beschrieben. Zu den Attributen werden vordefinierte und selbst definierte Datentypen sowie die Multiplizität der Attribute angegeben. Die Beziehungen zwischen den Klassen sowie deren Multiplizität werden ebenfalls dargestellt. Zu den Klassen gehörige Operationen wurden nicht modelliert.

---

[298] In Abwandlung zu [Koc07], S. 100 f.

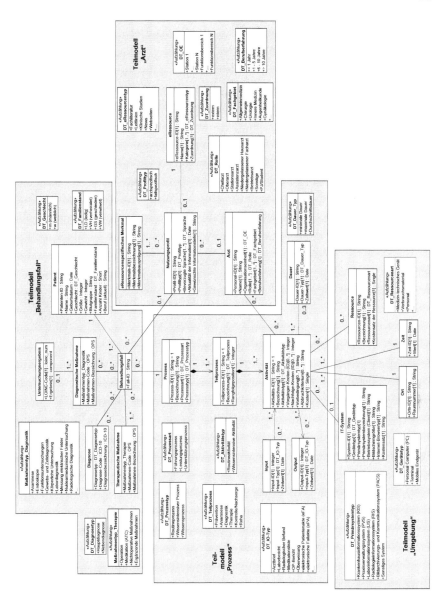

Abbildung 56: Klassendiagramm des Kontextmodells der Informationsversorgung im Behandlungsprozess

6.3 Teilmodell "Medizinischer Prozess"

6.3.1 Gesundheitsökonomische Motivation der Prozessmodellierung

Der Prozessgedanke gewinnt im Gesundheitswesen zunehmend an Bedeutung. Die für die Gesundheitsversorgung verfügbaren Budgets sind relativ konstant bzw. steigen nur sehr moderat. Gleichzeitig führen die demografische Entwicklung und der medizinische Fortschritt zu erheblichen jährlichen Kostensteigerungen. Von gesundheitspolitischer Seite werden daher Maßnahmen getroffen, um diesen Herausforderungen zu begegnen. Zu nennen sind hier bspw. die Einführung von Fallpauschalen (*Diagnosis Related Groups (DRG)*)[299], die Förderung integrierter Versorgungsstrukturen,[300] die Unterstützung von Disease-Management-Programmen (DMP) sowie die Entwicklung evidenzbasierter medizinischer Leitlinien. Zielsetzung ist es, Abläufe effektiver, effizienter und damit kostengünstiger zu gestalten.

Für medizinische Einrichtungen besteht zunehmend die Notwendigkeit, die einrichtungsinternen, aber auch einrichtungsübergreifenden Organisations- und Kooperationsstrukturen an diese Maßnahmen anzupassen und prozessorientiert zu gestalten. Einrichtungsintern wird das Denken in Funktionsbereichen (Chirurgie, Urologie etc.) zugunsten eines Denkens in Prozessen, in deren Mittelpunkt der Patient steht, aufgebrochen. Die zugehörigen medizinischen Abläufe werden in Form von sogenannten Integrierten oder Klinischen Pfaden (*Clinical Pathways*) modelliert.[301] Die Arbeitsgruppe „Medizin-Controlling" der Deutschen Gesellschaft für Medizinische Informatik, Biometrie und Epidemiologie e.V. (GMDS) definiert einen integrierten Behandlungspfad wie folgt:[302]

„Ein integrierter Behandlungspfad ist ein Steuerungsinstrument. Der Pfad beschreibt den optimalen Weg eines speziellen Patiententyps mit seinen entscheidenden diagnostischen und therapeutischen Leistungen und seiner zeitlichen Abfolge. Interdisziplinäre und interprofessionelle Aspekte finden ebenso Berücksichtigung wie Elemente zur Umsetzung, Steuerung und ökonomischen Bewertung."

---

[299] Laut von der Schulenburg versteht man unter Fallpauschalen ein „[...] *ökonomisch-medizinisches Klassifikationssystem, bei dem Patienten anhand der Diagnose und der durchgeführten Behandlung in Fallgruppen eingeteilt werden, die nach dem für die Behandlung erforderlichen Aufwand unterteilt und bewertet sind.*" [Beg08], S. 72 f. Weitere Informationen zum deutschen DRG-System finden sich auch auf der Webseite des Instituts für das Entgeltsystem im Krankenhaus (InEK): http://www.g-drg.de/cms/ oder unter [GSH08], S. 282 ff.
[300] Vgl. [KH04] oder [Koc05].
[301] Teilweise synonym dazu werden auch die Begriffe „Integrierter Behandlungspfad", „Critical Pathway" oder „Patientenpfad" verwendet.
[302] [Eck05], S. 2.

Teilmodell "Medizinischer Prozess" 131

Im Rahmen der Pfadmodellierung werden auch die Unterstützungsprozesse (Logistik, Leistungsabrechnung etc.) benannt, Ressourcenverbräuche erfasst sowie Regelpunkte und Qualitätsziele zur Steuerung der Abläufe definiert.[303] Diese Verknüpfung von medizinischen Prozessen mit Ressourcen, Sollzeiten und Kosten ermöglicht es den Krankenhäusern, erstmals, den „ökonomischen Blindflug" in der Leistungserbringung zu unterbinden und bspw. bewerten zu können, ob das Krankenhaus die DRG-bezogene medizinische Leistung kostendeckend erbracht hat.

Medizinisches Handeln ist künftig immer stärker in Patientenpfade eingebettet. Dies bedeutet, dass auch die kontextorientierte Informationsversorgung von Ärzten in Ablaufstrukturen integriert sein muss. Die Unterstützung des Arztes in Behandlungsprozessen mit medizinischen Fachinformationen ist in der Regel dann möglich und auch sinnvoll, wenn diese Aktivität besonders wissensintensiv ist. So benötigt ein Arzt bspw. bei der Aktivität „Anmeldung eines Patienten zur OP" keine medizinischen Fachinformationen. Wohingegen die OP-vorbereitende Aktivität „Aktenstudium durchführen" als wissensintensiv bezeichnet werden kann und davon auszugehen ist, dass ein zusätzlicher Informationsbedarf entsteht (Abbildung 57).

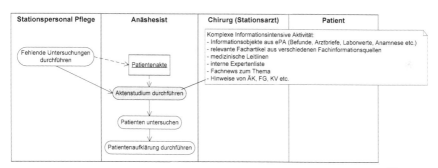

Abbildung 57: Ausschnitt aus einem Behandlungsablauf mit wissensintensiver Aktivität[304]

Die Informationsversorgung sollte dabei möglichst reibungsfrei und ohne zeitliche Verzögerungen im Prozessablauf eingebunden werden. Umgekehrt haben die Merkmale des zugrunde liegenden medizinischen Prozesses, z. B. der aktuelle Prozessschritt oder auch die Folgeaktivität, einen wichtigen Einfluss auf den Informationsbedarf. Sie sollten daher als Kontextmerkmale im Gesamtmodell Berücksichtigung finden.

---

[303] Eine detaillierte Beschreibung der Modellierung klinischer Pfade findet sich bspw. bei [Reu04].
[304] ÄK = Ärztekammer, FG = Fachgruppe, KV = Kassenärztliche Vereinigung.

Neben Patientenpfaden, die hinsichtlich ihrer Ablaufstruktur an die jeweilige Aufbauorganisation einer medizinischen Einrichtung angepasst sind, haben zunehmend auch evidenzbasierte medizinische Leitlinien Einfluss auf die Gestaltung medizinischer Abläufe. Teilweise bilden Leitlinien die Grundlage für die Pfadmodellierung. Die AWMF definiert medizinische Leitlinien wie folgt: „*Die "Leitlinien" der Wissenschaftlichen Medizinischen Fachgesellschaften sind systematisch entwickelte Hilfen für Ärzte zur Entscheidungsfindung in spezifischen Situationen. Sie beruhen auf aktuellen wissenschaftlichen Erkenntnissen und in der Praxis bewährten Verfahren und sorgen für mehr Sicherheit in der Medizin, sollen aber auch ökonomische Aspekte berücksichtigen. Die "Leitlinien" sind für Ärzte rechtlich nicht bindend und haben daher weder haftungsbegründende noch haftungsbefreiende Wirkung.*"[305] Leitlinien stellen also keine zwingenden Richtlinien oder Standards dar, sondern haben den Charakter von Empfehlungen, die in die Gestaltung von Patientenpfaden einfließen können. Sie sollen zudem evidenzbasiert sein, also die Ergebnisse von kontrollierten klinischen Studien einbeziehen. Sie stellen eine wichtige Informationsquelle im Rahmen der kontextorientierten Informationsversorgung dar und wurden als eRessource bei der Implementierung (Kapitel 7) einbezogen.[306]

6.3.2 Sprachen zur Modellierung von Prozessen im Gesundheitswesen

Eine Prozessmodellierungssprache sollte geeignet sein, die spezifischen Anforderungen der Gesundheitsdomäne zu erfüllen (Anhang 9). Die in der Praxis verfügbaren Prozessmodellierungssprachen erfüllen in der Regel nicht alle Anforderungen.[307] Nichtsdestotrotz kommen sie in der Praxis zu Einsatz und bilden die Grundlage von Prozessmodellen im Gesundheitswesen.

Der für die kontextorientierte Informationsversorgung besonders relevante Prozesstyp ist der Patientenpfad. Über Patientenpfade werden die medizinischen und pflegerischen Aktivitäten, welche im direkten Zusammenhang mit der Krankenversorgung eines Patienten stehen, modelliert. Dies entspricht auch den Aktivitäten im Rahmen des Basisszenarios der kontextorientierten Informationsversorgung im Behandlungsprozess (Kapitel 7.3.1.).

---

[305] [AWM08], S. 2.
[306] Im Förderprojekt „Ärztearbeitsplatz" wurden medizinische S3-Leitlinien im Rahmen einer webbasierten, prozessorientierten Applikation aufgearbeitet und dargestellt. Vgl. [KRV05] und [RVK06].
[307] Vgl. dazu die Untersuchungen von [WPT02], [SL04] oder [SDL05].

Medizinische Prozessmodelle bestehen aus wenigen Grundelementen, die – ggf. in modifizierter Form – in den meisten Modellierungssprachen Verwendung finden. Wang et al. beschreiben die folgenden drei Grundelemente (*Representation Primitives*):[308]

- Aktivität (*Action*): Über eine Aktivität wird eine klinische oder administrative Aufgabe repräsentiert. Der Aktivität können z. B. verantwortliche Personen, Soll-Zeiten, Kosten etc. zugeordnet werden.

- Entscheidung (*Decision*): Eine Entscheidung ist eine Auswahl aus einer Sammlung von Alternativen. Entscheidungen können z. B. Entscheidungsträger, Entscheidungskriterien o. ä. zugeordnet werden.

- Zustand (*State*): Der Zustand kann sich auf Statusaussagen zu Patienten, z. B. den Gesundheitszustand vor oder nach einer Aktivität, beziehen (*Patient State*) oder Aussagen über den Bearbeitungsstatus von Aktivitäten umfassen (*Execution State*).

Zur Modellierung von Prozessen, insbesondere Patientenpfaden, bieten sich sowohl domänenunabhängige als auch domänenspezifische Sprachen an:[309]

Domänenunabhängige Sprachen	Domänenspezifische Sprachen
Erweiterte Ereignisgesteuerte Prozesskette (eEPK)	Klinischer Algorithmus
Unified Modelling Language (UML), insbesondere Aktivitätsdiagramme	GuideLine Interchange Format (GLIF)

Tabelle 10: Wichtige Prozessmodellierungssprachen im Gesundheitswesen

Im Anhang 10 werden die aufgeführten Sprachen ausführlicher beschrieben. In Deutschland hat sich bisher kein einheitliches und standardisiertes Vorgehen zur Modellierung von Behandlungspfaden durchgesetzt. In der Praxis ist die Nutzung der Modellierungssprache EPK bzw. eEPK am häufigsten anzutreffen. Die Nutzung von weniger formalisierten Darstellungsformen, z. B. auch in Form von Excel-Sheets oder Word-Dokumenten und selbst entwickelten Modellierungssprachen, ist jedoch weit verbreitet. UML-Aktivitätsdiagramme werden insbesondere dann genutzt, wenn der Behandlungspfad durch den Einsatz von IT unterstützt

---

[308] Vgl. [WPT02], S. 61 ff.
[309] Vgl. [WPT02], S. 61 und [SL04], S. 44 ff.

werden soll und das Diagramm zusammen mit anderen UML-Diagrammtypen im Rahmen des Softwareentwicklungsprozesses genutzt wird.[310] GLIF hat derzeit in Deutschland kaum praktische Relevanz. Mit seinem Schwerpunkt auf dem Austausch von Leitlinien könnte GLIF jedoch im Rahmen von einrichtungsübergreifenden Prozessen künftig an Bedeutung gewinnen. Die Modellierungssprache „Klinischer Algorithmus" wird von der AWMF und deren Fachgesellschaften im Rahmen der Leitlinienerstellung genutzt.

6.3.3 Beschreibung der Kontextelemente und des gesamten Teilmodells "Medizinischer Prozess"

Das Teilmodell „Medizinischer Prozess" ist in Abbildung 61 dargestellt. In der Übersicht sind neben den originären Klassen und Datentypen des Teilmodells auch Klassen der anderen Teilmodelle aufgeführt. Diese sind über ausgegraute Bereiche kenntlich gemacht und ausschließlich mit den für den Prozesskontext relevanten Elementen repräsentiert. Neben den verschiedenen Klassen, ihren Attributen und den Beziehungen zwischen den Klassen werden auch Datentypen mit Wertelisten, die jenseits der Standarddatentypen speziell für das Teilmodell definiert wurden, modelliert. Klassenspezifische Operationen werden für den originären Zweck des Diagramms nicht benötigt und daher nicht dargestellt.

Der Prozesskontext kann auf zwei unterschiedliche Arten und Weisen einen Beitrag zur kontextorientierten Informationsversorgung von Ärzten leisten. Primär dienen die Kontextmerkmale des Modells als Suchinformationen, welche direkt in die kontextbasierte Suche einfließen. Einige Merkmale liefern darüber hinaus Steuerungsinformationen. Anhand dieser Informationen (z. B. Prozessart, Prozesstyp etc.) kann automatisiert entschieden werden, ob es sinnvoll und möglich ist, auf Basis der Kontextinformationen eine Suche in elektronischen Ressourcen durchzuführen und die ermittelten Informationen an den Arzt weiterzuleiten.

Für eine Nutzung des Prozesskontexts im Rahmen der kontextorientierten Informationsversorgung ist die Unterscheidung zwischen Prozessmodell und Prozessinstanz erforderlich. Ein Prozessmodell ist ein „[...] *Modell, das einen Prozess (z. B. einen Geschäftsprozess) oder*

---

[310] Im Rahmen von Serviceorientierten Architekturen und bei der Nutzung von Application-Server Software-Plattformen (z. B. IBM Websphere, Microsoft BizTalk, JBoss von Red Hat oder GlassFish von Sun) kommt auch die Business Process Execution Language (BPEL) in Verbindung mit der Business Process Modelling Notation (BPMN) mit dem Ziel eines integrierten Prozessmanagements und der prozessorientierten Orchestrierung von Diensten zur Anwendung. Entsprechende Infrastrukturen sind im deutschen Gesundheitswesen jedoch zumeist nur bei großen Krankenhäusern und Klinikketten anzutreffen.

einen Zustand (z. B. ein QM-Systems [!] *nach ISO 9001) abbildet.*"[311] Unter einer Prozessinstanz wird hingegen ein ablaufender oder abgelaufener Prozess verstanden, der eine eindeutige Identität in Zeit und Raum hat (Abbildung 58).[312] So ist ein im Rahmen eines Behandlungsfalls ablaufender Patientenpfad eine Instanz des Prozessmodells dieses Pfadtyps. Für die Nutzung im Rahmen der kontextorientierten Suche ist ausschließlich die aktuelle Prozessinstanz und innerhalb dieser die jeweils aktuelle Aktivität relevant.

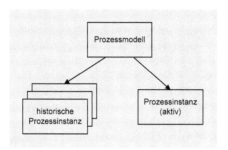

Abbildung 58: Abgrenzung Prozessmodell und Prozessinstanz

Der Zugriff auf eine Sammlung historischer Prozessinstanzen kann für die Informationsversorgung hilfreich sein. So können bspw. Erkenntnisse darüber gewonnen werden, welche Erfahrungen ein Arzt mit einem bestimmten Prozess- oder Aktivitätstyp hat. Dies wiederum ermöglicht wiederum Rückschlüsse über seinen Erfahrungshintergrund und Informationsbedarf. Ein kurzes Feedback der an einer Prozessinstanz partizipierenden Ärzte bzgl. des Nutzens der gelieferten Informationen könnte zur kontinuierlichen Verbesserung der Informationsversorgung beitragen.[313] Dies sind nur zwei Beispiele für den möglichen Nutzen einer Auswertung historischer Prozessinstanzen.

Klasse „Prozess"

Neben der Klasse „Aktivität" bilden die Klassen „Prozess" und „Teilprozess" die zentralen Klassen im Rahmen des Teilmodells (Abbildung 61). Wie bereits beschrieben werden Patienten in Deutschland in zunehmendem Maße auf Grundlage von indikationsspezifischen und leitlinienorientierten Patientenpfaden behandelt. In stationären Einrichtungen gehört dies

---

[311] [HHR04], S. 535.
[312] Unter Instanziierung versteht man die „[…] *Zuordnung von Daten zu einem Konzept, das i. d. R. Teil eines Modells ist. Ergebnis der Instantiierung ist eine Instanz des Konzepts.*" [HHR04], S. 333.
[313] Vgl. auch Kapitel 7.4.1 zum Web Service „QueryArchiveComponent".

mehr und mehr zum Standard, und es ist davon auszugehen, dass sich diese Entwicklung auch im ambulanten Sektor fortsetzen wird.

Einheitliche einrichtungsinterne und einrichtungsübergreifende Behandlungspfade schaffen ideale Grundlagen für eine kontextorientierte Informationsversorgung. Durch sie wird die Steuerung der Bereitstellung von Informationen, z. B. durch Identifikation von Prozessarten oder -typen, die für die kontextorientierte Informationsversorgung ungeeignet sind, erleichtert. Darüber hinaus wird die Informationslogistik insgesamt planbarer.

Jeder Prozess verfügt über einen eineindeutigen Identifikator (Prozess_ID) und eine Bezeichnung (z. B. „laparoskopische Cholezystektomie" = operative Entfernung der Gallenblase mittels Bauchspiegelung). Das Attribut „Prozessart" kann die Ausprägungen „Führungs-", „Leistungs-" oder „Unterstützungsprozess" annehmen. Im Rahmen von Leistungsprozessen wird eine medizinische Leistung erbracht. Diese Prozesse sind die Kernprozesse in der Gesundheitsversorgung.

Da medizinische Prozesse und insbesondere Patientenpfade Leistungsprozesse sind, wird die kontextorientierte Informationsversorgung nur bei dieser Ausprägung des Attributs „Prozessart" aktiviert.

Eine ähnliche Steuerungsfunktion hat das Attribut „Prozesstyp" mit den möglichen Ausprägungen „Routineprozess", „Wissensintensiver Prozess" und „Wissensprozess".[314] Routineprozesse setzten sich aus Aktivitäten aus dem Bereich der strukturierten Aufgaben zusammen.[315] Diese sind durch eine niedrige Komplexität und hohe Planbarkeit, einen bestimmten, sehr begrenzten Informationsbedarf, gleichbleibende Kommunikationspartner sowie einen festgelegten Lösungsweg gekennzeichnet. Routineprozesse eignen sich daher in idealer Art und Weise für eine Unterstützung durch ein Workflow-Management-System (WfMS).[316] Ein wissensintensiver Prozess besteht aus einer oder mehreren wissensintensiven Aktivität(en).[317] Dabei ist in diesem Zusammenhang insbesondere die Eigenschaft, dass wissensintensive Aktivitäten sich durch einen flexiblen und nicht planbaren Informations- und Wissensbedarf auszeichnen, relevant. Wissensintensive Prozesse enthalten darüber hinaus aber auch Routine-

---

[314] Zur Unterscheidung dieser drei Kategorien siehe [Goe02], S. 62 f.
[315] Vgl. dazu [Koc95], S. 7 ff.
[316] Definition des Begriffs Workflow: „*Ein Workflow ist eine zum Teil automatisiert (algorithmisch) – von einem Workflow-Management-System gesteuert – ablaufende Gesamtheit von Aktivitäten, die sich auf Teile eines Geschäftsprozesses oder anderer organisationeller Vorgänge beziehen.*" [JBS97], S. 490. Ein Workflow-Management-System ist definiert als „[...] *ein (re-)aktives Basissoftwaresystem zur Steuerung des Arbeitsflusses (Workflows) zwischen beteiligten Stellen nach den Vorgaben einer Ablaufspezifikation (Workflow-Schema).*" [JBS97], S. 491.
[317] Remus bietet eine umfassende Übersicht der Merkmale wissensintensiver Prozesse. Vgl. [Rem02], S. 116.

aufgaben. Sie unterscheiden sich aufgrund dieser Eigenschaft von Wissensprozessen. Ein Wissensprozess bezeichnet die organisatorische Implementierung und Verkettung von verschiedenen Wissensmanagement-Aktivitäten, den Bausteinen des Wissensmanagements (Abbildung 8), zu einer Wertschöpfungskette des Wissens.

Klasse „Teilprozess"
Ein Gesamtprozess setzt sich aus einer Folge von Teilprozessen zusammen und besteht wiederum selbst aus einer oder mehreren Aktivitäten. Ein generischer medizinischer Behandlungsprozess lässt sich in die folgenden Teilprozesse unterteilen:

Abbildung 59: Teilprozesse eines allgemeinen medizinischen Prozesses

Jeder Teilprozess verfügt über einen eindeutigen Identifikator (Teilprozess_ID) und ist über einen Prozess-Identifikator (Prozess_ID) mit dem übergeordneten Gesamtprozess verknüpft. Die Bezeichnung eines Teilprozesses hat eine besondere Bedeutung als Kontextinformation, da die Bezeichnung eines Teilprozesses die Situation charakterisiert, aus der heraus eine kontextorientierte Suche angestoßen wird. Als Bezeichnung sollten nur solche Begriffe zulässig sein, die Bestandteile einer standardisierten Begriffsklassifikation oder eines Kataloges (z. B. HL7-Katalog) sind, über die der zulässige Wertebereich des Attributs beschränkt wird. Die in Abbildung 59 genannten Teilprozesse bilden den zulässigen Wertebereich des Attributs „Bezeichnung". Für diese Attributwerte existieren bspw. im MeSH-Thesaurus korrespondierende Unterkategorien, die für eine gezielte Suche genutzt werden können.[318] Auch medizinische Leitlinien sind in vielen Fällen entsprechend den Teilprozessbezeichnungen in Kapitel unterteilt. Dadurch wird der gezielte Aufruf eines Kapitels möglich. Die Rangfolgeposition definiert die Position des Teilprozesses in einer Reihenfolge bzw. Abfolge der Teilprozesse. Der Vergleich der Rangfolgepositionen ermöglicht eine Aussage, ob ein Teilprozess vor oder nach einem anderen Teilprozess durchlaufen wird.

---

[318] Zum Thema MeSH-Thesaurus siehe Anhang 11.

Klasse „Aktivität"

Die Klasse „Aktivität" beschreibt eine zu bearbeitende Aufgabenstellung innerhalb eines Teilprozesses. Diese wird über eine Knoten-ID eindeutig identifiziert und über eine Teilprozess-ID und eine Prozess-ID eindeutig einem Prozess sowie einem Teilprozess zugeordnet. Andere Knotenypen wie z. B. Zustandsknoten oder Entscheidungsknoten werden im Kontextmodell nicht beschrieben, da sie keine informationsbeschaffenden Tätigkeiten abbilden können. So basiert eine Entscheidung zwar auf einem bestimmten Informations- und Wissensstand, die einer Entscheidung vorgelagerten informationsbeschaffenden Tätigkeiten sollten jedoch als Aktivitäten modelliert werden. Die Beschreibung einer Aktivität weist ein deutlich höheres Granularitätsniveau auf als die Teilprozessbeschreibung und kann darüber hinaus einrichtungsspezifisch definiert sein.[319] Dies erschwert eine Nutzung als Suchterm in der Kontextapplikation, da externe eRessourcen zumeist keine Schlagworte oder Suchfelder für eine direkte Suche auf einem vergleichbaren Granularitätsniveau anbieten.[320] Im Gegensatz dazu kann eine Suche in internen eRessourcen (z. B. abteilungsbezogenen Informationssammlungen, Skill-Datenbanken etc.), in denen bspw. der Patientenpfad und damit die Aktivitätsbezeichnungen hinterlegt sind, sehr präzise Suchtreffer liefern. Auch das im Kapitel 7.3.3 erarbeitete und beschriebene Concept Mapping kann genutzt werden, um die Aktivitätsbeschreibung einer textlichen Analyse zu unterziehen und sinnvolle Suchterme zu extrahieren. Darüber hinaus bieten sich vordefinierte Begriffskataloge zur Einschränkung des Wertebereichs an. Cimino et al. haben einen Katalog mit Aufgabenkontexten (*taskContext*) definiert, aus denen heraus der Infobutton aufgerufen werden kann (Abbildung 60).[321] Dieser Katalog beschränkt sich jedoch auf informationsverarbeitende Aktivitäten und ermöglicht so nur eine Teil-Modellierung von medizinischen Prozessen, da nicht-informationsverarbeitende Tätigkeiten nicht bezeichnet werden können.

---

[319] Patientenpfade sind in der Regel an die spezifischen Rahmenbedingungen (z. B. verfügbare medizintechnische Geräte oder verfügbares medizinisches Know-how) einer medizinischen Einrichtung angepasst.
[320] Vgl. hierzu auch die Ausführung zu den Möglichkeiten der Nutzung der Teilprozessbezeichnung im Rahmen einer Medline-Suche oben im Text.
[321] Vgl. [DCR06], S. 23 bzw. auch Kapitel 5.5.2.1.

Teilmodell "Medizinischer Prozess" 139

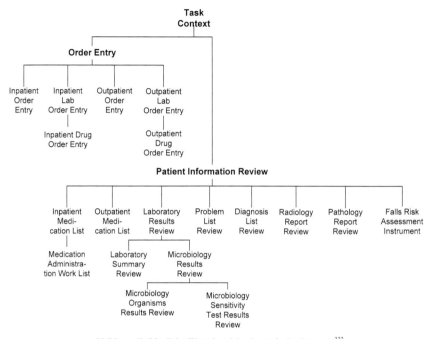

Abbildung 60: Mögliche Wertebereiche des Aufgabenkontexts[322]

In Analogie zum Prozesstyp lässt sich für Aktivitäten ein Aktivitätstyp festlegen. Dieses Attribut hat Steuerungscharakter, da Ärzte nur dann kontextorientiert Informationen geliefert bekommen, wenn die Aktivitätsinstanz den Attributwert „Wissensintensive Aktivität" aufweist. Zur Festlegung der Rangfolgeposition einer Aktivität in einem Teilprozess werden für die Attribute „Vorgängerknoten" und „Nachfolgeknoten" die Identifikatoren der entsprechenden Knoten zugewiesen. Diese Knoten können neben Aktivitäten auch Zustände oder Entscheidungen repräsentieren. Über die Abfolge der Vorgängerknoten ist es möglich, die Historie einer Prozessinstanz nachzuvollziehen und als Kontextinformation zu nutzen. Die Kenntnis des Nachfolgeknotens erleichtert die proaktive Bereitstellung von Informationen und kann gleichzeitig auch den Kontext der aktuellen Aktivität beschreiben helfen. Aktivitäten können außerdem über Vorbedingungen (z. B. „Patient ist nüchtern" als Vorbedingung für eine OP) oder Abbruchkriterien (ein Laborwert liegt unter einem kritischen Niveau, daher wird eine Aktivität abgebrochen.) verfügen. Die mit einer Aktivität verbundenen Kosten für die genutz-

---

[322] [DCR06], S. 23.

ten oder verbrauchten Ressourcen stellen ebenfalls Kontextinformationen dar. Sie können bspw. Einfluss darauf nehmen, ob ein kostenpflichtiger Volltext erworben wird.

Klasse „Dauer"

Die Klasse „Aktivität" ist verknüpft mit der Klasse „Dauer", die eine minimale, eine maximale oder auch eine durchschnittliche Dauer der Aktivität abbilden kann. Als Steuerungsinformation liefern die Instanzen dieser Klasse eine Aussage darüber, ob aktive Informationsbereitstellung im vorgegebenen zeitlichen Rahmen überhaupt sinnvoll und möglich ist.

Klasse „Input" und Klasse „Output"

Die Instanzen der Klasse „Input" geben an, welche Patientendaten und -dokumente sowie eRessourcen im Rahmen einer Aktivität genutzt werden. Diese sind nicht mit medizinischen Fachinformationen zu verwechseln, die Gegenstand der kontextorientierten Informationsversorgung sind.[323] Nichtsdestotrotz können bspw. Laborwerte oder Befunde wichtige Kontextinformationen zur Spezifizierung des Informationsbedarfs eines Arztes im Rahmen einer Aktivität liefern. Patientenbezogene Informationen und Dokumente, die als Ergebnisse einer Aktivität erzeugt wurden, werden als Instanzen der Klasse „Output" definiert. Der Output einer Aktivität kann als Input für eine Folgeaktivität direkte Relevanz als Kontextinformation haben.

Jeder Aktivität sind ein oder mehrere Ärzte (Klasse „Arzt" im Teilmodell „Arzt") und Ressourcen (Klasse „Ressource" im Teilmodell „Umgebung") zugeordnet. Der Bezug zu einem konkreten Behandlungsfall wird über die Klasse „Prozess" im Rahmen der Bildung einer Prozessinstanz realisiert. Auf die vorgenannten Klassen wird in den entsprechenden Kapiteln, die die jeweiligen Teilmodelle beschreiben, näher eingegangen. Die Problematik der Gewichtung von Klassen und Attributen wurde bereits im Kapitel 6.2 dargestellt. Für das vorliegende Teilmodell lässt sich dennoch die Aussage treffen, dass Prozessart, Prozesstyp und Aktivitätstyp als Steuerungsinformationen eine große Rolle spielen und die Teilprozessbezeichnung sowie die Aktivitätsbezeichnung ein hohes Gewicht bei der Suche haben.

---

[323] Zur Unterscheidung der Informationstypen vgl. Tabelle 1 im Kapitel 2.1.3.

Teilmodell "Medizinischer Prozess" 141

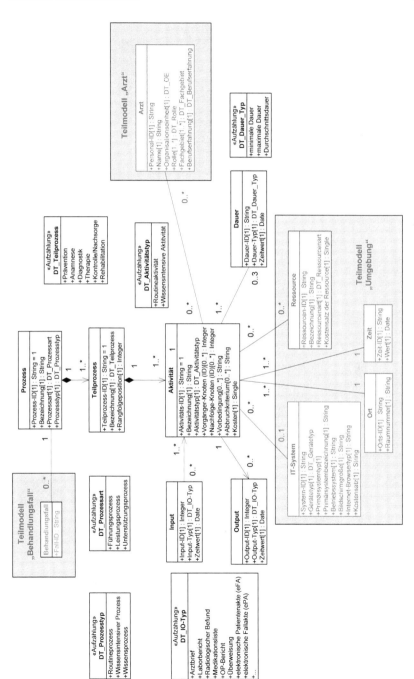

Abbildung 61: Klassendiagramm des Teilmodells "Medizinischer Prozess"

In der folgenden Abbildung ist eine Instanz der Klasse „Aktivität" mit ihren Beziehungen innerhalb des Teilmodells „Prozess" am Beispiel des Patientenpfades „ambulante Kniearthroskopie" dargestellt.[324]

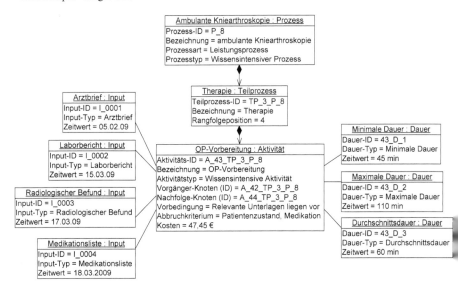

Abbildung 62: Objektdiagramm der Aktivität „OP-Vorbereitung"

Das Thema „Prozesse im Gesundheitswesen als Kontextbereich" bietet auch künftig ein breites Spektrum an zu vertiefenden Forschungsthemen. Die Flexibilisierung der Prozessmodelle und Abbildung von Ad-hoc-Prozessvarianten im Rahmen der Instanziierung von Patientenpfaden ist nur ein Beispiel für weitergehenden Forschungsbedarf. Auch die Nutzung von Prozessinstanzen als Kontextquelle sollte forschungsseitig sowohl im Bereich der Prozessmodellierung als auch der Konzeption von eRessourcen sowie Schlagwortkatalogen und Thesauri vertiefend bearbeitet werden. Letztendlich können Patientenpfade auch dazu genutzt werden, als Bindeglied zwischen der medizinischen Praxis und Forschung im Rahmen des Informations- und Wissenstransfers zu dienen.

---

[324] Vgl. dazu [CDK07], S. 33 ff.

6.4 Teilmodell "Behandlungsfall"

6.4.1 Einleitende Bemerkungen zum Patientenfall als Kontextbereich

Der Patient steht im Zentrum ärztlichen Handelns. Informationsbedarfe, die im Rahmen eines Behandlungsprozesses entstehen (Abbildung 50), richten sich mittelbar oder unmittelbar auf Aspekte eines konkreten Behandlungsfalls. Insofern liefert das Teilmodell „Behandlungsfall" sehr wichtige Kontextinformationen, die im Rahmen der kontextorientierten Informationsversorgung zur bedarfsgerechten Ausgestaltung an entscheidender Stelle genutzt werden können.

In der medizinischen Praxis wird zwischen dem Patienten und einem konkreten Behandlungsfall unterschieden. Ein Patient ist immer eine konkrete Person, die an einer Krankheit oder deren Folgen leidet und behandelt wird. Im Sinne der Allgemeinen Bestimmungen der Gebührenordnung für Ärzte (GOÄ) gilt als Behandlungsfall „[...] *für die Behandlung derselben Erkrankung der Zeitraum eines Monats nach der jeweils ersten Inanspruchnahme des Arztes.*"[325] Diese Definition gibt erste Hinweise auf die Charakteristika eines Behandlungsfalls. Dieser bezieht sich auf einen Patienten und eine bestimmte Erkrankung, welche über eine Haupt- und ggf. auch Nebendiagnose(n) definiert ist, sowie einen fest bestimmten Zeitraum. Die Beschränkung der Definition auf einen Zeitraum von einem Monat hat in der GOÄ abrechnungstechnische Gründe. In der medizinischen Praxis wird ein Behandlungsfall mit der Heilung oder bei unheilbaren oder chronischen Erkrankungen mit dem Ableben des Patienten abgeschlossen.[326] Diese Sichtweise ist auch die Grundlage für das Teilmodell „Behandlungsfall".

Mit der Implementierung der Funktion eines „Case Managers" in Krankenhäusern findet in Deutschland der Begriff „Case" als Synonym für einen einrichtungsinternen und teilweise auch einrichtungsübergreifenden Behandlungsfall zunehmend Verwendung.[327] Die mit dem Begriff des „Case" verbundenen organisatorischen Implikationen spielen jedoch für die kontextorientierte Informationsversorgung keine Rolle. Es wird daher im Folgenden das an den

---

[325] [oV01], S. 8.
[326] Diese Sichtweise ist auch die Grundlage für die Konzeption der elektronischen Fallakte (eFA), die vom Fraunhofer ISST im Auftrag der Deutschen Krankenhausgesellschaft (DKG) und verschiedener Krankenhäuser bzw. Krankenhausketten entwickelt wurde (http://www.fallakte.de).
[327] Das aus den USA stammende Berufsbild des Case Managers wird zumeist von Pflegekräften ausgefüllt. Ein Case Manager „begleitet" einen Patienten während des gesamten Behandlungsprozesses in einer medizinischen Einrichtung und kümmert sich zumeist auch um dessen Übergang in eine andere Einrichtung. Die Funktion des Case Managers soll neben der stärkeren Orientierung am Patienten als Kunden auch den Paradigmenwechsel von der funktions- hin zur prozessorientierten Aufbauorganisation unterstützen helfen.

Aspekten „Patient", „Erkrankung" und „Zeitraum" orientierte Begriffsverständnis des Behandlungsfalls verwendet.

Bei der Bestimmung der Merkmalsgruppen und beschreibenden Merkmale, die in Form von Klassen und deren Attributen sowie den Beziehungen zwischen diesen modelliert wurden, musste eine Auswahl vorgenommen werden.[328] Die Anzahl der Merkmale, die geeignet sind, einen Patienten oder einen Behandlungsfall zu beschreiben, ist prinzipiell unendlich groß. Ausschlaggebend für die Integration in das Teilmodell ist der zu erwartende Beitrag zur Verbesserung der Informationsversorgung.

Der medizinische Bereich zeichnet sich durch eine Vielzahl an Klassifikationen und Begriffskatalogen aus, die zur Charakterisierung eines Behandlungsfalls genutzt werden können. Von dieser „Stärke" der Domäne wurde bei der Konzeption des Teilmodells „Behandlungsfall" umfassend gebraucht gemacht. So wurden die international anerkannten medizinischen Klassifikationen für Diagnosen (ICD-10), therapeutische und diagnostische Maßnahmen (OPS), Untersuchungsergebnisse (LOINC) und Wirkstoffe in der Medikation (ATC) zur Beschränkung der zulässigen Wertebereiche von Attributen herangezogen.[329]

6.4.2 Beschreibung des Teilmodells „Behandlungsfall" und seiner Kontextelemente

Das Teilmodell „Behandlungsfall" besteht aus insgesamt sechs Klassen. Die Klassen „Behandlungsfall" und „Patient" sind die zentralen Klassen des Teilmodells. Die Klassen „Diagnose", „Diagnostische Maßnahme", „Therapeutische Maßnahme" sowie „Untersuchungsergebnis" dienen der Beschreibung der beiden zentralen Klassen (Abbildung 63).

Klasse „Behandlungsfall"

Die Klasse „Behandlungsfall" ist die zentrale Klasse des Teilmodells. Mit ihr stehen alle anderen Klassen in direkter bzw. indirekter Beziehung. Einziges Attribut dieser Klasse ist der eindeutige Fall-Identifikator (Fall-ID). Zwischen den Klassen „Behandlungsfall" und „Patient" besteht eine Beziehung in Form einer Assoziation. Jeder Patient steht in Beziehung zu einem oder auch mehreren Behandlungsfällen, die in der Vergangenheit liegen können. Umgekehrt kann sich jeder Behandlungsfall nur auf genau einen Patienten beziehen. Der Patient

---

[328] Zum Auswahlverfahren vgl. Kapitel 6.1.
[329] Im Sinne der oben beschriebenen notwendigen Beschränkung der Anzahl Kontextmerkmale wurde bspw. auf die Nutzung der Klassifikationen zur Kodierung von Medizinprodukten (Universal Medical Device Nomenclature System (UMDNS)) oder Behinderungen bzw. Funktionseinschränkungen (Internationale Klassifikation der Funktionsfähigkeit, Behinderung und Gesundheit (ICF)) verzichtet.

Teilmodell "Behandlungsfall" 145

wird über einen Patienten-Identifikator (Patienten-ID) eindeutig beschrieben. Auf welche Form von Identifikator (z. B. *Master Patient Index* (MPI)) man zurückgreift, hängt in der Praxis vom Einsatzbereich ab. Das Attribut „Name" könnte aus Sicht der kontextorientierten Informationsversorgung prinzipiell wegfallen, da es weder für die Suche noch die Patientenidentifikation benötigt wird. Über das Geburtsdatum ist es möglich, einen Patienten einer bestimmten Altersgruppe zuzuordnen. Manche Erkrankungen sind spezifisch für bestimmte Altergruppen. Entsprechend ist dieses Merkmal auch bei der Suche nach Informationen hilfreich. Ähnliches gilt für das Geschlecht eines Patienten. Auch dieses Merkmal ermöglicht die Eingrenzung oder gezielte Selektion von Suchtreffern. Größe und Gewicht eines Patienten liefern insbesondere in ihrer Kombination als Body Mass Index (BMI)[330] einen Hinweis auf gesundheitliche Risiken, z. B. aufgrund von Übergewicht. Viele Herz-Kreislauf-Erkrankungen fallen mit entsprechenden BMI-Werten zusammen. Deutlich spezifischer ist das Attribut „Blutgruppe". Die Blutgruppe eines Patienten spielt seltener eine Rolle. Wenn die Blutgruppe für die Charakterisierung eines Patientenfalls jedoch bedeutsam ist, so liefert sie einen wichtigen Beitrag, um bedarfsgerechte Suchergebnisse zu erzielen. Zu den sozialen Merkmalen eines Patienten zählen sein Familienstand und sein Beruf. Beide Attribute korrelieren mit bestimmten Risikofaktoren und Krankheitsbildern. Ähnlich wie die Blutgruppe zählen Familienstand und insbesondere der Beruf zu den spezifischen Merkmalen eines Patienten. Die Anzahl Kinder besitzt insbesondere bei Frauen eine Aussagekraft bezogen auf die Geburtshilfe oder gynäkologische Krankheitsbilder.

Klasse „Diagnose"

Das Stellen einer Diagnose durch einen Arzt ist das Ergebnis der Erhebung und Bewertung von Symptomen und Befunden auf Basis von diagnostischen Maßnahmen. Dies bedeutet, dass je nach Umfang und Eindeutigkeit der Symptome und Befunde der Zeitpunkt, zu dem eine erste Diagnose gestellt werden kann, variiert. Je nach Zeitpunkt der Bildung einer Instanz des Kontextmodells und damit des Teilmodells „Behandlungsfall" lassen sich somit mehrere oder auch keine Diagnoseinstanzen bilden. Sofern, z. B. zu Beginn eines Behandlungsfalls, noch keine Diagnose gestellt wurde, kann die kontextbasierte Suche auch auf Basis der Untersuchungsergebnisse von diagnostischen Maßnahmen durchgeführt werden. Da sich die Verschlagwortung medizinischer eRessourcen in der Regel nicht an Symptomen, sondern an

---

[330] Der BMI ist eine Maßzahl für die Bewertung des Körpergewichts eines Menschen. Anhand des BMI ist die Einteilung in verschiedene Gewichtskategorien möglich.

Krankheiten orientiert, liefert die kontextbasierte Suche bei Vorliegen einer oder mehrerer Diagnosen deutlich bessere Suchergebnisse. Bei der Konzeption der Kontextapplikation wurde daher von Behandlungsfällen ausgegangen, bei denen zumindest eine erste Verdachtsdiagnose vorliegt, die dann als Kontextinformation in die Suche einfließen kann. Jedem Behandlungsfall können folglich keine, eine oder mehrer Diagnosen zugeordnet sein. Umgekehrt kann eine Diagnose mit einem oder mehreren Behandlungsfällen verknüpft sein. Über das Attribut „Diagnosetyp" wird definiert, ob die Diagnose bezogen auf den Behandlungsfall eine Haupt- oder eine Nebendiagnose ist.

Um die eindeutige Kodierung und Bezeichnung einer Diagnose sicherzustellen, wird das von der Weltgesundheitsorganisation (WHO) herausgegebene ICD-System verwendet.[331] Neben dem OPS bildet die ICD-10 die Grundlage für die Errechnung der fallbezogenen DRG.[332]

Die Klassifikation besteht aus insgesamt 21 diagnosebezogenen Krankheitskapiteln (z. B. Kapitel X - Krankheiten des Atmungssystems) und einem Kapitel mit Schlüsselnummern für besondere Zwecke. Die Kapitel ihrerseits sind in über 250 Krankheitsgruppen (z. B. L20 - L30: Dermatitis und Ekzem) gegliedert. In über 2.000 dreistelligen alphanumerischen Krankheitsklassen werden schließlich die eigentlichen Diagnosen beschrieben (z. B. E66: Adipositas oder H40: Glaukom). Diese Krankheitsklassen können in zwei Hierarchiestufen weiter verfeinert sein (z. B. H40.2: Primäres Engwinkelglaukom (4-stellig) oder M40.02: Kyphose als Haltungsstörung - Zervikalbereich (5-stellig)).

---

[331] Die ICD ist eine Klassifikation, die international zur Verschlüsselung von Diagnosen eingesetzt wird. Mittlerweile haben sich in einigen Ländern länderspezifische Versionen herausgebildet, die auf Basis des internationalen Standards ergänzende länderspezifische Besonderheiten abbilden. Seit dem Jahr 2000 ist die ICD-10 in Deutschland verpflichtend zur Kodierung von Diagnosen im ambulanten und stationären Sektor. Die ICD-10-GM Version 2009 ist seit Anfang 2009 die gültige Version.
Obwohl es in der Praxis immer wieder Kritik an der ICD-10 gibt, die sich insbesondere darauf richtet, dass sie das tatsächlich vorliegende Krankheitsbild nicht immer korrekt abbilden kann, gibt es aufgrund des Verbreitungsgrades und der internationalen Bedeutung dieser Klassifikation derzeit keine Alternative.
[332] Vgl. zum Thema „Fallpauschalen" Fußnote 299.

Teilmodell "Behandlungsfall" 147

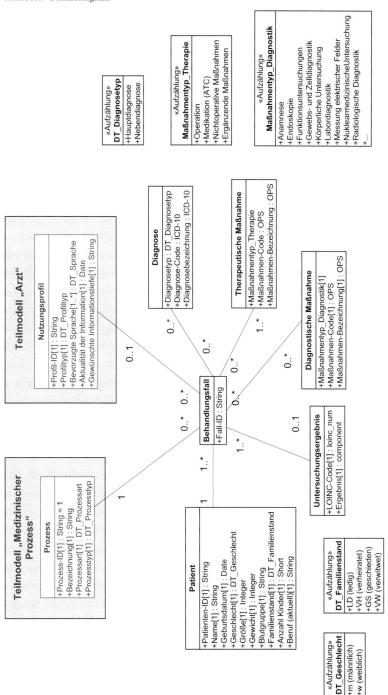

Abbildung 63: Klassendiagramm des Teilmodells "Behandlungsfall"

Klasse „Diagnostische Maßnahmen" und Klasse „Untersuchungsergebnis"

Diagnostische Maßnahmen sind direkt einem Patienten zugeordnet. Sie lassen sich einem der folgenden Maßnahmentypen zuordnen:

- Anamnese
- Endoskopie
- Funktionsuntersuchungen
- Gewebs- und Zelldiagnostik
- Verschiedene Formen körperlicher Untersuchungen
- Messung elektrischer Felder (EKG, EEG etc.)
- Nuklearmedizinische Untersuchung
- Radiologische Diagnostik

Zur Definition des zulässigen Wertebereichs wurde der OPS gewählt.[333] Er dient der Kodierung diagnostischer und therapeutischer Maßnahmen im ambulanten und stationären Sektor für Nachweis und Abrechnung dieser medizinischen Leistungen. Der OPS ist in sechs Kapitel unterteilt:

Kapitel	Gliederung	Titel
1	1-10 ... 1-99	Diagnostische Maßnahmen
3	3-05 ... 3-99	Bildgebende Diagnostik
5	5-01 ... 5-99	Operationen
6	6-00 ... 6-00	Medikamente
8	8-01 ... 8-99	Nichtoperative therapeutische Maßnahmen
9	9-26 ... 9-99	Ergänzende Maßnahmen

Tabelle 11: Struktur des OPS

Für die Kodierung der Attribute „Maßnahmen-Code" und „Maßnahmen-Bezeichnung" der Klasse „Diagnostische Maßnahmen" sind die Kapitel 1 und 3 relevant. Der OPS-Code setzt sich aus der Kapitel-Nummer und der Kennung der Maßnahme zusammen. Letztere wird in bis zu drei Stufen kodiert. So stehen bspw. der Code 3-22 für Computertomographie (CT) mit Kontrastmittel in der ersten Hierarchiestufe und der Code 3-224 für Computertomographie des Herzens mit Kontrastmittel in der zweiten. Über eine dritte Kodierungsstufe erfolgt noch

---

[333] Der OPS wird jährlich vom DIMDI aktualisiert und ist die deutsche Modifikation der Internationalen Klassifikation der Prozeduren in der Medizin (ICPM). Weitergehende Informationen zum OPS finden sich auf der Webseite des DIMDI: http://www.dimdi.de/static/de/klassi/prozeduren/ops301/index.htm (Zugriff am 06.07.2009).

eine weitere Konkretisierung bzgl. des Patientenzustandes (z. B. 3-224.1 - Unter physischer Belastung).

Neben der Kodierung einer diagnostischen Maßnahme spielt das Untersuchungsergebnis für die Beschreibung des Kontextes eines Informationsbedarfs im Behandlungsprozess ebenfalls eine wichtige Rolle. Für die Verschlüsselung der Untersuchungsergebnisse wird im Rahmen des Kontextmodells die LOINC-Nomenklatur gewählt.[334]

Die vom Regenstrief-Institut gepflegte LOINC-Nomenklatur ist ein „[...] Verzeichnis [...] von Untersuchungen und Untersuchungsergebnissen [...]".[335] Diese werden neben dem eindeutigen LOINC-Code (*loinc_num*), wie z. B. „2828-2" für Kalium oder „32385-7" für den Babinski-Reflex, über sechs weitere Dimensionen beschrieben:

- Eindeutige Bezeichnung (*component*), z. B. Kalium, Hämoglobin, Hepatitis-C-Antigen
- Gemessene Eigenschaft (*property*), z. B. Stoff-Konzentration, Enzym-Aktivität (Katalysegeschwindigkeit)
- Zeitangabe (*time_aspc*), z. B. 24-Stunden-Urin
- Art der Probe bzw. des Untersuchungsmaterials (*system*), z. B. Urin oder Blut
- Art der Skalierung (*scale_type*), z. B. ob die Messung quantitativ (Maßgenauigkeit), ordinal (mit abgestuften Alternativen), nominal (z. B. Escherichia coli, Staphylococcus aureus) oder als Textdarstellung (z. B. das Ergebnis nach Diktat bei Röntgenuntersuchungen) erfolgte
- Sofern erforderlich wird die Methode (*method_typ*) angegeben, mit der das Ergebnis erzielt oder andere Beobachtungen gemacht wurden

So liefern die LOINC-Codes, weltweit eindeutige Identifikatoren für den Austausch von Laborergebnissen und anderen klinischen Befunden. Der LOINC-Code „18688-2" steht bspw. für die gemessene Körpertemperatur eines Patienten (Abbildung 64).

Klasse „Therapeutische Maßnahme"

Therapeutische Maßnahmen im Rahmen eines Behandlungsfalls werden über das Attribut „Maßnahmentyp_Therapie" typisiert. Es wird zwischen Operationen, Medikationen, nicht-

---

[334] Weitergehende Informationen finden sich im LOINC-Handbuch ([MHM09]), auf der Web-Seite des Regenstrief-Instituts (http://loinc.org/) sowie bei der deutschen LOINC-Benutzergruppe (http://www.loinc.de/).
[335] [MSS00], S. 8.

operativen Maßnahmen oder ergänzenden Maßnahmen unterschieden. Diese Unterteilung entspricht den Kapiteln 5, 6, 8 und 9 des OPS. Die Maßnahmen und deren Bezeichnungen werden mit dem OPS kodiert. Beispiele für entsprechend kodierte therapeutische Maßnahmen sind: 5-180 = Inzision am äußeren Ohr oder 8-030 = Spezifische allergologische Immuntherapie.

Abschließend ist im folgenden Objektdiagramm exemplarisch eine Instanz der Klasse „Behandlungsfall" mit den direkt verbundenen Objekten aus dem Teilmodell dargestellt.

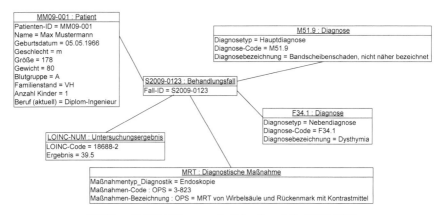

Abbildung 64: Objektdiagramm des Behandlungsfalls „S2009-0123"

6.5 Teilmodell "Arzt"

6.5.1 Einleitende Bemerkungen zum Teilmodell „Arzt"

Über das Teilmodell „Arzt" des Gesamtmodells werden die Bedarfsaspekte des Adressaten der optimierten Informationsversorgung einbezogen. Während über die Teilmodelle „Patientenfall" und „Prozess" insbesondere objektivierbare Informationsbedarfsaspekte in das Kontextmodell und die Modellinstanzen einfließen und dadurch bei der Informationssuche in eRessourcen Berücksichtigung finden, werden im Teilmodell „Arzt" auch individuelle Bedarfsaspekte einbezogen.[336] Ein individuelles Informationsbedürfnis zeichnet sich dadurch aus, dass es sich auf Informationsinhalte ausrichtet, die der Arzt für eine Aufgabenstellung subjektiv zur Ergänzung seines Vorwissens als notwendig erachtet.[337] Dieser Bedarf muss

---

[336] Zur Abgrenzung der verschiedenen Begriffe (Informationsbedarf vs. Informationsbedürfnis oder objektives vs. Subjektives Informationsbedürfnis) sei an dieser Stelle auf Kapitel 2.2.2 verwiesen.
[337] Vgl. Kapitel 2.2.2.

Teilmodell "Arzt" 151

sich nicht notwendigerweise mit dem aus einem Prozessmodell oder einem klinischen Pfad ableitbaren Informationsbedarf decken. Über das Gesamtmodell wird versucht, einen Ausgleich zwischen den objektiven und subjektiven Aspekten zu erreichen.

Zielsetzung der Modellierung des Teilmodells „Arzt" ist es nicht, die detaillierte Abbildung der Merkmale des Informationsbedarfs eines Arztes, sondern Informationen über den Arzt und die von ihm präferierten Informationsquellen sowie die damit zusammenhängenden Informationsbedarfsprofile verfügbar zu machen. Diese sollen automatisiert in die Informationssuche innerhalb einer Behandlungssituation einfließen. Die Konkretisierung der Informationsinhalte, nach denen gesucht werden soll, erfolgt insbesondere über den Patientenfall. Kontextinformationen aus dem Teilmodell „Arzt" und auch – mit geringerem Gewicht – den Teilmodellen „Prozess" und „Umgebung" können zur weiteren Eingrenzung der Treffermenge einer eRessource, die sich aus den Kontextinformationen eines Patientenfalls ergibt, genutzt werden.

Letztendlich soll eine Kontextapplikation im Sinne der Reduzierung der Einflussfaktoren auf die Entstehung eines Information Overload eine bedarfsgerechte Selektion von Informationsinhalten vornehmen. Dem Arzt soll eine Auswahl von Informationen geliefert werden, die für ihn in einer konkreten Behandlungssituation relevant sein könnten. Es bleibt dem Arzt aber weiterhin die Entscheidung, ob er dieses Informationsangebot annimmt und welche der gelieferten Informationsinhalte er für relevant erachtet.[338] Dieser Aspekt ist für die Akzeptanz der Kontextapplikation in der Praxis von sehr großer Bedeutung.

6.5.2 Beschreibung des Teilmodells „Arzt" und seiner Kontextelemente

Die Klasse „Arzt" steht im Zentrum des Teilmodells „Arzt". Der Arzt wird eindeutig über eine Personal-ID identifiziert. Diese kann als numerische Zahlenfolge oder alphanumerischer String kodiert sein. Der Name des jeweiligen Arztes wurde als weiteres Identifikationsmerkmal in das Modell aufgenommen. Über das Attribut „Organisationseinheit" kann der Arzt eindeutig einer Station oder auch einem Funktionsbereich innerhalb der Aufbauorganisation einer medizinischen Einrichtung zugeordnet werden. Für Ärzte im niedergelassenen Bereich ist dieses Kontextmerkmal in der Regel nur bei größeren medizinischen Einrichtungen, z. B. einem Medizinischen Versorgungszentrum (MVZ), zutreffend. Die Information, dass ein Arzt z. B. auf einer urologischen Station oder im Funktionsbereich „Gefäßchirurgie" arbeitet, lie-

---

[338] Vgl. hierzu auch das Konzept der selektiven Informationsräume in Kapitel 5.6.

fert Hinweise auf seinen fachlichen Schwerpunkt und Erfahrungshorizont. So sollten Informationen aus dem Fachgebiet „Urologie", die dem Stationsarzt einer urologischen Station übermittelt werden, ein fundiertes Vorwissen erfordern, während Informationen aus dem Fachgebiet „Kardiologie" deutlich weniger Vorkenntnis für deren Verständnis verlangen sollten. Eine ähnlich qualifizierende Eigenschaft weist das Merkmal „Rolle" auf. Je nachdem, welche Rolle ein Arzt bspw. in der Hierarchie eines Krankenhauses einnimmt (Chefarzt, Oberarzt, Stationsarzt etc.) oder ob er im niedergelassenen Sektor als Haus- oder Facharzt tätig ist, lässt Rückschlüsse auf seine Kenntnisse und sein Vorwissen zu. Darüber hinaus liefert die Rolle eines Arztes auch Aussagen über die Perspektive, aus der heraus er in einem medizinischen Prozess aktiv wird. Je nachdem, ob der Arzt der Hauptbehandler ist, konsiliarisch hinzugezogen wird oder als Student nur lernend einbezogen wird, ändert sich der Informationsbedarf. Die fachlichen Schwerpunkte eines Arztes werden explizit über das Attribut „Fachgebiet" modelliert. Auch die Berufserfahrung wird – zusätzlich zu den oben genannten impliziten Rückschlüssen – mit einem eigenen Attribut explizit erfasst.

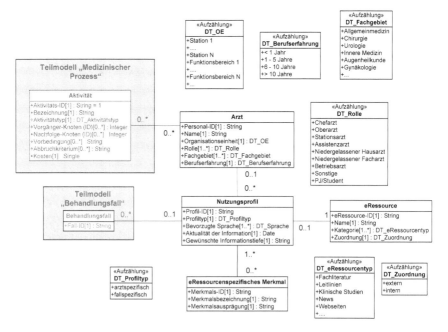

Abbildung 65: Klassendiagramm des Teilmodells "Arzt"

Im Gesamtmodell ist die Klasse „Arzt" direkt mit der Klasse „Aktivität" verknüpft. Ein Arzt kann keiner, einer oder mehreren Instanzen der Klasse „Aktivität" zugeordnet sein. Um-

Teilmodell "Arzt" 153

gekehrt kann eine Aktivitätsinstanz ohne Arzt bspw. durch eine Pflegekraft ausgeführt werden oder es können mehrere Ärzte beteiligt sein.

Die Präferenzen eines Arztes bzgl. der Versorgung mit Informationen aus einer bestimmten eRessource wird mit Hilfe der Klasse „Nutzungsprofil" modelliert. Über das Attribut „Profiltyp" hat der Arzt die Möglichkeit, fallspezifische Nutzungsprofile zu definieren. Es kann also für den Fall A „Abstracts in deutscher Sprache" und für den Fall B „Volltext in englischer Sprache" als Selektionskriterium wählen. Die Zuordnung zu einem Behandlungsfall erfolgt über das Attribut „Fall-ID". Sofern der Arzt keine fallspezifischen Unterscheidungen wünscht, definiert er das Profil arztspezifisch, d. h. dieses Profil gilt für alle Behandlungsfälle. Für beide Optionen kann der Arzt festlegen, in welcher Sprache und in welcher Aktualität (z.B. nicht älter als zwei Jahre) er die Informationen wünscht. Über das Attribut „Gewünschte Informationstiefe" kann in Abhängigkeit von der jeweiligen eRessource definiert werden, ob dem Arzt bibliografische Informationen oder ein Abstract ausreicht, oder ob er alle verfügbaren Inhalte, z. B. in Form von kostenpflichtigen oder kostenfreien Volltexten angezeigt bekommen möchte. Nutzungsprofile beziehen sich immer auf eine bestimmte eRessource. Diese wird über die Klasse „eRessource" definiert. Neben einem eindeutigen Identifikator und dem Namen kann der eRessource ein eRessourcentyp zugeordnet werden. Mögliche eRessourcentypen sind Informationsquellen, die Fachliteratur, Leitlinien, Studien, medizinische Nachrichten etc. anbieten. Darüber hinaus lässt sich die eRessource als interne oder externe Informationsquelle kennzeichnen. Diese Unterscheidung kann für den Arzt von Relevanz sein, wenn er bspw. nur intern validierte Quelle nutzen möchte. Neben den generischen Klassenattributen des Nutzungsprofils, die für alle eRessourcen Gültigkeit haben, können über die Klasse „eRessourcenspezifisches Merkmal" auch Merkmale des Nutzungsprofils definiert werden, die nur für bestimmte eRessourcen gültig sind. Diese werden über eine Merkmalsbezeichnung und die zugehörige jeweilige Merkmalsausprägung beschrieben.

Im Objektdiagramm wird der Stationsarzt der Urologie-Station 135 mit mittlerem Erfahrungshintergrund charakterisiert (Abbildung 66). Er hat über PubMed Zugriff auf die Medline-Datenbank und über Point5 auf medizinische Leitlinien (Kapitel 7.3.5). Für die Informationsversorgung aus PubMed hat er zwei fallspezifische Nutzungsprofile angelegt. Neben den Standardmerkmalen wurde für PubMed das spezifische Merkmal „Publikationstyp" definiert.

154   Kontextmodell der Informationsversorgung in Behandlungsprozessen

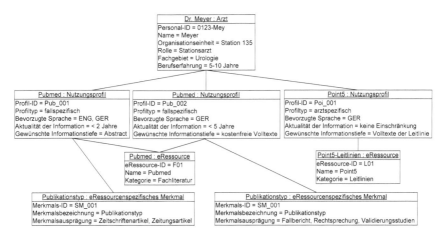

Abbildung 66: Objektdiagramm eines Arztes und seine Nutzungsprofile

6.6 Teilmodell „Umgebung"

6.6.1 Charakteristika der Arbeitsumgebung eines Arztes

Ärztliche Tätigkeiten werden insbesondere in stationären Einrichtungen in verschiedenen Arbeitsumgebungen, z. B. dem Patientenzimmer, dem OP-Saal, dem Arztzimmer, dem Stationszimmer oder in unterschiedlichen Funktionsbereichen (wie bspw. dem Labor-, Röntgen- oder Endoskopiebereich) durchgeführt. In all diesen Umgebungen muss der Arzt in der Regel Zugriff zu allen oder auch nur bestimmten Patientendaten haben. Dieser Zugriff wird üblicherweise über eine elektronische Patientenakte als Teil des Krankenhausinformationssystems oder durch Spezialsysteme (z. B. Laborinformationssystem (LIS), Radiologieinformationssystem (RIS), Bildarchivierungssystem (PACS)) ermöglicht.[339] Im niedergelassenen Bereich nutzt der Arzt in der Regel ausschließlich eine PVS, die ihm alle Funktionen bietet, welche er für seine Tätigkeit benötigt. Während die Versorgung mit Patientendaten in allen genannten Arbeitsumgebungen erforderlich ist, werden nicht medizinische Fachinformationen zumeist an seinem IT-gestützten Arbeitsplatz in einem Arztzimmer nachgefragt. Die Versorgung mit solchen Informationen in anderen Arbeitsumgebungen ist eher die Ausnahme, da dort eine oder mehrere Voraussetzungen für eine webbasierte Informationsversorgung nicht erfüllt

---

[339] Je nach Definition des Begriffs „Krankenhausinformationssystem" können die Spezialsysteme als eigenständige Systeme oder aber als Teil des Krankenhausinformationssystems eingeordnet werden. Vgl. dazu auch [Koc08], S. 6.

Teilmodell „Umgebung" 155

sind. Dies kann ein fehlendes IT-System und/oder Internetzugang sowie ein zu kleiner oder nicht geeigneter Bildschirm sein. Oft mangelt es aber auch an der notwendigen Zeit, um die Informationen aufnehmen und verarbeiten zu können.

Neben dem vom Arzt genutzten IT-System können sich in seinem direkten Arbeitsumfeld auch verschiedene medizintechnische Geräte, Untersuchungs- und Operationsinstrumente, andere Personen (Ärzte, Pflegekräfte, Laborkräfte etc.), Einrichtungsgegenstände (Betten, Liegen, Tische etc.), medizinische Verbrauchsmaterialien etc. befinden. Unter bestimmten Umständen können diese Ressourcen auch für die Charakterisierung des Kontextes eines Arztes von Bedeutung sein. Dies kann z. B. dann der Fall sein, wenn ein medizintechnisches Gerät zur Diagnostik einer bestimmten Erkrankung genutzt wird und der Arzt nach Hintergrundinformationen zu diesem Gerätetyp und dessen Einsatzmöglichkeiten im Rahmen der Diagnostik sucht.

6.6.2 Beschreibung des Teilmodells „Umgebung" und seiner Kontextelemente

Alle Klassen, die die Arbeitsumgebung eines Arztes charakterisieren, stehen in direkter Beziehung mit der Klasse „Aktivität" aus dem Teilmodell „Medizinischer Prozess". Eine Aktivität stellt das Bindeglied zwischen den vier Klassen des Teilmodells „(Arbeits-)Umgebung" dar.

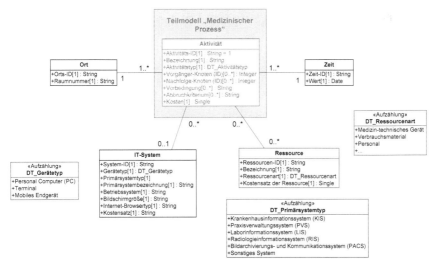

Abbildung 67: Klassendiagramm des Teilmodells "Umgebung"

Die Grundlage der kontextorientierten Informationsversorgung bildet ein IT-System. Dieses IT-System ist die zentrale Schnittstelle zum Arzt. Über das IT-System an seinem Arbeitsplatz ruft er patientenbezogene Informationen, aber auch medizinisches Wissen ab. Das IT-System hat zudem einen wichtigen Einfluss darauf, welche Informationen einem Arzt angeboten werden können. Die Klasse „IT-System" hat also eine besondere Bedeutung für die Charakterisierung der Arbeitsumgebung eines Arztes. Das IT-System wird über einen Identifikator eindeutig gekennzeichnet. Der vom Arzt in einer Aktivität genutzte Gerätetyp hat ganz entscheidenden Einfluss darauf, welche Informationen dem Arzt übermittelt werden können und in welchem Maße er mit der Kontextapplikation interagieren kann. Bei den Gerätetypen wird zwischen einem Personal Computer (PC), einem Terminal und einem mobilen Endgerät (Smartphone, PDA etc.) unterschieden. Bei einem PC hat der Arzt in der Regel einen Monitor mit entsprechenden Anzeigemöglichkeiten sowie umfassenden Benutzerrechten im Rahmen einer Client-Server-Architektur. Ein mobiles Endgerät bietet in der Regel nur sehr eingeschränkte Möglichkeiten für den Abruf von umfassenden Dokumenten und Multimediadaten. Ein Terminal deutet auf einen „Ultra-Thin-Client" mit sehr eingeschränkten Möglichkeiten der individuellen Konfiguration und Benutzerinteraktion hin. In der Regel bietet ein PC die beste Unterstützung für eine kontextorientierte Informationsversorgung. Über den Primärsystemtyp wird beschrieben, aus welcher Software heraus der Arzt die Kontextapplikation aufruft. Es wird zwischen KIS, PVS, RIS, PACS und sonstigen Systemen unterschieden. Die Bezeichnung des genutzten Primärsystems wird ebenfalls erfasst. Einige Primärsysteme verfügen über eigene Informationsbestände oder haben den Zugriff auf externe Bestände integriert. Dieses Merkmal dient der Identifikation solcher Systeme. Das Betriebssystem des Client-Systems hat nur unter bestimmten Rahmenbedingungen Einfluss auf die Informationsversorgung des Arztes. Ähnliches gilt für den Typ des vom Arzt genutzten Internet-Browsers. Dieser kann Einfluss auf die Formatierung oder Darstellung der Informationen ausüben. Analog zu den anderen genutzten Ressourcen wird auch für das IT-System der jeweilige Kostensatz für dessen Nutzung erfasst. Letztendlich können die Kosten des Systems bzw. der Systemnutzung den Zugang zu Informationen beschränken.

Wie im Kapitel 6.6.1 bereits ausgeführt, ist die Relevanz anderer Ressourcen in der Arbeitsumgebung eines Arztes vom jeweiligen Informationsbedarf abhängig. Mit Hilfe der Klasse „Ressource" können verschiedene Arten von Ressourcen modelliert werden. In Abbildung 67 sind exemplarisch die Ressourcenarten „Medizintechnisches Gerät", „Verbrauchsmaterial" und „Personal" aufgeführt. Es können aber beliebige Arten von Ressourcen mit Relevanz für einen Informationsbedarf abgebildet werden. Eine Ressource wird darüber hinaus

Teilmodell „Umgebung" 157

mit Hilfe eines eindeutigen Identifikators und einer Ressourcenbezeichnung beschrieben. Zur Unterstützung einer prozessbezogenen Kostenrechnung wird auch der Kostensatz einer Ressource modelliert.

Die Klasse „Ort" beschreibt den Aufenthaltsort des Arztes zum Zeitpunkt der Übertragung der Kontextinformationen an eine Kontextapplikation. Es sind nur Aufenthaltsorte innerhalb der medizinischen Einrichtung, in der der Arzt Zugriff auf die Kontextapplikation hat, von Relevanz. Indirekt ist diese Information bei stationären Systemen (PC, Terminal) auch über das Merkmal „System-ID" der Klasse „IT-System" ableitbar, da in der Regel bei diesen Systemen der Standort des Systems und damit auch des Arztes abgerufen werden kann.

Der Zeitpunkt der Übertragung der Kontextinformationen an die Kontextapplikation und damit den Informationsbedarf wird über die Klasse „Zeit" definiert. Dieser Zeitpunkt hat eine eindeutige ID und einen Wert. Die Instanzen dieser Klasse sind wichtig für die Selektion von Informationen basierend auf der vom Arzt gewünschten Aktualität der Information (Attribut der Klasse „Nutzungsprofil" des Teilmodells „Arzt"). Die erforderliche Granularität der Erfassung dieses Attributs ist vom Arztprofil und der angebundenen eRessource abhängig. So ist in der Medline-Datenbank eine jahresbezogene Selektion möglich, während es bei Nachrichten auf Minuten oder Sekunden ankommen kann.

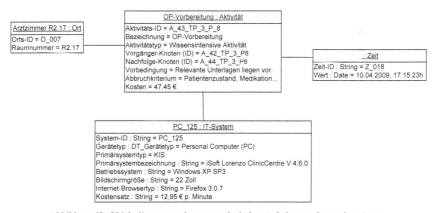

Abbildung 68: Objektdiagramm einer exemplarischen Arbeitsumgebung eines Arztes

In Abbildung 68 sind Instanzen der Klassen „IT-System", „Ort" und „Zeit" bezogen auf die Aktivität „OP-Vorbereitung" als Objektdiagramm dargestellt.

7 Konzeption und Implementierung einer informationslogistischen Kontextapplikation

In diesem Kapitel werden die grundlegenden Architekturprinzipien und genutzten Technologien sowie die Gesamtarchitektur und die Einzelkomponenten der informationslogistischen Kontextapplikation beschrieben.

7.1 Motivation und Zielsetzung der Kontextapplikation

Im Kapitel 1.2 wurde die Entwicklung einer Konzeption zur bedarfsgerechten Informationsversorgung von Ärzten in der Patientenversorgung basierend auf einem domänenspezifischen Kontextmodell als Zielsetzung der Dissertation definiert. Diese Konzeption soll in einem zweiten Schritt anhand empirischer Methoden überprüft werden.

Der kontextorientierten informationslogistischen Kontextapplikation kommt eine besondere Bedeutung zur Erreichung der Zielsetzung dieser Dissertation zu. Die Architektur der Kontextapplikation ist neben dem Kontextmodell (Kapitel 6) ein Element des Problemlösungsansatzes.[340] Sie ist Teil der informationslogistischen Konzeption zur Reduktion des IO-Problems in der Informationsversorgung von Ärzten. Gleichzeitig bildet die Applikation die Basis für die Anwendung der empirischen Methoden (Kapitel 8) und dient damit der Überprüfung des erarbeiteten Problemlösungsansatzes. Die Reduktion der Informationsmenge, die Verbesserung der „Time-to-Information" und die Frage, ob die basierend auf einem Kontextmodell erzielten Suchtreffer hilfreich für einen konkreten Patientenfall sind, kann nur mit Hilfe einer konkreten Implementierung überprüft werden. Beide Aspekte motivieren den hohen Aufwand für die Konzeption und Implementierung einer informationslogistischen Kontextapplikation.

Darüber hinaus ermöglicht die Applikation aber auch die Sammlung von Erfahrungen mit der Implementierung des Kontextmodells in der Anwendung: Welche Kontextmerkmale können aus einem Primärsystem extrahiert werden? Zu welchen Kontextmerkmalen lassen sich korrespondierende Suchfelder in elektronischen Ressourcen finden? Wie können Sortierung und Ranking von Suchergebnissen anhand der Kontextmerkmale erfolgen? Welche Gewichtung der Merkmale liefert besonders relevante Suchergebnisse? Dies sind beispielhafte Fragestellungen, die beantwortet werden müssen.

---

[340] Vgl. dazu auch Abbildung 2.

7.2 Grundlegende Architekturprinzipien und genutzte Technologien

7.2.1 Grundüberlegungen zur Applikationsgestaltung

Grundüberlegungen und Anforderungen bei der Konzeption der kontextorientierten informationslogistischen Anwendung beruhen auf verschiedenen Vorarbeiten.[341] Im Kapitel 5.5.3 wurden diese zusammengefasst und verdichtet. Sie sind grundlegend für dieses Kapitel.

Die Umsetzung der kontextorientierten Applikation im Rahmen einer Serviceorientierten Architektur (SOA) basierend auf Web Services war eine der grundlegenden Entscheidungen bei der Applikationsgestaltung. Für die SOA sprachen unterschiedliche Gründe: Die Informationsversorgung der das System nutzenden Ärzte mit externem expliziten Wissen sollte entlang von Behandlungsprozessen und klinischen Pfaden erfolgen. Dies wird idealerweise durch eine SOA und insbesondere eine prozessorientierte Orchestrierung von Web Services unterstützt. Darüber hinaus bietet die Komponentenorientierung einer SOA die Möglichkeit, nur bestimmte Module einer Gesamtapplikation zu nutzen oder andere/alternative Module einzubinden.[342] Dadurch werden eine flexible Konfiguration und Erweiterbarkeit möglich. So könnte bspw. der QueryHandler der Kontextapplikation (Kapitel 7.3.6) durch eine andere Query-Engine mit Web-Service-Schnittstelle ausgetauscht werden. Nicht zuletzt bilden Serviceorientierte Architekturen die Grundlage für alle modernen Entwicklungen im Bereich der ärztlichen Primärsysteme (insbesondere der Krankenhausinformationssysteme oder fallaktenbasierte Kommunikationslösungen).[343] Es empfehlen sich daher Dienste, welche über das Primärsystem angesprochen werden sollen, als Web Services zu implementieren und somit leicht in eine SOA integrierbar zu machen. Die webbasierte Umsetzung ermöglicht zudem flexible Anbindungsmöglichkeiten einer Vielzahl von eRessourcen. Dabei wurden Performance-Einbußen durch die Internetnutzung im Gegensatz zu lokalen Datenbankzugriffen bewusst in Kauf genommen. Als webbasierte Lösung bietet die Kontextapplikation nicht zuletzt die Möglichkeit der Nutzung in unterschiedlichen räumlichen Umgebungen und mobilen Szenarien.

---

[341] Vgl. die Kapitel 2.2, 2.3, 3.2.3, 4.1.5, 4.2, 4.3, 5 und 6.
[342] Objektorientiertes Entwicklungsparadigma und objektorientierte Programmierung (Java) sind dabei die Grundlage der komponentenbasierten Programmierung.
[343] Beispiele für SOA-basierte Krankenhausinformationssysteme: LORENZO der Firma iSOFT oder Soarian von Siemens Medical.

7.2.2 Entwicklungs- und Betriebsplattform

Als Entwicklungsumgebung für die Kontextapplikation wurde Eclipse IDE for Java EE Developers Version 3.4.0 genutzt. Die Java-Klassen der Web Services wurden auf Basis des Java JDK 1.6.0_02 (JavaTM Platform, Standard Edition 6 Development Kit) realisiert.

Als Betriebsumgebung für das Test-System diente die XAMPP-Distribution für Windows Version 1.6.1. Es werden insbesondere die Komponenten Apache Tomcat Server Version 6.0.18 mit Axis2 1.4-Erweiterung und MySQL Version 5.0.37 genutzt. Auf dem Tomcat-Server läuft u. a. auch das Open Source Krankenhausinformationssystem Care2x-HIS 2nd Generation 2.2, an dem verschiedene Anpassungen vorgenommen wurden.

7.3 Darstellung von Gesamtarchitektur und Einzelkomponenten der Kontextapplikation

7.3.1 Beschreibung des zugrunde liegenden Nutzungsszenarios

Um den größtmöglichen Nutzen für den Arzt in der Krankenversorgung zu erreichen, soll die im Rahmen der Dissertation entwickelte Web-Service-basierte Kontextapplikation direkt am Point-of-Care genutzt werden. Hinsichtlich der verfügbaren IT-Infrastruktur stehen niedergelassenen Ärzten am Point-of-Care Praxisverwaltungssysteme und Krankenhausärzten Krankenhausinformationssysteme, ggf. auch Radiologie- oder PACS-Systeme, zur Verfügung. Eine informationslogistische Unterstützung sollte in das jeweils genutzte Primärsystem integriert sein, um den Wechsel in ein anderes System zu vermeiden. Grundvoraussetzung für die effiziente Nutzung internetbasierter eRessourcen ist ein breitbandiger Internet-Zugang.[344] Je nachdem, ob der über die eRessource angebotene Inhalt kostenfrei oder kostenpflichtig angeboten wird, müssen vorab Content-Lieferverträge und/oder Abonnements abgeschlossen werden. Dies kann bspw. bei Dokumentenlieferungen von Fachartikeln aus der Medline-Datenbank erforderlich sein.

Datenschutz- und Datensicherheitsfragen wurden im Rahmen der vorliegenden Arbeit nicht bearbeitet. Medizinische Patientendaten fließen als Teil des Patientenkontextes anonymisiert in die Formulierung der Suchanfragen an die eRessourcen ein. Grundsätzlich ist es denkbar, dass bei besonders spezifischen und seltenen Diagnose-Kombinationen in Verbindung mit Altersgruppe und Geschlecht des Patienten nicht auszuschließen ist, dass Rück-

---

[344] Im Fokus dieser Arbeit stehen extern verfügbare Informationsquellen. Grundsätzlich ist es aber auch möglich und sinnvoll, interne Informationsquellen anzubinden und verfügbar zu machen.

schlüsse auf einen bestimmten Patienten gezogen werden können. Dieses Datenschutzproblem ist jedoch unabhängig davon, ob ein Suchterm über eine Kontextapplikation an eine eRessource weitergeleitet oder manuell über die webbasierte Benutzerschnittstelle der eRessource eingegeben wird. Die vom Arzt eingegebenen Profil- und Prozessdaten (gewünschter Publikationstyp und aktuelle Aktivität) sind datenschutzrechtlich als unbedenklich zu werten.

Zur Konkretisierung des Nutzungsszenarios soll nun ein exemplarisches Nutzungsbeispiel beschrieben werden: Der niedergelassene Hausarzt Dr. D. hat den Patienten B. in seiner Sprechstunde. Patient B ist männlich, 43 Jahre alt und leidet an Spondylose (degenerative Veränderungen an Wirbelkörpern) in Verbindung mit Radikulopathie (Reizung oder Schädigung der Nervenwurzeln). Für Hausarzt Dr. D. kommt diese Erkrankung in seinem Praxisalltag relativ selten vor. Er muss also mehr Zeit als gewöhnlich aufwenden, um weitergehende Informationen zum Krankheitsbild, zur Diffentialdiagnostik oder zu aktuellen Therapiemöglichkeiten zu recherchieren oder eine Entscheidungshilfe zu erhalten, ob er den Patienten an einen Spezialisten überweisen soll.

Die Kontextapplikation zeigt ihm nun passend zu seinem Patienten (Diagnosen, Alter, Geschlecht) insgesamt 33 Suchtreffer aus der Medline-Datenbank an. Die Suchtreffer verfügen alle über eine Kurzfassung (*Abstract*) und/oder einen Volltext und entsprechen seinem Arzt-Profil hinsichtlich der von ihm gewünschten Publikationstypen (Fachartikel, Studien, Fallberichte), Sprache (Deutsch, Englisch) und Aktualität (nicht älter als fünf Jahre). Zudem sind die Suchtreffer hinsichtlich ihrer Relevanz für den Arztkontext sortiert. Über die Kurzfassungen kann sich der Arzt zudem einen schnellen Eindruck verschaffen, ob er einen kostenpflichtigen Volltext herunterladen möchte oder nicht.

Neben den Treffern aus Medline erhält der Arzt auch passende medizinische Leitlinien angezeigt. In der Leitlinie wird direkt der Abschnitt mit Bezug zu seiner aktuellen Tätigkeit (z. B. Therapieentscheidung) ausgewählt. Zusätzlich erhält der Arzt auch passende Einträge in Wikipedia und Suchtreffer in Google angezeigt.[345]

Der Arzt hat somit in einem durch die Kontextapplikation geschaffenen Informationsraum Kapitel 5.6) viele wichtige Zusatzinformationen und aktuelles medizinisches Wissen direkt und ohne Recherche-, Sortier- und Selektionsaufwand verfügbar. Aus dem ihm angebotenen Informationsraum kann er diejenigen Informationen auswählen, welche ihm relevant und hilf-

---

[345] Wikipedia und Google werden von den Ärzten mittlerweile häufig genutzt. Dies ergaben Gespräche mit Ärzten (z. B. im Rahmen der Befragung in der Modellregion Bochum-Essen und auch bei den Praxistests). Sie gehen dabei davon aus, dass sie in der Lage sind, die Qualität der Suchergebnisse beurteilen und entsprechende Schlussfolgerungen ziehen zu können.

reich erscheinen. Diese automatische proaktive Informationsversorgung bildet die Grundlage für die Einbeziehung der Informationen in den Behandlungsprozess und eine insgesamt qualitativ verbesserte Krankenversorgung, da bspw. evidenzbasierte Leitlinien und aktuelle Forschungs- und Studienergebnisse in das ärztliche Handeln einfließen und insbesondere die zeitaufwändige Informationsrecherche für den Arzt entfällt.

7.3.2 Statische und dynamische Sicht auf die Gesamtarchitektur

Auf die grundlegenden Architekturprinzipien der Kontextapplikation wurde im Kapitel 7.2.1 eingegangen. Die zentralen Funktionen der Anwendung werden von Einzelkomponenten übernommen, die als Web Services realisiert wurden. Im Einzelnen sind dies:

- Verwaltung der Kontextquellen
- Verwaltung der eRessourcen
- Abbildung von Kontextinformationen auf Suchfelder
- Durchführung der Suche
- Archivierung von Suchanfragen

Die statische Sicht auf die Architektur der Kontextapplikation zeigt insgesamt fünf Komponenten (Abbildung 69).

1. ContextManager

Kontextinformationen fließen aus sehr unterschiedlichen Kontextquellen in das Gesamtsystem ein. Kontextquellen können bspw. die Datenbanken eines Primärsystems, eine Profildatenbank oder auch unterschiedlichste Formen von Sensoren (z. B. zur Erfassung des Aufenthaltsortes oder der aktuellen Zeit) sein. Der ContextManager hat die Aufgabe, Informationen über die angebundenen Kontextquellen (z. B. Schnittstellen, URI, Datenstrukturen etc.) und dort verfügbaren Kontextinformationen zu verwalten und diese zur Laufzeit des Systems aus den verschiedenen Kontextquellen abzurufen und der MappingComponent zu übergeben.

2. eResourceManager

Die angebundenen eRessourcen bilden den Informationspool des Gesamtsystems. In Analogie zum ContextManager verwaltet der eResourceManager Metainformationen zu den angebundenen eRessourcen (Zugangsdaten, URI, Schnittstellen, Ergebnisdarstellung etc.) und möglichen Suchfeldern der eRessourcen. Der Arzt hat die Möglichkeit, präferierte eRessourcen in seinem Arztprofil auszuwählen und für ihn uninteressante Quellen auszuschließen. Zur Laufzeit übergibt der eRessourceManager diese Informationen an die MappingComponent.

3. MappingComponent

Die MappingComponent übernimmt die semantische Abbildung der Kontextinformationen auf die verfügbaren und passenden Suchfelder der eRessourcen. Neben dieser Kernfunktion fungiert die MappingComponent aber auch als zentrale Steuerungsinstanz der Kontextapplikation. Sie bildet die Schnittstelle zum Primärsystem des Arztes (*Main Application Interface*), spricht eResourceManager und ContextManager an, verarbeitet die gelieferten Informationen und übergibt die Suchterme an den QueryHandler. Die vom QueryHandler übergebenen Suchergebnisse reicht die Komponente an das Primärsystem zur Darstellung weiter.

4. QueryHandler

Auf Basis der von der MappingComponent gelieferten Suchinformationen bildet der QueryHandler die eRessourcen-spezifischen Suchanfragen ab und leitet diese an die adressierten eRessourcen weiter. Für ausgewählte eRessourcen (z. B. Medline) prüft der QueryHandler, ob Suchergebnisse zurückgeliefert werden. Ist dies nicht der Fall, wird in bis zu neun iterativen Schritten die Suchanfrage modifiziert, um Suchergebnisse zu erhalten. Diese werden an die MappingComponent zurückgegeben.

5. QueryArchiveComponent

Die QueryArchiveComponent ist eine fakultative Komponente, die nicht zwingend für die Erfüllung der Grundfunktionen einer Kontextapplikation erforderlich ist. Sie soll Suchanfragen und deren Ergebnisse in einer Datenbank speichern. Diese Datenbank bietet dann die Möglichkeit, Fragenschwerpunkte und Interessenprofile sowie Lerneffekte von Ärzten zu identifizieren und mit Hilfe dieser Informationen die Gesamtapplikation als lernendes System sukzessive anzupassen.

In Abbildung 69 sind die einzelnen Komponenten in einem Komponentendiagramm als Web Services dargestellt. Zu jedem Web Service sind entsprechend den Definitionen in den jeweiligen WSDL-Dateien der von ihm angebotene (○———) oder genutzte (⊃—) Port (bzw. Endpoint), die unterstützten Operationen sowie die Bezeichnungen der zugehörigen Input-

und/oder Output-Nachrichten angegeben.[346] Die dynamische Sicht des Zusammenspiels der Web Services wird in Abbildung 70 als Sequenzdiagramm dargestellt. Eine ausführliche Darstellung der einzelnen Services und Methodenaufrufe folgt in späteren Kapiteln. Über eine Java Servlet wird die Kontextapplikation aus dem Primärsystem heraus angesprochen.[347] Das Servlet ruft die MappingComponent auf. Diese richtet eine Anfrage bzgl. des aktuellen Kontextes an den ContextManager, der die Anfrage bearbeitet, in dem er den aktuellen Kontext aus den Kontextquellen zusammenträgt. Parallel dazu fragt die MappingComponent beim eResourceManager die benötigten Informationen zu den ausgewählten eRessourcen ab. Anschließend führt die MappingComponent beide Listen zusammen und übergibt sie dem QueryHandler. Dieser erzeugt die entsprechenden Abfragen und übergibt sie an die verschiedenen eRessourcen. Der QueryHandler sortiert die gelieferten Suchergebnisse und leitet sie über die MappingComponent an das Servlet.

---

[346] Vgl. dazu auch Kapitel 4.3.2.2.2.
[347] Ein Servlet ist eine Java-Klasse, deren Instanzen auf einem Java-Webserver (in diesem Fall Tomcat Apache) laufen und die Anfragen von Clients (in diesem Fall das KIS „Care2x") entgegenehmen und beantworten.

166 Konzeption und Implementierung einer informationslogistischen Kontextapplikation

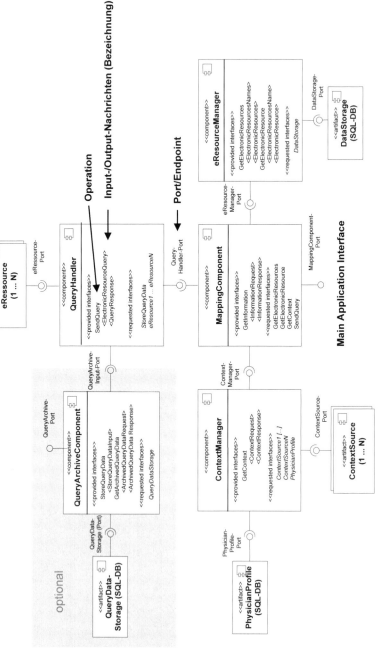

Abbildung 69: Komponentendiagramm der Kontextapplikation (statische Sicht)

Darstellung von Gesamtarchitektur und Einzelkomponenten der Kontextapplikation 167

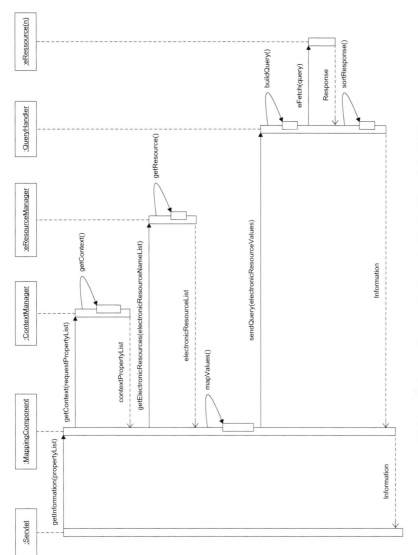

Abbildung 70: Sequenzdiagramm der Kontextapplikation (dynamische Sicht)

7.3.3 Web Service „MappingComponent"

Die MappingComponent ist die zentrale Komponente der Kontextapplikation. Anfragen nach patientenspezifischen medizinischen Informationen werden an diese Komponente gerichtet. Das Sequenzdiagramm in Abbildung 71 spiegelt die zeitliche Abfolge des Aufrufs der verschiedenen Java-Klassen des Dienstes wider.

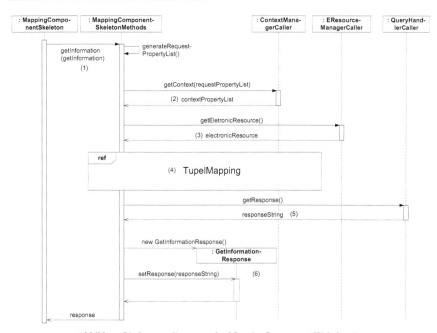

Abbildung 71: Sequenzdiagramm des MappingComponent-Web-Service

Die aufrufende Methode des Service heißt getInformation(). Sie erwartet ein Objekt vom Typ „GetInformation" als Eingabe (1). Die oben erwähnte PropertyList ist darin gekapselt.

Der Ablauf startet zunächst mit der Umwandlung der PropertyList in eine RequestPropertyList, die der ContextManager als Input-Parameter erwartet (2). Die Klasse „ContextManagerCaller" stellt hierfür eine statische Methode zur Verfügung. Die Rückgabe des Web Services „ContextManager" wird in einem Objekt vom Typ „ContextPropertyList" gespeichert. Danach werden die verfügbaren angebundenen elektronischen Ressourcen abgefragt (3). Die Klasse „eResourceManagerCaller" ruft den Web Service „eResourceManager" auf und liefert ein Objekt vom Typ „ElectronicResource" zurück. Darin sind unter anderem die Namen und die unterstützten Suchfelder der verfügbaren Informationsquellen, enthalten. Sind die Kontextinformationen (2) sowie die verfügbaren Suchfelder der eRessourcen (3) vorhanden, werden

Darstellung von Gesamtarchitektur und Einzelkomponenten der Kontextapplikation 169

diese in einer Mapping-Tabelle aufeinander abgebildet. Der Ablauf dieser Abbildung (4), das sog. TupelMapping, wird im folgenden Sequenzdiagramm dargestellt:

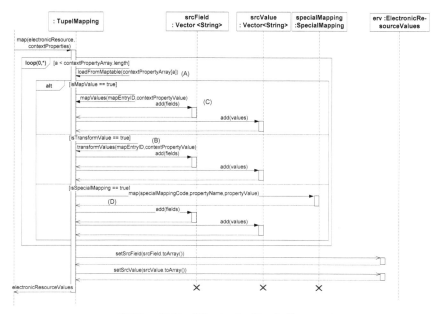

Abbildung 72: TupelMapping der MappingComponent

Die Art der Abbildung der Kontextinformationen auf die elektronischen Informationsquellen ist in einer MySQL-Datenbank gespeichert. Die TupelMapping-Klasse durchläuft zunächst alle Felder des contextPropertyArrays und lädt aus der Datenbank die für dieses Feld enthaltenen Informationen (A). Dabei werden aus den Feldern jeweils Paare von Namen und Werten gebildet, die in den srcField- und srcValues-Objekten gespeichert werden.

Für Kontextinformationen gibt es drei Alternativen für die Umwandlung bzw. weitere Bearbeitung im Rahmen der Abbildung. Die erste und einfachste Möglichkeit ist, die Kontextinformationen in ein Format, das von der eRessource verarbeitet werden kann, zu transformieren. Dies wird durch eine bijektive Abbildung realisiert, die durch die Methode „transformValues()" realisiert wird (B). So wird bspw. der Kontextwert „m" für das Geschlecht eines Patienten in den Wert „Male" transformiert. Dieser Wert kann dann direkt als Suchterm (Male[MH]) für eine Suche in der Medline-Datenbank verwendet werden.

Alternativ können den Kontextinformationen basierend auf Intervallen Werte zugewiesen werden. Dies wird durch die Methode mapValues() realisiert (C). Ein Beispiel für eine solche

Abbildung ist das Alter einer Person. So kann das Alter einer 66-jährigen Person auf die MeSH-Altersgruppe „Aged" (Intervall: 65 - 79 Jahre) abgebildet werden.

ContextVariable	ContextSourceVariable (mySQL-Table)	ContextSourceVariable-Codesystem	Transformation Type
Hauptdiagnose	[care2x_v2].[care_encounter_diagnosis]code {var_type=varchar(25)} AND [care_encounter _diagnosis]category_nr = 1 (1 = most responsible), {var_type=tinyint(3)}	ICD-10; MySQL-Table: [care_icd10_de]	Special Mapping (ConceptMapping)
Nebendiagnose	[care2x_v2].[care_encounter_diagnosis]code {var_type=varchar(25)} AND [care_encounter _diagnosis]category_nr = 2 (2 = Associated), {var_type=tinyint(3)}	ICD-10; MySQL-Table: [care_icd10_de]	Special Mapping (ConceptMapping)
Alter	[care2x_v2].[care_person]date_birth {var_type=date}	none	MapValues
Geschlecht	[care2x_v2].[care_person]sex {var_type=varchar(1)}	none	TransformValues
Publikationstyp	[care2x_v2].[care_user_profile]physicianPublicationType {var_type=varchar(50)}	MeSH Publicationtyp [PT]	-
Bevorzugte Sprache	[care2x_v2].[care_user_profile]physicianPreferedLanguage {var_type=varchar(3)}	MeSH Languagecodes [LA]	TransformValues
Art der Trefferanzeige	[care2x_v2].[care_user_profile]physicianInformationDelivery {var_type=varchar(50)}	none	TransformValues
Aktualität der Information	[care2x_v2].[care_user_profile]physicianPublicationActuality {var_type=int(5)}	none	TransformValues
Aktueller Teilprozess	[care2x_v2].[care_process].actualSubProcess {var_type=varchar(50)}	none	TransformValues

Tabelle 12: Übersicht der Kontextvariablen und verwendeten Transformationsarten

Die dritte Art der Transformation einer Kontextinformation in eine Suchvariable ist eine Spezialform der Abbildung, das sogenannte Concept Mapping.[348] Es wird von der Methode „specialMapping()" umgesetzt. Im Rahmen der Kontextapplikation wird das Concept Mapping für die Abbildung der ICD-10-Codes von Haupt- und Nebendiagnose im Rahmen des Primärsystems Care2x auf die MeSH-Terme des Medline-Schlagwortkatalogs angewendet.[349] Über das Concept Mapping wird eine Brücke zwischen den Begriffswelten der medizinischen Praxis (z. B. ICD-10) und der medizinisch-wissenschaftlichen Fachliteratur (z. B. MeSH) geschlagen (Abbildung 73). Diese scheinbar einfache Aufgabenstellung gestaltet sich in der Praxis durchaus sehr komplex.[350] Praktische Ansätze des Concept Mappings bedienen sich in der Regel der Datenbanken des UMLS.[351]
Der in den folgenden Abbildungen dargestellte Ansatz für das Concept Mapping der Kontextapplikation stellt eine Heuristik dar, die basierend auf einer Vielzahl Tests mit der UMLS-

---

[348] Vgl. dazu auch Kapitel 5.5.3.
[349] Eine Einführung in den MeSH-Schlagwortkatalog wird im Anhang 11 gegeben.
[350] Vgl. hierzu z. B. [BNH98], S. 815ff oder [CJP93].
[351] Der Metathesaurus „Unified Medical Language Systems (UMLS)" wird im Anhang 12 beschrieben.

Darstellung von Gesamtarchitektur und Einzelkomponenten der Kontextapplikation 171

Datenbank und der Kontextapplikation entwickelt wurde. Zudem sind Ergebnisse der Vorarbeiten von Bodenreiter et al. und Cimino et al. eingeflossen.[352]

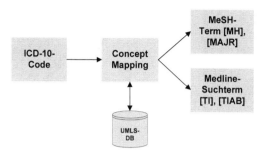

Abbildung 73: Funktionsprinzip des Concept Mappings

Das eigene Verfahren geht jedoch deutlich über diese Vorarbeiten hinaus. Der Mapping-Algorithmus läuft vollautomatisch ab. Es werden Textanalyseregeln genutzt, um sinnvolle Suchterme zu generieren. Darüber hinaus werden verschiedene Verfahren (Synonymsuche, Textanalyse und hierarchische Sucherweiterung) kombiniert. Dabei wird versucht, die folgenden Optimierungsziele zu erreichen:[353]

- Maximierung der Genauigkeit (*Specificity*), d. h. die ausgewählten MeSH-Terme sind relevant.
- Minimierung der Sensitivität (*Sensitivity*), d. h. die Anzahl der Begriff, die nicht abgebildet werden können, wird minimiert.

Das Concept Mapping beginnt mit der Bestimmung des Concept Unique Identifiers (CUI) für einen ICD-10-Code (Kontextinformation Haupt- oder Nebendiagnose) aus contextPropertyList durch Suche in der mrconso-Tabelle der lokalen UMLS-Datenbank (Abbildung 74).[354] In der Regel wird eine zugehörige CUI gefunden. Schwierigkeiten bereiten einige deutsche ICD-10-GM-Codes (GM = German Modification). Bei diesen wird jeweils das letzte Zeichen des Codes gestrichen und dann erneut gesucht. Dieser interative Ablauf wird so lange wiederholt, bis eine CUI gefunden wurde oder kein Zeichen mehr gestrichen werden kann. Anhand der gefundenen CUI wird nach einem passenden MeSH-Term oder einem synonymen MeSH-Term (*Entry Term*) in der mrconso-Tabelle gesucht.

---

[352] Vgl. [BNH98] und [CJP93] im Anhang 13.
[353] Vgl. [BNH98], S. 816.
[354] Die mrconso-Tabelle ist die zentrale Tabelle des UMLS-Metathesaurus. Sie enthält über 3 Mio. Datensätze aller UMLS-Konzepte.

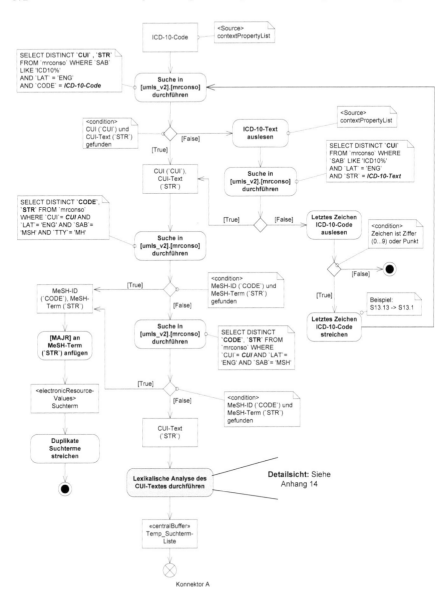

Abbildung 74: Aktivitätsdiagramm Concept Mapping (Teil 1)

Wird dabei ein MeSH-Term gefunden, wird an diesen das Suchkennzeichen [MAJR] angehängt und beides als Suchterm abgespeichert. Konnte kein MeSH-Term gefunden werden, wird unter Verwendung des „Specialist Lexikons" sowie selbst definierter Standardterm-Elemente und deren Abkürzungen eine lexikalische Analyse des CUI-Textes durchgeführt.[355] Zunächst werden Termteile in Klammern und nach Kommata gestrichen. Danach wird für jedes Wort im CUI-Text aus der fruitful-Tabelle die zugehörige Wortart (Substantiv, Adjektiv, Adverb, Verb, Präposition etc.) bestimmt. Viele Wörter sind nicht eindeutig einer Wortart zugeordnet, sondern können mehrere Wortarten repräsentieren. Zur Auswahl der dann relevanten Wortart wurde eine Hierarchie der Wortarten entwickelt:

1. Priorität: Adjektiv (*Adjective* (1))
2. Priorität: Adverb (*Adverb* (2)), Hilfsverb (*Auxiliary* (4)), Komplementierer (*Complementizer* (8)), Bindewort (*Conjunction* (16)), Bestimmungswort (*Determiner* (32)), Modalverb (*Modal* (64)), Präposition (*Preposition* (256)) oder Pronomen (*Pronoun* (512))[356]
3. Priorität: Substantiv (*Noun* (128))
4. Priorität: Verb (*Verb* (1024))

Bei einem Wort, für das in der fruitful-Tabelle bspw. die Wortart „Adjektiv" und „Substantiv" gefunden werden, wird gemäß der Priorisierung nur die Wortart „Adjektiv" zugeordnet. Es folgt die Suche in einer selbst definierten Bad Word-Liste.[357] Kann das Wort weder in der fruitful-Tabelle noch in der Bad-Word-Liste gefunden werden, wird es mit dem Attribut „otherString" als Wortart versehen. Die Worte und ihre jeweilige Kategorisierung (Wortart, Bad Word oder otherString) werden erneut eingelesen und auf Adjektiv(A)-Substantiv(S)-Kombinationen untersucht. Zulässige Kombinationen sind: S, A/S, A/S/S, S/S oder S/S/S.[358] Diese werden als temporäre Suchterme (Temp_Suchterm) zwischengespeichert. Alle anderen Worte werden gestrichen. Strukturen mit mehreren Adjektiven (z. B. A/A/S) haben sich in den praktischen Test als wenig erfolgversprechend für die weitere Verwendung erwiesen.

---

[355] Ein Sequenzdiagramm der lexikalischen Analyse befindet sich im Anhang 14.
[356] Lassen sich einem Wort mehrere Wortarten zuordnen, wird die erste in der Datenbank bestimmte Wortart ausgewählt. Dies ist zulässig, weil alle Wortarten der 2. Priorität im weiteren Verlauf der lexikalischen Analyse gleich behandelt werden.
[357] In der Bad Word-Liste wurden Worte zusammengetragen, die zu einer Verfälschung der Suchergebnisse führen können und daher gestrichen werden.
[358] Vgl. Abbildung 119 im Anhang 14.

Die temporären Suchterme werden nacheinander als Suchbegriffe für die Suche nach korrespondierenden MeSH-Termen oder deren Synonymen in der mrconso-Tabelle verwendet (Abbildung 75).

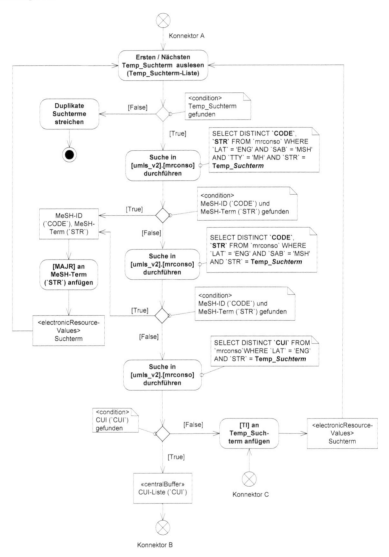

Abbildung 75: Aktivitätsdiagramm Concept Mapping (Teil 2)

Wird ein MeSH-Term gefunden, so wird bei Hauptdiagnosen an diesen das Suchkennzeichen [MAJR] und bei Nebendiagnosen [MH] angefügt, die Kombination als Suchterm gespei-

Darstellung von Gesamtarchitektur und Einzelkomponenten der Kontextapplikation 175

chert und der nächste temporäre Suchterm eingelesen. Verläuft die Suche erfolglos, wird anhand des temporären Suchterms nach einer (oder mehreren) korrespondierenden CUI eines UMLS-Konzepts gesucht. Konnte keine CUI gefunden werden, wird an den temporären Suchterm das Suchkennzeichen [TI] angehängt, die Kombination als Suchterm abgespeichert und, sofern verfügbar, der nächste temporäre Suchterm eingelesen. Wurden eine oder mehrere CUI eines passenden UMLS-Konzepts gefunden, so werden diese in einer CUI-Liste zwischengespeichert. Die erste CUI aus der Liste wird ausgelesen und es wird geprüft, ob ein MeSH-Term oder ein Synonym zu einem MesH-Term unter dieser CUI in der Datenbank hinterlegt ist (Abbildung 76).

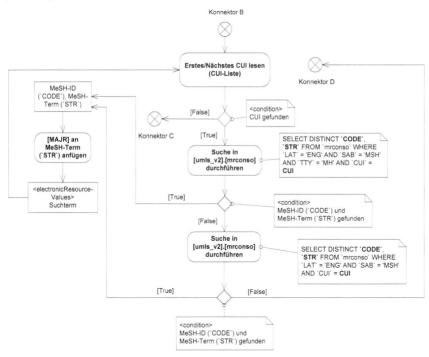

Abbildung 76: Aktivitätsdiagramm Concept Mapping (Teil 3)

War die Suche erfolgreich, wird wie oben beschrieben verfahren und anschließend die nächste CUI oder der nächste temporäre Suchterm analog bearbeitet. Konnte kein MeSH-Term gefunden werden, so wird für die CUI nach dem oder den verfügbaren Eltern-Elementen (CUI2-Liste) gesucht (Abbildung 77). Ein Eltern-Element ist ein in der CUI-Hierarchie weiter oben stehendes Konzept, also ein weiter gefasster Begriff.

176 Konzeption und Implementierung einer informationslogistischen Kontextapplikation

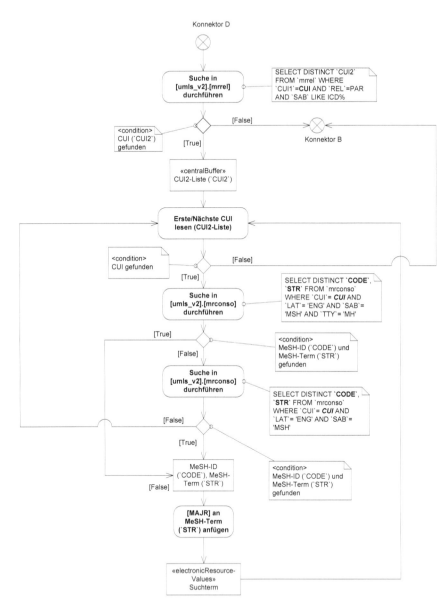

Abbildung 77: Aktivitätsdiagramm Concept Mapping (Teil 4)

Konnten ein oder mehrere Parentelemente identifiziert werden, so wird anhand der zugehörigen CUIs in der mrconso-Tabelle nach korrespondierenden MeSH-Termen oder Synonymen gesucht. War die Suche bei allen CUIs der CUI2-Liste erfolglos, so wird die nächste CUI der

Darstellung von Gesamtarchitektur und Einzelkomponenten der Kontextapplikation 177

CUI-Liste analog „bearbeitet" oder der aktuelle temporäre Suchterm wird mit dem Suchkennzeichen [TI] kombiniert, gespeichert und dann der nächste temporäre Suchterm analog bearbeitet. Wurden ein oder mehrere synonyme MeSH-Terme gefunden, so wird an diese das Suchkennzeichen [MAJR] angefügt, und diese Kombination als Suchterm gespeichert. Dieser Ablauf wird so lange durchlaufen, bis keine CUIs bzw. keine temporären Suchterme mehr im Speicher gefunden werden.

Am Ende des Concept Mapping steht eine gespeicherte Liste mit mindestens einem oder mehreren Suchtermen, die für eine Suche in der Medline-Datenbank vom QueryHandler genutzt werden können. Suchterme mit dem Termkennzeichen [MAJR] werden für die Suche nach Fachliteratur, die mit entsprechenden MeSH-Termen indexiert wurden, verwendet. Für die Suche im Titel bzw. im Titel und im Abstract werden die Suchterme mit dem Kennzeichen [TI] genutzt.

Ist die Tupel-Mapping-Schleife beendet (Abbildung 72), so werden nun alle gesammelten Suchterme in einem Objekt vom Typ „ElectronicResourceValues" gespeichert. Dieses kann dann als Eingabeparameter für den QueryHandler genutzt werden (5). Der Aufruf des Dienstes wird vom QueryHandlerCaller mittels einer statischen Methode durchgeführt. Antwort des Dienstes ist ein String, der eingekapselt in einem Objekt vom Typ „GetInformationResponse" als Antwort von der Klasse „GetInformationResponse" zurückgeliefert wird (6).

Eine grafische Darstellung des Inhalts der WSDL-Datei, die den MappingComponent-Dienst beschreibt, kann aus Abbildung 78 entnommen werden.[359] Die Schnittstelle (*Port*) des Web Services bietet eine Input-Output-Operation mit der Bezeichnung „Get-Information" an. Eingehende Nachrichten (*SOAP Messages*) haben die Bezeichnung „Information Request" und übergeben als Objekt eine Eigenschaftenliste (*PropertyList*). Ausgehende Nachrichten heißen „InformationResponse" und übergeben einen String mit Suchtermen.

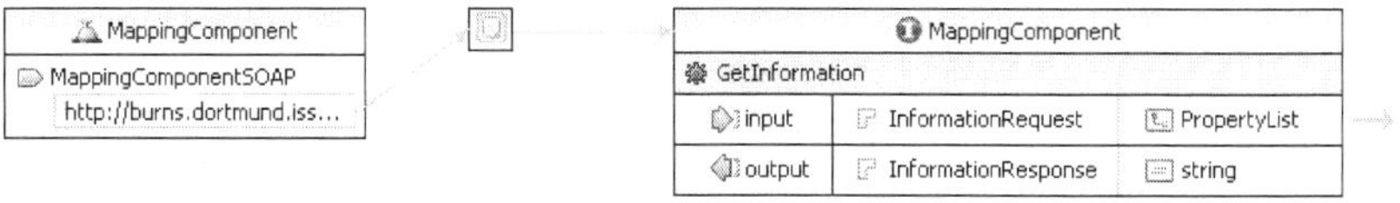

⚠ MappingComponent			ⓘ MappingComponent		
▣ MappingComponentSOAP			⚙ GetInformation		
http://burns.dortmund.iss...			▷ input	▯ InformationRequest	▤ PropertyList
			◁ output	▯ InformationResponse	▭ string

Abbildung 78: WSDL-Datei des MappingComponent-Web-Service

---

[359] Zur Struktur eine WSDL-Datei vgl. Kapitel 4.3.2.2.2.

Nicht jede Kontextinformation muss auf einen Suchterm abgebildet werden. Umgekehrt können einige Kontextinformationen auch auf mehrere Parameter für die Anfrage abgebildet werden. Darüber hinaus ist es denkbar, dass Kontextinformationen miteinander verknüpft werden, um gewisse Anfrageparameter zu erzeugen. So kann z. B. aus Größe und Gewicht des Patienten ein Body Mass Index (BMI) errechnet werden.

7.3.4 Web Service „ContextManager"

Der Web Service „ContextManager" dient der Kontextapplikation als zentrale Schnittstelle zu allen verfügbaren Kontextquellen. Das Sequenzdiagramm (Abbildung 81) stellt den zeitlichen Ablauf nach Aufruf der initialen getContext-Methode des ContextManagers dar. Die Klasse „ContextManagerSkeleton" bildet den Rahmen des ContextManagers. In ihr wird die Methode „handleInput()" aufgerufen. Dazu wird zunächst ein Objekt der Klasse „InputHandler" erzeugt und anschließend die Methode aufgerufen. Der InputHandler generiert seinerseits ein Objekt vom Typ „ContextPropertyList". In diesem Objekt werden alle Kontextinformationen, die aus den Kontextquellen ermittelt werden, abgelegt.

In die Kontextapplikation wurde das Krankenhausinformationssystem Care2x als Primärsystem des Arztes und zentrale Kontextquelle eingebunden.[360] Grundsätzlich ist es möglich, verschiedene Kontextquellen, z. B. auch Kontextsensoren (Ort, Zeit, medizintechnische Körpersensorik etc.), anzubinden. Neben der Tatsache, dass Care2x als Open-Source-Lösung kostenfrei verfügbar ist und Anpassungen am System relativ einfach vorgenommen werden können, empfiehlt sich dieses System auch aufgrund der Tatsache, dass es über eine webbasierte Architektur verfügt (Abbildung 79).

---

[360] Die zentrale Webseite des Projektes Care2x kann unter http://www.care2x.org/ aufgerufen werden (Zugriff am 20.3.2009). Die erste Version von Care2x wurde 2002 entwickelt. Mittlerweile arbeitet ein weltweites Netzwerk an Entwicklern an der Weiterentwicklung des Systems. Als webbasiertes Informationssystem wird über Care2x die Zielsetzung verfolgt, die verschiedenen Informationssysteme innerhalb einer medizinischen Einrichtung (Schwerpunkt Krankenhaus) in einem einzigen System zusammenzuführen und anzubieten. Das Gesamtsystem bietet insgesamt vier Module (*Components*):
- Hospital/Healthservice Information System (HIS): Basis der Kontextapplikation
- Practice (GP) Management
- Central Data Server
- Health Xchange Protocol

Darstellung von Gesamtarchitektur und Einzelkomponenten der Kontextapplikation 179

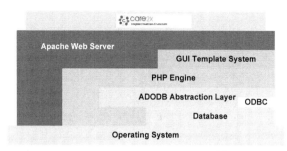

Abbildung 79: Architektur von Care2x[361]

Entsprechend der Care2x-Architektur (Webserver, PHP Engine und Datenbank) wurde das XAMPP-Paket als Plattform für den Betrieb von Care2x ausgewählt.[362] Die für die Kontextapplikation relevanten Kontextinformationen sind in verschiedenen MySQL-Tabellen der Care2x-Datenbank gespeichert:

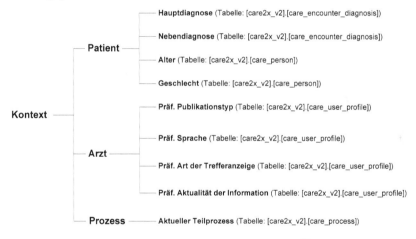

Abbildung 80: Kontextmodell und Kontextquellen[363]

Im Rahmen der Kontextapplikation wurde ein Ausschnitt des Gesamtkontextmodells (Kapitel 6) umgesetzt. Er wurden diejenigen Elemente ausgewählt, die über das Primärsystem (Care2x) und die angebundenen eRessourcen (Medline, Point5 etc.) repräsentiert werden konnten und von denen angenommen wurde, dass sie eine besonders hohe Relevanz besitzen.

---

[361] [Lat04], S. 2.
[362] Vgl. Kapitel 7.2.2.
[363] Die Tabelle, in der eine Kontextinformation abgelegt ist, steht in Klammern hinter der jeweiligen Kontextinformation.

Die Verbindung zu den Datenbanktabellen wird über ein Objekt vom Typ „DBConnector", welches vom InputHandler generiert wird, hergestellt (Abbildung 81). Für das Auslesen aus den jeweiligen Datenbanktabellen stellt der DBConnector mehrere Methoden zur Verfügung:

- loadPatientProfile(patientID): Über diese Methode werden Alter und Geschlecht anhand einer Patienten-ID ermittelt.
- loadProcessMeasuredData(patientID): Die über diese Methode bestimmte Größe und das Gewicht eines Patienten werden derzeit noch nicht bei der Suche berücksichtigt.
- loadProcessActualSubProcess(patientID): Über LoadProcessActualSubProcess wird der aktuelle Teilprozess bestimmt.
- loadDiagnosisData(patientID): Haupt- und Nebendiagnose eines Patienten werden über diese Methode abgefragt.
- loadPhysicianProfile(physicianUsername): Der Arztkontext (präferierter Publikationtyp, Art der Trefferanzeige sowie die gewünschte Aktualität der Informationen) wird über loadPhysicianProfile ermittelt.

Die so ermittelten Kontextinformationen werden in der Liste der Kontextinformationen (ContextPropertyList) abgelegt und überprüft, ob redundante Attribut-Wert-Paare in der Liste vorhanden sind. Ist dies der Fall, werden sie gelöscht. Abschließend wird ein Objekt vom Typ „getContextResponse" erzeugt, welches als Antwort des Dienstes an die „MappingComponent" zurückgeliefert wird. Die ContextPropertyList wird mittels der Methode „setContextResponse()" im Objekt „GetContextResponse" gespeichert und übergeben.

Darstellung von Gesamtarchitektur und Einzelkomponenten der Kontextapplikation 181

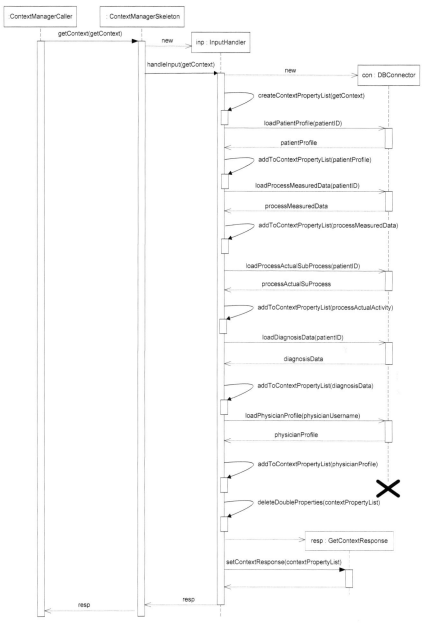

Abbildung 81: Sequenzdiagramm des ContextManager-Web-Service

In Abbildung 82 ist die zum Web Service „ContextManager" gehörende WSDL-Datei dargestellt. Die zentrale Schnittstelle (*Port*) des Web Services bietet die Input-Output-Operation „getContext" an. Eingehende SOAP-Nachrichten haben die Bezeichnung „ContextRequest" und übergeben als Objekt eine RequestPropertyList. Ausgehende Nachrichten heißen „ContextResponse" und übergeben eine ContextPropertyList.

Abbildung 82: WSDL-Grafik des ContextManager-Web-Service

Der Web Service "ContextManager" wird vom MappingComponent-Web-Service aufgerufen und fragt Care2x ab. Wie bereits erwähnt, sind Erweiterungen des ContextManagers in Richtung einer Anbindung an andere datenbankbasierte Kontextquellen oder auch Kontextsensoren auf Basis einer neuen Methode denkbar und möglich.

7.3.5 Web Service „eResourceManager"

Zentrale Aufgabenstellung des Web Service „eResourceManager" ist es, die Rechercheschnittstellen zu den angebundenen eRessourcen zu verwalten.

Vor der inhaltlichen Konzeption dieses Web Services war die Entscheidung zu treffen, welche elektronischen Ressourcen an die Kontextapplikation angebunden werden sollten. Neben dem Bedarf der Ärzte (Kapitel 3.2 und Kapitel 2.2.4), der u. a. auf Fachliteratur und Leitlinien hindeutete, war die Entscheidung auch von technischen Fragestellungen abhängig.

- Ist die eRessource webbasiert (Muss-Anforderung)?
- Ist die eRessource kostenfrei im Zugriff (Muss-Anforderung)?
- Ist die Anbindung mit vertretbarem Aufwand realisierbar (Muss-Anforderung)?
- Wird für den Zugang zur eRessource ein eigener Web Service angeboten (Kann-Anforderung)?

Das WWW bietet mittlerweile eine sehr große Auswahl an kostenpflichtigen oder kostenfrei verfügbaren biomedizinischen eRessourcen.[364] Bei der Konzeption der Kontextapplikation fiel die Entscheidung basierend auf den oben genannten Kriterien zunächst auf zwei zentrale Informationsinhalte: Fachliteratur und Leitlinien.

Im Bereich der medizinischen Fachliteratur kommt der Datenbank Medline eine herausragende Rolle zu.[365] Medline bietet Zugang zu bibliografischen Daten, Abstracts und teilweise auch kostenfreien Volltexten aller wichtigen medizinischen Zeitschriften, Studien, Konferenzbände etc. Der Online-Dienst PubMed ermöglicht zudem über einen Link den Zugriff auf kostenpflichtige Volltexte (z. B. SpringerLink, Elsevier Science Direct, Wiley Interscience, Wolters Kluwer Health, Thieme Connect).[366] Der Zugriff auf die Medline-Datenbank wird über den von der NLM angebotenen PubMed-Webservice realisiert.

Im Gegensatz zur medizinischen Fachliteratur, bei der die wichtigste Publikationssprache Englisch ist, werden die in Deutschland relevanten Behandlungsleitlinien[367] von den medizinischen Fachgesellschaften in deutscher Sprache herausgegeben und über das Portal der Arbeitsgemeinschaft der Wissenschaftlichen Medizinischen Fachgesellschaften (AWMF) in drei Entwicklungsstufen publiziert.[368] Entwicklungsstufe 1 stellt eine Empfehlung von Expertengruppen dar. Stufe 2 ist evidenz- oder konsensusbasiert.[369] Stufe 3 ist sowohl evidenz- als auch konsensusbasiert. Für jede Leitlinie wird quasi ein „Verfallsdatum" definiert. Zu diesem Datum muss die Leitlinie aktualisiert werden.

Die Publikation über das AWMF-Portal erfolgt als PDF oder im HTML-Format. Über eine Excite- oder Google-basierte Suche kann zwar eine Volltextsuche in den Leitlinien durchgeführt werden, eine Anbindung an die Kontextapplikation war so jedoch nicht mit vertretbarem Aufwand möglich (Fragestellung 3 oben). Für Testzwecke wurden daher lokale Kopien der HTML-Versionen der Leitlinien temporär gespeichert. Die Tatsache, dass die Dateinamen der HTML-Dokumente von der AWMF mit einer bestimmten Semantik versehen sind, wurde ge-

---

[364] Einen Überblick über wichtige eRessourcen geben [NieoJ], [Dru09] oder [Bra09].
[365] Eine einführende Beschreibung der Medline-Datenbank wird im Anhang 16 gegeben.
[366] Der von der NLM betriebene Online-Dienst „PubMed" wird häufig mit der Medline-Datenbank gleichgesetzt. Die Medline-Datenbank (bzw. in Kurzform: Medline) bildet die wichtigste Datenbasis von PubMed. Über PubMed können aber auch andere Datenbestände abgefragt werden. Siehe dazu [NLM08b].
[367] Zur Begriffsdefinition siehe Kapitel 6.3.1.
[368] Siehe http://leitlinien.net/ (Zugriff am 03.06.2009).
[369] Diese Merkmale beziehen sich auf die Einbeziehung von klinischer Evidenz (Studien) und dem Verabschiedungsverfahren (Konsensus).

nutzt, um den gezielten Zugriff auf die Dokumente zu ermöglichen.[370] Metadaten zu den HTML-Dokumenten wurden in einer eigenen SQL-Datenbank abgelegt. Die zugehörige Tabelle enthält die AWMF-Registernummer, den Entwicklungsstand der Leitlinien, den Titel, den Aktualisierungsstand sowie Schlagworte aus dem Titel und – sofern verfügbar – einen korrespondierenden ICD-10-Code für die kontextbasierte Suche nach der Leitlinie.

Neben Fachliteratur und Leitlinien hat sich – wie in anderen Fachgebieten auch – die Suche über die Suchmaschine „Google" und in der Online-Enzyklopädie „Wikipedia" als initiale „Anlaufstellen" für die Informationssuche etabliert. Aus diesem Grund wurden beide Informationsquellen ebenfalls an die Kontextapplikation angebunden.

Nach der Erläuterung der angebundenen eRessourcen soll nun das Zusammenspiel der einzelnen Klassen des Web Services beschrieben werden (Abbildung 83).

Der Web Service „eResourceManager" wird über die Methode „getElectronicResource" aufgerufen. Die Klasse „eResourceManagerSkeleton" erhält als Eingabeparameter ein Objekt vom Typ „GetElectronicResource". Sie ruft die gleichnamige Methode aus der Klasse „eResourceManagerSkeletonMethods" auf. Innerhalb dieser Methode erfolgt dann ein Aufruf der getElectronicResourceName-Methode, die dem Web Service den vom Client übergebenen Namen der eRessource zurückliefert. Danach werden zwei Objekte erzeugt. Das erste Objekt vom Typ „eResourceManager" ist die eigentliche Instanz des eResourceManagers. Das zweite Objekt vom Typ „ElectronicResource" dient dem Manager als Speicher für die zusammengefassten Informationen, die später als Rückgabeparameter des Web Services verwendet werden. In der eResourceManager-Instanz wird die gatherMatchingData-Methode aufgerufen, die als Eingabeparameter den eRessourcen-Namen als String übergeben bekommt. Der Manager liest dann aus einer XML-Datei, in der alle Informationen über die angebundenen eRessourcen gespeichert sind, die Elemente mit dem entsprechenden Quellennamen aus, zusammen mit der dazu gehörenden URL und den vorhandenen Suchfeldern. Anschließend speichert er die Informationen im ElectronicResource-Objekt.

---

[370] Der Dateiname enthält die AWMF-Register-Nummer. Diese besteht aus der Fachgebietsnummer und der fortlaufenden Nummer der Leitlinie für dieses Fachgebiet. So bezeichnet der HTML-Dokumentname „013-027.htm" der Leitlinie „Neurodermitis", dass sie aus dem Fachgebiet „Dermatologie" stammt und als 27. Leitlinie erarbeitet wurde.

Darstellung von Gesamtarchitektur und Einzelkomponenten der Kontextapplikation 185

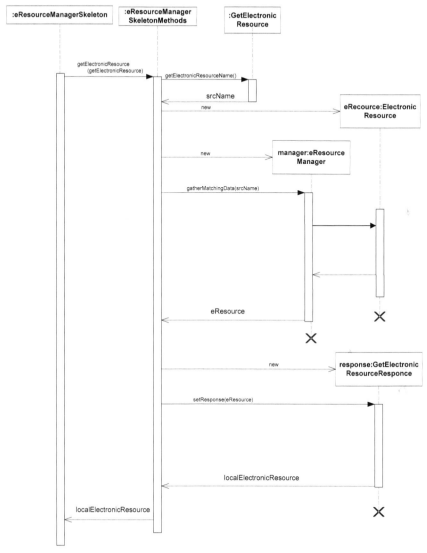

Abbildung 83: Sequenzdiagramm des eResourceManager-Web-Service

Zum Abschluss des Ablaufes wird ein Objekt vom Typ „GetElectronicResourceResponse" erzeugt und über die Methode „setResponse" mit dem ElectronicResource-Objekt als Parameter gesetzt. Das GetElectronicResourceResponse-Objekt wird als Ergebnis des Web Service zurückgeliefert.

Die Schnittstelle des Web Service „eResourceManager" bündelt die beiden Input-Output-Operationen „GetElectronicResources" und „GetElectronicResource" an (Abbildung 84).

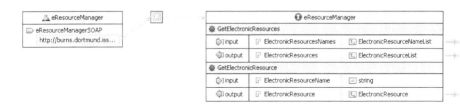

Abbildung 84: WSDL-Datei des eResourceManager-Web-Service

Die eingehende Nachricht des Operation „GetElectronicResource" heißt „ElectronicResourcesNames". Sie enthält eine Liste der im aktuellen Kontext angebundenen elektronischen Ressourcen (ElectronicResourceNameList) und liefert über die ausgehende Nachricht „ElectronicResources" die in diesen Ressourcen verfügbaren Suchfelder zurück. Über die Operation „GetElectronicResource" wird die Abfrage der verfügbaren Suchfelder für eine einzelne eRessource realisiert. Die eingehende Nachricht „ElectronicResourceName" übergibt in einem String den Name der eRessource. Der Web Service liefert dann in der Nachricht „ElectronicResource" die Suchfelder der eRessource zurück.

7.3.6 Web Service „QueryHandler"

Aufgabe des QueryHandlers ist es, Anfragen an eRessourcen entsprechend der Schnittstellenbeschreibungen des eResourceManagers aufzubauen, diese zu versenden und die gelieferten Antworten zu analysieren, um sie anschließend in einer geeigneten Repräsentationsform aufarbeiten zu können.

Zur Anbindung und Abfrage von eRessourcen an die Kontextapplikation bieten sich mehrere Alternativen an. Cimino et al. nennen die folgenden fünf Optionen:[371]

- Einfache Verlinkung (*Simple Link*): Einfache Verlinkung auf ein Dokument, z. B. eine krankenhausinterne Leitlinie.

---

[371] Vgl. [CLA04], S. 227 ff.

- konzeptbasierter Link (*Concept-based Link*): Suche über einen „zusammengesetzten" Link, der aus einem statischen (immer gleichen) Teil und einem dynamischen (abhängig vom Suchbegriff) generiert wird.

- Einfache Suche (*Simple Search*): Suche über ein Suchfeld, in das ein einzelnes Wort oder eine Suchphrase eingegeben werden kann. Dieses wird dann an ein Common Gateway Interface (CGI) übergeben und von einem CGI-Skript „bearbeitet", d. h. die Suche in der zugrunde liegenden Datenbank wird vom CGI-Skript durchgeführt. Der gesamte Suchlink kann auch clientseitig manuell oder automatisch zusammengestellt und per Get-Methode an den Web-Server zur Ausführung übergeben werden.

- konzeptbasierte Suche (*Concept-Based Search*): Während beim Simple Search eine freie Eingabe von beliebigen Worten und Suchphrasen möglich ist, dürfen beim Concept-Based Search nur Begriffe aus einem kontrollierten Vokabular (z. B. MeSH) zur Suche verwendet werden.

- Intelligente Suchagenten (*Intelligent Agent*): Manche eRessourcen können nicht durch Zugriff über Links oder CGI-Skriptaufrufe angesprochen werden, sondern der Anwender navigiert auf der Oberfläche, wählt Themen durch Anklicken oder gibt Daten in Suchfelder ein. Dieses Eingabeverhalten kann durch intelligente Agenten simuliert werden und ermöglicht so eine automatische Anfragebearbeitung.

Die Optionen 2 bis 4 wurden in der Kontextapplikation zur Anbindung der eRessourcen genutzt.

Beim Aufruf des Dienstes wird von der MappingComponent ein Objekt vom Typ „SendQuery" als Eingabeparameter übergeben (Abbildung 85). Anhand der Variablen „srcName" wird die anzusprechende Ressource ausgewählt. Der QueryHandler unterstützt derzeit die Suche in vier elektronischen Informationsquellen:

- PubMed (Medline)
- AWMF-Leitlinien
- Google
- Wikipedia

188　　　　　Konzeption und Implementierung einer informationslogistischen Kontextapplikation

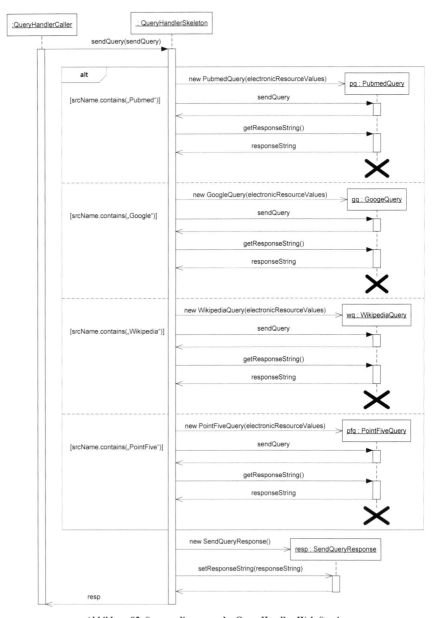

Abbildung 85: Sequenzdiagramm des QueryHandler-Web-Service

Dieses enthält alle für die Anfrage wichtigen Informationen in einer Instanz der Klasse „ElectronicResourceValues".[372] In den ElectronicResourceValues werden unter anderem die URL, unter der die eRessource zu finden ist, deren Name, sowie eine Liste der Attribut-Wert-Paare mit den jeweiligen Parametern (z. B. die über das Concept Mapping ermittelten Suchterme für die Medline-Suche) für die Anfrage gespeichert. Um eine Sortierung der Treffer zu ermöglichen, kann noch ein Relevanzwert zu jedem Paar (also z. B. einem Suchterm) angegeben werden.

Je nachdem, an welche Ressource eine Anfrage gestellt werden soll, wird eine entsprechende Instanz der verarbeitenden Klasse (PubMedQuery, GoogleQuery, WikipediaQuery und/oder Point5Query) erzeugt. Sie implementieren die jeweilige Anfrageschnittstelle (*Query Interface*) und besitzen unter anderem die Methoden „sendQuery" und „getResponseString". Die Methode „sendQuery" baut die Anfrage an die entsprechende Ressource auf und verschickt sie anschließend. Im Folgenden sollen nun der Aufbau der Anfragen unter Verwendung der Kontextinformationen und die Aufrufe der eRessourcen beschrieben werden:

1. PubMed

Die Grundlage der Abfrage des PubMed-Dienstes bildet eine schlagwortbasierte Suche (Option 4) über die Schnittstelle des PubMed-Web Services. Die Suche wird basierend auf einer iterativen Suchkonzeption durchgeführt. In der initialen Suche finden alle Kontextinformationen in gleicher Gewichtung Berücksichtigung (Abbildung 80). Im Informationsbereich innerhalb der elektronischen Patientenakte (Kapitel 7.5) eines Patienten sollen dem Arzt zunächst zehn Suchtreffer aus der Medline-Datenbank angeboten werden. Wurden bei der initialen Suche bereits zehn oder mehr Suchtreffer gefunden, wird keine weitere Suche durchgeführt. Wurde diese Anzahl nicht erreicht, werden solange weitere Suchiterationen durchgeführt bis zehn Treffer gefunden oder der damit letzte Iterationsschritt (neunter Iterationsschritt) durchlaufen wurde. Mit jedem Iterationsschritt wird ein Kontextmerkmal gestrichen und der Suchterm somit weiter gefasst.

---

[372] Vgl. Kapitel 7.3.5.

190 Konzeption und Implementierung einer informationslogistischen Kontextapplikation

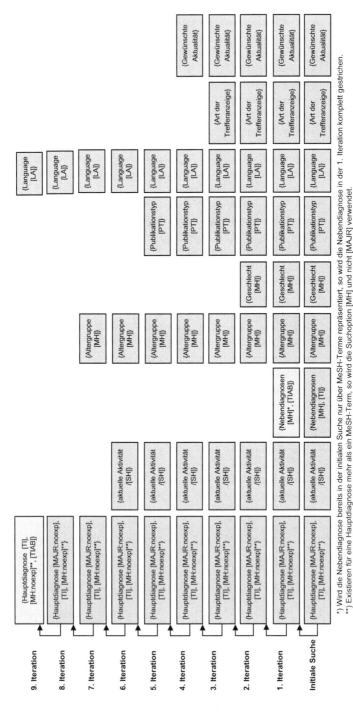

Abbildung 86: Abfolge der Suchiteration in PubMed

Darstellung von Gesamtarchitektur und Einzelkomponenten der Kontextapplikation 191

Die initiale Suche erfolgt entsprechend der Abfragesyntax der Medline-Datenbank. Einzelne Suchterme werden über boolesche Operatoren miteinander verknüpft. Die Suchterme repräsentierten Kontextmerkmale und werden mit UND-Operatoren verknüpft. Repräsentationen eines einzelnen Merkmals über mehrere Suchterme können auch über ODER-Operatoren verbunden werden. Dies ist z. B. dann der Fall, wenn eine Hauptdiagnose über mehr als zwei Suchterme abgebildet wird. Medline unterstützt als Retrievalmodell ein boolesches Modell (Kapitel 4.1.5.2), in dem keine explizite Gewichtung einzelner Suchterme vorgesehen ist. Durch die Unterscheidung in Hauptsuchbegriffe (Kennzeichen [MAJR]) und „normale" MeSH-Terme (Kennzeichen [MH]) ist es jedoch möglich, bspw. der Hauptdiagnose ein größeres Gewicht zu verleihen als der Nebendiagnose. Die Grundstruktur der initialen Suche umfasst die folgenden Suchterme:[373]

```
({Hauptdiagnose [MAJR:noexp] oder [TI]} / {Aktueller Prozessschritt [SH]}) AND {Nebendiagnosen
[MH] oder [TI]} AND {Altergruppe [MH]} AND {Geschlecht [MH]} AND {Publikationstyp [PT]} AND
{Language [LA]} AND {Art der Trefferanzeige} AND {Gewünschte Aktualität}
```

Bei jeder Iteration wird dann jeweils ein Suchterm weggelassen oder modifiziert (z. B. Änderung des Suchkennzeichens von [TI] nach [TIAB]). Die Reihenfolge der Suchiterationen wurde heuristisch auf Basis einer Vielzahl an Tests festgelegt.

Die Suchtreffer werden in absteigender Reihenfolge der Aktualität aufgelistet. Andere Sortierkriterien sind denkbar und möglich (Kapitel 7.4).

2. Leitlinien

Die Anbindung der Suche an lokalem Leitlinien-Bestand (Point5) wurde über einen konzeptbasierten Link realisiert. Abbildung 87 zeigt die Semantik des Links zu einer aufzurufenden Leitlinie. Die Suche nach einer Leitlinie erfolgt anhand des ICD-10-Codes oder eines alternativen Suchterms (input + rest). Werden mehrer Leitlinien gefunden, kann über „pos" eine bestimmte ausgewählt werden. In den HTML-Dokumenten wurden zudem Ankerpunkte gesetzt. Korrespondiert der Wert des Kontextmerkmals „Aktueller Teilprozess" mit den vordefinierten Ankerwerten, so wird die aufgerufene Leitlinie ab dem Ankerpunkt angezeigt. Befindet sich der

---

[373] Die Abkürzungen der Suchkennzeichen werden in Anhang 11 im Anhang 16 erläutert. Beispiel eines initalen Suchterms: `Female[MH] AND Middle Aged[MH] AND (Hypertension[MH] OR Essential hypertension[point5SearchTerm]) AND (eng[LA] OR ger[LA]) AND (Clinical Trial[PT] OR Evaluation Studies[PT] OR Guideline[PT] OR Interactive Tutorial[PT] OR Journal Article[PT] OR Newspaper Article[PT]) AND free full text[SB] AND "last 2 year"[dp] AND ("Hypothyroidism/radiotherapy" [MAJR:noexp] OR "Hypothyroiism/surgery"[MAJR:noexp] OR "Hypothyroidism/the-rapy"[MAJR:noexp])`. Bei diesem Patientenfall handelt es sich um eine 45-jährige Patientin mit Hypothyreose (Hauptdiagnose) und Hypertonie (Nebendiagnose).

Arzt also bspw. in der Therapie, so werden direkt die Therapieempfehlungen aus der Leitlinie angezeigt.

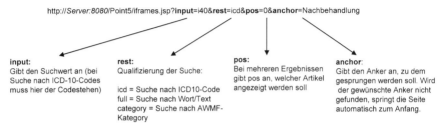

Abbildung 87: Semantik eines Leitlinien-Links in Point5

Google und Wikipedia

Die Suche in Wikipedia und Google entspricht einer einfachen Suche (*Simple Search*). Bei der Suche in Google werden die textliche Beschreibung des ICD-10-Codes der Hauptdiagnose sowie der aktuelle Teilprozess als verknüpfte Suchparameter übergeben (Beispiel: Spondylose + Therapie).

Wikipedia bietet eine Artikel-Suche (Suchbegriff = Artikeltitel) und eine Volltext-Suche (Vorkommen des Suchbegriffs in Artikeltitel und Artikeltext). Im Rahmen der Kontextapplikation wird die Volltext-Suche nach der textlichen Beschreibung des ICD-10-Codes der Hauptdiagnose unterstützt.

Nachdem alle Anfragen an die eRessourcen abgeschlossen sind, werden die Ergebnisse analysiert und als String zur Verfügung gestellt (Abbildung 85). Dieser kann anschließend mit der Methode „getResponseString" abgerufen werden. Nachdem ein Objekt vom Rückgabetyp „SendQueryResponse" erzeugt wurde, kann der String als Attribut der Klasse mittels der Methode „setResponseString" als Rückgabeobjekt festgelegt werden. Anschließend wird das erzeugte Objekt als Antwort des Web Services an die MappingComponent zurückgegeben.

Zentrale Schnittstelle des Web Services „QueryHandler" ist die Input-Output-Operation „sendQuery" (Abbildung 88). Die eingehende Nachricht heißt „ElectronicResourcesQuery" und enthält die anfragerelevanten Informationen (ElectronicResourceValues) als Objekt. Die ausgehende Nachricht „QueryResponse" liefert die analysierten Suchergebnisse der angebundenen eRessourcen als String zurück.

Abbildung 88: WSDL-Grafik des QueryHandlers

7.4 Mögliche Weiterentwicklungen

7.4.1 Web Service „QueryArchiveComponent"

Eine in der Gesamtarchitektur bereits berücksichtigte mögliche Erweiterung ist die QueryArchiveComponent.[374] Diese ist derzeit nicht realisiert. Zielsetzung einer QueryArchiveComponent ist es, die Ergebnisse von Suchanfragen eines Arztes, die von ihm dann tatsächlich abgerufenen Informationen sowie den mit der Suchanfrage korrespondierenden Kontext zu protokollieren und zu archivieren. Die Archivierung und deren Umfang (Was? Wie lange? etc.) muss im Einverständnis mit dem nutzenden Arzt und – insbesondere im Bereich der archivierten Kontextinformationen – unter Einhaltung von Datenschutzbestimmungen bezogen auf den zugrundeliegenden Patientenfall erfolgen.

Darüber hinaus soll eine QueryArchiveComponent verschiedene Auswertungsmöglichkeiten für die gesammelten Informationen bieten. Der erhobene Datenpool bietet eine Vielzahl an interessanten Auswertungsmöglichkeiten. So ermöglichen bspw. Erkenntnisse über die Häufung von bestimmten Patientenfällen eine gezielte Auswahl von weiteren Spezialdatenbanken oder Informationsangeboten, die an die Kontextapplikation angebunden werden können. Daten über die vom Arzt tatsächlich abgerufenen Informationen ermöglichen Rückschlüsse über Interessengebiete und präferierte Publikationstypen (z. B. Studien oder Forschungsberichte). Dies könnte dann genutzt werden, um dem Arzt gezielt weitere Informationen anzubieten.

---

[374] Vgl. dazu Abbildung 69.

7.4.2 Weitere Entwicklungsperspektiven

Die Weiterentwicklung der Kontextapplikation kann neben der Implementierung der QueryArchiveComponent grundsätzlich in zwei Richtungen erfolgen:

1. Anbindung weiterer eRessourcen
2. Anpassung oder Erweiterung des Funktionsumfangs

Bzgl. der Anbindung weiterer elektronischer Informationsquellen sollte hohe Priorität auf die Integration interner Informationsquellen gelegt werden. Hat der Arzt bspw. eine eigene digitale Informationssammlung angelegt, existieren definierte Praxisabläufe bzw. klinische Pfade oder bieten Funktionsbereiche (z. B. der Laborbereich) in einer medizinischen Einrichtung Informationssammlungen an, so sollten diese integriert werden.

Auf die Möglichkeit der Anbindung weiterer externer Informationsquellen wurde in Kapitel 7.3.5 bereits eingegangen. Da in der medizinischen Praxis Medikationsinformationen eine große Rolle spielen und bspw. die „Rote Liste" von Ärzten immer wieder als sehr wichtige und häufig genutzte Informationsquelle genannt wird, liegt eine Erweiterung in diese Richtung nahe. Zudem sollte der Arzt die Möglichkeit haben, die Volltexte von Medline-Artikeln kurzfristig beziehen zu können. Zudem sollte der Arzt entscheiden können, welche Informationsquellen für ihn besonders relevant sind und diese anbinden könen

Hinsichtlich der Änderung des Funktionsumfangs empfiehlt sich die Umsetzung einer einheitlichen Trefferübersicht mit Sortierfunktion. Des Weiteren sollte das Kontextmodell nicht „fest verdrahtet" sein, sondern flexibel vom Anwender oder besser Systemadministrator konfiguriert werden können. Insgesamt würde eine Administratoren-Schnittstelle die Konfiguration des Systems (eRessourcen, Kontexte etc.) erleichtern.

7.5 Benutzeroberflächen der Kontextapplikation

Der Zugriff auf die Kontextapplikation wurde in die Oberfläche des frei verfügbaren Krankenhausinformationssystems Care2x integriert. Der Arzt muss also nicht zwischen zwei Systemen oder Oberflächen wechseln, sondern kann in seiner gewohnten Umgebung weiterarbeiten. [375] Nach der Anmeldung an das Care2x-System erhält der Arzt eine Liste seiner Patienten ange-

---

[375] Vgl. Kapitel 5.5.3 und die in diesem Kapitel formulierten Anforderungen.

Benutzeroberflächen der Kontextapplikation 195

zeigt. Aus dieser Liste wählt er einen Patienten aus und erhält die elektronische Patientenakte zu diesem Patienten auf der Care2x-Oberfläche (Abbildung 89).

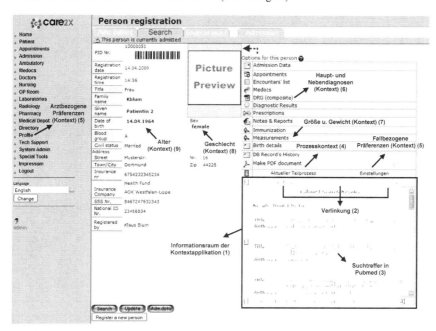

Abbildung 89: Care2x-Oberfläche mit integrierter Kontextapplikation

Der Informationsraum der Kontextapplikation (1) ist im unteren rechten Bereich der Oberfläche positioniert. Im Informationsraum sind sowohl Verlinkungen (2) zu den Suchtreffern in den eRessourcen „Leitlinien/Point5", „Google" sowie „Wikipedia" verfügbar als auch die ersten zehn Suchtreffer aus PubMed (3). Durch Anklicken eines Suchtreffers wird der Arzt direkt zur Detailseite des PubMed-Dienstes verlinkt (Abbildung 90).

Abbildung 90: Trefferdetails in PubMed

Dort kann der Arzt den Abstract des Suchtreffers einsehen oder auch den Volltext abrufen. Im unteren Bereich des Informationsraums (Abbildung 89) kann der Arzt bis zu 80 weitere Suchtreffer abrufen. Die automatische Anzeige der Suchergebnisse in Google und Wikipedia entspricht der Ergebnisanzeige einer manuellen Suche. Zur Darstellung der Suchergebnisse im lokalen Leitlinienbestand wurde eine eigene Oberfläche entwickelt (Abbildung 91):

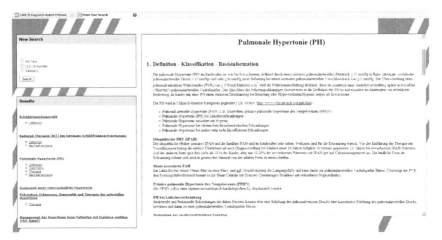

Abbildung 91: Trefferanzeige in Point5

Die Oberfläche von Point5 ist dreigeteilt. Im rechten Bereich wird die am besten zur Hauptdiagnose passende Leitlinie angezeigt. Je nachdem, ob die Leitlinie ein Kapitel enthält, welches dem aktuellen Teilprozess entspricht (z. B. Diagnostik, Therapie etc.) oder nicht, wird über einen Anker direkt das zugehörige Kapitel in der Leitlinie aufgerufen. Im unteren linken Bereich erhält der Arzt weitere Leitlinien angezeigt, die zum Patientenfall passen. Diese kann er durch Anklicken aufrufen. Im linken oberen Bereich hat er zudem die Möglichkeit, eine neue Suche im Leitlinienbestand anzustoßen.

Die patientenbezogenen Kontextmerkmale (Haupt- und Nebendiagnosen (6), Größe und Gewicht (7), Geschlecht (8) und Alter (9)) werden in den dafür vorgesehenen Care2x-Formularen erfasst. Für den Prozesskontext (4) und die auf den Arzt bzw. seinen Informationsbedarf bezogenen Merkmale (fall- bzw. arztbezogene Präferenzen (5)) mussten neue Eingabe-

Benutzeroberflächen der Kontextapplikation 197

formulare entwickelt werden. In Abbildung 92 ist das Eingabeformular für das fallbezogene Informationsbedarfsprofil eines Arztes dargestellt.[376]

Pyblikationstyp auswählen:	Bevorzugte Sprache:	Verfügbarkeit von Abstract/Volltext	Aktualität der Information
☐ Fallbericht	☑ Englisch	☐ Nur Treffer mit kostenpflichtigem Volltext	⦿ nicht älter als 2 Jahre
☑ Klinische Studie	☐ Französisch	☑ Nur Treffer mit kostenfreiem Volltext	◯ nicht älter als 5 Jahre
☐ Kongresse	☑ Deutsch	☐ Nur Treffer mit Abstract	◯ nicht älter als 10 Jahre
☑ Evaluierungsstudie	☐ Spanisch		◯ egal
☑ Leitlinie	☐ Türkisch		
☑ Interaktives Tutorial	☐ Chinesisch		
☑ Zeitschriftenartikel			
☐ Rechtsprechung			
☐ Metaanalysen			
☑ Zeitungsartikel			
☐ Technischer Bericht			
☐ Validierungsstudien			

[Speichern]

Zurück

Abbildung 92: Eingabeformular des fallbezogenen Informationsbedarfsprofils

Basierend auf der in diesem Kapitel dargestellten Konfiguration der Kontextapplikation wurden die empirischen Tests im Folgekapitel durchgeführt.

---

[376] Dieses Profil bezieht sich auf einen bestimmten einzelnen Patientenfall. D. h. für einen anderen Fall kann das Profil abweichen. Der Arzt hat darüber hinaus auch die Möglichkeit, ein arztbezogenes Profil zu hinterlegen. Dieses gilt dann für alle Patientenfälle des Arztes.

8 Überprüfung des Konzepts der kontextorientierten Informationsversorgung

8.1 Empirische Konzeption

8.1.1 Einleitung und Zielsetzung

Im nun folgenden empirischen Teil soll mit Hilfe der Kontextapplikation (Kapitel 7) überprüft werden, ob kontextorientiertes Information Retrieval auf Grundlage der entwickelten Konzeption (Kapitel 5 und insbesondere Kapitel 6) die Informationsversorgung von Ärzten im Behandlungsprozess verbessert.

Die Auswahl geeigneter Größen zur Messung einer Verbesserung der Informationsversorgung orientiert sich an den Faktoren des Information Overload (Abbildung 1):

1. Faktor „Zeit": zu wenig Zeit für Informationsrecherche oder Informationssuche dauert zu lange
2. Faktor „Menge": Menge an verfügbaren bzw. zu verarbeitenden Informationen ist zu groß
3. Faktor „Informationscharakteristika": medizinische Informationen sind komplex, mehrdeutig, interpretationsbedürftig etc.

Eine Verbesserung misst sich daran, ob es gelungen ist, den Zeitaufwand für die Informationssuche zu reduzieren (Verbesserung Faktor „Zeit"), die Informationsmenge auf ein verarbeitbares Maß zu verringern (Verbesserung Faktor „Menge") und im selektiven Informationsraum nur solche Informationen anzubieten, die für den Arzt bezogen auf den zugrundeliegenden Behandlungsfall relevant sein können (Verbesserung Faktor „Informationscharakteristika").

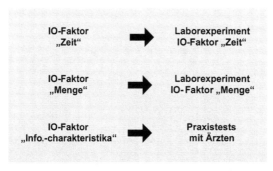

Abbildung 93: Zuordnung empirischer Instrumente zu IO-Faktoren

Zur Überprüfung der Verbesserung durch die Kontextapplikation und den darin implementierten Ausschnitt aus dem Kontextmodell wurden Laborexperimente und Praxistests genutzt (Abbildung 93). Die mit ihrer Hilfe gewonnenen Erkenntnisse werden in den Folgekapiteln dargestellt.

8.1.2 Praxistests mit Ärzten

8.1.2.1 Zugrunde liegende Stichprobe

Um eine möglichst hohe statistische Güte der Praxistests zu erreichen, ist neben einer hohen Reliabilität (Zuverlässigkeit und Stabilität) der Messinstrumente, die Objektivität der Messung sowie Validität der Messinstrumente, d. h. es wird das gemessen, was gemessen werden soll, erforderlich.[377] Einen entscheidenden Einfluss auf die Verallgemeinerbarkeit der gewonnenen Erkenntnisse hat die zugrunde liegende Stichprobengröße.[378]

Bei einer Grundgesamtheit von weit über 300.000 praktizierenden Ärzten in Deutschland wäre eine sehr große Stichprobe erforderlich, um repräsentative Aussagen treffen zu können.[379] Auch eine Schichtung der Grundgesamtheit entsprechend dem Tätigkeitsfeld (niedergelassen oder stationär tätig) oder Fachgebiet würde noch sehr große Teilstichproben erfordern bzw. aufgrund von sehr differenzierten Fachgebieten eine hohe Komplexität mit sich bringen. Der Verfasser beschränkte sich daher auf eine kleine bewusste Auswahl. Dabei sollten Ärzte aus dem stationären und niedergelassenen Umfeld sowie Ärzte mit umfassender Rechercheerfahrung am Praxistest teilnehmen, um ein möglichst breites Spektrum an möglichen Informationsbedarfen abzudecken.

Aufgrund der fehlenden Repräsentativität können die Ergebnisse nicht im Sinne eines empirischen Beweises interpretiert werden. Sie liefern jedoch in Verbindung mit den Ergebnissen der Laborexperimente Einsichten, die erkennen lassen, ob die Informationsversorgung von Ärzten mit Hilfe einer informationslogistischen Konzeption der kontextorientierten Informationsversorgung verbessert werden kann.

---

[377] Vgl. [Him07], S. 375 und [BEE06], S. 87 ff.
[378] Vgl. [KH07], S. 80 ff., [Kay07], S. 53 ff. und [BEE06], S. 50 f.
[379] Zum 31.12.2007 waren in Deutschland 314.900 Personen als Ärzte tätig. Siehe [KBV08], S. 9.

Empirische Konzeption 201

8.1.2.2 Vorgehensmodell für die Praxistests

Das Vorgehen im Rahmen der Praxistests gliedert sich in fünf Schritte (Abbildung 94). Im ersten Schritt erfolgt die Gewinnung von Probanden. Dabei werden Ärzte sowohl aus dem niedergelassenen Sektor als auch aus dem stationären Sektor angesprochen. Hinzu kommen Ärzte, die bspw. als Mitarbeiter eines ärztlichen Callcenters sehr fundierte Erfahrungen mit Informationsdienstleistungen und der Informationsbeschaffung haben.

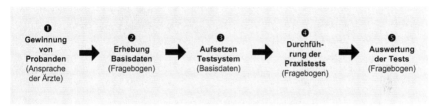

Abbildung 94: Vorgehensmodell für die Praxistests

Die Praxistests erfolgen auf Basis von echten anonymisierten oder auch fiktiven Daten von fünf Patienten pro Arzt sowie den Profildaten der Ärzte. Um die Zeitdauer des eigentlichen Praxistests nicht unnötig zu verlängern, wird den teilnehmenden Ärzten im Vorfeld ein Formular zugesendet, in das sie die Testdaten eintragen können (Anhang 18). Dieses Formular umfasst die folgenden Kontextmerkmale:

Patientenkontext	Prozesskontext	Arztprofil (-kontext)
• Haupt- und Nebendiagnosen • Geschlecht • Altersgruppe • Größe und Gewicht (fakultativ)	• Aktueller Prozessschritt	• Publikationstyp • Bevorzugte Sprache • Trefferanzeige • Aktualität der Information

Tabelle 13: Testdaten für die Praxistests

Die von den Ärzten übermittelten Testdaten werden anschließend in das Testsystem (Kontextapplikation - Kapitel 7.3) eingegeben. Sie stehen nun jedem testenden Arzt in Form von Patientenakten zur Verfügung. Der einzelne Praxistest selbst wird in die zwei Testbereiche „Qualität der Suchergebnisse" und „Verbesserungsmöglichkeiten" unterteilt. Diese werden im Kapitel 8.1.2.3 detailliert beschrieben. Nach Abschluss des Tests werden die Fragebögen ausgewertet. Die Darstellung der Ergebnisse erfolgt im Kapitel 8.2.1.

8.1.2.3 Fragebogengestaltung und Testbereiche

Die Datenerhebung in den Testbereichen „Qualität der Suchergebnisse" und „Verbesserungsmöglichkeiten" erfolgt anhand eines elektronischen Fragebogens (Anhang 19) in Form eines geschützten Word-Formulars. Der Fragebogen wird vom Verfasser während des jeweiligen Praxistests entsprechend den Aussagen der Ärzte ausgefüllt (persönliche fragebogengestützte Befragung). Dadurch ist es möglich, gewisse Plausibilitätsprüfungen direkt durchzuführen und ggf. Rückfragen der Ärzte direkt beantworten oder umgekehrt Fragen an sie richten zu können. Der Fragebogen basiert auf den folgenden Fragearten und Skalierungsverfahren:[380]

- Zwei geschlossene Fragen, Ratingskala mit drei Antwortangaben (intervallskaliert)[381]
- Drei geschlossene Fragen, Ratingskala mit fünf Antwortangaben (intervallskaliert)
- Eine offene Frage, gestützt über Antwortbereichsvorgaben ohne Skala
- Eine offene Frage (Rangfolgebildung), gestützt über Antwortvorgaben (intervallskaliert)

Fragebogenbereich „Qualität der Suchergebnisse"

Durch Einbeziehung des Kontextes eines Behandlungsfalls sowie wichtiger Merkmale des Arztkontextes wird die Treffermenge einer Informationssuche reduziert. Wie stark die Reduktion des IO-Faktors „Menge" ausfällt, hängt individuell von der potenziellen Gesamttreffermenge, der Ausprägung der Kontextmerkmale und insbesondere dem Informationsbedarf des Arztes ab. Ein allgemeingültiger Maßstab kann daher nicht gebildet werden. Aus diesem Grund zielt dieser Testbereich weniger auf die Messung der absoluten oder auch relativen Reduktion der Gütemaßes „Precision". Er erfasst darüber hinaus auch die subjektive Bewertung der Nützlichkeit der Suchergebnisse bezogen auf den konkreten Patientenfall.[382]

Im ersten Fragenblock werden per Zufallsauswahl zwei Suchtreffer pro Patienten eines Arztes bestimmt, die von ihm bewertet werden sollen. Insgesamt muss jeder Arzt somit zehn Suchtreffer bewerten. Basierend auf der Durchsicht der Abstracts zu jedem Suchtreffer aus der Medline-Datenbank soll der Arzt einschätzen, wie gut die Treffer zur Grunderkrankung und auch zum konkreten Patientenfall passen. Der Arzt kann angeben, ob der Suchtreffer zur

---

[380] Vgl. [BEE06], S. 74 ff. und S. 101 f. sowie [Gre07], S. 66 ff.
[381] Die intervallskalierten Messskalen sind streng genommen ordinalskaliert. Die Messwerte (Einstufungen, Rangfolgepositionen) werden jedoch wie metrische Messdaten behandelt und die Abstände auf der Skala als gleiche Intervalle interpretiert. Vgl. [BEE06], S. 74 ff.
[382] Vgl. hierzu auch Kapitel 4.1.4.

Grunderkrankung und zum konkreten Patientenfall (Kategorie I), zur Grunderkrankung, aber nicht zum konkreten Patientenfall (Kategorie II) oder weder zur Grunderkrankung noch zum konkreten Patientenfall (Kategorie III) passt. Durch diese Frage soll stichprobenartig die Qualität der kontextbasierten Suche in der Breite (über alle Patienten hinweg) untersucht werden.

Im zweiten Frageblock soll dieselbe Bewertung in der Tiefe (bezogen auf einen einzelnen Patienten) vorgenommen werden. Dazu wird per Zufallsauswahl ein Testpatient bestimmt und alle Suchtreffer entsprechend den im ersten Fragenblock beschriebenen drei Kategorien eingeordnet. Sollte die Suchtreffermenge größer als zehn sein, so werden nur die ersten zehn Treffer einbezogen. Im Fragebogen wird die Anzahl der Suchtreffer für die drei Kategorien erfasst.

Der dritte Frageblock dient der Einschätzung des Nutzens der Suchtreffer im Zusammenhang mit einem Patientenfall. Die Ärzte sollen basierend auf den Suchtreffern aus Fragenblock 1 angeben, wie hilfreich der jeweilige Treffer bezogen auf den Patientenfall für sie war.

Die Bewertung der weiteren eRessourcen (AWMF-Leitlinien, Wikipedia und Google), die an die Kontextapplikation angebunden sind, erfolgt im vierten Frageblock. In Analogie zum dritten Fragenblock wird erhoben, wie die Ärzte den Nutzen der Suchtreffer aus den genannten Informationsquellen einschätzen. Diese Einschätzung erfolgt dabei nicht auf Grundlage der Bewertung einzelner Suchtreffer, sondern eines Gesamteindrucks, den die Ärzte bei der Durchsicht der Quellen erhalten haben.

Fragebogenbereich „Verbesserungsmöglichkeiten"

Mit Hilfe des Testbereichs „Verbesserungsmöglichkeiten" sollen Anregungen für die künftige Weiterentwicklung der Kontextapplikation gewonnen werden.

Im ersten Fragenblock soll eine Einschätzung der Relevanz der in der Kontextapplikation berücksichtigten Kontextmerkmale erfolgen. Die Ärzte sollen anhand einer Ordinalskala mit fünf Kategorien bewerten, wie sie die Bedeutung der einzelnen Kontextmerkmale in Bezug auf die Charakterisierung des Gesamtkontexts eines Informationsbedarfs einschätzen.

Die am Praxistest teilnehmenden Ärzte können im zweiten Frageblock weitere – bisher nicht verwendete – Kontextmerkmale benennen und diese bestimmten Merkmalskategorien (z. B. Patient, Arzt, Prozess etc.) zuordnen.

Im abschließenden dritten Frageblock sollen die Ärzte, unabhängig von den in der Kontextapplikation angebundenen eRessourcen, eine Rangfolge der Wichtigkeit von Informationsquellen für die Informationsbeschaffung in der Praxis bilden. Die Ärzte haben dabei die

Möglichkeit, neben den vom Fragebogen vorgeschlagenen Informationsquellen weitere Quellen hinzuzufügen.

8.1.3 Laborexperimente mit der Kontextapplikation

Zielsetzung der beiden Laborexperimente ist die Messung der durch die Kontextapplikation bedingten Abschwächung der Auswirkungen der IO-Faktoren „Zeit" und „Menge".

8.1.3.1 Laborexperiment „Faktor Zeit"

Im Experiment „Faktor Zeit" soll untersucht werden, in welchem Maße sich die Zeitdauer der Informationssuche bezogen auf einen konkreten Behandlungsfall mit Hilfe der Kontextapplikation und basierend auf dem in ihr implementierten Kontextmodell verkürzen lässt. Grundsätzlich wäre es möglich, die am Praxistest teilnehmenden Ärzte bewerten zu lassen, ob und wenn ja, wie viel Zeit durch die Nutzung der Kontextapplikation bei der Informationssuche eingespart wird. Die gewonnenen Erkenntnisse würden jedoch auf subjektiven Einschätzungen basieren.

Im Gegensatz dazu liefert ein Laborexperiment objektive Ergebnisse. Die unterschiedliche Zeitdauer einer Informationssuche mit und ohne Kontextapplikation gemessen und verglichen werden. Aufgrund der Objektivität dieses Verfahrens entschied sich der Autor für diese Option.

Die erste zu ermittelnde Zeitdauer bezieht sich auf die Dauer der Informationssuche und -bereitstellung mit Hilfe der Kontextapplikation. Diese Zeit wird durch eine systemseitige automatische Protokollierung erfasst.

Als Vergleichszeit wird der Zeitaufwand für eine „manuelle" Informationssuche ohne Kontextapplikation gemessen. Dabei muss diese Suche zu den gleichen Ergebnissen führen wie die Kontextapplikation. Für das Experiment wurde die Medline-Datenbank ausgewählt, da die in ihr gefundenen Treffermengen eindeutig nachvollziehbar und reproduzierbar sind.

Im Aktivitätsdiagramm in Abbildung 95 und Abbildung 96 ist der Ablauf des Experiments mit drei Probanden dargestellt. Die Probanden sollten über umfassende Erfahrungen im Umgang mit der Suche in Medline besitzen. Dies setzt insbesondere Erfahrungen mit der PubMed-Suchmaschine und dem MeSH-Thesaurus sowie dem UMLS-Metathesaurus voraus. In der Ärzteschaft ist die Medline-Datenbank zwar in hohem Maße bekannt und wird auch genutzt, über tiefer gehende Kenntnisse in den zugrunde liegenden Thesauri verfügen jedoch nur wenige Ärzte. Eine mehrtägige vorbereitende Schulung konnte von den freiwillig an die-

Empirische Konzeption 205

sem Praxistest teilnehmenden Ärzten nicht erwartet werden. Die Experimente wurden daher vom Autor und zwei studentischen Mitarbeitern des Fraunhofer ISST mit entsprechenden Recherche-Erfahrungen durchgeführt. Es kann davon ausgegangen werden, dass die erzielten Testzeiten die Untergrenze der zeitlichen Einsparungen darstellen, da praktizierende Ärzte in der Regel über weniger Recherche-Know-how verfügen und daher länger für ein Informationsrecherche brauchen würden.

Das Laborexperiment beginnt mit der Zufallsauswahl von insgesamt zehn Patienten, die in einer Liste zusammengestellt werden. Nach der Auswahl des ersten Patienten beginnt die Zeitmessung (t_0). Der Proband identifiziert die Kontextmerkmale aus der elektronischen Patientenakte. Die zu identifizierenden Merkmale entsprechen den in Tabelle 13 beschriebenen Testdaten für den Praxistest. Im nächsten Schritt müssen die Kontextmerkmale auf Suchfelder in der Medline-Datenbank abgebildet werden.

Die Abbildung der Diagnosen erfolgt gemäß dem im Rahmen der Dissertation entwickelten heuristischen Mapping-Verfahren.[383] Andere Kontextmerkmale werden entweder direkt Suchfeldern zugeordnet oder es wird eine Zuordnungstabelle verwendet. Zu den Suchfeldern gehören MeSH-Terme (Suchfeld [MH] bzw. [MAJR]) und die Suche im Titel (Suchfeld [TI]) bzw. in Titel und Abstract (Suchfeld [TIAB]). Nach Abschluss der Zuordnung der Kontextmerkmale zu Suchfeldern und der Umwandlung in Suchterme wird die erste Zwischenzeit (t_1) gestoppt. Diese Zwischenzeit repräsentiert die Kernzeit, welche für den Kontextaspekt in der Informationssuche aufgewendet wird.

Nachdem die Suchterme gebildet wurden, wird die Suche in Medline unter Einbeziehung aller Kontextmerkmale durchgeführt. In Analogie zur Kontextapplikation werden so viele Suchiterationen durchgeführt wie erforderlich sind, um mindestens zehn Suchtreffer zu erhalten. Dabei kann es notwendig sein, bis zu neun Suchiterationen zu durchlaufen. Liegt die Anzahl der Suchtreffer im Zielbereich oder wurde die neunte Suchiteration abgeschlossen, wird die Zeitmessung (t_2) beendet. Die Zeit t_2 repräsentiert die Gesamtzeit der Suche, welche erforderlich ist, um mindestens zehn Suchtreffer zu erzielen bzw. alle möglichen Suchiterationen durchlaufen zu haben. Die Differenz zwischen den Zeiten t_2 und t_1 und bezieht sich auf die reine Recherchezeit. Diese würde bei einer manuellen Recherche auch ohne die Einbeziehung des Kontextes anfallen. Dieser Gesamtablauf wird für insgesamt zehn Patienten von allen drei Probanden wiederholt.

---

[383] Zum Mapping-Verfahren vgl. Kapitel 7.3.3.

206 Überprüfung des Konzepts der kontextorientierten Informationsversorgung

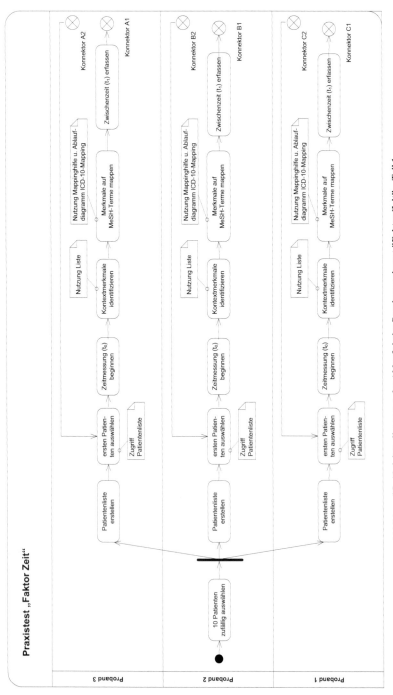

Abbildung 95: Aktivitätsdiagramm des Ablaufs beim Praxisexperiment "Faktor Zeit" – Teil 1

Empirische Konzeption

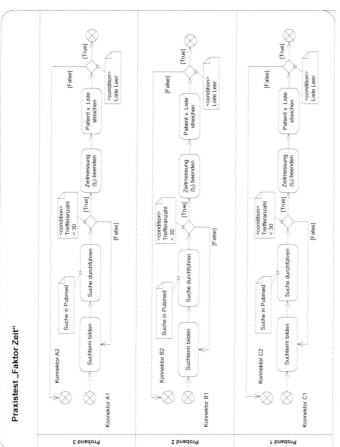

Abbildung 96: Aktivitätsdiagramm des Ablaufs beim Praxisexperiment "Faktor Zeit" - Teil 2

8.1.3.2 Laborexperiment „Faktor Menge"

Die Suche in der Medline-Datenbank beginnt mit einem zusammengesetzten Suchterm, der alle Kontextmerkmale umfasst (Abbildung 80 und Abbildung 86). Dieser sehr „eng" gefasste Suchterm wird dann in Abhängigkeit von der Anzahl der erzielten und vom Arzt gewünschten Suchtreffer erweitert, indem bei jedem Iterationsschritt ein Kontextmerkmal – repräsentiert als Teilterm – gestrichen wird. Im letzten durchgeführten Iterationsschritt verbleiben die Hauptdiagnose und die gewünschte Sprache.

Im Rahmen des Laborexperiments „Faktor Menge" wird dieses iterative Verfahren umgekehrt. Um zu messen, wie stark die Kontextapplikation den IO-Faktor „Informationsmenge" reduziert, wird mit der Hauptdiagnose als initialem Suchterm begonnen. Schrittweise werden dann die anderen Kontextmerkmale dem initialen Suchterm hinzugefügt (Abbildung 97). Mit jeder Iteration sinkt die Anzahl der erzielten Suchtreffer und damit der Informationsmenge, die ein Arzt potenziell verarbeiten müsste. Dieses Praxisexperiment wird ohne Probanden durchgeführt. Für jeden Arzt werden per Zufallsauswahl zwei Patienten bestimmt. Für diese Patienten werden dann beginnend mit der jeweiligen Hauptdiagnose die beschriebenen Iterationsschritte durchgeführt und die Anzahl der jeweils erzielten Suchtreffer protokolliert.

Empirische Konzeption

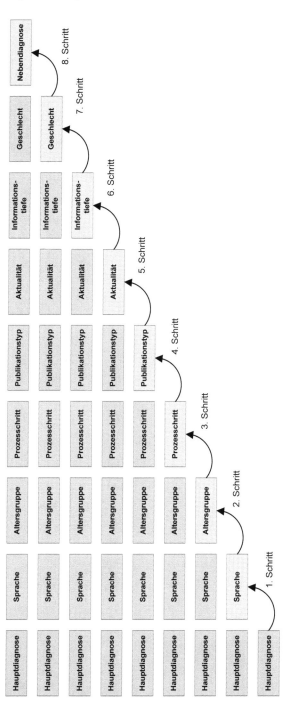

Abbildung 97: Iterationsschritte beim Laborexperiment "Faktor Menge"

8.2 Ergebnisse der empirischen Erhebungen

8.2.1 Ergebnisse des Praxistests mit Ärzten

8.2.1.1 Vorbemerkungen

Bei der Akquisition der Ärzte für den Praxistest wurden bestehende Kontakte aus Projekten und Kooperationen genutzt. Es sollte ganz bewusst ein breites Spektrum an Ärzten einbezogen werden, um den Nutzen der Kontextapplikation bezogen auf sehr unterschiedliche Informationsbedarfsstrukturen bewerten zu lassen. Insgesamt konnten sieben Ärzte für diesen empirischen Teil gewonnen werden.[384] Diese lassen sich anhand der Kriterien „Tätigkeitsschwerpunkt", „fachliche Spezialisierung" und „Recherche-Erfahrung" unterschiedlich gruppieren:

Tätigkeitsschwerpunkt	Fachliche Spezialisierung	Recherche-Erfahrung
• niedergelassene Ärzte (4)[385] • Krankenhausärzte (2) • keine praktische Tätigkeit/Callcenter (1)	• Hausarzt/Facharzt für Allgemeinmedizin (2) • Facharzt für Allgemeine Chirurgie (3) • Facharzt für Innere Medizin (1) • Arzt in Facharztausbildung (1)	• Ärzte im Callcenter, die täglich recherchieren (2) • Ärzte, die eRessourcen häufig nutzen (2) • Ärzte, die eRessourcen nur sporadisch nutzen (3)

Tabelle 14: Gruppierung der teilnehmenden Ärzte nach unterschiedlichen Kriterien

Die Ärzte erhielten im Vorfeld der Praxistests eine mehrseitige Beschreibung der Hintergründe zum Test sowie eine Einführung zum Thema „Kontextorientierte Informationsversorgung" per Mail zugesendet. Sie wurden zudem gebeten, in ein Word-Formular (Anhang 18) Testdaten zu fünf fiktiven oder tatsächlichen Patienten einzugeben. Bzgl. der Auswahl der Behandlungsfälle für den Test erhielten sie keine weiteren Hinweise oder Vorgaben. Die Ärzte wählten sehr unterschiedliche Fälle aus. Es wurden Spezialfälle aus dem eigenen Fachgebiet, typische Fälle aus dem eigenen Fachgebiet und Fälle aus einem fremden Fachgebiet aus-

---

[384] Vgl. Liste der Ärzte im Anhang 17.
[385] Ein teilnehmender Arzt arbeitet sowohl in seiner eigenen Arztpraxis als auch in einem ärztlichen Callcenter.

gewählt. Entsprechend unterschiedlich war die Erwartungshaltung der Ärzte an die Suchergebnisse bzw. den durch die Kontextapplikation angebotenen Informationsraum. Zur Durchführung der Praxistests wurden sechs Vor-Ort-Termine in den jeweiligen Arztpraxen oder Krankenhäusern vereinbart.[386] Die Tests dauerten etwa eine Stunde. Die in den Fragen I.1 und I.2 notwendige Zufallsauswahl von Treffern sowie eines Patienten wurde mit Hilfe eines webbasierten Zufallszahlengenerators durchgeführt. Der Fragebogen (Anhang 19) wurde vom Autor entsprechend der Antworten im Beisein der Ärzte ausgefüllt.

8.2.1.2 Ergebnisse im Testbereich „Qualität der Suchergebnisse"

In Frage I.1 sollten die Ärzte bewerten, wie gut die Suchtreffer aus der Medline-Datenbank zur Grunderkrankung eines Patienten (inbesondere seiner Hauptdiagnose) und zum konkreten Behandlungsfall passen (Abbildung 98). Pro Testpatient bewertete jeder Arzt zwei per Zufallsauswahl bestimmte Suchtreffer, so dass insgesamt zehn Suchtreffer von jedem Arzt bewertet wurden. Daraus ergibt sich eine Gesamtzahl von 70 bewerteten Suchtreffern.

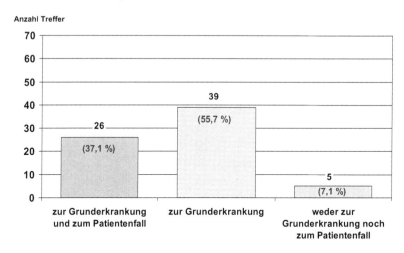

Abbildung 98: Auswertung Frage I.1

Entsprechend dem Konzept der Informationsräume (Kapitel 5.6) sind Suchtreffer, die zur Grunderkrankung eines Patienten passen, potenziell relevant. Bezogen auf Frage I.1 wurden von den Ärzten 65 Treffer (92,86 %) als relevant im Sinne eines Informationsraums einge-

---

[386] Die Praxistests mit zwei Ärzten konnten zu einem Termin zusammengelegt werden. Vgl. Anhang 17.

stuft. Dies entspricht einem hohen Precision-Wert von 0,93 (Kapitel 4.1.4). Bezogen auf den Behandlungsfall und die damit verbundenen konkreten Informationsbedarfe des Arztes wurden 26 Treffer (37,1 %) als relevant eingestuft. Hierfür ergibt sich ein Precision-Wert von 0,37. Die Zielsetzung, mit Hilfe der Kontextapplikation eine gezielte Vorauswahl potenziell relevanter Suchtreffer (Informationsraum) umzusetzen und dabei eine relativ hohe Anzahl tatsächlich relevanter Treffer im Informationsraum (40 % der Treffer im Informationsraum) anzubieten, wurde erreicht. Im Nachgang zum Test wurde analysiert, warum Suchtreffer als weder zur Grunderkrankung noch zum Patientenfall passend eingestuft wurden. Es konnten zwei Gründe identifiziert werden. Entweder lieferte das Concept Mapping der MappingComponent (Kapitel 7.3.3) keine MeSH-Treffer, d. h. bei der Datenbankabfrage musste auf die deutlich unpräzisere Suche mit dem Suchkennzeichen [TI] bzw. [TIAB] zurückgegriffen werden, oder die Bewertung der teilnehmenden Ärzte wich von der Verschlagwortung der NLM ab. Beispiel: Ein Fachartikel wurde von der NLM mit dem MeSH-Term „Kyphosis" verschlagwortet. Der Arzt bewertete den Treffer aber als nicht mit „Kyphosis" in Zusammenhang stehend. Trotz der Heterogenität der teilnehmenden Arztgruppe (Tabelle 14) war die Struktur der Antworten auf Frage I.1 insgesamt homogen, d. h. die Verteilung der Antworten auf die drei Kategorien war sehr ähnlich.

Während mit Frage I.1 eine Bewertung der Trefferrelevanz in der Breite (bezogen auf alle Testpatienten) beabsichtigt wurde, hatte Frage I.2 eine Bewertung in der Tiefe zum Ziel (Abbildung 99).

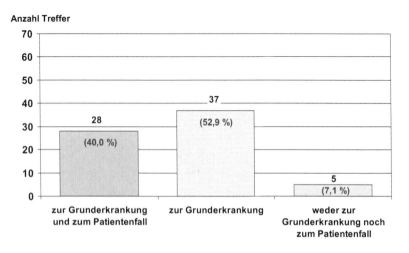

Abbildung 99: Auswertung Frage I.2

Dazu wurde per Zufallsauswahl ein Testpatient bestimmt, für den die ersten zehn Suchtreffer beurteilt werden sollten. Die bereits in Frage I.1 bewerteten zwei Suchtreffer wurden in der Analyse mit berücksichtigt. Die Ergebnisse der Bewertung in der Tiefe weichen nur wenig von der Bewertung in der Breite ab. Auch bei dieser Frage wurden 65 Treffer (92,86 %) als relevant im Sinne eines Informationsraums bewertet. Die Anzahl der Treffer, die als zu Grunderkrankung und Patientenfall passend eingestuft wurden, war mit 28 Treffern (40 %) etwas höher. Somit waren 43,08 % der Suchergebnisse im Informationsraum für den Behandlungsfall relevant.

Mit Hilfe der Fragen I.3 und I.4 sollte in Erfahrung gebracht werden, wie Ärzte den Nutzen der Suchergebnisse aus den verschiedenen eRessourcen (Medline, Leitlinien, Google und Wikipedia) bezogen auf den jeweiligen Behandlungsfall einschätzen (Abbildung 100). Mit deutlichem Abstand wurden die Suchtreffer aus dem Leitlinie-Archiv (Point5) als am hilfreichsten eingestuft. Zwei Ärzte werteten die Treffer als sehr hilfreich und fünf als hilfreich. Dies entspricht einer durchschnittlichen Bewertung von 1,71 (Abbildung 101). Einige Ärzte nannten als Gründe für ihre Einstufung die Tatsache, dass es sich bei Leitlinien um qualitätsgesicherte Informationen mit hoher Relevanz für die Praxis handele.

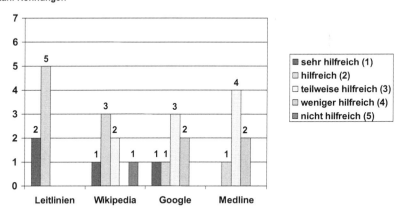

Abbildung 100: Auswertung Fragen I.3 und I.4 (Anzahl Nennungen)

Mit einem Wert von 2,57 erreichte Wikipedia mit einem deutlichen Abstand die zweithöchste Bewertung. Wikipedia wurde wiederholt als gute Informationsquelle für Einstieg oder Überblick zu einem Thema bezeichnet. Ein Arzt wich deutlich von der Einschätzung seiner Kollegen ab und bezeichnete Wikipedia als nicht hilfreich.

Google wurde von den Ärzten recht unterschiedlich bewertet. Alle teilnehmenden Ärzte nutzen Google insbesondere für nicht-medizinische Fragen. Die durchschnittliche Bewertung von 2,86 zeigt jedoch, dass die Erfahrungen mit Google durchaus ambivalent sind. Ein Arzt drückte seine Erfahrungen positiv aus und sagte, dass er in der Regel auf der ersten Trefferseite 1-2 Suchergebnisse findet, die seinem Informationsbedarf entsprechen. Andere Ärzte bemängelten die Tatsache, dass viele Googletreffer zu „gesponsorten" Links (z. B. Pharmaunternehmen) führen.

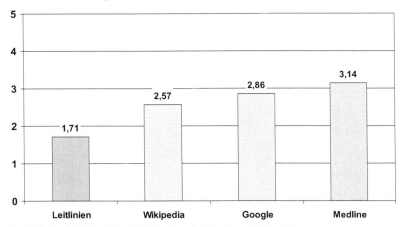

Abbildung 101: Auswertung Frage I.3 und I.4 (Durchschnittliche Bewertung)

Die schlechteste Bewertung erhielten die Suchtreffer aus der Medline-Datenbank. Auf den ersten Blick widerspricht dieses Ergebnis der Befragung in der Modellregion Bochum-Essen (Abbildung 28) und auch Aussagen im Praxistest (Abbildung 105). Eine Interpretationshilfe für dieses Ergebnis lieferte der mehrfach geäußerte Hinweis, dass die Einstufung „teilweise hilfreich" bedeutet, dass Medline-Suchergebnisse aufgrund des hohen Spezialisierungsgrades der Fachartikel entweder sehr relevant oder irrelevant sind.[387] Man schätzt Medline also grundsätzlich als sehr wichtige Informationsquelle ein. Dies schließt aber nicht aus, dass viele der Suchergebnisse aus Medline für die medizinische Praxis keine Bedeutung haben und daher sehr effizienter Filtermechanismen bedürfen.[388]

---

[387] „Teilweise hilfreich" ist also nicht als „durchschnittlich hilfreich" zu interpretieren.
[388] Vgl. hierzu auch die Ergebnisse des Laborexperiments „Faktor Menge" (Kapitel 8.2.3).

8.2.1.3 Ergebnisse im Testbereich „Verbesserungsmöglichkeiten"

Im Testbereich „Verbesserungsmöglichkeiten" sollten aus den Antworten der Ärzte Erkenntnisse für künftige Anpassungen der Kontextapplikation und des Kontextmodells gewonnen werden.

Frage II.1 und die damit verbundene Frage II.2 dienten der Plausibilisierung des in der Kontextapplikation implementierten Kontextmodells. Die Ärzte sollten die Wichtigkeit der einzelnen Merkmale des Modells für die Charakterisierung des Kontextes eines Informationsbedarfs im Hinblick auf einen Patientenfall bewerten (Abbildung 102 und Abbildung 103).

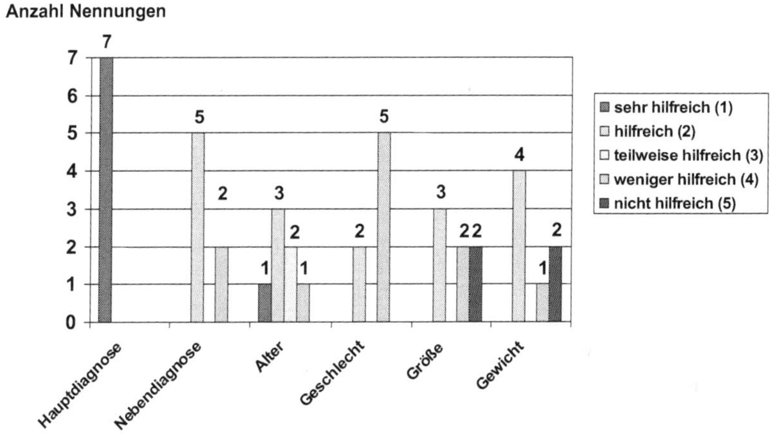

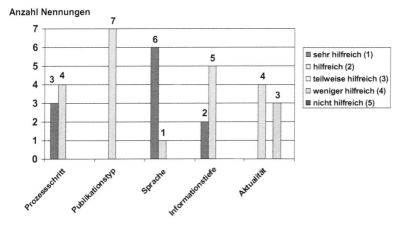

Abbildung 102: Auswertung Frage II.1 (1. Teil)

Abbildung 103: Auswertung Frage II.1 (2. Teil)

Recht eindeutige Beurteilungen ergaben sich für die Kontextmerkmale „Hauptdiagnose", „Sprache", „Prozessschritt", „Informationstiefe" und „Publikationstyp". Sie wurden durchweg mit „hilfreich" bzw. „sehr hilfreich bewertet". In Abbildung 104 ist die Rangfolge der durchschnittlichen Bewertungen dargestellt. Die Gründe für diese Bewertungen sind naheliegend: Die Hauptdiagnose ist das zentrale Merkmal zur Charakterisierung eines Behandlungsfalls. Literatur muss in einer Sprache geliefert werden, die der Arzt versteht.[389] Der aktuelle Prozessschritt dient der Einschränkung der Perspektive auf eine Hauptdiagnose oder Erkrankung. Informationen müssen in der gewünschten Informationstiefe geliefert werden. Wünscht ein Arzt bspw. einen Volltext, so ist ein Abstract für ihn nicht von Nutzen. Ähnliches gilt für den Publikationstyp: Möchte ein Arzt nur klinische Studien erhalten, so entspricht ein technischer Bericht nicht seinem Bedarf.

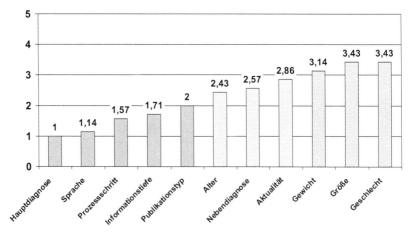

Abbildung 104: Auswertung Frage II.1 (Durchschnittliche Bewertung)

Die Bewertungen der anderen patientenbezogenen Merkmale (Alter, Nebendiagnose, Gewicht, Größe und Geschlecht) waren uneinheitlich. Dies spiegelt sich auch in der Rangfolge der durchschnittlichen Bewertungen wider. Von den Ärzten wurde wiederholt geäußert, dass Aussagen zur Wichtigkeit der anderen patientenbezogenen Merkmale nur fallspezifisch getroffen werden können. Bei einem Patientenfall A kann z. B. die Nebendiagnose oder das Alter höchst relevant sein, um den Kontext des Informationsbedarfs zu charakterisieren. Umge-

---

[389] Im Praxistest wurde „Deutsch" als Sprache eindeutig präferiert.

Ergebnisse der empirischen Erhebungen

kehrt können beide Merkmale für einen Patientenfall B unwichtig sein. Nichtsdestotrotz liefert Abbildung 104 einen Hinweis auf die grundsätzliche Tendenz der Gewichtung.

Das uneinheitliche Bild bei der Bewertung der Aktualität einer Information lässt sich ähnlich begründen. Klinische Studien sollten bspw. in der Regel nicht älter als 2-5 Jahre sein, während Grundlagenartikel zu einer Erkrankung deutlich älter sein dürfen.

Bei der Betrachtung der Rangfolge der Kontextmerkmale fällt auf, dass diese tendenziell der Abfolge der Suchiterationen und der darin hinterlegten heuristisch ermittelten Rangfolge ähnlich sind (Abbildung 86). So werden bspw. bei beiden die Hauptdiagnose und die Sprache als wichtigste Merkmale genannt.

Weitere Kontextmerkmale sollten mit Frage II.2 in Erfahrung gebracht werden. Ein Arzt nannte patientenbezogene Abrechnungsregularien der Krankenkassen als wichtiges Kontextmerkmal. Wird in einer Fachliteraturquelle bspw. eine Behandlungsmethode vorgestellt, so ist diese Information bezogen auf einen Patientenfall nur dann von hoher Relevanz, wenn die Methode auch über den Versicherungsvertrag des Patienten bei seiner Krankenkasse abgedeckt ist. Von einem anderen Arzt wurde der Behandlungslevel (ambulant, stationär, intensiv etc.) des Patienten als Kontextmerkmal vorgeschlagen.

In der abschließenden Frage II.3 sollten die Ärzte eine Auswahl verschiedener Typen von digitalen Informationsquellen in eine Rangfolge bringen (Abbildung 105). Sie hatten alternativ auch die Möglichkeit, eigene Vorschläge einzubringen und einzuordnen.

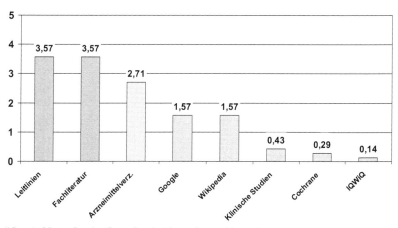

*) Rang 1 = 5 Punkte, Rang 2 = 4 Punkte, Rang 3 = 3 Punkte, Rang 4 = 2 Punkte, Rang 5 = 1 Punkt, keine Nennung = 0 Punkte

Abbildung 105: Auswertung Frage II.3

Von einem Arzt wurden als Alternativen die Cochrane-Library (Leitlinien) und Publikationen des Instituts für Qualität und Wirtschaftlichkeit im Gesundheitswesen (IQWiG) genannt. Zur Auswertung der Ergebnisse von Frage II.3 wurden die Rangwerte in Punktwerte überführt und anschließend Durchschnittswerte gebildet. Die höchsten Punktewerte erreichen Leitlinien und Fachliteratur. Arzneimittelverzeichnisse werden insbesondere von niedergelassenen Ärzten genutzt. Sie wurden noch vor Google und Wikipedia eingeordnet. Da diese Verzeichnisse (z. B. die ABDA-Datenbank) kostenpflichtig sind, wurden sie bisher nicht in der Kontextapplikation berücksichtigt. Von sehr geringer Bedeutung sind klinische Studien sowie die Einzelnennungen der Cochrane Library und IQWiG-Publikationen.

8.2.1.4 Ergänzende Anmerkungen der Ärzte

Die teilnehmenden Ärzte erläuterten ihre Antworten in einigen Fällen mit ergänzenden Anmerkungen. Diese werden in diesem Kapitel kurz zusammengefasst.

Im Kapitel 8.2.1.1 wurde bereits angemerkt, dass die Ärzte aus unterschiedlichen Motivationslagen Testpatienten ausgewählt haben. In der Regel waren es Patienten mit Krankheitsbildern, die dem Haus- oder Facharzt eher fremd waren (fachfremde Spezialfälle). Mehrere Ärzte äußerten daher den Wunsch nach „niederschwelligen Angeboten" in Form von Überblicksartikeln, in denen sie sich schnell orientieren können und Antworten finden. Dies ist sicherlich einer der Gründe, warum medizinische Leitlinien, die diesem Bedarf am besten entsprechen, so positiv bewertet wurden (Abbildung 101 und Abbildung 105). Ein Arzt unterschied zwischen der Suche für den praktischen Alltag und der wissenschaftlichen Suche (z. B. in Medline). Letztere wurde als weniger relevant für die Praxis erachtet, da wissenschaftliche Artikel häufig Spezialthemen in großer inhaltlicher Tiefe behandeln. Eine Suche in Medline wird daher bei sehr speziellen Fragen bevorzugt.

Von fast allen Ärzten wurde betont, dass „Deutsch" nach wie vor die wichtigste Sprache für die Informationsbeschaffung ist. Da über PubMed überwiegend englischsprachige Abstracts und Volltexte verfügbar gemacht werden, ist diese eRessource auch aus diesem Grund „im Nachteil".

Bzgl. der Kontextmerkmale „Größe" und „Gewicht" wurde von mehreren Ärzten eine Zusammenfassung zum Body Mass Index (BMI) vorgeschlagen. Dieser lässt eindeutigere Rückschlüsse auf Krankheitsbilder (z. B. Adipositas) zu, die eine singuläre Betrachtung von Größe oder Gewicht nicht ermöglicht.

Die gelieferten Informationen sollten in der Regel nicht älter als fünf, maximal aber zehn Jahre als sein. Ein Arzt wies darauf hin, dass die Informationen kostenfrei verfügbar sein sollten.

Von zwei Ärzten wurden Anregungen zur Anbindung weiterer eRessourcen gegeben. Folgende eRessourcen wurden genannt: ZIBB.med, Medpilot, Coliquio, Münchner Medizinische Wochenschrift (MMW) Online sowie Cochrane-Libary und IQWiG. Als wichtiges Kriterium für die Bewertung von eRessourcen wurde die Unabhängigkeit von externem Sponsoring genannt. Ein Arzt berichtete auch, dass er ärztliche Internet-Foren zur Vorstellung von Patientenfällen nutzt und dort qualifizierten Rat von Kollegen erhält.

Ein anderer Arzt wies darauf hin, dass die ICD-10-Klassifikation Erkrankungen von Patienten teilweise nicht präzise genug beschreibt. Sinnvoll wäre die Charakterisierung eines Patienten durch eine eigene Schlagworterfassung. Daraus könnten dann sowohl die Suchterme für die Kontextapplikation als auch die ICD-10 für die Leistungsabrechnung automatisch generiert werden.

8.2.2 Ergebnisse des Laborexperiments „Faktor Zeit"

Zielsetzung des Laborexperiments „Faktor Zeit" war es, für zehn zufällig ermittelte Patienten den Zeitaufwand der Suche in der Medline-Datenbank mit und ohne Kontextapplikation zu erheben und zu vergleichen. Es sollte untersucht werden, welchen zeitlichen Vorteil die Nutzung der Kontextapplikation verglichen mit einer manuellen Suche bringt.

Im ersten Teil des Experiments wurden automatisiert die Zeiten protokolliert, die das System benötigt, um für zehn zufällig ausgewählte Patienten basierend auf Kontextinformationen jeweils zehn Suchtreffer in der Medline-Datenbank zu erzielen und im Informationsraum von Care2x anzuzeigen (Tabelle 15):

Nr.	Patienten-ID	Zeit (in s)
1	A6P2	3,53
2	A6P4	3,78
3	A1P4	3,94
4	A1P3	4,14
5	A3P5	6,69
6	A8P1	4,63
7	A4P1	6,77
8	A5P1	2,95
9	A5P5	6,44
10	A2P2	5,09
Durchschnittszeit		**4,80**

Tabelle 15: Suchzeiten der Kontextapplikation

Die Suchzeiten wurden in Sekunden (s) gemessen. Die zeitlichen Unterschiede zwischen den Patientenfällen ergaben sich aufgrund der unterschiedlichen Anzahl an Diagnosen, gefundenen MeSH-Termen und CUIs sowie der Anzahl der durchlaufenen Suchiterationen. Im arithmetischen Mittel aller zehn ausgewählten Patienten benötigte die Kontextapplikation 4,80 s bei einer Standardabweichung von 1,40 s, um jeweils zehn Suchtreffer zu erzielen und anzuzeigen.

Im zweiten Teil des Tests wurden die einzelnen Schritte der automatischen Suche der Kontextapplikation manuell nachvollzogen. D. h. es wurden die Kontextmerkmale aus der Care2x-Datenbank bestimmt, ein manuelles Concept Mapping durchgeführt und so lange Suchiterationen in der Medline-Datenbank durchgeführt bis ebenfalls mindestens zehn Suchtreffer erzielt wurden. Dieser Teil des Experiments wurde vom Verfasser und zwei ISST-Mitarbeitern mit umfassender Recherche-Erfahrung als Probanden durchgeführt. Es ist davon auszugehen, dass die ermittelten Zeiten Untergrenzen darstellen, die in der Praxis von Ärzten mit zumeist deutlich geringerer Erfahrung im Umgang mit der Medline-Datenbank deutlich überschritten werden dürften.

Die Zeit t_2 repräsentiert die Gesamtdauer der Suche (Abbildung 95). Der Anteil der Gesamtdauer einer Suche, welcher auf den Kontextaspekt entfällt, wurde über die Zwischenzeit t_1 erfasst.[390] Basierend auf den Einzelwerten der drei Probanden für die Zeiten t_1 und t_2 wurden die folgenden durchschnittlichen Zeiten errechnet:[391]

Nr.	Patienten-ID	Zeit t_1 (Kontextaspekt)	Zeit t_2 (Gesamtdauer)
1	A6P2	9:59 min	14:15 min
2	A6P4	8:12 min	13:46 min
3	A1P4	6:43 min	11:39 min
4	A1P3	7:27 min	12:27 min
5	A3P5	19:01 min	26:20 min
6	A8P1	7:01 min	11:05 min
7	A4P1	9:47 min	15:23 min
8	A5P1	12:43 min	17:06 min
9	A5P5	17:13 min	23:44 min
10	A2P2	4:43 min	7:48 min
Durchschnittszeit		**10:17 min**	**15:21 min**

Tabelle 16: Arithmetisches Mittel für die Zeiten t_1 und t_2 bei der manuellen Suche

---

[390] Dies sind die Arbeitsschritte „Kontextmerkmale identifizieren" und „Merkmale auf MeSH-Terme mappen". Vgl. Abbildung 95.
[391] Die Einzelzeiten der Probanden befinden sich im Anhang 20.

Je nach Komplexität des konkreten Patientenfalls variieren die ermittelten Zeiten erheblich. Die Suche (t_2) dauerte im Durchschnitt der drei Probanden zwischen 7 Minuten 48 Sekunden und 26 Minuten 20 Sekunden. Es ergibt sich ein arithmetisches Mittel für t_2 von 15 Minuten 21 Sekunden bei einer Standardabweichung von 4 Minuten und 41 Sekunden sowie für t_1 von 10 Minuten 17 Sekunden bei einer Standardabweichung von 5 Minuten und 44 Sekunden.

Die Kontextapplikation verkürzt die Zeitdauer der Suche nach Informationen bei den betrachteten Patientenfällen um mehr als 15 Minuten. Laut EUROCOMMUNICATION-Studie haben niedergelassene Ärzte in Deutschland im Durchschnitt mit 7,6 Minuten weniger Zeit für ein Patientengespräch als eine manuelle kontextorientierte Suche dauern würde (Kapitel 1.1). Durch die Nutzung der Kontextapplikation wird nun die Voraussetzung geschaffen, dass fallbezogene Informationen aus medizinischen Fachliteraturdatenbanken, Leitlinen-Archiven oder Nachschlagwerken während eines Patientengespräches verfügbar gemacht werden können. Zudem liegt die Dauer aller Informationssuchen der Kontextapplikation deutlich unter den geforderten 30 Sekunden.[392] Ob die Informationen vom Arzt abgerufen werden, hängt letztendlich davon ab, inwiefern es gelungen ist, die Informationsmenge insgesamt zu reduzieren (Kapitel 8.2.3) und so aufzubereiten, dass eine Informationsverarbeitung mit möglichst geringem Aufwand erfolgen kann.

Bei einem arithmetischen Mittel von 10 Minuten 17 Sekunden liegt der zeitliche Aufwand t_1 für die Ermittlung der Kontextinformationen und die Ableitung von darauf basierenden Suchtermen bei etwa 2/3 des gesamten zeitlichen Aufwands t_2 für die Suche.

Zwischen den Zeiten der automatischen Suche und der manuellen Suche besteht keine direkte Korrelation. Dies liegt daran, dass die Gewichtung der Faktoren, die den zeitlichen Aufwand bestimmen, bei manueller und automatischer Suche unterschiedlich ist. Die Zeitdauer wird durch interne und webbasierte Datenbankzugriffe, Diensteaufrufe und Diensteausführungen beeinflusst. Bei der automatischen Suche bestimmen die webbasierten Datenbankzugriffe auf PubMed die Suchzeiten, während bei der manuellen Suche die Dienstausführung in Form der manuellen Ausführung von Funktionen am zeitaufwändigsten ist.

8.2.3 Ergebnisse des Laborexperiments „Faktor Menge"

Zur Vorbereitung des Laborexperiments wurden pro Arzt zwei Patientenfälle ausgewählt. Insgesamt wurde somit die Reduktion der Informationsmenge für 14 Testpatienten gemessen.

---

[392] Vgl. [MYB06], S. 67 und Anhang 20.

Die initale Suche wurde auf Basis eines MeSH-Terms oder Titel-Stichwortes durchgeführt, welches über das Concept Mapping der MappingComponent ermittelt wurde und die Hauptdiagnose des jeweiligen Patienten treffend charakterisiert.

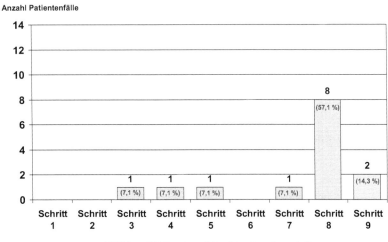

Abbildung 106: Letzter erfolgreicher Iterationsschritt

In Abbildung 106 ist dargestellt, bis zu welchem Iterationsschritt Treffer bei der Suche in der Medline-Datenbank erzielt wurden. In jeweils einem Fall endete die Suche im dritten, vierten, fünften oder siebten Suchschritt. Bei der Mehrzahl der Patientenfälle (71,4 %) wurden jedoch mindestens bis zum achten Iterationsschritt Suchtreffer erzielt. Die folgende Tabelle zeigt die arithmetischen Mittel der Anzahl Treffer, die bei dem jeweiligen Iterationsschritt erzielt wurden (vgl. dazu auch Abbildung 97):

Schritt	1. Suche	2. Suche	3. Suche	4. Suche	5. Suche	6. Suche	7. Suche	8. Suche	9. Suche
Anzahl Treffer	8.331	6.957	2.350	476	458	133	74	67	1

Tabelle 17: Anzahl Treffer pro Iterationsschritt (arithmetisches Mittel)

Die Reduktion der Informationsmenge durch die Nutzung von Kontextinformationen ist erheblich. Während die Suche nach der Hauptdiagnose anhand eines MeSH-Schlagwortes mit der Option [MAJR:noexp]"[393] im arithmetischen Mittel der 14 Patientenfälle weit über 8.000

---

[393] Die Option [MAJR] besagt, dass nur Artikel gesucht werden, die den dazugehörigen MeSH-Term als Hauptthema (*Major Topic*) behandeln. Der zusätzliche Parameter „noexp" besagt, dass MeSH-Terme, die sich in der MeSH-Hierarchie unterhalb des Ursprungsterms befinden, nicht in die Suche einbezogen werden.

Treffer liefert, reduziert bspw. die Einbeziehung der Kontextmerkmale „Sprache", „Altersgruppe" und „Prozessschritt" (4. Suche) die Anzahl der Treffer auf 476. Werden als weitere Kontextmerkmale Publikationstyp, Aktualität der Information und gewünschte Informationstiefe bei der Suche verwendet, so liegt die Trefferanzahl im Mittel bei nur noch bei 67 (8. Suche).

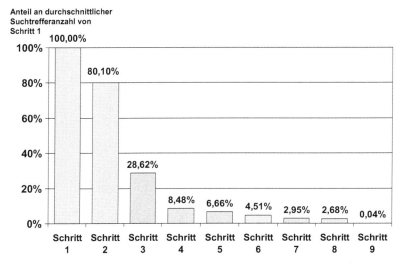

Abbildung 107: Visualisierung der Reduktion des Faktors „Informationsmenge"

Der Mengenreduktionseffekt durch die Nutzung der Kontextapplikation ist in den betrachteten Patientenfällen sehr signifikant.

Abbildung 107 verdeutlicht den Reduktionseffekt der Informationsmenge durch die Einbeziehung von Kontextinformationen. In der Abbildung ist der prozentuale Anteil der in einem Suchschritt erzielten durchschnittlichen Treffermengen an der durchschnittlichen Gesamtzahl der Treffer im ersten Suchschritt dargestellt. Die Abnahme der Trefferzahl zeigt einen degressiven Verlauf. Besonders signifikant ist die Mengenreduktion vom zweiten zum dritten und vom dritten zum vierten Iterationsschritt. Im dritten Iterationsschritt wird das Kontextmerkmal „Altersgruppe" hinzugefügt und im vierten Iterationsschritt das Merkmal „aktueller Prozessschritt."

8.2.4 Zusammenfassung der Ergebnisse

Die Praxistests mit sieben Ärzten liefern Hinweise, dass mit Hilfe der Kontextapplikation und des darin implementierten Konzepts einer kontextorientierten Informationsversorgung ein patientenfallbezogener Informationsraum mit potenziell relevanten Suchergebnissen angeboten werden kann. 92,86 % der Suchtreffer in der Medline-Datenbank wurde von den Ärzten – bezogen auf die Grunderkrankung des Patienten – als potenziell relevant eingestuft. Insgesamt 37,1 % (Test in der Breite) bzw. 40 % (Test in der Tiefe) der Suchtreffer waren relevant für den Patientenfall. D. h. fast jeder zweite Treffer im Informationsraum wurde von den Ärzten als hilfreich für den konkreten Patientenfall eingestuft. Trotz der komplexen Informationscharakteristika von medizinischer Fachliteratur wird somit die Auswahl von relevanten Informationen erleichtert.

Die Kontextapplikation ermöglicht darüber hinaus eine Reduktion der „Time-to-Information" von durchschnittlich über 15 Minuten auf etwas mehr als 5 Sekunden. Dieses Ergebnis ist nicht nur aufgrund der absoluten Zahlen sehr deutlich. Es dokumentiert auch auf qualitativer Ebene eine spürbare Verbesserung. Die Reduktion der Zeit für eine Informationssuche auf etwa 5 Sekunden schafft Freiräume für die Einbeziehung und Verarbeitung von neuen fallbezogenen medizinischen Informationen im Behandlungsprozess.

Das Praxisexperiment „Faktor Menge" zeigt eine deutliche Reduktion der Informationsmenge aufgrund der Nutzung von Kontextinformationen bei der Suche. Während die initiale Suche nach der Hauptdiagnose im Experiment durchschnittlich über 8.000 Treffer liefert, verbleiben nach dem 8. Iterationsschritt durchschnittlich 67 Treffer. Diese Anzahl von Treffern im Informationsraum der Kontextapplikation entspricht einer Menge, die von einem Arzt „überflogen" werden kann, um die für den Patientenfall relevanten Treffer zu identifizieren. Aufgrund der geringen Stichprobengröße können die genannten positiven Ergebnisse des Praxistests und der Laborexperimente nicht als empirischer Beweis dienen. Sie geben jedoch eindeutige Hinweise und erste Belege, dass das entwickelte informationslogistische kontextorientierte Konzept einen signifikanten Beitrag zur Verbesserung der Informationsversorgung von Ärzten im Behandlungsprozess leistet. Alle drei Einflussfaktoren auf die Entstehung eines Information Overload bei Ärzten konnten positiv beeinflusst werden.

9 Fazit und Ausblick

Die Einbeziehung des situationsbezogenen Kontexts in die Versorgung von Anwendern mit Informationen und Diensten ist bereits seit den 90er Jahren des vorigen Jahrhunderts fester Bestandteil von Lösungen im Bereich des Mobile und Ubiquitous Computing. In den letzten Jahren wurde der Grundgedanke der Kontextorientierung auch auf das Information Retrieval übertragen. Zentrale wissenschaftliche Zielsetzung dieser Dissertation war es, die Ansätze des kontextorientierten Information Retrieval auf das Gesundheitswesen zu übertragen und eine umfassende Konzeption einer kontextorientierten Informationsversorgung von Ärzten zu entwickeln.

Die Erarbeitung dieser Konzeption erfolgte aus einer informationslogistischen Perspektive heraus. Zielsetzung der Informationslogistik ist es, den Anwender bedarfsgerecht über eine aktive Informationszustellung (Push-Dienst) mit Informationen zu versorgen. Da die vollständige Antizipation des Informationsbedarfs eines Arztes in einer Behandlungssituation als Voraussetzung für einen „Information Push" nicht möglich ist, wurde die Informationslogistik um das Konzept der selektiven Informationsräume erweitert. In diesem Konzept wird dem Arzt eine Vorauswahl an potenziell für ihn relevanten Informationen aktiv angeboten. Die Auswahl der tatsächlich für ihn relevanten Informationen wird ihm aber selbst überlassen.

Zentrales Element der informationslogistischen Konzeption ist das Kontextmodell. Anhand der Merkmale des Modells erfolgt die Auswahl der Informationen im selektiven Informationsraum. Da die Anzahl der Merkmale, die geeignet sind, den Kontext der Informationsversorgung eines Arztes zu beschreiben, sehr groß ist, war eine Auswahl der wichtigsten Merkmale und Kontextbereiche notwendig. Auf die Gewichtung der Merkmale im Modell wurde verzichtet, da diese in Abhängigkeit vom konkreten Informationsbedarf eines Arztes variiert und nur im Zusammenhang mit einer konkreten Behandlungssituation bestimmt werden kann. Die variable Gewichtung von Kontextmerkmalen wurde daher nicht im Modell, sondern in der Kontextapplikation umgesetzt. Anhand des eigenen IR-orientierten Kontextmodells lassen sich die Unterschiede zwischen den Ansätzen im Mobile und Ubiquitous Computing auf der einen Seite und im Information Retrieval auf der anderen Seite erkennen. Während bei ersterem Orts- und Zeitaspekte im Zentrum stehen, spielen bei letzterem patientenbezogene Aspekte (z. B. Diagnose) die wichtigste Rolle.

Neben den theoretischen Arbeiten am Kontextmodell lieferte die Gestaltung und Implementierung der informationslogistischen Kontextapplikation wichtige Erkenntnisse für die Gesamtkonzeption.

In der Kontextapplikation wurde ein Teilausschnitt des Kontextmodells implementiert. Eine besondere Herausforderung stellte die Abbildung der Kontextmerkmale auf Suchindexterme in den angebundenen eRessourcen (insbesondere der Medline-Datenbank) dar. Zur Lösung dieses Problems wurde ein komplexes Abbildungsverfahren, das sog. „Concept Mapping", entwickelt, welches unter Nutzung des UMLS-Metathesaurus eine Abbildung vornimmt. Dabei wurde deutlich, dass die Bedeutung eines Kontextmerkmals auch von seiner Abbildbarkeit auf Suchindexterme abhängt.

Die Gewichtung der Kontextmerkmale in der Kontextapplikation wurde über eine heuristisch ermittelte Abfolge der Suchiterationsschritte in der Medline-Datenbank berücksichtigt. Dabei werden in Abhängigkeit vom jeweiligen Gewichtungswert die Kontextinformationen sukzessive aus dem Suchterm gestrichen, bis die angestrebte Treffermenge erreicht wird.

Die SOA-basierte und über Web Services implementierte Architektur der Kontextapplikation hat sich bei deren Umsetzung und in den Praxistests bewährt. Die Anbindung der eRessourcen gestaltete sich insbesondere dann einfach, wenn ein eigener Web Service verfügbar war. Die Implementierung auf Web-Service-Basis erleichterte zudem die Integration in die Benutzeroberfläche des Primärsystems, so dass für Ärzte ein barrierefreier Zugriff auf medizinische Fachinformationen möglich war. Da moderne ärztliche Primärsysteme SOA-basiert sind, ist die Kontextapplikation zudem sehr zukunftsfähig.

Die Ergebnisse der Praxistests zeigten, dass die Zusammenstellung der medizinischen Fachinformationen im Informationsraum der Kontextapplikation einen sehr hohen Anteil an potenziell relevanten medizinischen Fachinformationen umfasst. Etwa 40 % der Treffer wurden von den Ärzten zudem als passend zu ihrem tatsächlichen Informationsbedarf bewertet. Medizinische Leitlinien-Archive konnten als eRessource mit der höchsten Relevanz für die medizinische Praxis identifiziert werden. Medizinische Fachliteratur ist insbesondere für spezifische Fragestellungen bedeutsam.

Ein Praxisexperiment zeigte, das mit Hilfe der Kontextapplikation der Zeitaufwand für die fallbezogene Suche nach medizinischen Fachinformationen von etwa 15 min auf 5 s im Mittel sehr signifikant reduziert werden konnte. Die Forderung nach einer maximalen Suchdauer von 30 s wurde damit erfüllt. Zudem eröffnet sich aufgrund der zeitlichen Einsparungen für die Informationssuche erstmals die Möglichkeit, medizinische Fachinformationen in eine Behandlungssituation (z. B. ein Patientengespräch) einfließen zu lassen.

Ein weiteres Praxisexperiment zeigte darüber hinaus, dass durch die Kontextapplikation die Informationsmenge bei der Suche deutlich reduziert werden konnte. Durch die Einbeziehung von patientenfall- und arztbezogenen Kontextinformationen konnte die Treffermenge im

Fazit und Ausblick

Vergleich zu einer eindimensionalen manuellen Suche etwa um den Faktor 100 reduziert werden.

Die Ausgangszielsetzung der Dissertation wurde erreicht und eine informationslogistische Konzeption einer kontextorientierten Informationsversorgung von Ärzten in Behandlungsprozessen entwickelt und implementiert. Der abschließende empirische Teil der Arbeit belegte, dass die Einflussfaktoren auf die Entstehung eines Information Overload als zentrale Ursache der Defizite in der Informationsversorgung von Ärzten deutlich reduziert werden konnten. Damit wurde die Voraussetzung dafür geschaffen, dass die von den befragten Ärzten in der Modellregion Bochum-Essen geäußerte Erwartung, dass eine verbesserte Informationsversorgung die Qualität der Krankenversorgung steigert und deren Abläufe in der Krankenversorgung verbessert, erfüllt werden kann.

Das Themenfeld der kontextorientierten Informationsversorgung von Ärzten bietet auch für die Zukunft noch eine ganze Reihe an zu vertiefenden Forschungsfragen. Im Folgenden sollen exemplarisch einige mögliche Vertiefungen dargestellt werden:

Erweiterung des Kontextmodells um den Teilbereich „Regularien"
In den Praxistests wurde erwähnt, dass Regularien (Vorgaben der Ärztekammern und Kassenärztlichen Vereinigungen, individuelle Erstattungsregelungen für Krankenversicherte, gesetzliche Rahmenbedingungen etc.) einen zunehmend wichtiger werdenden Einfluss auf die ärztliche Entscheidungsfindung haben. So ist eineFachliteraturquelle, in der eine innovative Therapiemöglichkeit beschrieben wird, nur dann für den Arzt sehr relevant, wenn diese auch von der Krankenkasse des Patienten erstattet wird. Dieser Aspekt wurde bisher als Kontextmerkmal im Teilmodell „Patientenfall" berücksichtigt. Vertiefende Untersuchungen könnten prüfen, ob ein eigener Teilbereich „Regularien" gebildet werden sollte.

Anbindung interner Informationsquellen und kostenpflichtiger eRessourcen
Bisher wurden an die Kontextapplikation ausschließlich kostenfrei verfügbare eRessourcen angebunden. In großen Krankenhäusern oder privaten Krankenhausketten, die zumeist über umfassende interne Informationssammlungen verfügen, sollten diese an die Kontextapplikation angebunden werden. Dies ist konzeptionell im eResourceManager bereits vorgesehen. Auch eine Anbindung kostenpflichtiger eRessourcen kann sinnvoll sein, um die Informationsbedarfe von Ärzten umfassend befriedigen zu können.

Erweiterung des Funktionsumfangs der Kontextapplikation

Die informationslogistische Kontextapplikation könnte um die folgenden Funktionen erweitert werden:

- Sortierfunktion für die Trefferliste
- Relevanzranking
- Selbstlernendes System basierend auf QueryArchiveComponent (Kapitel 7.4.1)
- Benutzerschnittstellen zur manuellen Modifikation des Kontextmodells durch Arzt oder Administrator

Bedarfsgerechtere inhaltliche Erschließung von eRessourcen

Selbst umfangreiche Fachliteraturdatenbanken wie die Medline-Datenbank sind neben einem Schlagwortindex insbesondere über bibliografische Suchfelder erschlossen (Titel, Autor, Erscheinungsjahr etc.). Für Ärzte ist darüber hinaus aber bspw. auch sehr wichtig, welches Vorwissen eine Fachinformation für deren Verständnis erfordert oder ob es sich um einen Übersichtsartikel oder einen vertiefenden Fachartikel handelt. Insgesamt wäre eine Erschließung der Fachartikel orientiert an den Erfordernissen der medizinischen Praxis hilfreich und wünschenswert.

Vertiefung der empirischen Untersuchungen

Für die Zukunft bietet sich noch eine Reihe von vertiefenden empirischen Untersuchungen an. Insbesondere die Bewertung der Bedeutung einzelner Kontextmerkmale auf die Qualität der Suchergebnisse ist eine sehr interessante Fragestellung. Dazu müssten die einer Suche zugrundeliegenden Kontextmerkmale variiert werden. Darüber wären Rückschlüsse bezüglich einer Gewichtung der Merkmale im Modell möglich.

Anhangverzeichnis

Anhang 1:	Ergebnisse einer Metaanalyse von 14 internationalen Studien zur Informationsversorgung von Ärzten	231
Anhang 2:	Fragebogen der Ärztebefragung in der Modellregion Bochum-Essen	242
Anhang 3:	Unterscheidung von Web Retrieval und klassischem Retrieval	250
Anhang 4:	Abfrage statischer und dyamischer Inhalte	252
Anhang 5:	RDF-Schema (RDFS)	253
Anhang 6:	Web Ontology Language (OWL)	255
Anhang 7:	Der Kommunikationsstandard HL7	260
Anhang 8:	Nachrichtenformat und Query-Formulierung beim HL7Infobutton	263
Anhang 9:	Spezifika medizinischer Prozesse	265
Anhang 10:	Domänenunabhängige und domänenspezifische Prozessmodellierungssprachen im Gesundheitswesen	268
Anhang 11:	Medical Subject Headings (MeSH)-Thesaurus	273
Anhang 12:	Unified Medical Language System (UMLS)-Metathesaurus	274
Anhang 13:	Alternative Mapping Konzepte	276
Anhang 14:	Sequenzdiagramm der lexikalischen Analyse im Rahmen des Concept Mapping	278
Anhang 15:	WSDL-Datei des ContextManagers	281
Anhang 16:	Datenbank „Medline"	283
Anhang 17:	Liste der am Praxistest teilnehmenden Ärzte	285
Anhang 18:	Testdatenformuler	287
Anhang 19:	Fragebogen Praxistest	289
Anhang 20:	Einzelergebnisse Praxisexperiment „Faktor Zeit"	292

Anhang 1: Ergebnisse einer Metaanalyse von 14 internationalen Studien zur Informationsversorgung von Ärzten

Dee und Blazek (USA), 1993, Quelle: [DB93]

Zielsetzung: Untersuchung des Informationsbedarfs und Informationssuchverhaltens von Landärzten sowie Beschreibung der Fragestellungen, die in der täglichen klinischen Praxis auftauchen.

Stichprobe: Zielgruppe waren Ärzte in ländlichen Gemeinden (< 25.000 Einwohner). Ein gezieltes Verfahren der Stichprobenauswahl wird in der Quelle nicht beschrieben. Ausgewählt wurden zwölf Landärzte aus Zentralflorida: Sechs Ärzte mit und sechs ohne Zugang zu einer medizinischen Bibliothek, sechs in Einzel- und sechs in Gemeinschaftspraxis, neun Allgemeinmediziner bzw. Internisten sowie ein Gynäkologe, ein Gastroenterologe und ein Radiologe.

Methoden: I. Semistrukturierte Interviews/Face-to-face-Interviews
II. Beobachtung

Vorgehen: 1. Schritt: Erfassung der Informationsquellen im Arztbüro und Identifikation der Quellen, die zur sofortigen Beantwortung von Fragen dienen können
2. Schritt: Erfassung der Informationsquellen in der Bibliothek des lokalen Krankenhauses
3. Schritt: Durchsicht der Patientenliste, die innerhalb eines halben Tages behandelt wurden und Identifikation der Fragen, die aufgetreten sind (Ableitung von 48 Sachfragen aus insgesamt 144 Patientenakten)
4. Schritt: Interviews zu den grundlegenden Informationsbedarfen in der medizinischen Praxis

Ergebnisse: I. Informationsbedarf:
Fragen zu Behandlung (75 %), Diagnose (15 %), Krankheitsursachen (8 %) und psychische Ursachen (2 %)
II. Informationsquellen:
- Kollegen (100 % der Ärzte)
- Medizinertreffen auf lokaler (92 % der Ärzte) und nationaler Ebene (83 % der Ärzte)
- Fachzeitschriften, wobei drei Ärzte mehr als neun Abonnements, fünf Ärzte zwischen einem und acht Abonnements und drei Ärzte keine Abonnements angaben
- Bücher, wobei vier Ärzte mehr als 31 Bücher, acht Ärzte weniger als elf Bücher (davon drei ohne Bücher) angaben
- Bücherei: Von sechs Ärzten mit Zugang zur lokalen Bücherei, nutzte einer diesen Zugang

Gorman, Ash und Wykoff (USA), 1994, Quelle: [GAW94]

Zielsetzung: Untersuchung, ob medizinische Fachliteratur in der Lage ist, eine zufällige Auswahl an Fragen von Hausärzten zu beantworten.

Stichprobe: Von allen Ärzten in Oregon wurde vorab eine geschichtete Auswahl von 50 % städtischen und 50 % ländlichen Ärzten getroffen. Insgesamt wurden 966 Ärzte um Teilnahme gebeten. 154 „brauchbare" Freiwillige wurden ausgewählt. Von diesen wurde dann eine neue Zufallsstichprobe zu je 25 ländlichen und 25 städtischen Ärzten im Rahmen einer geschichteten Auswahl getroffen. 49 aktiv tätige Ärzte und sieben Medizinbibliothekare nahmen schließlich teil.

Methoden: I. Interview
II. Online-Recherche
III. Geschichtete Auswahl

Vorgehen: 1. Schritt: Durchführung von 49 Interviews zur Erfassung von klinischen Fragestellungen (Ergebnis: 295 Fragen)
2. Schritt: Durchführung von Online-Recherchen zur Beantwortung von 60 zufällig ausgewählten Fragen und Versendung einer Auswahl an Literatur, die zu den Fragen passt, an die Ärzte
3. Schritt: Feedback der Ärzte bzgl. Relevanz und Nützlichkeit der gelieferten Literatur

Ergebnisse:
- Insgesamt wurden aus den 49 Interviews 295 Fragen abgeleitet.
- Für die Beantwortung von 60 zufällig ausgewählten Fragen wurden im Schnitt 33 Minuten aufgewendet, bei Kosten von durchschnittlich $ 27,37.
- Die Medizinbibliothekare konnten verschiedene Literaturdatenbanken auswählen, entschieden sich aber fast ausschließlich für Medline.
- Als Ergebnis der Suche sollten die Bibliothekare eine kleine Auswahl an Literatur für die Ärzte kopieren.
- Vorgehensschritt 3 konnte mit 56 Fragen durchgeführt werden. Für 28 Fragen (56%) wurden die Antworten als relevant betrachtet. Bei 22 Fragen war die Antwort klar/eindeutig, d. h. die Informationsbedarfe wurden erfüllt.

Gorman und Helfand (USA), 1995, Quelle: [GH95]

Zielsetzung: Identifikation der Faktoren, die Ärzte bei gegebenem Informationsbedarf motivieren, nach Informationen zu suchen.

Stichprobe: Stichprobe von [GAW94]

Methoden: Persönliche Befragung

Vorgehen: 1. Schritt: Halbtägige Erhebungsphase pro Arzt, in der dieser nach jedem Behandlungsgespräch gefragt wurde, ob und welche fachmedizinischen Informationen er bei der Behandlung benötigt. 295 fachmedizinische Fragen wurden insgesamt identifiziert.

2. Schritt: Anhand eines Klassifikationsschemas von zwölf Faktoren, die eine Informationssuche auslösen können, ordneten die Ärzte Ihre Fragen zu.
3. Schritt: Nach einigen Tagen wurden die Ärzte telefonisch kontaktiert und sie wurden befragt, für welche Fragestellungen sie eine Antwort gesucht hatten.

Ergebnisse: Für 88 der 295 Fragen hatten die Ärzte eine Antwort gesucht und für 70 dieser Fragen auch eine Antwort erhalten. Über 70 % der Fragen wurden jedoch nicht weiterverfolgt. Als wichtigste Faktoren, die eine Suche nach Informationen zur Beantwortung der Fragen auslösten, wurden identifiziert:
- Erwartung, dass es eine Antwort auf die Frage gibt
- Dringlichkeit des zugrunde liegenden Patientenproblems
- Erwartung des Patienten, dass der Arzt eine Antwort weiß
- Als negative Prädikatoren erwiesen sich Neugierde als Anlass der Frageformulierung und eine fehlende Generalisierbarkeit einer Antwort auf andere Behandlungssituationen.

Haux, Grothe, Runkel, Schackert, Windeler, Winter, Wirtz, Herfahrt und Kunze (Deutschland), 1995, Quelle: [HGR95]

Zielsetzung: Untersuchung der Nutzung von netzwerkbasierten Informationsmedien bezogen auf die präferierten Informationsquellen, Fragestellungen und Nutzen

Stichprobe: Registrierung von 1.461 Zugriffen auf medizinische Informationen in einem Zeitraum von drei Wochen am Universitätsklinikum Heidelberg

Methoden: I. Nutzergruppenspezifische Analyse von Zugriffdaten im lokalen Netzwerk
II. Strukturierte Befragung

Vorgehen: Gliederung in drei Teilstudien:
1. Teilstudie: Automatische Erfassung bzw. strukturierte Erfassung vor jedem Wissenszugriff
2. Teilstudie: Automatische Erfassung bzw. strukturierte Erfassung nach jedem Wissenszugriff
3. Teilstudie: Dokumentation aller Zugriffe von zwei Ärzten aufgrund konkreter klinischer Fälle in einem Zeitraum von zwei Wochen

Ergebnisse: Es konnten durchschnittlich 96 Zugriffe auf Wissensquellen pro Arbeitstag im Testzeitraum verzeichnet werden:
- Das mit großem Abstand meist genutzte Informationsmedium war die Medline-Datenbank (79 % aller Zugriffe), gefolgt von der Roten Liste (6 %).
- Auslöser für die Zugriffe waren Informationsbedarf bezogen auf eine wissenschaftliche Arbeit (50,0 %), einen klinischen Fall (19,4 %), eine allgemeine medizinische Frage/Weiterbildung (13,6 %), ein aktuelles klinisches Problem (12,5 %).
- Für ca. 47 % der Recherchen gaben die Nutzer an, dass sie erfolgreich gewesen seien und alle Fragen beantwortet werden konnten.

Smith, 1996 (Großbritannien), Quelle: [Smi96]

Zielsetzung: Metaanalyse von Studien zwischen 1978 und 1994

Stichprobe: Dreizehn Studien aus dem Zeitraum zwischen 1978 - 1994

Methoden: Metaanalyse

Vorgehen: Analyse von dreizehn Studien

Ergebnisse: Smith kommt in seiner Metaanalyse zu folgenden Ergebnissen:
- Informationsbedarfe (IB) entstehen in der Regel beim Patientenkontakt.
- Die IB beziehen sich zumeist auf die Therapie, insbesondere Medikation.
- Die damit verbundenen Fragen sind oft komplex und mehrdimensional.
- IB bezieht sich häufig nicht nur auf die benötigte Information, sondern umfasst auch Ratschläge, Bestätigung, Feedback etc.
- Die meisten, beim Patientengespräch aufkommenden, Fragen bleiben unbeantwortet.
- Ärzte greifen bei der Beantwortung von Fragen insbesondere auf andere Ärzte zurück.
- Die meisten Fragen der Ärzte könnten über eRessourcen beantwortet werden. Dies ist jedoch zeitaufwändig, teuer und erfordert Recherche-Knowhow, das Ärzte in der Regel nicht haben.
- Ärzte aus Industrieländern klagen über Informationsüberflutung, da die verfügbare Informationsmenge sehr groß und schlecht organisiert ist.

Kaltenborn, 1998 (Deutschland), Quelle: [Kal98c]

Zielsetzung: Explorative Studie mit der Zielsetzung, die subjektiven Erfahrungen von Beschäftigen in Universitätskliniken mit Bedarf und Nutzung von Information und Wissen in der Medizin zu analysieren

Stichprobe: Stichprobenauswahl nach dem Konzept des Theoretical Sampling: Es wurden Medizinbibliothekare von drei Universitäten mit unterschiedlicher informationstechnischer Infrastruktur gebeten, Personen oder Institute, Kliniken oder sonstige universitäre Einrichtungen zu benennen, die besonderes Interesse an der selbständigen Nutzung von Fachinformationsdiensten haben. Von den 20 ausgewählten Interviewpartnern waren fünf aktiv als Ärzte tätig: zwei Ärzte von Unikliniken, zwei Ärzte des Gesundheitsamts, ein niedergelassener Facharzt.

Methoden: Interviews mit Hilfe eines strukturierten Interviewleitfadens

Vorgehen: Telefonische Kontaktaufnahme im Vorfeld und Durchführung freier Interviews im Büro des Probanden. Es wurde ein Interviewleitfaden mit Fragen aus den Bereichen Informationsbedarf, Nutzung oder Nichtnutzung von Informationsquellen und Fachinformationen, Verbesserungsvorschläge sowie Schulung eingesetzt.

Anhang 235

Ergebnisse: Informationsbedarfe sind entweder situativ einmalig oder kontinuierlich.
- „Ein weit gefächerter, heterogener Informations- und Wissensbedarf mit temporären thematischen Kumulationen charakterisiert die Medizin im Gesundheitswesen."[394]
- Wichtigste Informationsquellen: Kollegen, Zeitschriften, Kongresse etc.
- Komplementäre Nutzung der Informationsquellen zur Befriedigung von Informationsbedarfen
- Entscheidungskriterien für Medien: Kosten, Zugriffszeiten, Einfachheit der Bedienung (z. B. Menüführung oder Retrievalsprache)

Ely, Osheroff, Gorman, Ebell, Chambliss, Pifer und Stavri (USA), 2000, Quelle: [EOG00] basierend auf [EOE99] und [GH95]

Zielsetzung: Entwicklung einer Taxonomie ärztlicher Fragen bezogen auf die Patientenversorgung

Stichprobe: Basierend auf [EOE99] und [GH95]
I. [EOE99]: Von 386 Hausärzten im östlichen Teil Iowas (Area Code 319), ausgewählt aus einer Datenbank der Iowa University, wurden per Zufallsverfahren 129 ausgewählt, davon erklärten 103 ihre Bereitschaft zur Teilnahme.
II [GH95]: s. o.

Methoden: Metaanalyse (der genannten Studien)

Vorgehen: Die 103 teilnehmenden Hausärzte in Iowa wurden jeweils nach Patientengesprächen interviewt. Es wurde jegliche Art von Fragestellungen erfragt, die sich während des Patientenkontakts ergeben hatten. Insgesamt 1.101 Fragen wurden so zusammengetragen. Auf Basis dieser Fragen wurde eine erste Taxonomie generischer Fragen entwickelt (vgl. [EOE99]).[395] Im Rahmen einer Sekundäranalyse wurden die Ergebnisse von [GH95] (insgesamt 295 Fragen) genutzt und 100 zufällig bestimmte Fragen entsprechend der Originaltaxonomie zugeordnet. Auf Basis dieser Zuordnung wurde die Reihenfolge der Fragen leicht geändert.

Ergebnisse: Die folgende Reihenfolge einer überarbeiteten generischen Taxonomie wurden abgeleitet:
- What is the drug of choice for condition x?
- What is the cause of symptom x?
- What test is indicated in situation x?
- What is the dose of drug x?
- How should I treat condition x?
- How should I manage condition x?
- What is the cause of physical finding x?
- What is the cause of test finding x?
- Can drug x cause (adverse) finding y?
- Could this patient have condition x?

---

[394] [Kal98c] S. 143.
[395] Zum Konzept der generischen Fragen siehe auch [CAJ93].

Alper, Stevermer, White und Ewiman (USA), 2001, Quelle: [ASW01]

Zielsetzung: Untersuchung der Möglichkeiten, klinische Fragestellungen von Hausärzten über medizinische Datenbanken zu beantworten

Stichprobe: Zwei Hausärzte (Auswahlkriterien wurden nicht genannt.)

Methoden: Laborexperiment

Vorgehen: 1. Schritt: Auf Basis der Vorschläge von Mailing-Listen, Experten und Internet-Recherchen wurden insgesamt 38 medizinische Datenbanken bestimmt. Eine Expertenrunde von drei Hausärzten und einem Medizininformatiker wählten daraus 14 Datenbanken für die Untersuchung aus.
2. Schritt: Auf Basis vorangegangener Studien, in denen typische Fragen von Hausärzten in der Krankenversorgung gesammelt wurden, wählte man 20 Fragen aus acht Bereichen aus.
3. Schritt: Zwei Hausärzte mit Rechercheerfahrung suchten unabhängig voneinander in den 14 Datenbanken Antworten auf die Fragen. Vor der Recherche konnten sich die Ärzte über fünf Testfragen mit der jeweiligen Datenbank vertraut machen. Die Entscheidung, in welcher Datenbank wann nach den Antworten auf die 20 Fragen gesucht wurde, lag in der Hand der Ärzte. Wurde eine Datenbank ausgewählt, mussten zunächst alle 20 Fragen bearbeitet werden, bis zur nächsten gewechselt werden durfte.
4. Schritt: Jede Antwort, die eine Datenbank lieferte, wurde in „relevant" oder „irrelevant" eingeteilt. Für jede Frage durften max. 10 min aufgewendet werden.

Ergebnisse:
- Die Übereinstimmung der Antworteinschätzung der beiden Ärzte war hoch (240 von 280 Anfragen).
- Einzelne Datenbanken (STAT!Ref: 70 %, MDConsult: 60 %, Dynamed: 55 %, MAXX: 55 %, MDChoice: 50 %) und insbesondere Kombinationen von Datenbanken (z. B. Kombination STAT!Ref, DynaMed, MAXX, MDConsult 95 %) lieferten Antworten auf einen hohen bis sehr hohen Anteil der Fragen.

McKnight, Stetson, Bakken, Curran und Cimino (USA), 2001, Quelle: [MSB01]

Zielsetzung: Untersuchung der unterschiedlichen Wahrnehmung von Informationsbedarfen und Kommunikationsmustern bei medizinischem Fachpersonal im Zusammenhang mit medizinischen Fehlern

Stichprobe: Konzeption als Vollerhebung unter allen 125 Ärzten des Presbyterian Hospitals in New York. 26 Ärzte nahmen letztendlich an der Befragung teil. 70 Krankenschwestern/-pfleger wurden durch Vertreter eines internen Komitees mit einem Fragebogen versorgt. Wie die Auswahl der angesprochenen Pflegekräfte erfolgte, wird nicht erwähnt. 17 Pflegekräfte nahmen an der Studie teil.

Methoden: I. Befragung:
- Online-Befragung von Ärzten
- Schriftliche Befragung der Pflegekräfte

II. Gruppendiskussionen (Fokusgruppen) mit Krankenhausärzten und Krankenschwestern

Vorgehen: I. Befragung:
- Ansprache der Ärzte per Mail (Hinweis auf Online-Fragebogen) bzw. der Pflegekräfte durch das Komitee mit einem Fragebogen. Grundaufbau der Fragebögen war gleich.
- Frage nach typischen Informationsbedarfen und Kommunikationsproblemen sowie deren Umstände

II. Gruppendiskussion:
Durchführung von drei Gruppendiskussionen mit Ärzten (4 - 6 Teilnehmer) und zwei Gruppendiskussionen mit Pflegekräften (zwei Teilnehmer). Treffen wurden per Tonband aufgenommen und transkribiert. Fragestellungen in den Gruppen: Hürden bei der Informationsbeschaffung und Kommunikation; Identifikation von Beispielen und Verbesserungsvorschläge.

Ergebnisse: Befragung:
Nennung von 64 Informationsbedarfen und 46 Kommunikationsproblemen aus folgenden Bereichen (nur Ärzte):
- Patientenspezifischer Informationsbedarf: aktuelle Medikation, Diagnosen (*Problem List*), Vorbefunde/Arztbriefe aus dem ambulanten Sektor (insbesondere Konsile), betreuende Ärzte und Pflegekräfte, Laborbefunde
- Institutionenspezifischer Informationsbedarf: Ärzte und Pflegekräfte in Rufbereitschaft (inkl. Kontaktdaten)
- Domänenspezifischer Informationsbedarf: Disease Management-Informationen bzw. Informationen wie Erkrankungen zu behandeln sind; medizinische Rezepturen bezogen auf die Patientendaten und pharmazeutische Fachinformationen (Beipackzettel) sowie Verschreibungsinformationen
- Kommunikationsprobleme: Auffinden und Kontaktaufnahme mit anderen medizinischen Leistungserbringern

Gruppendiskussion:
- Zeitkontingent des Arztes zur Suche nach Informationen ist sehr beschränkt.
- Nur Informationsquellen, die sehr schnell hochrelevante Informationen liefern, sind hilfreich.
- Medline-Suchen sind nur in bestimmten Situationen hilfreich. Sie werden als grundsätzlich wenig hilfreich bei der täglichen Arbeit eingestuft.
- Lobend erwähnt werden Fachinformationsquellen (Rote Liste etc.), insbesondere, wenn sie über mobile Endgeräte verfügbar sind.

Nitzsche (Deutschland), 2001, Quelle: [Nit01]

Zielsetzung: Erhebung von Bedarf und Nutzung von Information und Literatur an einem deutschen Universitätsklinikum

Stichprobe: Theoretical Sampling: „Grundgesamtheit" der Professoren wurde anhand des Vorlesungsverzeichnisses und den Publikationen „Deutscher Gelehrtenführer" sowie „Die führenden Medizinforscher" zusammengetragen. Anhand eines Kriterienkatalogs wurde eine Gruppierung der Professoren vorgenommen. 15 Professoren wurden nach dem Zufallsprinzip ausgewählt. Nach einem Abstimmungsgespräch mit dem Dekanat wurden Professoren ausgetauscht.

Methoden: Interviews basierend auf einem teilstandardisierten Fragebogen als Leitfaden

Vorgehen: 1. Schritt: Die 15 Professoren wurden angeschrieben. 14 stimmten der Befragung zu. Ein Professor war nicht erreichbar und wurde ausgetauscht.
2. Schritt: Basierend auf einem Fragebogen mit quantifizierbaren Fragen zur bisherigen Nutzung von Informationsmedien und freien Fragen zum Informationsbedarf und Wünschen für die künftige Informationsversorgung wurden 15 Interviews durchgeführt und schriftlich protokolliert.

Ergebnisse: Der Autor der Studie entschied sich (u. a. aufgrund der geringen Repräsentativität) für eine qualitative Darstellung der Ergebnisse in Thesenform:
- These 1: Der Informationsbedarf in Forschung, Lehre und Krankenversorgung ist hoch, die Informationsbeschaffung jedoch sehr schwierig und zeitraubend.
- These 2: Informationen müssen für die Nutzer evaluiert und individualisiert werden.
- These 3: Die Medizinische Bibliothek muss als medizinisches Informations- und Literaturportal agieren.
- These 4: Die Medizinische Bibliothek fungiert momentan mit ihrem Bestand primär als Kopierzentrale.
- These 5: Die Medizinische Bibliothek muss so lange geöffnet sein, wie das Internet.
- These 6: Die Medizinische Bibliothek soll Beratungen und Schulungen durchführen.
- These 7: Die Medizinische Bibliothek muss ihr Dienstleistungsangebot an den medizinischen Informations- und Literaturbedürfnissen ausrichten.
- These 8: Die Zukunft der Medizinischen Bibliothek liegt in der Medizin, nicht im Bibliothekswesen.

Bryant (Großbritannien), 2004, Quelle: [Bry04]

Zielsetzung: Identifikation der Faktoren, die Hausärzte motivieren, nach Informationen zu suchen und Gewinnung eines Einblicks in den ärztlichen Informationsbedarf sowie deren Erfahrungen mit der Informationssuche

Stichprobe: Geplant als Vollerhebung unter den 79 Hausärzten von Aylesbury Vale. 58 (73,4%) erklärten sich zur Beteiligung bereit. Anmerkung: Die Studie wurde 1999 veröffentlicht.

Methoden: I. Interviews
II. Gruppendiskussionen

Anhang 239

Vorgehen: 1. Schritt: Interviews mit 19 Hausärzten. Die Interviews dauerten annähernd 45 min und wurden aufgezeichnet.
2. Schritt: Zwei Gruppendiskussionen mit 39 Hausärzten

Ergebnisse: I. Ranking der wahrgenommenen Informationsbedarfe:
- Krankenversorgung
- Up to date bleiben
- Patienteninformationen
- Pharmazeutische Informationen/Wissenslücken
- Neugierde
- Unsicherheit

II. Bevorzugte Ansätze für die Informationssuche:
- Persönliche Informationssammlung
- eRessourcen
- Praxisbibliothek (sofern vorhanden)
- Gespräche (z. B. mit Kollegen)
- Medizinische Bibliothek

Seol, Kaufman, Mendonça, Cimino und Johnson (USA), 2004, Quelle: [SKM04]

Zielsetzung: Gewinnung eines Einblicks in den Informationsbedarf, den Ärzte während der Durchsicht von Patientenakten äußern. Darauf aufbauend sollten Fragemuster entwickelt werden, die einen hohen Anteil dieser Informationsbedarfe abdecken.

Stichprobe: Keine Aussagen zur Stichprobenauswahl im Dokument. Es nahmen 13 Ärzte teil, die gleichzeitig Studenten der Medizinformation an der Columbia University (New York) waren.

Methoden: Interviews mit Ärzten basierend auf drei Patientenfällen

Vorgehen: 1. Schritt: Für die Studie wurden drei Szenarien, die drei Patientenfälle mit kardio-vaskulären Problemen repräsentierten, vorbereitet. Die zugrunde liegenden Patientenakten wurden in Fragenzusammenhänge hierarchisch unterteilt:
- Gesamte Patientenhistorie
- Aktueller klinischer Kontext
- Aktuelles medizinisches Problem

2. Schritt: Jedem Arzt wurden die drei Szenarien in zufälliger Reihenfolge vorgelegt. Dabei erhielten sie zunächst die Informationen zum klinischen Kontext und anschließend zur aktuellen Problemstellung vorgelegt.
3. Schritt: Die Ärzte sollten nun Fragen formulieren, die Ihnen bei der Durchsicht des aktuellen Problems kamen. Sie konnten aber auch Fragen formulieren, die sich aus dem gesamten klinischen Kontext ergaben. Diese Fragen wurden auf Band aufgezeichnet und transkribiert.

Ergebnisse:
- Es wurden insgesamt 182 relevante Fragen identifiziert (Fall 1: 68, Fall 2: 35 und Fall 3: 79 Fragen).
- Die Probanden wendeten zwischen 40 und 75 Minuten für die Durchsicht und Fragenformulierung auf.
- Der größte Teil der Fragen bezog sich auf die Therapie (131 Fragen).
- Auf die Diagnose entfielen 28, auf die Prognose 13 und auf die Ätiologie zehn Fragen.
- Aus den insgesamt 182 Fragen konnten 23 Fragemuster extrahiert werden.
- Diese dienen als Untermauerung der Theorie des generischen Fragemodells (*Generic Query Model*) und bilden die Grundlage für den HL7-Infobutton (Kapitel 5.5.2.1).

Andrews, Pearce, Ireson und Love (USA), 2005, Quelle: [API05]

Zielsetzung: Untersuchung des Informationssuchverhaltens von Hausärzten

Stichprobe: Geplant als Vollerhebung aller 116 Ärzte des Kentucky Ambulatory Network (Forschungsnetzwerk niedergelassener Ärzte) in Lexington. 59 Ärzte beantworteten den zugesendeten Fragebogen (50,9 %).

Methoden: Schriftliche Befragung mittels Fragebogen

Vorgehen: Fragebogen mit 26 Fragen zur Nutzung von Print- und Online-Informationsquellen, die Ärzte täglich in der Sprechstunde nutzen, wurden an 116 Ärzte verschickt und anschließend ausgewertet.

Ergebnisse:
- Bevorzugte Informationsquellen (Online): Pharmazeutische Fachinformationen, Leitlinien, medizinische Lehrbücher/Standardwerke, Patienteninformationen, klinische Rechner, Literaturdatenbanken
- Insgesamt werden eRessourcen nicht so häufig genutzt, wie Print-Informationsquellen.
- Fehlende Zeit, Kosten und mangelnde Recherchefähigkeiten stellen Hauptbarrieren bei der Informationssuche dar.
- Lösungsansätze sollten angepasst und individualisiert sein.
- Kurze individuelle IR-Trainings können helfen die Informationsnutzung zu verbessern.

Gonzalez-Gonzalez, Dawes, Sanchez-Mateos, Fuertes-Riesgo, Escortell-Mayor, Sanz-Cuesta und Hernandez-Fernandez (Spanien), 2007, Quelle: [GDS07]

Zielsetzung: Bestimmung des Informationsbedarfs von spanischen Hausärzten und Beschreibung der Informationssuchmuster basierend auf einer repräsentativen Stichprobe

Stichprobe: Geschichtete Zufallsstichprobe: Die Grundgesamtheit (alle Haus- und Kinderärzte in Madrid) wurde anhand der Kriterien der Herkunft (städtisch/ländlich) und des Fachgebiets (Hausarzt/Kinderarzt) geschichtet. 208 Ärzte wurden zufällig ausgewählt. 112 Hausärzte (90 Allgemeinmediziner, 22 Kinderärzte) (54%) beteiligten sich an der Studie.

Methoden: I. Videogestützte Beobachtung
II. Telefoninterview

Vorgehen: 1. Schritt: Vierstündiger Video-Mitschnitt der ärztlichen Sprechstunde: Insgesamt wurden 3.511 Patientenkontakte mit einer durchschnittlichen Länge von 7,8 min aufgezeichnet.
2. Schritt: Fragen zur Patientenversorgung wurden direkt nach dem Patientengespräch vom Arzt in die Kamera gesprochen. Insgesamt wurden 635 Fragen aufgenommen.
3. Schritt: Nach zwei Wochen wurden die Ärzte telefonisch kontaktiert und gefragt, welche Fragen unter Nutzung welcher Informationsquellen mit welchem Zeitaufwand und Erfolg beantwortet wurden.

Ergebnisse:
- Die ärztlichen Fragen bezogen sich auf folgende Bereiche: Diagnose (53 %), Therapie (26%), Management (7 %), Epidemiologie (1 %), nichtklinische Aspekte (13 %)
- Für 145 der insgesamt 635 Fragen suchten die Ärzte nach einer Antwort (22,8%). Bei 61 Fragen wurde eine Antwort während des Patientenkontakts gesucht, bei 84 Fragen danach.
- Die Erfolgsquote der Suche lag insgesamt bei 85,5 % (100 % bei der Informationssuche während des Patientengesprächs und 75% im Nachgang).
- Die investierte Zeit in die Informationssuche während des Patientengesprächs betrug im Mittel 2:25 Minuten und nach dem Gespräch 32:27 Minuten.
- Gründe dafür, dass keine Antwort gesucht wurde (Auswahl): Frage vergessen (21 %), Suche nicht notwendig (20 %), keine Zeit (14 %), Überweisung an Spezialisten (14 %).
- Genutzte Informationsquellen während des Patientenkontakts: Rote Liste (65,6%), Kollegenrat (19,7%), Andere (9,8%) und Apotheker (4,9%).
- Genutzte Informationsquellen nach dem Patientenkontakt: Bücher (31 %), Zeitschriften (17,9 %), Rote Liste (13,1 %), Facharzt (9,5 %) Kollegenrat (8,3 %), Pharmavertreter (8,3 %), Internetdatenbank (6 %), Andere (4,8 %) und Apotheker (1,2 %).
- Die fünf wichtigsten typischen Fragestellungen:
  1. Was ist die Ursache für Symptom x? (20,5 %)
  2. Was ist die Ursache für den körperlichen Befund x? (15 %)
  3. Ist Medikament x indiziert für Situation y oder Erkrankung z? (7,5 %)
  4. Liegt Erkrankung x bei den Befunden y1, y2 .., yn vor? (6,1%)
  5. Welche „administrativen"– Rahmenbedingungen müssen beachtet werden? (5 %).

242 Anhang

Anhang 2: Fragebogen der Ärztebefragung in der Modellregion Bochum-Essen

Fraunhofer Institut
Software- und
Systemtechnik

●>>> MORTSIEFER MANAGEMENT CONSULTING

Fragebogen zur Erhebung des Informationsverhaltens und –bedarfs von Ärzten an ihrem Arbeitsplatz

Mit Unterstützung von

Staatskanzlei des Landes Nordrhein-Westfalen

Ministerium für Gesundheit, Soziales, Frauen und Familie des Landes Nordrhein-Westfalen

  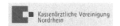

Anhang 243

Fragebogen zur Erhebung des Informationsverhaltens und –bedarfs von Ärzten an ihrem Arbeitsplatz

Das Fraunhofer Institut für Software und Systemtechnik ISST und die Dr. Mortsiefer Management Consulting GmbH führen im Auftrag der Staatskanzlei des Landes Nordrhein-Westfalen und mit Unterstützung des Ministeriums für Gesundheit, Soziales, Frauen und Familien des Landes Nordrhein-Westfalen die empirische Erhebung für das Projekt „Bedarfsgerechte Unterstützung von Ärzten an ihrem Arbeitsplatz über informationslogistische Anwendungen" durch. Die Bearbeitung erfolgt in enger mit den Ärztekammern, Kassenärztlichen Vereinigungen, dem ZTG sowie den Hartmann und dem Marburger Bund statt.

Vorbemerkungen / Ausfüllhinweise:

Schreiben Sie bitte zu jeder Frage die Bewertung, die Ihre Meinung am besten wiedergibt.

Beantworten Sie bitte die Fragen, indem Sie das passende Kästchen ankreuzen. Korrigieren Sie Fehler, indem Sie irrtümlich angekreuzte Kästchen umkreisen. Anschließend kreuzen Sie bitte die aus Ihrer Sicht richtige Antwort an.

Die von Ihnen gemachten Angaben werden selbstverständlich vertraulich behandelt.
Eine Weitergabe an Dritte wird ausdrücklich ausgeschlossen.

Tätigkeitsort:　　Ländliche Lage ☐　　Stadtrand Lage ☐　　Stadtlage ☐

niedergelassener Arzt　　　　　　　　　　☐　　Krankenhausarzt
Fachrichtung: _____　　leitender Arzt　　　　☐
　　　　　　　　　　　　　　　　　　　　　　Oberarzt　　　　　　　☐
Arzt für Arbeitsmedizin / Betriebsmedizin　☐　　Stationsarzt　　　　☐
Arzt im öffentl. Gesundheitswesen　　　　☐　　Assistenzarzt　　　　☐

als Arzt tätig seit: _____

1) Wie hoch ist der Anteil der von Ihnen benötigten Informationen für

	hoch	...	mittel	...	gering
Befundung	☐	☐	☐	☐	☐
Diagnose	☐	☐	☐	☐	☐
Therapie	☐	☐	☐	☐	☐
Überwachung / Kontrolle	☐	☐	☐	☐	☐
Weiterbildung	☐	☐	☐	☐	☐
Fortbildung	☐	☐	☐	☐	☐

2) Welche Informationsquellen und welche Medien nutzen Sie heute für welche Form Ihres Informationsbedarfes? (Mehrfachnennungen möglich)

	Quellen					Medien					
	KIS / PVS*	Fachdatenbank / -literatur	Internet / Portale	Kollege	Patient	Printmedien	pers. Gespräche	(Mobil-)Telefon	Handheld / PDA	PC	Fax
patientenbezogene Informationen / Daten											
Patienteninformationen, Befund	☐	☐	☐	☐	☐	☐	☐	☐	☐	☐	☐
Patienteninformationen, Verlauf	☐	☐	☐	☐	☐	☐	☐	☐	☐	☐	☐
Patienteninformationen, Allgemein	☐	☐	☐	☐	☐	☐	☐	☐	☐	☐	☐
nicht patientenbezogene Informationen											
fachmedizinische Informationen	☐	☐	☐	☐	☐	☐	☐	☐	☐	☐	☐
allgemein-medizinische Informationen	☐	☐	☐	☐	☐	☐	☐	☐	☐	☐	☐
medizin-technische Informationen	☐	☐	☐	☐	☐	☐	☐	☐	☐	☐	☐
pharmazeutische Informationen	☐	☐	☐	☐	☐	☐	☐	☐	☐	☐	☐
berufspolitische Informationen	☐	☐	☐	☐	☐	☐	☐	☐	☐	☐	☐
Informationen aus Forschung & Entwicklung	☐	☐	☐	☐	☐	☐	☐	☐	☐	☐	☐
Informationen über rechtliche Änderungen im Gesundheitswesen	☐	☐	☐	☐	☐	☐	☐	☐	☐	☐	☐
Informationen der Ärztekammer	☐	☐	☐	☐	☐	☐	☐	☐	☐	☐	☐
Informationen der KVen	☐	☐	☐	☐	☐	☐	☐	☐	☐	☐	☐
Informationen der Krankenkassen	☐	☐	☐	☐	☐	☐	☐	☐	☐	☐	☐
Informationen von Berufsverbänden	☐	☐	☐	☐	☐	☐	☐	☐	☐	☐	☐
sonstige Informationen	☐	☐	☐	☐	☐	☐	☐	☐	☐	☐	☐

* KIS / PVS: Krankenhausinformationssystem / Praxissoftware

3) Wie erhalten Sie diese Informationen? (Angaben in %)

	nicht patientenbezogene Informationen	patientenbezogene Informationen
aktiv (pull), besorge mir selbst die benötigten Informationen	_____ %	_____ %
passiv (push), werde mit den benötigten Informationen versorgt	_____ %	_____ %
	Σ 100 %	Σ 100 %

4) Wenn Sie ein KIS / PVS nutzen, von welchem Anbieter bzw. welches System ist dieses?

Anbieter: _____   System: _____

Fragebogen zur Erhebung des Informationsverhaltens und -bedarfs von Ärzten an ihrem Arbeitsplatz

Anhang

5) Wie oft benötigen Sie welche Form von Information? (Mehrfachnennungen möglich)

	mehrmals täglich	1 x täglich	mehrmals in der Woche	1 x wöchentlich	seltener
patientenbezogene Informationen / Daten					
Patienteninformationen, Befund	☐	☐	☐	☐	☐
Patienteninformationen, Verlauf	☐	☐	☐	☐	☐
Patienteninformationen, Allgemein	☐	☐	☐	☐	☐
nicht patientenbezogene Informationen					
fachmedizinische Informationen	☐	☐	☐	☐	☐
allgemein-medizinische Informationen	☐	☐	☐	☐	☐
medizin-technische Informationen	☐	☐	☐	☐	☐
pharmazeutische Informationen	☐	☐	☐	☐	☐
berufspolitische Informationen	☐	☐	☐	☐	☐
Informationen aus Forschung & Entwicklung	☐	☐	☐	☐	☐
Informationen über rechtliche Änderungen im Gesundheitswesen	☐	☐	☐	☐	☐
Informationen der Ärztekammer	☐	☐	☐	☐	☐
Informationen der KVen	☐	☐	☐	☐	☐
Informationen der Krankenkassen	☐	☐	☐	☐	☐
Informationen von Berufsverbänden	☐	☐	☐	☐	☐
sonstige Informationen	☐	☐	☐	☐	☐

6) Wie ist Ihr Informationsbedarf strukturiert? (medien-unabhängig)

	Diagnose	Therapie	Kontrolle	Einweisung / Überweisung	Entlassung
Ad-hoc Informationen -situationsbezogen-					
hoher Bedarf	☐	☐	☐	☐	☐
mittlerer Bedarf	☐	☐	☐	☐	☐
geringer Bedarf	☐	☐	☐	☐	☐
regelmäßige Informationen -nicht situationsbezogen-					
hoher Bedarf	☐	☐	☐	☐	☐
mittlerer Bedarf	☐	☐	☐	☐	☐
geringer Bedarf	☐	☐	☐	☐	☐

7) Wie intensiv nutzen Sie folgende Quellen für Ihre Informationsbeschaffung und wie wird sich Ihre persönliche Nutzung in Zukunft verändern?

	nutze zur Zeit	Intensität der Nutzung			zukünftige Nutzung		
		sehr intensiv	mittel	gering	+	=	-
medizinisches Textbuch	☐	☐ ☐	☐ ☐	☐	☐	☐	☐
Arzneimittelkompendium	☐	☐ ☐	☐ ☐	☐	☐	☐	☐
Kollege gleicher Fachrichtung	☐	☐ ☐	☐ ☐	☐	☐	☐	☐
Kollege anderer Fachrichtung	☐	☐ ☐	☐ ☐	☐	☐	☐	☐
nicht ärztliche Auskunftsperson	☐	☐ ☐	☐ ☐	☐	☐	☐	☐
persönliche Informationssammlung	☐	☐ ☐	☐ ☐	☐	☐	☐	☐
(Fach-)Datenbanken	☐	☐ ☐	☐ ☐	☐	☐	☐	☐
Webseiten	☐	☐ ☐	☐ ☐	☐	☐	☐	☐
Leitlinien (Evidence Based Medicine)	☐	☐ ☐	☐ ☐	☐	☐	☐	☐
Newsticker und Rundbriefe	☐	☐ ☐	☐ ☐	☐	☐	☐	☐
Online-Kataloge	☐	☐ ☐	☐ ☐	☐	☐	☐	☐
Apotheke	☐	☐ ☐	☐ ☐	☐	☐	☐	☐
Qualitätszirkel	☐	☐ ☐	☐ ☐	☐	☐	☐	☐
Pharmazeutische Industrie	☐	☐ ☐	☐ ☐	☐	☐	☐	☐
Messen, Kongresse und Tagungen	☐	☐ ☐	☐ ☐	☐	☐	☐	☐
medizinische Fachpresse	☐	☐ ☐	☐ ☐	☐	☐	☐	☐
Verbandszeitschriften	☐	☐ ☐	☐ ☐	☐	☐	☐	☐
Amtliche Bekanntmachung	☐	☐ ☐	☐ ☐	☐	☐	☐	☐

Fragebogen zur Erhebung des Informationsverhaltens und –bedarfs von Ärzten an ihrem Arbeitsplatz

8) Wie nutzen Sie die folgenden Quellen und Medien aktuell zur Informationsbeschaffung und wie glauben Sie wird sich die Nutzung in Zukunft verändern? (Mehrfachnennungen möglich)

	nutze zur Zeit	Intensität der Nutzung			zukünftige Nutzung		
		sehr intensiv	... mittel ...	gering	+	=	-
KIS / PVS	☐	☐ ☐ ☐ ☐ ☐			☐	☐	☐
papierbasierte Quellen	☐	☐ ☐ ☐ ☐ ☐			☐	☐	☐
wissenschaftliche Bibliotheken	☐	☐ ☐ ☐ ☐ ☐			☐	☐	☐
Informationsanbieter / -vermittler	☐	☐ ☐ ☐ ☐ ☐			☐	☐	☐
PC / Netzwerk	☐	☐ ☐ ☐ ☐ ☐			☐	☐	☐
Internet	☐	☐ ☐ ☐ ☐ ☐			☐	☐	☐
Handheld / PDA	☐	☐ ☐ ☐ ☐ ☐			☐	☐	☐
Fax	☐	☐ ☐ ☐ ☐ ☐			☐	☐	☐
(Mobil-)Telefon	☐	☐ ☐ ☐ ☐ ☐			☐	☐	☐
Sonstige _____	☐	☐ ☐ ☐ ☐ ☐			☐	☐	☐

9) Wie wichtig sind die folgenden Anforderungen in Zusammenhang mit der Informationsversorgung für Ihre Arbeit? (bitte eine Nennung pro Zeile)

	sehr wichtig	...	wichtig	...	unwichtig
Sicherstellung des Zugangs zu wissenschaftlichen Informationen	☐	☐	☐	☐	☐
IT-Sicherheit	☐	☐	☐	☐	☐
Datenvertraulichkeit / Datenschutz	☐	☐	☐	☐	☐
Aktualität der Information	☐	☐	☐	☐	☐
Zuverlässigkeit / Verlässlichkeit der Information	☐	☐	☐	☐	☐
Vollständigkeit der Information	☐	☐	☐	☐	☐
verständliche Aufbereitung der Information	☐	☐	☐	☐	☐
(Vor-)Selektion und Verdichtung von Informationen	☐	☐	☐	☐	☐
Schnelligkeit der Informationsbeschaffung	☐	☐	☐	☐	☐
Problemspezifische Aufbereitung der Information	☐	☐	☐	☐	☐
Geheimhaltung über Ihren Informationsbedarf	☐	☐	☐	☐	☐
geringe Kosten der Informationen	☐	☐	☐	☐	☐
Lieferung im gewünschten Dateiformat (sofern elektronisch)	☐	☐	☐	☐	☐
einfache und intuitive Bedienbarkeit (z.B. von Datenbanken)	☐	☐	☐	☐	☐
sonstige Anforderungen _____	☐	☐	☐	☐	☐

10) Wie erfolgt Ihr Kommunikationsaustausch... (Mehrfachnennungen möglich)

	Diagnose	Therapie	Kontrolle	Einweisung / Überweisung	Entlassung
einrichtungsintern	☐	☐	☐	☐	☐
einrichtungsübergreifend	☐	☐	☐	☐	☐

11) Wie viel Zeit benötigen Sie im Durchschnitt pro Woche für:

	< 1h	1 – 3h	3 – 6h	6 – 10h	>10h
Informationssuche und -beschaffung					
patientenbezogene Informationen/Daten	☐	☐	☐	☐	☐
nicht patientenbezogene Informationen	☐	☐	☐	☐	☐
Durchsicht neuer Informationen					
patientenbezogene Informationen	☐	☐	☐	☐	☐
nicht patientenbezogene Informationen	☐	☐	☐	☐	☐

Fragebogen zur Erhebung des Informationsverhaltens und -bedarfs von Ärzten an ihrem Arbeitsplatz

Anhang

12) Wie zeitaufwändig empfinden Sie die Informationsbeschaffung derzeit, und wie glauben Sie wird sich der Zeitbedarf in Zukunft entwickeln?

Zeitaufwand der Informationsbeschaffung					zukünftiger Zeitbedarf		
sehr hoher Zeitaufwand	...		sehr geringer Zeitaufwand		+	=	−
☐	☐	☐	☐	☐	☐	☐	☐

13) Wie häufig (grobe Schätzung, Mehrfachnennungen möglich) benötigen Sie ...

patientenbezogene Informationen/Daten	sehr häufig	häufig	ab und zu	selten	sehr selten	nie
... sofort	☐	☐	☐	☐	☐	☐
... innerhalb von einem Tag	☐	☐	☐	☐	☐	☐
... innerhalb einer längeren Frist	☐	☐	☐	☐	☐	☐
nicht patientenbezogene Informationen/Daten						
... sofort	☐	☐	☐	☐	☐	☐
... innerhalb von einem Tag	☐	☐	☐	☐	☐	☐
... innerhalb einer längeren Frist	☐	☐	☐	☐	☐	☐

14) Was würden Sie bevorzugen? (bitte nur eine Möglichkeit ankreuzen)

gleiches Informationsangebot und –qualität bei sinkendem Zeitaufwand der Beschaffung ☐

höheres Informationsangebot und –qualität bei gleichem Zeitaufwand der Beschaffung ☐

15) Wenn Sie Ihre Informationsrecherche / -beschaffung betrachten: Wie zufrieden sind Sie insgesamt?

	sehr zufrieden	...	teils/teils	...	sehr unzufrieden
Ich bin...	☐	☐	☐	☐	☐

16) Wie erfolgt Ihre Dokumentation?

papierbasiert _____ %   elektronisch _____ %

17) Treffen die nachfolgenden Aussagen zu und wenn ja, inwieweit stellen diese Sachverhalte ein Problem bei der Informationsrecherche und -beschaffung dar?

	Aussage trifft zu		Problem ist			kein Problem
	ja	nein	klein	mittel	groß	
unübersichtliches Informationsangebot	☐	☐	☐	☐	☐	☐
aufwändige Suche nach geeigneten Recherchequellen	☐	☐	☐	☐	☐	☐
Erfordernis von speziellem Recherche Know-how	☐	☐	☐	☐	☐	☐
häufig ungenaue Suchergebnisse	☐	☐	☐	☐	☐	☐
mangelnde Aktualität der gefundenen Informationen	☐	☐	☐	☐	☐	☐
unsichere Qualität der Ergebnisse	☐	☐	☐	☐	☐	☐
Beschaffung der Informationen dauert zu lange	☐	☐	☐	☐	☐	☐
technische Probleme beim online-Bezug	☐	☐	☐	☐	☐	☐
unvollständige Informationslieferungen	☐	☐	☐	☐	☐	☐
zu hohe Kosten	☐	☐	☐	☐	☐	☐
Sonstiges _____	☐	☐	☐	☐	☐	☐

18) Wie häufig gelingt Ihnen rechtzeitige Recherche und Beschaffung der benötigten Information, und wie oft brechen Sie den Recherche- und Beschaffungsprozess ab?

Erfolgsquote   ca. _____ % (rechtzeitige Beschaffung)

Abbruchquote   ca. _____ %

19) Wie häufig erhalten Sie extern bezogene Informationen in der Form, dass Sie Ihren Bedarfen entsprechen?

in ca. _____ %

Fragebogen zur Erhebung des Informationsverhaltens und –bedarfs von Ärzten an ihrem Arbeitsplatz

20) Stimmen Sie den nachfolgenden Aussagen zu und wenn ja, inwieweit stellen diese Sachverhalte ein Problem bei der Weiterverarbeitung von Informationen dar?

	Aussage trifft zu ja	Aussage trifft zu nein	Problem ist klein	Problem ist mittel	Problem ist groß	kein Problem
Unlesbarkeit der Informationen / Daten	☐	☐	☐	☐	☐	☐
unzureichender Datenschutz / -sicherheit	☐	☐	☐	☐	☐	☐
häufige Fremdsprachigkeit von Informationen	☐	☐	☐	☐	☐	☐
mangelnde Verständlichkeit der Informationen	☐	☐	☐	☐	☐	☐
geringe oder schlechte Informationsverdichtung	☐	☐	☐	☐	☐	☐
Datenformate behindern häufig die Weiterverarbeitung	☐	☐	☐	☐	☐	☐
wichtige Informationen sind nur schwer transferierbar	☐	☐	☐	☐	☐	☐
Sonstiges _____	☐	☐	☐	☐	☐	☐

21) Inwiefern stellen folgende Sachverhalte Probleme bei der einrichtungsübergreifenden Kommunikation dar?

- Kollege ist nicht erreichbar ☐
- E-Mail oder sonstiges Schriftstück ist nicht angekommen ☐
- E-Mail oder sonstiges Schriftstück sind unvollständig angekommen ☐
- Information bzw. Befund ist nicht richtig / umfassend genug dokumentiert ☐
- geeigneter Gesprächspartner fehlt ☐
- Rechnerleistung ist nicht ausreichend ☐
- Bevorzugte Kommunikationskanäle sind nicht vorhanden ☐
- andere, nämlich _____

22) Wie oft hat fehlende oder unvollständige Information zu längeren Patienten-Wartezeiten bzw. Mehrfachuntersuchungen geführt? (Angaben in Prozent)

längere Wartezeiten in _____ %   Mehrfachuntersuchungen in _____ %

23) Vor dem Hintergrund der zunehmenden weltweiten Verfügbarkeit von medizinischem Fachwissen, das für Ihre Arbeit wichtig ist: Wie schätzen Sie Ihren aktuellen Versorgungsgrad ein?

	sehr gut	...	teils/teils	...	sehr schlecht
Versorgungsgrad...	☐	☐	☐	☐	☐

24) In welcher Hinsicht sehen Sie Bedarf bzw. Möglichkeiten, Ihre Informationsversorgung weiter zu verbessern?

	vorhandener Bedarf ist ... groß	mittel	gering
Weiterqualifizierung im Bereich der Nutzung von Online-Informationen	☐	☐	☐
Schaffung zusätzlicher endgeräte-unabhängiger Services	☐	☐	☐
Vermittlung von Kontakten zu Wissens-Pools	☐	☐	☐
personenspezifische Aufbereitung von Informationen	☐	☐	☐
Angebote von Dienstleistern, die Ihnen die neuesten häufig benötigten Informationen zusammenstellen und zukommen lassen	☐	☐	☐
Sonstiges _____	☐	☐	☐
Sonstiges _____	☐	☐	☐
Sonstiges _____	☐	☐	☐

25) Wie hoch sollte der Grad der Individualisierung eines für Sie optimalen Informationsangebotes sein?

hoch	...	mittel	...	gering
☐	☐	☐	☐	☐

26) Könnte Sie eine ort- bzw. zeitunabhängige Informationsversorgung in Ihrer Arbeit sinnvoll unterstützen (Stichwort: Mobilität und Geräteunabhängigkeit)?

ja ☐   nein ☐   fallweise ☐   weiß nicht ☐

27) Welche Wichtigkeit und welchen Nutzen rechnen Sie folgenden Ausprägungen einer optimierten Informationsversorgung zu?

	Wichtigkeit				Nutzen			
	sehr wichtig	...		un- wichtig	hoher Nutzen	...		geringer Nutzen
medizinische Qualitätssteigerung	☐	☐	☐	☐	☐	☐	☐	☐
optimierter Behandlungsprozess	☐	☐	☐	☐	☐	☐	☐	☐
Beschleunigung der Abläufe in der Praxis / KH	☐	☐	☐	☐	☐	☐	☐	☐
mögliche Fallzahlsteigerung	☐	☐	☐	☐	☐	☐	☐	☐
Imagegewinn / Wettbewerbsvorteil	☐	☐	☐	☐	☐	☐	☐	☐
mehr Zeit für Patienten	☐	☐	☐	☐	☐	☐	☐	☐
mehr Zeit für persönliche Belange	☐	☐	☐	☐	☐	☐	☐	☐
allgemeine wirtschaftliche Aspekte	☐	☐	☐	☐	☐	☐	☐	☐
Sonstiges: _____	☐	☐	☐	☐	☐	☐	☐	☐

28) Unter Berücksichtigung Ihrer zuvor getroffenen Aussagen in Bezug auf die Wichtigkeit und den Nutzen optimierter Informationsversorgung, wie viel wären Sie bereit pro Monat für eine solche Anwendung zu bezahlen?

bis 25 € ☐   25 € - 50 € ☐   50 € - 100 € ☐   100 € - 150 € ☐   über 150 € ☐

A) Welche zusätzlichen Funktionen wünschen Sie sich für Ihr KIS/PVS (z.B. zur Kommunikationsunterstützung)?

_____
_____
_____
_____

B) Welche weiteren Anforderungen / Wünsche bestehen Ihrerseits hinsichtlich der Informationsbeschaffung?

_____
_____
_____
_____

C) Welche weiteren Anforderungen / Wünsche bestehen Ihrerseits hinsichtlich der Informationsbedarfe?

_____
_____
_____
_____

D) Welche weiteren Anforderungen / Wünsche haben Sie an die derzeit genutzten bzw. potenziellen Informations-Distributions-Medien?

_____
_____
_____
_____

Wir danken Ihnen für Ihre Mithilfe. Alle Daten werden streng vertraulich behandelt. Sollten Sie Interesse an einer Zusammenfassung dieser Untersuchung haben, so lassen Sie uns bitte Ihre e-mail Anschrift unter info@mortsiefer.de zukommen.

Anhang 3: Unterscheidung von Web Retrieval und klassischem Retrieval[396]

Unterscheidungs-merkmal	Web	Klassische Datenbanken
Merkmale des Dokumentenkorpus		
Sprachen	Dokumente liegen in einer Vielzahl von Sprachen vor; aufgrund der Volltexterschließung keine einheitliche Erschließung über Sprachgrenzen hinweg	Einzelne Sprache oder Dokumente liegen in vorher definierten Sprachen vor; Erschließung von Dokumenten verschiedener Sprachen mittels einer einheitlichen Indexierungssprache.
Medienarten	Dokumente in unterschiedlichen Formaten	Dokumente liegen in der Regel in nur einem Format vor.
Länge und Granularität der Dokumente	Länge der Dokumente variiert, große Dokumente werden oft aufgeteilt.	Länge der Dokumente variiert innerhalb eines gewissen Rahmens; pro Dokument eine Dokumentationseinheit.
Spam	Problem der von den Suchmaschinen unerwünschten Inhalte	Beim Aufbau der Datenbank wird vorab definiert, welche Dokumente erschlossen werden.
Hyperlink-Struktur	Dokumente sind miteinander verbunden.	Dokumente sind in der Regel nicht miteinander verknüpft; keine Notwendigkeit, aus Verlinkungsstrukturen auf die Qualität der Dokumente zu schließen.
Inhalte		
Datenmenge/Größe des Datenbestands	genaue Datenmenge nicht bestimmbar; keine vollständige Indexierung möglich	genaue Datenmenge aufgrund formaler Kriterien bestimmbar
Abdeckung des Datenbestands	Abdeckung der Zielmenge unklar	Abdeckung gemäß dem bei der Planung der Datenbank gesteckten Ziel in der Regel vollständig
Dubletten	Dokumente können mehrfach/vielfach vorhanden sein; teils auch in unterschiedlichen Versionen	Dublettenkontrolle bei der Erfassung der Dokumente; Versionskontrolle in der Regel nicht notwendig, da jeweils eine endgültige Fassung existiert und diese in die Datenbank eingestellt wird
Nutzer		
unterschiedliche Interessen Art der Anfragen	aufgrund heterogener Informationsbedürfnisse der Nutzer sehr unterschiedlich	genaue Zielgruppe mit klarem Informationsbedürfnis
Ill-formed queries	geringe Kenntnis der Nutzer über angebotene Suchfunktionen/Recherche allgemein	Nutzer sind mit der jeweiligen Abfragesprache vertraut

---

[396] Basierend auf [Lew05b], S. 8.

Unterscheidungsmerkmal IR-System	Web	Klassische Datenbanken
Interface	einfache, intuitiv bedienbare Interfaces für Laien-Nutzer	oft komplexe Interfaces; Einarbeitung notwendig
Ranking	Relevance Ranking aufgrund der großen Treffermengen notwendig	Relevance Ranking aufgrund genau formulierter Suchanfragen und dadurch geringerer Treffermengen meist nicht nötig
Suchfunktionen	beschränkte Suchfunktionen	komplexe Abfragesprachen
Modifikation der Suche	in der Regel nur Möglichkeiten zur weiteren Einschränkung der Suchanfrage	umfangreiche Modifikationsmöglichkeiten
Strukturierung der indexierten Dokumente	schwache Strukturierung; Feldsuche nur bedingt für die Recherche geeignet	starke Strukturierung; Suche innerhalb einzelner Felder gut für die Recherche geeignet
Auswahl der Dokumente	abgesehen vom Ausschluss von Spam keine weitere Auswahlkriterien	Klare Auswahlkriterien werden schon bei der Planung der Datenbank bestimmt.

Anhang 4: Abfrage statischer und dyamischer Inhalte

Im folgenden Sequenzdiagramm wird die Anfragebearbeitung eines HTTP-Requests dargestellt. Ein HTTP-Client (z. B. Internet Explorer, Mozilla Firefox) fragt über die HTTP-Methode GET die HTML-Seite „index.html" von einem HTTP-Server unter dem Domainnamen „www.testseite.de" an. Der HTTP-Server bearbeitet die Anfrage und liefert das gewünschte HTML-Dokument zurück.

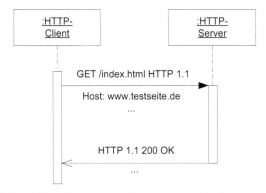

Abbildung 108: Ablauf der Anfragebearbeitung eines HTTP-Requests[397]

Bei dynamischen Inhalten handelt es sich entweder um dynamisch generierte Webseiten oder um die Ergebnisse von Abfragen an Hosts oder Fachdatenbanken im Internet. D. h der im HTTP-Client angezeigte Inhalt wird zum Zeitpunkt des Abrufs dynamisch generiert. Hierfür können verschiedene Technologien (z. B. PHP-Skripte, CGI, ASP bzw. ASP.Net, Java Server Pages (JSP) oder Servlets) Anwendung finden.

In der folgenden Abbildung wird exemplarisch der Aufruf einer dynamischen Webseite mit Hilfe der Servlet-Technologie gezeigt. Der Anwender möchte über seinen HTTP-Client eine Seite aufrufen, die z. B. den aktuellen Kalendertag anzeigt. Der HTTP-Client formuliert eine Anfrage an den HTTP-Server. Dieser ruft das entsprechende Servlet auf. Die Anfrage wird vom Servlet verarbeitet und das Ergebnis als HTML-Dokument an den HTTP-Server ausgeliefert und von diesem an den Client zur Darstellung übergeben.

---

[397] In Anlehnung an [Hen08], S. 357.

Anhang 253

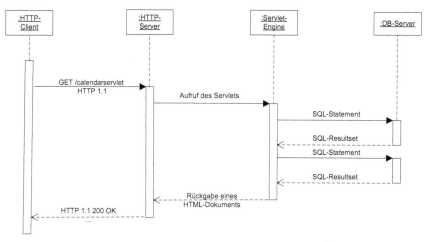

Abbildung 109: Aufruf dynamischer Inhalte mittels Servlets[398]

Anhang 5: RDF-Schema (RDFS)

Mittels RDFS lassen sich einfache Formen von Ontologien durch die Definition von Klassen und Instanzen dieser Klassen erstellen. Hierfür steht im RDFS-Vokabular die vordefinierte URI „rdfs:class" zur Verfügung. Die Zugehörigkeit zu einer Klasse wird durch die URI „rdf:type" zum Ausdruck gebracht. In der folgenden Aussage wird die Klasse „Auto" definiert:

```
ex:Auto     rdf:type     rdfs:class
```

Eine Instanz dieser Klasse wird durch die Aussage

```
ex:VW Golf     rdf:type     ex:Auto
```

gebildet. Klassenhierarchien können durch die Definition von Unterklassen erzeugt werden. Diese erfolgt mit Hilfe der URI „rdfs:subClassOf". Mit der folgenden Aussage wird eine Unterklasse „Kombi" der Klasse „Auto" gebildet:

---

[398] In Anlehnung an [Hen08], S. 359.

```
ex:Kombi        rdf:subClassOf        ex:Auto
```

Im folgenden Beispiel wird ein Ausschnitt der ICD-10-Klassifikation für Krankheiten des Ohres und des Warzenfortsatzes über einen RDF-Graph als Klassenhierarchie dargestellt.

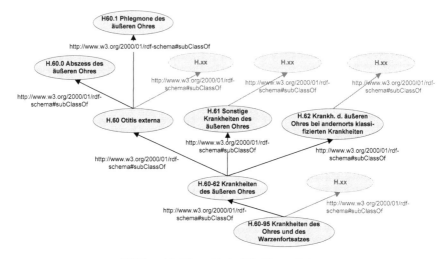

Abbildung 110: Hierarchie der ICD-Klassen H60 - H95

Die Definition von Klassen und Klassenhierarchien bilden die Grundstrukturen von RDFS-basierten Ontologien heraus. Die Konkretisierung und Ausgestaltung der Semantik der Ontologie erfolgt darüber hinaus durch die Festlegung von Eigenschaften (URI „rdf:property") und Untereigenschaften (URI „rdf:subPropertyOf") sowie Hierarchien von Eigenschaften:

```
ex:istFhGMitarbeiter        rdf:type        rdf:property
```

Die vorstehende Aussage definiert die Eigenschaft, dass eine Person (Subjekt) ein Mitarbeiter der Fraunhofer-Gesellschaft ist. Über die folgende Aussage wird festgelegt, dass die Eigenschaft „istAbteilungsleiter" eine Untereigenschaft der Eigenschaft „istFhGMitarbeiter" ist:

```
ex:istAbteilungsleiter      rdf:subPropertyOf      ex:istFhGMitarbeiter
```

Entsprechend dem objektorientierten Paradigma werden Eigenschaften von Klassen an Unterklassen vererbt. Die Zuweisung einer Eigenschaft zu einer Klasse erfolgt analog zum nachstehenden Beispiel.

> ex:Torsten Test   ex:istAbteilungsleiter   ex:Abteilung xyz

Prinzipiell ist es denkbar, für Subjekte Eigenschaften zu definieren, die nicht passend sind oder keinen Sinn ergeben. Es kann daher notwendig sein, den Definitionsbereich (rdfs:domain) oder den Wertebereich (rdfs:range) einer Eigenschaft einzuschränken. Über die Aussage

> ex:istAbteilungsleiter   rdfs:domain   ex:Person

wird festgelegt, dass die Eigenschaft „istAbteilungsleiter" nur einer Instanz der Klasse „Personen" und nicht bspw. der Klasse „Verkehrsmittel" zugewiesen werden kann. Die Einschränkung des Wertebereichs einer Eigenschaft, z. B. die Beschränkung auf positive Zahlen oder bestimmte Farben, erfolgt über die URI „rdfs:range". Im Beispiel wird zur Einschränkung auf den XML-Datentyp „xsd:positiveInteger" zurückgegriffen.

> ex:Größe   rdfs:range   xsd:positiveInteger

Neben den dargestellten Elementen bietet RDFS noch eine ganze Reihe weiterer Möglichkeiten, die semantische Mächtigkeit einer Ontologie zu erhöhen (z. B. Definition von Listen, Aussagen über Aussagen (sog. Reifikation) etc.).[399]

Anhang 6: Web Ontology Language (OWL)

OWL basiert auf DAML + OIL. DAML-ONT (Kurzform von: Darpa Agent Markup Language - Ontology) wurde ursprünglich von der US-amerikanischen Defense Advanced Research Projects Agency (DARPA) entwickelt. OIL (Kurzform von: Ontology Inference Layer) stammt aus dem europäischen Raum. Basierend auf diesen Wurzeln stellt OWL eine Erweiterung von bestehenden Standards (XML, RDF und RFDS) dar und nutzt deren Sprachkonstrukte. Im Rahmen der W3C-Empfehlung bietet OWL drei verschiedene ausdrucksmächtige Untersprachen an.

---

[399] Vgl. [HKR08], S. 77 ff.

1. OWL Lite

OWL Lite wurde für Nutzer konzipiert, die hauptsächlich Klassifikationshierarchien erstellen möchten und nur einfache Restriktionen im Modell benötigen.

2. OWL Description Logics (OWL DL)

OWL DL richtet sich an Nutzer, die eine maximale Ausdrucksmächtigkeit benötigen. Neben dem beschreibenden Aspekt bietet OWL DL auch die Möglichkeit, mit Hilfe von Inferenzmaschinen in angemessener Zeit Schlussfolgerungen aus den getroffenen Aussagen ziehen zu können.[400]

3. OWL Full

OWL Full umfasst die Ausdrucksmächtigkeit von OWL DL und die syntaktischen Freiheiten von RDF. Dadurch wird es zwar möglich, das vordefinierte RDF- und OWL-Vokabular zu erweitern, die Auswertbarkeit über eine Inferenzmaschine ist aufgrund der „Individualität" der definierten Ontologie jedoch nicht mehr gewährleistet.

Die dargestellten Sprachvarianten stehen in Beziehung zueinander. Eine OWL-Lite-Ontologie ist gleichzeitig eine OWL-DL-konforme Ontologie und eine OWL-DL-konforme Ontologie ist gleichzeitig eine OWL Full-konforme Ontolgie. Diese Zusammenhänge gelten jedoch nicht in die jeweils umgekehrte Richtung.

Wie bereits angedeutet, gehen die Sprachmächtigkeit und die Möglichkeiten einer differenzierten Darstellung von Klassen, Eigenschaften und Instanzen sowie deren Beschränkung in OWL deutlich über die Möglichkeiten von RFDS hinaus. OWL bietet präzisere Beschreibungsmöglichkeiten von Klassen, Disjunktion von Klassen, die Verwendung von Mengenoperatoren (z. B. Bildung von Schnittmengen) oder auch die Definition von Kardinalitäten von Eigenschaften jenseits eines 0/1-Schemas. Die Grundbausteine von OWL entsprechen denen von RDF. Unterschiede bestehen in den Bezeichnungen (Instanzen = Individuen, Properties = Rollen).

---

[400] Inferenzmaschinen stammen aus dem Bereich der künstlichen Intelligenz (KI). Es handelt sich dabei um Software, die aus vorliegenden Aussagen Schlussfolgerungen (Inferenzen) zieht, und dadurch zu neuen Aussagen kommt. Beispiel: Aus den Aussagen „A=B" und „B=C", folgert die Inferenzmaschine, dass „A=C" ist.

Anhang 257

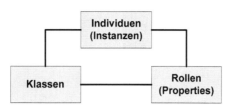

Abbildung 111: Grundbausteine von OWL

Ein OWL-Dokument besteht aus den folgenden Elementen:
- Root-Element zur Festlegung der verwendeten Namensräume (*Namespaces*) bzgl. XML, XSD, RDF, OWL etc.
- Header: Beschreibung der Ontologie/Metadaten zur Ontologie owl:ontology
- Klassen-Elemente: Definition von Klassen, Klassenhierarchien, Restriktionen und komplexen Klassen (Mengenoperationen)
- Property-Elemente: Definition von Eigenschaften und Eigenschaftenhierarchien

Klassen, Rollen und Individuen werden in Analogie zu RDF bzw. RDFS definiert.

Klassen und Individuen

Die Definition von Klassen und Unterklassen erfolgt mit Hilfe der URI „owl:Class". So wird über die Aussage „<owl:Class rdf:about=„Fachliteratur"/>" eine Klasse „Fachliteratur" und über die Aussage

```
<owl:Class rdf:about=„Fachliteratur">
    <rdfs:subClassOf rdf:resource=„Fachartikel">
</owl:Class>
```

die Subklasse „Fachartikel" definiert. Individuen, also Instanzen von Klassen, werden nach dem Schema „Klasse rdf:about=Instanzenbezeichner" beschrieben. Jedes Individuum ist Mitglied der Klasse „owl:thing". Damit ist jede Klasse „subClassOf owl:thing".

Rollen und Rolleninstanzen

Bei den Rollendefinitionen wird zwischen Objekteigenschaften (*Object Property*), sogenannte abstrakte Rollen, die die Beziehungen zwischen Instanzen von Klassen beschreiben, und Datentypeigenschaften (*Datatype Property*), sogenannte konkrete Rollen, die Klassen Datentypen zuweisen, unterschieden.

```
<owl:ObjectProperty rdf:about="Zugehörigkeit">
    <rdfs:domain rdf:resource="Person"/>
    <rdfs:range rdf:resource="Organisation"/>
</owl:ObjectProperty>
```

Das Beispiel-Statement sagt aus, dass die Klasse „Person" über die Eigenschaft „Zugehörigkeit" mit der Klasse „Organisation" verknüpft ist. Die Eigenschaft „Zugehörigkeit" ist somit auf Instanzen der Klasse „Person" beschränkt und kann nur den Wert von Instanzen der Klasse „Organisation" einnehmen.

```
<owl:DatatypeProperty rdf:about:"Vorname">
    <rdfs:domain rdf:resource="Person">
    <rdfs:range rdfs:resource="&xsd;string"/>
</owl:DatatypeProperty>
```

Mit der vorstehenden Aussage wird der zulässige Wertebereich der Vornamen von Personen auf den Datentyp „String" eingeschränkt. Wie in RDF können auch in OWL Klassenhierarchien erzeugt werden. Hierzu dient die RDFS-URI „subClassOf". Ebenso ist es möglich, den Definitionsbereich (rdfs:domain) und den Wertebereich (rdfs:range) von Rollen einzuschränken.

Die Instanz einer Klasse wird in OWL als Individuum bezeichnet. Mit der Aussage „<Fraunhofer-Mitarbeiter rdf:about=„Oliver Koch"/>" wird Oliver Koch als Instanz der Klasse „Fraunhofer-Mitarbeiter" festgelegt.

Im Rahmen der Definition von Eigenschaften bietet OWL eine ganze Reihe von Differenzierungsmöglichkeiten, die insbesondere Inferenzmaschinen die Möglichkeit von automatischen Schlussfolgerungen und Auswertungen der entwickelten Ontologie bieten. Folgende Eigenschaften können festgelegt werden:

- Transitive Eigenschaften
- Symmetrische Eigenschaften
- Funktionale Eigenschaften
- Inverse Eigenschaften
- Inverse funktionale Eigenschaften

Um webbasierte eRessourcen vergleichbar zu machen oder sie zu einem Informationsbestand zusammenzuführen, ist es erforderlich, die den jeweiligen Ressourcen zugrundeliegenden

Anhang   259

Ontologien in Beziehung zueinander zu setzen. Um dies zu erreichen, unterstützt OWL das Mapping von Ontologien. Die folgenden Beziehungen können hergestellt bzw. überprüft werden:

- Äquivalenz von Klassen
- Identität von Individuen
- Unterscheidung von Individuen

Über die folgenden Operationen unterstützt OWL darüber hinaus die Bildung komplexer Klassen:

a. Mengenoperationen

OWL nutzt mengentheoretische Operationen, um komplexe Klassen bilden zu können. Es lassen sich Vereinigungsmengen (owl:unionOf), Schnittmengen (owl:intersectionOf) und Komplementärmengen (owl:complementOf) bilden.

b. Aufzählung

Über Aussagen mit der URI „oneOf" ist es möglich, eine Klasse durch explizite Aufzählung der möglichen Instanzen dieser Klasse zu spezifizieren.

c. Disjunktion

Die explizite Aussage, dass eine Klasse zu einer anderen Klasse disjunkt, also überschneidungsfrei ist, erfolgt durch Verwendungen der URI „disjointWith".

Die beschriebenen Merkmale von OWL verdeutlichen die Ausdrucksfähigkeit dieser Ontologiebeschreibungssprache, insbesondere mit Hilfe der Untersprachen OWL DL und OWL Full.[401] Mit der zunehmenden Verbreitung des Semantic Web erlangt auch OWL eine größere Bedeutung im Rahmen der webbasierten Wissensrepräsentation und Informationsversorgung.

---

[401] In der Praxis sind verschiedene Software-Tools, die die Modellierung von Ontologien mit Hilfe von OWL unterstützen, verfügbar. Ein Beispiel für eine Open Source-Anwendung in diesem Umfeld ist die Protégé-Lösung der Stanford University (http://protege.stanford.edu/).

Anhang 7: Der Kommunikationsstandard HL7[402]

1. Die Organisation

Die erste HL7-Version wurde 1987 an der Universitätsklinik in Palo Alto (USA) entwickelt. Im selben Jahr gründete sich auch die in Ann Arbor (USA) angesiedelte Health Level 7 Inc., die als freiwillige und gemeinnützige Organisation die Entwicklung von internationalen Standards vorantreibt. Als Standards Developing Organization (SDO) ist die HL7, Inc., beim American National Standards Institute (ANSI) akkreditiert und entwickelt konzeptuelle Standards (z. B. HL7 RIM), Dokumentenstandards (z. B. HL7 CDA), Anwendungsstandards und insbesondere Nachrichtenstandards (z. B. HL7 v2.x und v3.0).

Die HL7 Organisation ist von anfänglich 14 Mitgliedern auf mittlerweile über 2.200 Mitglieder, davon 500 Unternehmen, gewachsen und in 30 Ländern mit lokalen HL7-Organisationen vertreten. In Deutschland ist dies die HL7 Benutzergruppe e.V. in Köln.

Die Gesamtorganisation wird durch einen Vorstand (*Board of Directors*) geleitet. Dieser besteht aus acht gewählten und drei bestellten Mitgliedern. Die HL7-Mitglieder werden als Arbeitsgruppe (*Working Groups*) zusammengefasst. Die Gesamtheit aller Mitglieder in Working Groups ist in technischen Komitees (*Technical Committees*) und spezifischen Interessengruppen (*Special Interest Groups*) organisiert.

Die über 20 technischen Komitees (TC) sind direkt verantwortlich für die Weiterentwicklung der HL7-Standards. Die speziellen Interessengruppen (SIG) erforschen neue Bereiche, die in zukünftigen Standards abgedeckt werden. Sowohl die TCs als auch die SIGs werden von ein bis zwei Vorsitzenden (Co-Chairs) geleitet.

Die Gesamtheit aller Co-Chairs bildet das technische Steuerungskomitee (*Technical Steering Committee*). Diesem werden alle Vorschläge, die die Änderung technischer Standards betreffen, zur Abstimmung vorgelegt. Alle Vorschläge, die das technische Steuerungskomitee erfolgreich passieren, werden dem Vorstand zur endgültigen Entscheidung vorgelegt. Wird dort ebenfalls positiv entschieden, erfolgt die Umsetzung im Rahmen des Standards.

Grundprinzip des Nachrichtenversands

Die folgenden Ausführungen beziehen sich auf HL7 als Kommunikationsstandard. Der Datenaustausch via HL7 erfolgt ereignisgesteuert und nachrichtenbasiert. Ein Ereignis kann

---

[402] Alle Abbildungen in diesem Anhang wurden der Webseite der HL7 Benutzergruppe in Deutschland e.V. (www.hl7.de) entnommen (Zugriff am 11.07.2009).

bspw. die stationäre Aufnahme eines Patienten sein. Nach der Erfassung der Aufnahmedaten eines Patienten im Patientendatenmanagementsystem (PDMS) wird eine HL7-Nachricht vom Nachrichtentyp „Admission Dissemination Transfer (ADT)" und dem Ereignistyp „A01" erzeugt und an die Subsysteme des Krankenhausinformationssystems übermittelt.[403] Der Patient ist daraufhin mit seinen Stammdaten in den Subsystemen (z. B. dem Laborinformationssystem (LIS) oder Radiologieinformationssystem (RIS)) bekannt.

In HL7 sind verschiedene zulässige Ereignistypen definiert, die den Versand einer Nachricht triggern. So steht bspw. A01 für stationäre Aufnahme, A02 für Verlegung, A03 für Entlassung oder A31 für Änderung personenbezogener Daten. In HL7 ist eine Vielzahl unterschiedlicher Nachrichtentypen definiert. Die genaue Struktur eines Nachrichtentyps wird in der „Abstract Message Description" festgelegt. Eine HL7-Nachricht besteht aus einzelnen Segmenten. Die Segmente (z. B. MSH, PID etc.) haben eine festgelegte syntaktische Bedeutung und bestehen wiederum aus einzelnen Feldern.[404]

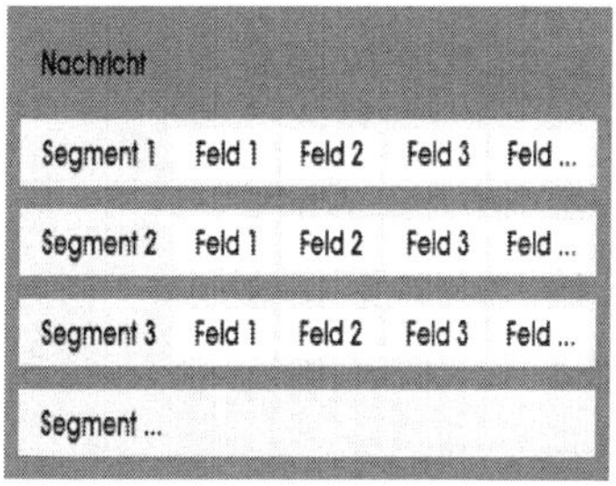

Abbildung 112: Grundstruktur einer HL7-Nachricht

Die oben genannte Nachricht vom Typ ADT besteht bspw. aus mindestens aus drei Segmenten. Dies ist zum einen das Segment „Message Header (MSH)" u. a. mit Informationen über die sendende und die empfangende Anwendung, dem Zeitpunkt der Sendung, dem Nachrichten- und Ereignistyp oder der genutzten HL7-Version, und zum anderen das Segment „Patient Identification" (PID), welches in der folgenden Abbildung dargestellt ist, sowie das Segment „Patient Visit" (PV1), das Informationen zum Fall (z. B. Aufnahmeart, Abrechnungsart, zugewiesener Aufenthaltsort des Patienten (Station, Zimmer, Bett) und einweisender Arzt) ent-

---

[403] Ein KIS ist dabei ein „*soziotechnisches System aller Informationsverarbeitung, - übermittlung und – speicherung im Krankenhaus*" ([LB02], S. 475). D. h. zum KIS gehören insbesondere das Patientendatenmanagement, das LIS, das RIS, das Intensivstations-Informationssystem und weitere Spezialsysteme. In Abgrenzung dazu wird das Krankenhausinformationssystem häufig auch als das zentrale EDV-System eines Krankenhauses bezeichnet. Während die oben genannten Systeme außerhalb des KIS angesiedelt sind.
[404] Da HL7 als internationaler Standard nicht alle landesspezifischen Besonderheiten abdecken kann, besteht die Möglichkeit, diese Besonderheiten in den sogenannten Z-Segmenten abzubilden.

hält. Das PID-Segment umfasst die Patienten-ID, den Patientennamen, Adresse, Geburtstag, Telefonnummer, Familienstand, Religion, Sprache etc.

```
PID|||1234567^^^Betaklinik^PI||Vogel^Marianne^^^^^L^A^^^G~Seeb
erg^^^^^^M^A^^^G~Vogel^^^^Frau^^D^^^^G||19780521|F|||Spechtw
eg14&Spechtweg&14^^Hamburg^^20355^^H~Spitalstr.17&Spitalstr.
&17^^Hamburg^^20355^^BDL||^PRN^PH^^49^40^7654321^^^^^040
/7654321|^WPN^PH^^49^40^5432^555^^^^040/5432555|DEU^
German^HL70296^^deutsch|M^married^HL70002^^verheiratet|CAT^
catholic^HL70006^^katholisch|||||Heilig-Geist-Krankenhaus|||DEU^
German^HL70171^^deutsch
```

Abbildung 113: Beispiel eines PID-Segments

Das Beispielsegment macht deutlich, dass die intuitive Lesbarkeit und Verarbeitbarkeit von HL7-Nachrichten in der Version 2.x eher gering ist. Dies ist nur einer der Gründe warum vor einigen Jahren der XML-basierte HL7 V3-Standard entwickelt wurde.

HL7 V3

Mit der Entwicklung der Version 3 wurde ein wichtiger Schritt in Richtung Sicherung der Zukunftsfähigkeit des HL7-Kommunikationsstandards getan. Die Bedeutung von HL7 V3 ist so groß, dass es mittlerweile Teil der IT-Strategie in der Gesundheitspolitik von Großbritannien, den Niederlanden und Dänemark geworden ist.

Seit der Version 3 wird die Struktur von HL7-Nachrichten mit XML realisiert. Eine weitere wichtige Neuerung ist die Einführung eines einheitlichen Informationsmodells für HL-Nachrichten. Das sog. Reference Information Model (RIM) ist ein generisches Datenmodell. Es spezifiziert die Datentypen, Strukturen und deren Beziehungen, welche in HL7-Nachrichten und CDA-Dokumenten verwendet werden können.[405] Das RIM besteht aus den sechs Kernklassen: „Entitäten", „Rollen", „Beteiligungen", „Aktionen", „Rollenbeziehungen" und „Aktionsbeziehungen".[406]

---

[405] Die Einführung der Clinical Document Architecture (CDA) ist eine weitere wichtige Neuerung der Version 3. Die CDA ist eine XML-basierte Dokumentenarchitektur. Ein CDA-Dokument entspricht einem klinischen Dokument (z. B. Arztbrief, Befundbericht etc.). Es werden drei Stufen von CDA-Dokumenten unterschieden: Level 1 – Repräsentation bestehender Dokumente in XML, Level 2 – Klassifizierung von Dokumentbestandteilen durch Codes und Codesysteme, Level 3 – Hinzufügen von maschinenlesbaren Angaben.

[406] Aus dem RIM werden auch das Domain Information Model (DIM) und das Message Information Model (MIM) abgeleitet.

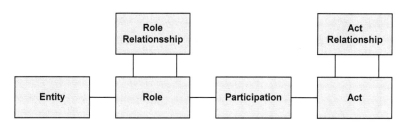

Abbildung 114: Kernklassen des Reference Information Model (RIM)

Neben diesem einheitlichen Informationsmodell, das auch eine einheitlichere Umsetzung des Standards gewährleisten soll, wurde eine objektorientierte Entwicklungsmethodik für HL7-Nachrichten entwickelt.

Anhang 8: Nachrichtenformat und Query-Formulierung beim HL7-Infobutton

Aus dem Sequenzdiagramm in Abbildung 51 wurde ersichtlich, dass sowohl zwischen KIS und Infobutton Manager als auch zwischen Infobutton Manager und eRessourcen HL7-Nachrichten versendet werden. Seit der Version 3 werden HL7-Nachrichten im XML-Format repräsentiert. Obwohl die XML Spezifikation die präferierte Option für die Umsetzung des resourceRequest (HL7-Nachricht) ist, unterstützen die meisten eRessourcen derzeit nur URL-basierte Anfragen. Solche HTTP-Requests verwenden die GET- oder POST-Methode.

In der folgenden Abbildung ist ein Ausschnitt aus einer XML-Schemainstanz des vorgeschlagenen Infobutton-Kommunikationsstandards dargestellt:

```
<searchParameter>
    <mainSearchCriteria>
            <mainSearchConcept code="363406005" codeSystem= "SNOMED- CT"
            displayName="colon cancer">
                    <originalText>adenocarcinoma of the colon</originalText>
            </mainSearchConcept>
            <modifier code="D011379" codeSystem="MeSH"
            displayName="Prognosis"/>
    </mainSearchCriteria>
</searchParameter>
<searchContext>
    <taskContext>
            <task code="11" />   [Anmerkung: Problem List Review]
    </taskContext>
    <patientContext>
            <age value="68" />
            <gender code="F" />  [Anmerkung: F = Female (weiblich)]
    </patientContext>
    <userContext>
            <role code="C11599" />   [Anmerkung: Niedergelassener Arzt]
            <discipline code="C13429" />   [Anmerkung: Allgemeinmediziner]
            <language code="eng" />
    </userContext>
</searchContext>
```

Die URL-basierte Nachrichtenspezifikation kann direkt aus dem XML-Schema der XML-basierten Spezifikation abgeleitet werden. Dabei werden alle XML-Elemente, die Text enthalten, in HTTP-Parameter konvertiert (Regel: [name of the parent element]+[name of the element], z. B. mainSearchConceptOriginalText). Das gleiche gilt für die XML-Attribute, die ebenfalls in HTTP-Parameter umgewandelt werden.

Je nach Anzahl der einbezogenen Suchparameter- und Suchkontext-Informationen kann die bei der Konvertierung entstehende URL bezogen auf die Längenbeschränkung mancher Webserver zu lang sein. In einem solchen Fall können die Infobutton-Nachrichten dann unter Verwendung des HTTP POST-Protokolls versendet werden.

Im Folgenden ist eine Infobutton-Nachricht in der URL-Repräsentation dargestellt.

```
http://www.e-resource.com/api?
requestingEntity=1234&
passwordAuthenticationUsername=user&
passwordAuthenticationPassword=pwd&
mainSearchConceptCode=12812-4&
mainSearchConceptCodeSystem=C11092&
mainSearchConceptCodeSystemName=Logical+Observation+
Identifier+Names+and+Codes (LOINC)&
mainSearchConceptDisplayName=serum+potassium&
mainSearchConceptOriginalText=Potassium&
valueCode=S10210&
modifierCode=D012816&
modifierCodeSystem=MeSH&
modifierDisplayName=Signs+and+Symptoms&
modifierOriginalText=Clinical+findings&
taskCode=7&
ageValue=45&
genderCode=C10173
```

Der Arzt sieht sich die Laborergebnisse eines 45-jährigen männlichen Patienten an. Er stößt dabei auf einen erhöhten Kaliumgehalt (serum potassium) im Blut. Er ist sich nicht sicher, wo die Grenzwerte liegen und klickt auf den Infobutton neben dem Eintrag „Kaliumgehalt". In der daraufhin angezeigten Liste an Standardfragen wählt er „Wie sieht ein Befund für einen erhöhten Kaliumwert im Blut aus?"

Anhang 9: Spezifika medizinischer Prozesse

Unabhängig davon, dass Vertreter des Gesundheitswesens immer wieder betonen, die Prozessabläufe in der Gesundheitsversorgung wiesen signifikante Spezifika auf, die einen direkten Vergleich mit Prozessabläufen im klassischen Unternehmensfeld erschweren, haben Sarshar et al. auf Basis einer empirischen Erhebung im Universitätsklinikum Mainz die Anforderungen der Gesundheitsdomäne an die Prozessmodellierung innerhalb der Domäne beschrieben.[407] Dabei zeigt sich, dass nur ein Teil dieser Anforderungen domänenspezifisch ist.

---

[407] Vgl. [SDL05], S. 101 ff.

1. Abbildung sequentieller Prozessabläufe (nicht domänenspezifisch)
Im Rahmen der Prozessmodellierung müssen sequentielle Abläufe abgebildet werden. Dabei wird zwischen einem streng sequentiellen Ablauf, d. h. die Aktivitäten müssen in einer definierten Reihenfolge ablaufen und das Ende der Aktivität A bildet den Startpunkt für Aktivität B, und einem wahlfrei sequentiellen Ablauf, d. h. die Ausführungsreihenfolge ist beliebig, muss jedoch vollständig in einem bestimmten Zeitraum erfolgen, unterschieden.

2. Abbildung paralleler Prozessabläufe (nicht domänenspezifisch)
Bestimmte Aktivitäten können oder müssen parallel ablaufen. Dabei wird zwischen Parallelität ohne und mit Synchronisation unterschieden. Im letzteren Fall werden die parallelen Aktivitätspfade nach deren Abarbeitung wieder zusammengeführt.

3. Abbildung von Entscheidungen (nicht domänenspezifisch)
In medizinischen Prozessen müssen von Ärzten immer wieder Entscheidungen getroffen werden. Man unterscheidet zwischen regelbasierten und nicht-regelbasierten Entscheidungen. Erstere können prinzipiell auf Basis eines deterministischen Regelsystems automatisiert werden, letztere nicht.

4. Abbildung iterativer Prozessabläufe (nicht domänenspezifisch)
Wiederholungen in Prozesssequenzen im Sinne von Untersuchungs-, Behandlungs- und Versorgungsschleifen gehören zu den Spezifika von Prozessen im Gesundheitswesen. Zeiträume und Zeitpunkte der Iteration sowie Eintritts- und Austrittsbedingungen müssen modelliert werden können.

5. Abbildung interner und externer Prozessschnittstellen (bedingt domänenspezifisch)
Prozessschnittstellen beziehen sich auf den temporären oder vollständigen Übergang (Verlegung) eines Patienten zwischen zwei Organisationseinheiten (insbesondere im Krankenhaus). Beim vollständigen Übergang ist zwischen einer internen Verlegung und einer Verlegung nach außerhalb (z. B. in ein anderes Krankenhaus) zu unterscheiden.

6. Warte- und Ruhezustände (bedingt domänenspezifisch)
In bestimmten Prozesssequenzen werden keine aktiven Handlungen vollzogen. Solche passiven Zustände von Patienten (z. B. Warte-, Ruhe- oder Beobachtungszeiten) müssen abgebil-

Anhang 267

det werden. Zustandsänderungen können Bedingungen im Rahmen von Prozessabläufen darstellen (Iterationsbedingung, Anfangs- oder Endbedingung etc.).

7. Extern verantwortete Änderung des Patientenzustands
Extern bedingte Zustandsänderungen eines Patienten werden bspw. durch pflegerische Maßnahmen, Medikamente, Operationen oder andere therapeutische Maßnahmen herbeigeführt.

8. Interne Dynamik des Prozessobjektes „Patient" (domänenspezifisch)
Spontane Änderungen des Gesundheitszustandes eines Patienten und damit des weiteren Behandlungsprozesses sind die gravierendste Besonderheit von Prozessabläufen im Gesundheitswesen. Sie müssen abgebildet werden können.

9. Abbildung der Organisationsstruktur, technischer Ressourcen und Zeiten
In Analogie zur Prozessmodellierung in Unternehmen muss es auch im Rahmen der Modellierung von Abläufen im Gesundheitswesen möglich sein, Organisationsstrukturen, technische Ressourcen und auch Zeiten (z. B. Sollzeiten für bestimmte Tätigkeiten) abzubilden.

Neben den aufgeführten Anforderungen muss eine Prozessmodellierungsmethodik im Gesundheitswesen zunehmend in der Lage sein, auch Kosten abzubilden. Medizinische Einrichtungen entwickeln sich immer mehr zu Dienstleistungsunternehmen, die unter Marktbedingungen medizinische Leistungen erbringen und daher ihre Kostenstrukturen auch in den medizinischen Prozessen überwachen müssen.

Bei der Modellierung von Prozessen im Gesundheitswesen muss nicht zuletzt immer im Auge behalten werden, dass ein Mensch (Patient) im Zentrum des Behandlungsprozesses steht. Dieser befindet sich – insbesondere, wenn er im Krankenhaus ist – in einer Ausnahmesituation, die mit Besorgnis und oft mit Angst behaftet ist. Diese Tatsache kann immer wieder zu Ad-hoc-Varianzen im Prozessablauf führen, die nicht vollständig modelliert werden können.

Als Anforderung aus der kontextorientierten Informationsversorgung sollte die Prozessmodellierungssprache geeignet sein, Prozessaktivitäten als informations- bzw. wissensintensiv zu attribuieren bzw. diese Eigenschaft in einer eigenen Elementsymbolik repräsentierbar zu machen.

Anhang 10: Domänenunabhängige und domänenspezifische Prozessmodellierungssprachen im Gesundheitswesen

A. Domänenunabhängige Modellierungssprachen:

A.1. Erweiterte Ereignisgesteuerte Prozesskette (eEPK)[408]

Die Ereignisgesteuerte Prozesskette wurde von Scheer 1992 zur Darstellung von Geschäftsprozessen entwickelt. Ihre Ursprungsversion umfasst die folgenden vier Modellelemente:

- Ereignisse (Grafisches Element: Sechseck): Sind passive Elemente und beschreiben Zustände
- Funktionen (Grafisches Element: Abgerundetes Rechteck): Sind aktive Elemente und beschreiben Aufgaben (bzw. Aktivitäten)
- Kontrollflusskanten (Grafisches Element: Pfeile). Verbinden Funktionen und Ereignisse im Rahmen eines Kontrollflusses.
- Verknüpfungsoperatoren (Grafisches Element: Rundes Operatorensymbol): Dienen der Darstellung konjunktiver, adjunktiver und disjunktiver Verknüpfungen. Sie dienen der Abbildung von Entscheidungen.

Mit der Hinzufügung von Elementen zur Organisations-, Daten- und Leistungsmodellierung zur erweiterten Ereignisgesteuerten Prozesskette (eEPK) besitzt die Modellierungssprache die Mächtigkeit, auch verstärkt zur Modellierung von Patientenpfaden verwendet zu werden.[409] Insbesondere im deutschsprachigen Raum wird die eEPK-basierte Modellierung recht häufig zur Abbildung von medizinischen Prozessen genutzt. Die Hinzufügung von Kontextmerkmalen zu einzelnen Aktivitäten (Funktionen) sowie die Attribuierung von Aktivitäten als „wissensintensiv" ist im Rahmen von eEPKs über die Zuordnung von Informationsobjekten möglich.

A.2. Unified Modelling Language (UML), insbesondere Aktivitätsdiagramm[410]

Die Unified Modelling Language (UML) ist eine von der Object Management Group (OMG) entwickelte Modellierungssprache für den Bereich der Software- und Systementwicklung.

---

[408] Literatur zur EPK und deren Anwendung im Gesundheitswesen: [ST05], [SDL05], [BBC03], S. 11 ff.
[409] Als Modellierungstool wird häufig das ARIS Toolset der Firma IDS Scheer AG genutzt.
[410] Der jeweils aktuelle Versionsstand (derzeit: Version 2.1.2) von UML findet sich unter: http://www.uml.org/. Hilfreich ist auch das Standardwerk [PP06].

Der Anwendungsbereich umfasst darüber hinaus auch „[...] *modeling business and similar processes*".[411]

Mit UML ist es möglich, sowohl statische Strukturen als auch dynamische Abläufe in Form von insgesamt sechs Strukturdiagrammen (statisch) und sieben Verhaltensdiagrammen (dynamisch) zu modellieren. Für die Prozessmodellierung ist insbesondere der Diagrammtyp „Aktivitätsdiagramm" relevant. Das Aktivitätsdiagramm ist eine besondere Form eines Zustandsdiagramms mit dessen Hilfe es möglich ist, einen Geschäftsprozess oder Vorgang auf Basis eines Anwendungsfalls als Folge von Aktivitäten abzubilden.

Zur Erstellung eines Aktivitätsdiagramms stehen die folgenden Modelelemente zur Verfügung:[412]

a. Aktivitäten und Aktionen (Grafisches Element: Rechteck mit abgerundeten Kanten): Eine Aktivität beschreibt das Verhalten eines Systems, welches sich aus einer Folge von einem oder mehreren untergeordneten Einzelschritten (Aktionen) zusammensetzt. Ein Geschäftprozess oder ein operativer Eingriff können Beispiele für eine Aktivität darstellen.

b. (Aktivitäts-)Kanten (Grafisches Element: Gerichtete Linie, deren Pfeilspitze auf nächste Aktion verweist): Kanten dienen der Darstellung des Flusses durch eine Aktivität. UML bietet die Möglichkeit, spezielle Varianten von (Aktivitäts-)Kanten darzustellen:

- Kontrollflüsse dienen der Ablaufsteuerung und geben an, wie die Steuerung von einer Aktion zu nächsten weitergegeben wird.
- Objektflüsse, sind reine Daten-Aktivitätskanten, d. h. sie beschreiben, wie Objekte, die im Rahmen von Aktionen erzeugt, bearbeitet oder verändert werden, eine Aktivität durchlaufen.

c. Objektknoten (Grafisches Element: Rechteck mit Namen des Knoten) repräsentieren eine Instanz eines bestimmten Classifiers in einem bestimmten Zustand und finden in Objektflüssen als Repräsentation eines Objektes Verwendung.[413]

d. Parameterknoten (Grafisches Element: Rechteck mit Namen des Knoten) dienen der Darstellung von Eingangs- und Ausgangsparameter für eine einzelne Aktion oder Aktivität.

e. Kontrollknoten: UML unterscheidet verschiedene Typen von Kontrollknoten:

---

[411] [OMG07b], S. 1.
[412] Vgl. [PP06], S. 107 ff.
[413] Classifier sind das Grundelement der Modellierung in UML. Sie stellen eine Gruppe von Dingen mit gemeinsamen Eigenschaften dar. Eine Klasse ist ein Classifier. Die spezifische Klasse „Arzt" ist kein Classifier, sondern eine Instanz der Classifier-Klasse. Vgl. [PP06], S. 9.

- Start-/Endknoten: (Grafisches Element: Schwarzer Punkt) Ein Startknoten ist der Anfangspunkt für eine Aktivität. Bei den Endknoten unterscheidet man Aktivitäts-Endknoten und Ablauf-Enden (Grafisches Element: Kreis mit einem „X" darin). Mit dem Aktivitäts-Endknoten wird das Ende einer Aktivität markiert. Demgegenüber bezeichnet ein Ablauf-Ende den Abschluss eines (Teil-)Ablaufs innerhalb einer Aktivität, aber nicht der Gesamtaktivität.

- Entscheidungs- und Merge-Knoten: (Grafisches Element: Raute) Ein Entscheidungsknoten hat immer eine Eingangskante und mehrere Ausgangskanten. Auf Basis von Booleschen Ausdrücken wird zwischen verschiedenen Ausgangskanten eine Auswahl getroffen. Der Boolesche Ausdruck wird in einer eckigen Klammer neben der Aktivitätskante formuliert. Über einen Merge-Knoten werden alternative Flüsse wieder zusammengeführt. Er stellt also quasi die Umkehrung eines Entscheidungsknotens dar.

- Fork- und Join-Knoten: (Grafisches Element: Senkrechte Kante mit einer Eingangskante und mehreren Ausgangskanten). Über Fork-Knoten wird der Fluss einer Aktivität in mehrere nebenläufige Abläufe aufgespalten. Der Join-Knoten ist das Gegenstück zum Fork-Knoten. Er führt mehrere Abläufe wieder zu einem Ablauf zusammen.

Weitere grafische Sprachelemente erlauben die semantische Anreicherung von Aktivitätsdiagrammen. Ein wichtiges Element sind z. B. Partitionen, die der Darstellung von Verantwortlichkeiten in Swimlane-Form dienen.[414]

Die grundlegenden Elemente medizinischer Prozesse (Aktivität, Entscheidung und Zustand) lassen sich mit Aktivitätsdiagrammen präzise abbilden. In Kombination mit den anderen Diagrammtypen entsteht so eine Ausdrucksmächtigkeit, die eine klare Präferenz für diese Sprache, insbesondere bei „realisierungsnahen" Prozessdarstellungen, ergeben.

B. Domänenspezifische Modellierungssprachen:

Um die Besonderheiten von medizinischen Prozessabläufen abzubilden, wurden zahlreiche domänenspezifische Prozessmodellierungssprachen entwickelt. Zu diesen Sprachen zählen bspw. Klinischer Algorithmus, GLIF, Guide, Prestige, Prodigy oder ProFormat.[415] Im Folgenden werden Klinischer Algorithmus und GLIF kurz vorgestellt.

---

[414] Swimlanes stellen horizontale Unterteilungen von Diagrammen dar, über die Zuständigkeiten dokumentiert werden können.
[415] Vgl. [SL04]. Weitere Sprachen zur Modellierung von Leitlinien: [WPT02]. Schlichting und Ingenerf [ST05] beschreiben darüber hinaus auch die Modellierung von Behandlungspfaden mittels HL7 RIM.

Anhang

B.1. Klinischer Algorithmus[416]

Die Darstellungsform der Modellierungssprache Klinischer Algorithmus orientiert sich an Flussdiagrammen, wobei der Grundgedanke einer algorithmischen Darstellung von Behandlungsabläufen bereits seit Ende der 60er Jahre propagiert wird.[417] Die Standardelemente des Klinischen Algorithmus entsprechen den oben genannten Grundelementen zur Darstellung medizinischer Prozesse: Handlung (*Action*), Entscheidung (*Decision*) und klinischer Zustand (*State*).

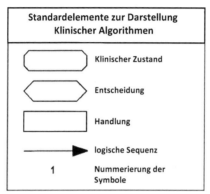

Abbildung 115: Standardelemente zur Darstellung Klinischer Algorithmen

Die Attribuierungsmöglichkeiten sind beim Klinischen Algorithmus eingeschränkt bzw. nicht gegeben. Informationen, z. B. zum Kontext einer Handlung, können nicht hinzugefügt werden.

B.2. GuideLine Interchange Format (GLIF)[418]

Das GuideLine Interchange Format ist ein standardisiertes Austauschformat für medizinische Leitlinien in maschinenlesbarer Form. GLIF bietet eine objektorientierte Repräsentationsform, die aus einer Sammlung von Klassen von Leitlinienentitäten, Attributen für diese Klassen sowie Datentypedefinitionen für die Attribute besteht.

---

[416] Dieser Abschnitt basiert auf [MSS92].
[417] In Deutschland wird der Klinische Algorithmus von der Arbeitsgemeinschaft der Wissenschaftlichen Medizinischen Fachgesellschaften (AWMF) und in den USA von der Society for Medical Decision Making (SMDM) empfohlen.
[418] Vgl. [OGM98]. Eine Gegenüberstellung der Modellierung von Leitlinien in GLIF und UML liefert [HSW02].

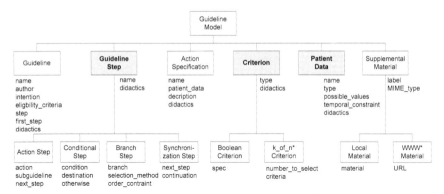

Abbildung 116: GLIF-Klassen und -Attribute[419]

Aktivitäten können in GLIF über die Klasse „Guideline Step" bzw. deren Subklassen abgebildet werden. Eine Entscheidung wird über ein Objekt der Subklasse „Conditional Step" ggf. in Verbindung mit einem Objekt der Klasse „Criterion" dargestellt. Der Zustand eines Patienten lässt sich über ein Objekt der Klasse „Patient Data" beschreiben.

Patientenpfade sind in der Regel einrichtungsspezifisch definiert und somit eigentlich nicht für den Austausch z. B. zwischen zwei Krankenhäusern gedacht. GLIF bietet nun für Leitlinien, deren zentrales Ziel eine möglichst große Verbreitung ist, einen Austauschstandard. Im Rahmen von einrichtungsübergreifenden Prozessdefinitionen (z. B. in integrierten Versorgungsformen) könnte GLIF daher Anwendung finden.

Durch die Elemente Action Specification und Supplemental Material bietet GLIF ausreichende Definitionsmöglichkeiten für ein Kontextmodell bzw. eine in GLIF beschriebene Prozessinstanz kann selbst als Kontextquelle genutzt werden.

---

[419] In Anlehnung an [OGM98], S. 11.

Anhang 11: Medical Subject Headings (MeSH)-Thesaurus[420]

Der MeSH-Thesaurus wird durch die National Library of Medicine (NLM) entwickelt und gepflegt.[421] Er wurde mittlerweile in eine Vielzahl von Sprachen übersetzt und ist auch in Deutsch verfügbar.[422] Der MeSH-Thesaurus wird nicht nur zur Indexierung der meisten Datenbanken der NLM genutzt, sondern er wird auch in anderen Einrichtungen wie bspw. dem National Guideline Clearinghouse (NGC), welches in den USA alle evidenzbasierten medizinischen Leitlinien verwaltet, eingesetzt. Zentrales Element des Thesaurus sind 25.186 MeSH-Deskriptoren (*Subject Headings* bzw. *Descriptors*).[423] Jeder Deskriptor verfügt über eine eindeutige ID (*Unique MeSH-ID*). Im Folgenden wird der Begriff „MeSH-Term" synonym für „MeSH-Deskriptoren" verwendet. Der MeSH-Thesaurus bietet drei unterschiedliche Beziehungstypen zwischen den verschiedenen MeSH-Elementen an:

- hierarchisch (*hierarchical*): Deskriptoren stehen in hierarchischer Beziehung zueinander. MeSH bietet insgesamt 15 hierarchische Themenbäume (z. B. Anatomie (*Anatomy*), Organismen (*Organisms*), Krankheiten (*Diseases*) etc.).
- synonym (*synonymous*): Zu den Deskriptoren verwaltet MeSH über 160.000 englischsprachige und bspw. ca 55.000 deutschsprachige synonyme Begriffe (*Entry Terms* bzw. *Synonyms*). Aufgrund dieser Synonym-Sammlung und der Tatsache, dass Ober- und Unterbegriffe gebildet werden, spricht man auch von einem (MeSH)-Thesaurus.
- verwandt (*related*): Es werden verwandte Begriffe angeboten, die als Suchbegriffe hinzugefügt werden können, um die Suche zu verfeinern.

Die meisten MeSH-Deskriptoren sind mit einer kurzen Erläuterung (*description*) oder auch Definition versehen. Eine weitere Annotationsmöglichkeit im Rahmen der Indexierung sind die sogenannten „weiter qualifizierenden Begriffe" (*Qualifier*) bzw. „Unterkategorien" (*Subheadings*). Sie dienen der Eingrenzung der Perspektive auf einen MeSH-Term.[424] So grenzt der qualifizierende Begriff „Diagnosis" den MeSH-Term „Hypertension" weiter ein.

---

[420] Vgl. hierzu [Her03], S. 149 ff. Weitere Informationen finden sich auch auf der Webseite der NLM: http://www.nlm.nih.gov/mesh/.
[421] Die NLM ist die US-amerikanische Zentralbibliothek für Medizin. Sie ist das Pendant zur deutschen Zentralbibliothek Medizin (ZBMed) in Köln.
[422] Für die Pflege der deutschen Version des MeSH-Thesaurus ist das Deutsche Institut für Medizinische Dokumentation und Information (DIMDI), eine nachgeordnete Behörde des Bundesministeriums für Gesundheit (BMG), verantwortlich.
[423] Vgl. [NLM08a], S. 1.
[424] Die aktuelle Liste der zulässigen qualifizierenden Begriffe ist auf der NLM-Webseite verfügbar. Siehe [NLM07].

Es geht also um die Diagnose von Bluthochdruck. Neben Fachartikeln aus über 5000 medizinischen Zeitschriften ist in der Medline-Datenbank auch eine Vielzahl anderer Publikationstypen, wie z. B. klinische Studien, indexiert. Um deren Retrieval zu erleichtern wurden Kontrollmarkierungen (*Check Tags*) eingeführt. Sie dienen der Markierung bestimmter Facetten von klinischen Studien wie bspw. „Alter" oder „Geschlecht" und müssen bei der Indexierung einer Studie zwingend angegeben werden.[425] Die Kontrollmarkierungen korrespondieren in einigen Fällen direkt mit den Kontextmerkmalen des Teilmodells „Behandlungsfall".[426] Dies erleichtert einen schnellen Zugriff auf die gewünschten Studien.

Jeder Zeitschriftenartikel wird in Medline mit 10-15 MeSH-Termen oder qualifizierenden Begriffe versehen. Bei den MeSH-Termen unterscheidet man zwischen dem „normalen" Schlagwort ([MH]-Einträge) und dem bedeutsameren „zentralen" Schlagwort ([MAJR]), um das es in dem Artikel hauptsächlich geht. MAJR-Terme werden pro Dokument nur 1- bis 2-mal vergeben. Sie sind für das Retrieval im Rahmen der kontextbasierten Suche besonders bedeutsam.

Anhang 12: Unified Medical Language System (UMLS)-Metathesaurus[427]

Bereits in den 80er Jahren des vorigen Jahrhunderts zeichnete sich aufgrund der Vielzahl an verfügbaren medizinischen Klassifikationen und Ordnungssystemen der Bedarf nach einem Metathesaurus ab, der diese Systeme semantisch miteinander verbindet.[428] Ende der 80-er Jahre wurde daher an der NLM das Projekt zur Entwicklung des UMLS-Metathesaurus gestartet.

Ziel des UMLS ist es, die verschiedenen begrifflichen Ordnungssysteme im medizinischen Umfeld semantisch anzureichern und miteinander zu verknüpfen. Aus Sicht der Anwender wird dabei die Zielsetzung verfolgt „[...] *to help health professionals and researchers use biomedical information from different sources.*"[429]

---

[425] Eine Übersicht der verfügbaren Kontrollmarkierungen findet sich bei [Her03], S. 154.
[426] Vgl. Kapitel 6.4.
[427] Vgl. die UMLS-Dokumentation: [NLM09]. Die Adresse der zentralen Webseite des UMLS lautet: http://www.nlm.nih.gov/research/umls/.
[428] Vgl. [Her03], S. 157 f.
[429] [BNH98], S. 815.

Mittlerweile hat sich das UMLS zu einem beeindruckend umfangreichen System entwickelt, das aus drei Datenbanken (*Knowledge Sources*) besteht, die gemeinsam oder unabhängig voneinander genutzt werden können (Abbildung 117).

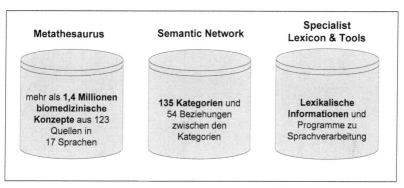

Abbildung 117: Grundstruktur des UMLS[430]

Zentrales Element ist der Metathesaurus mit seinen mehr als 1,4 Millionen UMLS-Konzepten. Das Spezialist Lexikon wird im Rahmen des Concept Mappings zur Textanalyse genutzt.

Begriffe (*Terms*), die äquivalent in ihrer Bedeutung sind, werden in einem eindeutigen UMLS-Konzept (*Unique Concept*) zusammengefasst. Jedes UMLS-Konzept verfügt über einen eindeutigen Identifikator, dem sogenannten eindeutigen Begriffsbezeichner (*Concept Unique Identifier (CUI)*) und kann mit einem oder mehreren Termen, die ebenfalls wieder über einen eindeutigen lexikalischen Bezeichner (*Lexical Unique Identifier (LUI)*) erkannt werden, verknüpft sein. Diese hierarchische Beziehung wird in Zeichenfolgen (*Strings*) und Atome (*Atoms*) weiter aufgegliedert.[431] In der folgenden Tabelle wird am Beispiel des Vorhofflimmerns (*Atrial Fibrillation*), ein hierarchischer Konzeptbaum dargestellt.

---

[430] Die Sprache „Deutsch" ist neben dem Englischen mittlerweile die zweite wichtige Sprache im UMLS.
[431] Diese verfügen über eindeutige Zeichenkettenidentifikatoren (*String Unique Identifier (SUI)*) und eindeutige Atomidentifikatoren (*Atom Unique Identifier (AUI)*).

Concept (CUI)	Terms (LUIs)	Strings (SUIs)	Atoms (AUIs)
C0004238 Atrial Fibrillation (preferred) Atrial Fibrillations Auricular Fibrillation Auricular Fibrillations	L0004238 Atrial Fibrillation (preferred) Atrial Fibrillations	S0016668 Atrial Fibrillation (preferred)	A0027665 Atrial Fibrillation (from MSH)
			A0027667 Atrial Fibrillation (from PSY)
		S0016669 Atrial Fibrillations	A0027668 Atrial Fibrillations (from MSH)
	L0004327 (synonym) Auricular Fibrillation Auricular Fibrillations	S0016899 Auricular Fibrillation (preferred)	A0027930 Auricular Fibrillation (from PSY)
		S0016900 (plural variant) Auricular Fibrillations	A0027932 Auricular Fibrillations (from MSH)

Tabelle 18: Hierachischer Konzeptbaum für das UMLS-Konzept "Artrial Fibrillation"

UMLS-Konzepte können in unterschiedlicher Beziehung zueinander stehen. Zu den häufigsten Beziehungstypen gehören die Eltern (PAR)- oder Geschwister (SIB)-Beziehung, das ähnliche (RL) oder das weitergefasste Konzept (RB) oder die nicht näher bezeichnete Beziehung (RO).[432]

Anhang 13: Alternative Mapping Konzepte

Bodenreiter et al. stellen einen Ansatz für das Mapping von UMLS-Konzepten auf MeSH-Terme vor.[433] Dabei werden bis zu vier Schritte durchlaufen. Verläuft der vorhergehende Iterationsschritt erfolglos wird der jeweils folgende Schritt ausgeführt:

1. Schritt: Direkte Bestimmung des MeSH-Synonyms für einen UMLS-Begriff.

2. Schritt: Ermittlung von MeSH-Termen anhand von sog. Associated Expressions (ATX). ATX ist eine Form der Beziehung zwischen UMLS-Konzepten.

3. Schritt: Bestimmung von MeSH-Termen anhand hierarchisch verbundener Begriffe (Parent-Element). Falls die Suche erfolglos verläuft, wird ein „Geschwister"-Konzept als Startpunkt ausgewählt.

---

[432] Die Begriffe in Klammern bezeichnen die im Thesaurus verwendeten Abkürzungen.
[433] Siehe [BNH98].

4. Schritt: Bestimmung von MeSH-Termen auf Basis der sog. nicht-hierarchisch verwandten Begriffe (*non-hierarchically related concepts* (*RO-concepts*)).

Cimino et al. haben einen Ansatz für das Mapping von ICD-9 CM auf MeSH über UMLS entwickelt.[434] Auch hier wird ein Schritt nur ausgeführt, wenn der vorhergehende Schritt erfolglos war:

Schritt 1: Suche nach ICD-9CM-Code in UMLS. Ist die Suche erfolglos, wird das Elternelement aus der ICD-9-Begriffshierarchie ausgewählt und danach gesucht.

Schritt 2: Überprüfung, ob der UMLS-Begriff, der mit dem ICD-9 Code verknüpft ist, auch mit einem MeSH-Term verknüpft ist. Wenn keine direkte Synonym-Beziehung besteht, wird ein assoziierter Begriff (*associated term*) gewählt und für diesen eine MeSH-Synonym-Beziehung gesucht. Bei Erfolglosigkeit wird abschließend noch geprüft, ob eine andere Beziehungsform (z. B. weiter *(broader)*, enger *(narrower)*, ähnlich *(like)* oder andere *(other)* zu einem MeSH-Term führt.

Schritt 3: Wird kein MeSH-Term gefunden, erfolgt zunächst die Prüfung, ob ein MeSH-Synonym *(entry term)* verfügbar ist. Ist dies nicht der Fall, wird für den assozierten UMLS-Term nach einem Synonym gesucht. Alternativ besteht noch die Möglichkeit, einen einzelnen Text-String, der den ICD-9-Code repräsentieren soll, manuell einzugeben und zu überprüfen, ob dieser Textstring in einem oder mehreren MeSH-Termen enthalten ist.

Diese Methode ist in etwa 30,4 % der ICD-9 erfolgreich und liefert einen oder mehrere passende MeSH-Terme.

---

[434] Siehe [CJP93].

Anhang 14: Sequenzdiagramm der lexikalischen Analyse im Rahmen des Concept Mapping

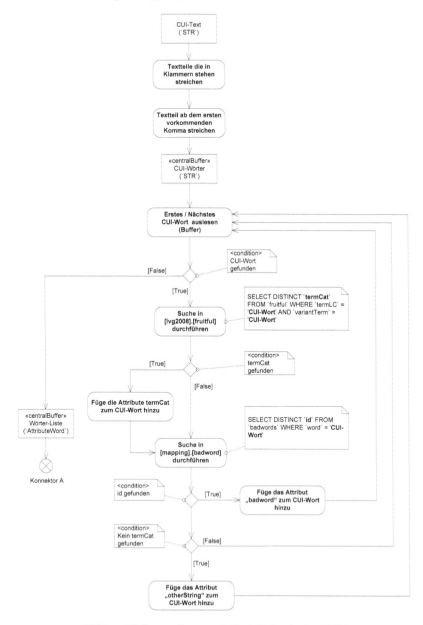

Abbildung 118: Sequenzdiagramm der lexikalischen Analyse (Teil 1)

Anhang 279

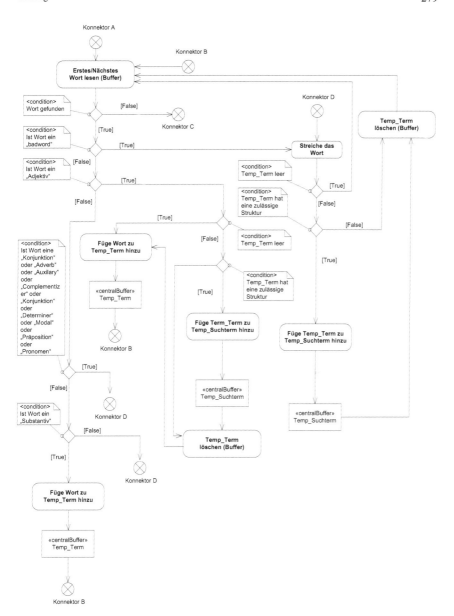

Abbildung 119: Sequenzdiagramm der lexikalischen Analyse (Teil 2)

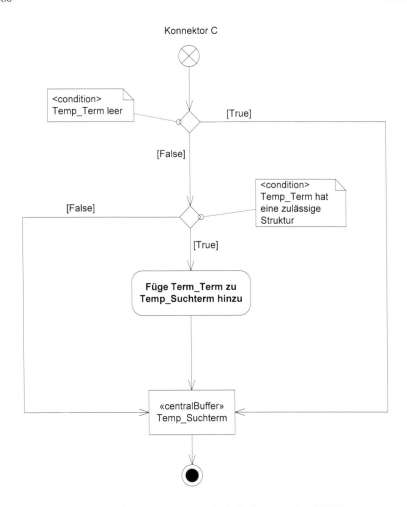

Abbildung 120: Sequenzdiagramm der lexikalischen Analyse (Teil 3)

Anhang 15: WSDL-Datei des ContextManagers

```xml
<?xml version="1.0" encoding="UTF-8" standalone="no"?>
<wsdl:definitions
xmlns:soap=http://schemas.xmlsoap.org/wsdl/soap/
xmlns:tns="http://burns.dortmund.isst.fraunhofer.de/ContextManager/"
xmlns:wsdl=http://schemas.xmlsoap.org/wsdl/
xmlns:xsd="http://www.w3.org/2001/XMLSchema"
name="ContextManager" targetNamespace="http://burns.dortmund.isst.
fraunhofer.de/ContextManager/">

  <wsdl:types>
    <xsd:schema xmlns:xsd="http://www.w3.org/2001/XMLSchema" target-
    Namespace="http://burns.dortmund.isst.fraunhofer.de/ContextMana-ger/">
      <xsd:complexType name="RequestPropertyList">
        <xsd:sequence>
          <xsd:element name="contextProperties" type="tns:ContextPro-
          perty" minOccurs="1" maxOccurs="unbounded"></xsd:element>
        </xsd:sequence>
      </xsd:complexType>
      <xsd:complexType name="ContextPropertyList">
        <xsd:sequence>
          <xsd:element name="contextProperties" type="tns:ContextPro-
          perty" minOccurs="1" maxOccurs="unbounded"></xsd:element>
        </xsd:sequence>
      </xsd:complexType>
      <xsd:complexType name="ContextProperty">
        <xsd:sequence>
          <xsd:element name="propertyName" type="xsd:string"></xsd:e-
          lement><xsd:element name="propertyValue" type="xsd:string">
          </xsd:element>
        </xsd:sequence>
      </xsd:complexType>
    </xsd:schema>
  </wsdl:types>

  <wsdl:message name="getContextRequest">
    <wsdl:part name="ContextRequest" type="tns:RequestPropertyList"/>
  </wsdl:message>
  <wsdl:message name="getContextResponse">
    <wsdl:part name="ContextResponse" type="tns:ContextPropertyList"/>
```

```xml
</wsdl:message>

<wsdl:portType name="ContextManager">
  <wsdl:operation name="getContext">
    <wsdl:input message="tns:getContextRequest"/>
    <wsdl:output message="tns:getContextResponse"/>
  </wsdl:operation>
</wsdl:portType>

<wsdl:binding name="ContextManagerSOAP" type="tns:ContextManager">
  <soap:binding style="rpc" transport="http://schemas.xmlsoap.org/
  soap/http"/>
  <wsdl:operation name="getContext">
    <soap:operation soapAction="http://burns.dortmund.isst.fraun-
    hofer.de/ContextManager/getContext"/>
    <wsdl:input>
      <soap:body namespace="http://burns.dortmund.isst.fraunhofer.
      de/ContextManager/" use="literal"/>
    </wsdl:input>
    <wsdl:output>
      <soap:body namespace="http://burns.dortmund.isst.fraunhofer.
      de/ContextManager/" use="literal"/>
    </wsdl:output>
  </wsdl:operation>
</wsdl:binding>

<wsdl:service name="ContextManager">
  <wsdl:port binding="tns:ContextManagerSOAP" name="ContextManager-
  SOAP">
    <soap:address location="http://burns.dortmund.isst.fraunhofer. de"/>
  </wsdl:port>
</wsdl:service>
</wsdl:definitions>
```

Anhang 16: Datenbank „Medline"[435]

Die Datenbank Medline (MEDical Literature Analysis and Retrieval System OnLINE) ist die weltweit wichtigste Literaturdatenbank für Medizin und verwandte Randgebiete. Sie entspricht dem gedruckten Index Medicus und einigen anderen gedruckten Bibliografien. Herausgeber der Medline-Datenbank ist die National Library of Medicine (NLM). Die Standardsprache der Medline-Datenbank ist daher Englisch. Es findet sich jedoch eine Vielzahl an bibliografischen Informationen über Fachartikel aus anderen Sprachräumen. Insgesamt werden über 5.300 Zeitschriften ausgewertet.[436] Die Aktualisierung der Datenbank erfolgt täglich. Neben den über 18 Millionen bibliografischen Daten von medizinischen Fachartikeln aus den ausgewerteten Zeitschriften wird für etwa 75 % der Fachartikel auch der zugehörige Abstract angeboten.

Der von der NLM betriebene Online-Dienst PubMed bietet einen webbasierten Zugang zur Medline Datenbank sowie weiteren Literaturquellen und kostenpflichtigen Volltexten. Die NLM bietet für PubMed nicht nur ein Web-Frontend als Benutzerschnittstelle an, sondern betreibt auch einen Web Service dem man via SOAP-Nachrichten eine Medline-Anfrage übergeben kann und der dann eine Trefferliste der Suchergebnisse zurückliefert. Die Trefferliste umfasst insbesondere die Dokumenten-Identifikatoren der Suchtreffer. Die Kontextapplikation ist über diese SOAP-Schnittstelle des Web Services an die Medline-Datenbank angeschlossen (Kapitel 7.3.6).

Wie bereits im Kapitel 7.3.3 dargelegt wird die Medline-Datenbank mit dem polyhierarchischen MeSH-Thesaurus indiziert. PubMed unterstützt die Suche nach MeSH-Termen entsprechend dem Medline-Index (MeSH-Term + Suchkennzeichen [MH] oder [MAJR], aber auch die Freitextsuche in verschiedenen Suchfeldern der bibliografischen Angaben. Folgende Suchfelder sind für die Suche in PubMed besonders relevant:

---

[435] Dieser Anhang basiert auf [NLM08c], ([DIMoJ]) und [Her03], S. 119 ff.
[436] Im Bereich „Journals" des PubMed-Dienstes kann über den Suchbegriff „currentlyindexed[All]" die aktuelle Anzahl an indexierten Zeitschriften ermittelt werden.

Suchfeld	Beschreibung
Affiliation [AD, AFFL]	Institution und Anschrift des erstgenannten Autors
All Fields [ALL]	Alle Suchfelder: Standard-Feld
Author Name [AU, AUTH]	Autor
Filter [FILTER] [SB]	**loall[sb] Zitation mit Link nach außerhalb von Medline**
	free full text[sb] Zitation mit Link zu kostenfreiem Volltext
	full text[sb] Zitation mit Link zu Volltext
Journal [TA, JOUR]	Name der Zeitschrift oder deren ISBN
Language [LA, LANG]	**Sprache des Artikel**
MeSH Major Topic [MAJR]	**Hauptthema des Artikels**
MeSH Subheading [SH]	**Unterkategorie zur Präszisierung eines MeSH-Terms**
MeSH Terms [MH,MESH]	**MeSH-Begriff**
Publication Date [DP]	Veröffentlichungsdatum im Format Jahr/Monat/Tag [DP, PDAT]
PubMed Identifier, PMID	Kennnummer, die die einzelne Nennung in PubMed eindeutig identifiziert; wird ohne rechteckige Klammern eingegeben.
Publication Type [PT, PTYP]	**Art der Publikation, z. B. Klinische Studie, Fachartikel, Review etc.**
Title Words [Tl, TITL]	**Wörter aus dem Titel des Artikels**
Title and Abstract Words [TIAB]	**Wörter aus dem Titel und/oder Abstract des Artikels**

Tabelle 19: Wichtige Suchfelder des PubMed-Dienstes

Die fett markierten Suchfelder kommen auch in Rahmen der Kontextapplikation zum Einsatz.

Anhang 17: Liste der am Praxistest teilnehmenden Ärzte

Hinweis: Sortierung in alphabetischer Reihenfolge

Testnummer 1: Dr. Klaus Blum (Bochum)
Fachgebiet: Facharzt für Allgemeinmedizin, Arzt für Manuelle Medizin (Chirotherapie), Qualitätsmanagement
Kategorie: Niedergelassener Hausarzt
Datum des Praxistests: 04.05.2009, 17:30 - 18:30h

Testnummer 2: Hr. Wolfgang Gerlach-Reinholz (Ahaus/Duisburg)
Fachgebiet: Facharzt für Allgemeinmedizin, zuständig für Prozess- und Contentmanagement bei der Sanvartis GmbH
Kategorie: Niedergelassener Hausarzt, Arzt im Callcenter
Datum des Praxistests: 01.04.2009, 18:45 - 20:00h

Testnummer 3: Dr. Klaus Kahlke (Witten)
Fachgebiet: Facharzt für Allgemeine Chirurgie, Arzt für Sportmedizin
Kategorie: Niedergelassener Facharzt
Datum des Praxistests: 11.05.2009, 18:00 - 19:00h

Testnummer 4: Dr. Michael Luka (Witten)
Fachgebiet: Facharzt für Allgemeine Chirurgie, Facharzt für Orthopädie und Unfallchirurgie
Kategorie: Chefarzt der Unfallchirurgie und Orthopädie am Evangelischen Krankenhaus Witten
Datum des Praxistest: 21.04.2009, 14:30 - 15:20h

Testnummer 5: Hr. Peter Marks (Bochum)
Fachgebiet: Arzt, derzeit in Facharztausbildung
Kategorie: Assistenzarzt Chirurgische Universitäts- und Poliklinik am Berufsgenossenschaftlichen Universitätsklinikum Bergmannsheil Bochum
Datum des Praxistests: 13.05.2009, 8:15 - 9:30h

Testnummer 6: Dr. Bashar Sabbagh (Witten)
Fachgebiet: Facharzt für Allgemeine Chirurgie, Arzt für Manuelle Medizin (Chirotherapie), Arzt für Sportmedizin
Kategorie: Niedergelassener Facharzt
Datum des Praxistests: 05.05.2009, 12:00 - 12:40h

Testnummer 7: Dr. Hans-Georg Sparenborg (Duisburg)
Fachgebiet: Facharzt für Innere Medizin, DGQ-Qualitätsbeauftragter, Zertifizierter Gesundheitsökonom
Kategorie: Arzt im Callcenter, Leiter Qualitätsmanagement
Datum des Praxistests: 01.04.2009, 18:45 - 20:00h

Anhang   287

Anhang 18: Testdatenformuler

Anhang1: Formular „Testdaten"

Fraunhofer Institut
Software- und
Systemtechnik

Bereich Patientendaten

Nr.	Haupt-diagnose	Nebendia-gnosen	Alter	Geschlecht	Größe (fakultativ)	Gewicht (fakultativ)	Aktueller Teilprozess
1		1. 2. 3.		Männlich			Prävention
2		1. 2. 3.		Männlich			Prävention
3		1. 2. 3.		Männlich			Prävention
4		1. 2. 3.		Männlich			Prävention
5		1. 2. 3.		Männlich			Prävention

Erläuterungen

1. Feld „Hauptdiagnose"
Bitte Hauptdiagnose im ICD-10-Code eintragen.

2. Feld Nebendiagnosen
Bitte die Nebendiagnose(n) im ICE-10-Code eintragen. Es können maximal 3 Nebendiagnosen eingetragen werden.

3. Alter
Bitte Alter in Jahren eintragen.

4. Geschlecht
Feld anklicken und männlich oder weiblich auswählen.

5. Größe und Gewicht
Bitte Größe und Gewicht eintragen. Diese beiden Felder sind fakultativ und müssen nicht ausgefüllt werden.

6. Aktueller Teilprozess
Feld anklicken und eine der sechs möglichen Optionen auswählen.

Praxistest „Kontextorientierte Informationsversorgung von Ärzten"
Ansprechpartner: Oliver Koch, Fraunhofer-Institut für Software- und Systemtechnik
Kontakt: oliver.koch@isst.fraunhofer.de, ☎ 0231 – 97677 – 412
Datum: Sonntag, 21. Juni 2009

Anhang

Fraunhofer Institut
Software- und
Systemtechnik

Bereich Profildaten (Medlinenutzung)

Sie können hier Ihre Präferenzen patientenspezifisch eintragen. Falls Ihre Präferenzen zwischen den verschiedenen Patienten nicht variieren, ist es ausreichend die Spalte „Patient 1" auszufüllen.

	Patient 1	Patient 2	Patient 3	Patient 4	Patient 5
Publikationstyp (Medline)					
Fallbericht	☐	☐	☐	☐	☐
Klinische Studie	☐	☐	☐	☐	☐
Kongresse	☐	☐	☐	☐	☐
Evaluierungsstudie	☐	☐	☐	☐	☐
Leitlinie	☐	☐	☐	☐	☐
Interaktives Tutorial	☐	☐	☐	☐	☐
Zeitschriftenartikel	☐	☐	☐	☐	☐
Rechsprechung	☐	☐	☐	☐	☐
Metaanalysen	☐	☐	☐	☐	☐
Zeitungsartikel	☐	☐	☐	☐	☐
Technischer Bericht	☐	☐	☐	☐	☐
Validierungsstudien	☐	☐	☐	☐	☐
Bevorzugte Sprache (Medline)					
Englisch	☒	☒	☒	☒	☒
Deutsch	☒	☒	☒	☒	☒
Französisch	☐	☐	☐	☐	☐
Spanisch	☐	☐	☐	☐	☐
Türkisch	☐	☐	☐	☐	☐
Chinesisch	☐	☐	☐	☐	☐
Trefferanzeige (Medline)					
Keine Einschränkung	☐	☐	☐	☐	☐
Nur Treffern mit Abstract	☐	☐	☐	☐	☐
Nur Treffer mit kostenfreiem Volltext	☐	☐	☐	☐	☐
Nur Treffer mit kostenpflichtigem Volltext	☐	☐	☐	☐	☐
Aktualität der Information (Medline)					
Egal	☐	☐	☐	☐	☐
Nicht älter als 10 Jahre	☐	☐	☐	☐	☐
Nicht älter als 5 Jahre	☐	☐	☐	☐	☐
Nicht älter als 2 Jahre	☐	☐	☐	☐	☐

Praxistest „Kontextorientierte Informationsversorgung von Ärzten"
Ansprechpartner: Oliver Koch, Fraunhofer-Institut für Software- und Systemtechnik
Kontakt: oliver.koch@isst.fraunhofer.de, ☎ 0231 – 97677 – 412
Datum: Sonntag, 21. Juni 2009

Anhang   289

Anhang 19: Fragebogen Praxistest

Fraunhofer Institut
Software- und
Systemtechnik

Fragebogen zum Praxistext der Applikation „Kontextorientierte Informationsversorgung von Ärzten"

<u>Arzt:</u>
<u>Datum:</u>
<u>Uhrzeit:</u>

I. Fragenbereich „Qualität der Suchergebnisse

1 Genauigkeit der kontextbasierten Suchergebnisse (Stichprobe) aus Medline – Bewertung in der Breite (Dauer: 15 min)

Per Zufallsauswahl werden pro Patienten zwei Suchtreffer aus den ersten zehn Treffern bestimmt. Diese werden im Rahmen der Frage I.1 bewertet.
Geben Sie bitte an, wie gut die Suchtreffer basierend auf der Durchsicht des jeweiligen Abstracts zur Grunderkrankung und auch zum konkreten Patientenfall passen. Die Daten dienen der Ermittlung der Genauigkeit (Precision) der kontextorientierten Suche.

Patient	Suchtreffer (zufällig ermittelt)	Suchtreffer passt zur Grunderkrankung <u>und</u> zum konkreten Patientenfall	Suchtreffer passt zur Grunderkankung, <u>aber nicht</u> zum konkreten Patientenfall	Suchtreffer passt <u>weder</u> zur Grunderkankung <u>noch</u> zum konkreten Patientenfall
		☐	☐	☐
		☐	☐	☐
		☐	☐	☐
		☐	☐	☐
		☐	☐	☐
		☐	☐	☐
		☐	☐	☐
		☐	☐	☐

2 Genauigkeit der kontextbasierten Suchergebnisse (Stichprobe) aus Medline – Bewertung in der Tiefe (Dauer: 15 min)

Per Zufallsauswahl wird ein Patient ausgewählt. Für die zu diesem Patienten gehörenden ersten zehn Suchtreffer wird bewertet, inwiefern die Suchtreffer basierend auf der Durchsicht des Abstracts passend sind. Zwei Treffer wurden bereits im Fragenblock I.1 bewertet.

Patient:

	Anzahl
Suchtreffer (1-10)	
a) Suchtreffer passt zur Grunderkrankung <u>und</u> zum konkreten Patientenfall	

Praxistest „Kontextorientierte Informationsversorgung von Ärzten"
Ansprechpartner: Oliver Koch, Fraunhofer-Institut für Software- und Systemtechnik
Kontakt: <u>oliver.koch@isst.fraunhofer.de</u>, ☎ 0231 – 97677 – 412

Fraunhofer Institut
Software- und Systemtechnik

	Anzahl
b) Suchtreffer passt zur Grunderkrankung, <u>aber nicht</u> zum konkreten Patientenfall	
c) Suchtreffer passt <u>weder</u> zur Grunderkrankung <u>noch</u> zum konkreten Patientenfall	

3 Nutzen der kontextbasierten Suchergebnisse in Medline

Wie würden Sie, bezogen auf die in den Fragen I.1 und I.2 betrachteten Suchtreffer, den Nutzen im Zusammenhang mit den Patientenfällen bewerten. Erschienen Ihnen die Suchtreffer zu Bewertung der Patientenfälle...

Sehr hilfreich	Hilfreich	Teilweise hilfreich	Weniger hilfreich	Nicht hilfreich
☐	☐	☐	☐	☐

(Bitte wählen Sie eine Option aus)

4 Nutzen der kontextbasierten Suchergebnisse aus anderen Informationsquellen (Dauer: 10 min)

Wie bewerten Sie, den Nutzen der Suchtreffer aus den anderen Informationsquellen im Zusammenhang mit den Patientenfällen?

Informationsquelle	Sehr hilfreich	Hilfreich	Teilweise hilfreich	Weniger hilfreich	Nicht hilfreich	Kein Suchtreffer
AWMF-Leitlinien	☐	☐	☐	☐	☐	☐
WIKIPEDIA	☐	☐	☐	☐	☐	☐
Google	☐	☐	☐	☐	☐	☐

II. Fragenbereich „Verbesserungsmöglichkeiten"

1 Bewertung der Relevanz der Kontextmerkmale

Wie bewerten Sie die Wichtigkeit der folgenden Merkmale für die Charakterisierung des Kontextes eines Informationsbedarfs im Hinblick auf einen Patientenfall?

Kontextmerkmal		Sehr wichtig	Wichtig	Teilweise wichtig	Weniger wichtig	Unwichtig
Patientenkontext	Hauptdiagnose	☐	☐	☐	☐	☐
	Nebendiagnose	☐	☐	☐	☐	☐

Praxistest „Kontextorientierte Informationsversorgung von Ärzten"
Ansprechpartner: Oliver Koch, Fraunhofer-Institut für Software- und Systemtechnik
Kontakt: oliver.koch@isst.fraunhofer.de, ☎ 0231 – 97677 – 412

Fraunhofer Institut
Software- und
Systemtechnik

Kontextmerkmal		Sehr wichtig	Wichtig	Teilweise wichtig	Weniger wichtig	Unwichtig
Patienten-kontext	Alter	☐	☐	☐	☐	☐
	Geschlecht	☐	☐	☐	☐	☐
	Größe	☐	☐	☐	☐	☐
	Gewicht	☐	☐	☐	☐	☐
Prozess-kontext	Aktueller Prozess-schritt	☐	☐	☐	☐	☐
Arztprofil	Publikationstyp	☐	☐	☐	☐	☐
	Bevorzugte Sprache	☐	☐	☐	☐	☐
	Informationstiefe	☐	☐	☐	☐	☐
	Aktualität der Information	☐	☐	☐	☐	☐

2 Weitere Kontextmerkmale

In Frage 5 wurden die bisher berücksichtigten Kontextmerkmale aufgeführt. Welche Merkmale fehlten Ihrer Meinung nach in der bisherigen Auflistung?

Merkmal: Bereich:

Merkmal: Bereich:

Merkmal: Bereich:

Merkmal: Bereich:

Merkmal: Bereich:

3 Bedeutung digitaler Informationsquellen

Welche digitalen Informationsquellen spielen aus Ihrer Sicht für die klinische Praxis die größte Rolle. Ordnen Sie diese in einer Rangfolge. Sie können auch eigene neue Vorschläge für digitale Informationsquellen einfügen und in die Rangfolge einordnen.

1.

2.

3.

4.

5.

Praxistest „Kontextorientierte Informationsversorgung von Ärzten"
Ansprechpartner: Oliver Koch, Fraunhofer-Institut für Software- und Systemtechnik
Kontakt: oliver.koch@isst.fraunhofer.de, ☎ 0231 – 97677 – 412

Anhang 20: Einzelergebnisse Praxisexperiment „Faktor Zeit"

Proband 1

Name	Vorname	Kontextapplikation in ms	Zwischenzeit (t1)*	Zwischenzeit (t1)**	Endzeit (t2)*	Endzeit (t2)**	Dauer t1-t2*	Dauer t1-t2**
Bsabbagh	Patientin 2	3531	10:04	604	12:31	751	02:27	147
Bsabbagh	Patientin 4	3781	07:59	479	15:57	957	07:58	478
KBlum	Patient 4	3938	06:48	408	11:01	661	04:13	253
KBlum	Patient 3	4141	08:27	507	11:42	702	03:15	195
KKahlke	Patient 5	6687	17:59	1079	27:51	1671	09:52	592
MGores	Patient 1	4625	5:53	353	09:27	567	03:34	214
MLuka	Patientin 1	6765	11:32	692	17:24	1044	05:52	352
PMarks	Patient 1	2953	14:13	853	18:03	1083	03:50	230
PMarks	Patient 5	6438	22:10	1330	28:32	1712	06:22	382
WReinholz	Patient 2	5094	03:57	237	07:23	443	03:26	206
Summe (Sekunden)		47.953		6542		9591		3049
Durchschnitt (Sekunden)		4,7953		654		959		305
Durchschnitt (Minuten)				10:54		15:59		05:05

Proband 2

Name	Vorname	Kontextapplikation in ms	Zwischenzeit (t1)*	Zwischenzeit (t1)**	Endzeit (t2)*	Endzeit (t2)**	Dauer t1-t2*	Dauer t1-t2**
Bsabbagh	Patientin 2	3531	10:13	613	00:16:15	975	06:02	362
Bsabbagh	Patientin 4	3781	09:03	543	00:12:36	756	03:33	213
KBlum	Patient 4	3938	06:57	417	00:12:11	731	05:14	314
KBlum	Patient 3	4141	06:05	365	00:11:23	683	05:18	318
KKahlke	Patient 5	6687	22:21	1341	00:32:58	1978	10:37	637
MGores	Patient 1	4625	08:09	489	00:13:44	824	05:35	335
MLuka	Patientin 1	6765	07:05	425	00:13:47	827	06:42	402
PMarks	Patient 1	2953	10:12	612	00:16:31	991	06:19	379
PMarks	Patient 5	6438	14:10	850	00:19:25	1165	05:15	315
WReinholz	Patient 2	5094	04:08	248	00:07:17	437	03:09	189
Summe (Sekunden)		47.953		5903		9367		3464
Durchschnitt (Sekunden)		4,7953		590		937		346
Durchschnitt (Minuten)				09:50		15:37		05:46

Proband 3

Name	Vorname	Kontextapplikation in ms	Zwischenzeit (t1)*	Zwischenzeit (t1)**	Endzeit (t2)*	Endzeit (t2)**	Dauer t1-t2*	Dauer t1-t2**
Bsabbagh	Patientin 2	3531	09:40	580	13:59	839	04:19	259
Bsabbagh	Patientin 4	3781	07:33	453	12:45	765	05:12	312
KBlum	Patient 4	3938	06:25	385	11:44	704	05:19	319
KBlum	Patient 3	4141	07:49	469	14:17	857	06:28	388
KKahlke	Patient 5	6687	16:44	1004	18:12	1092	01:28	88
MGores	Patient 1	4625	07:01	421	10:04	604	03:03	183
MLuka	Patientin 1	6765	10:45	645	14:59	899	04:14	254
PMarks	Patient 1	2953	13:45	825	16:44	1004	02:59	179
PMarks	Patient 5	6438	15:18	918	23:15	1395	07:57	477
WReinholz	Patient 2	5094	06:04	364	08:45	525	02:41	161
Summe (Sekunden)		47.953		6064		8684		2620
Durchschnitt (Sekunden)		4,7953		606		868		262
Durchschnitt (Minuten)				10:06		14:28		04:22

* in Minuten
** in Sekunden

Literaturverzeichnis

[ACG04] Allena, Mureen; Curriea, Leanne M.; Grahama, Mark; Janetzkic, Viktoria; Leeb, Nam-Ju; Bakkena, Suzanne; Patela, Vimla L.; Cimino, James J.: Responding to Clinicians' Information Needs: Designing a Context-Specific Calculator, in: Fieschi, Marius; Coiera, Enrico; Li, Yu-Chan Jack (Hrsg.): Medinfo 2004 - Proceedings of the 11th World Congress on Medical Informatics, Amsterdam 2004, S. 1503.

[ALA89] American Library Association (ALA): Presidential Committee on Information Literacy: Final Report, Chicago 1989.

[API05] Andrews, James E.; Pearce, Kevin A.; Ireson, Carol; Love, Margaret M.: Information-seeking behaviors of practitioners in a primary care practice-based research network (PBRN), in: Journal of the Medical Library Association 93 (2), April 2005, S. 206 - 212.

[ASW01] Alper, Brian S., Stevermer, James J., White, David S., Ewiman, Bernard G.: Answering family physicians' clinical questions using electronic medical databases, in: The Journal of Family Practice 50 (11), November 2001, S. 960 - 965.

[Aug90] Augustin, Siegfried: Information als Wettbewerbsfaktor: Informationslogistik - Herausforderung an das Management, Köln 1990.

[AW03] Allen, David; Wilson, Tim D.: Information overload: context and causes, in: The New Review of Information Behaviour Research 4 (1), Dezember 2003, S. 31 - 44.

[AWM08] Arbeitsgemeinschaft der Wissenschaftlichen Medizinischen Fachgesellschaften (AWMF): Wissenschaftlich begründete Leitlinien für Diagnostik und Therapie, Stand: 20.08.2008, http://www.uni-duesseldorf.de/AWMF/ll/ll_index.htm, Zugriff am 29.05.2009.

[Bar04] Bardram, Jakob E.: Applications of Context-aware Computing in Hospital Work: Examples and Design Principles, in: Proceedings of the Symposium on Applied Computing, 2004, S. 1574 - 1579.

[BBC03] Becker, Jörg; Brelage, Christian; Crisandt, Jens; Dreiling, Alexander; Ribbert, Michael; Seidel, Stefan: Methodische und technische Integration von Daten- und Prozessmodellierungstechniken für Zwecke der Informationsbedarfsanalyse, in: Becker, J.; Grob, H. L.; Klein, St.; Kuchen, H.; Müller-Funk, U.; Vossen, G. (Hrsg.): Arbeitsbericht des Instituts für Wirtschaftsinformatik der Westfälischen Wilhelms-Universität Münster, Münster 2003.

[BBM01] Ballinger, Keith; Brittenham, Peter; Malhotra, Ashok; Nagy, William A.; Pharies, Stefan: Web Services Inspection Language (WS-Inspection) 1.0, Stand: November 2001, http://download.boulder.ibm.com/ibmdl/pub/software/dw/specs/ws-wsilspec/wswsilspec. pdf, Zugriff am 29.05.2009

[BC00] Baorto, David M.; Cimino, James J.: An 'Infobutton' for enabling patients to interpret online Pap smear reports, in: Journal of the American Medical Informatics Association (JAMIA) 7 (Supplement), 2000, S. 47 - 50.

[BC92] Belkin, Nicolas J.; Croft, Bruce W.: Information retrieval and information filtering: Two sides of the same coin?, in: Communications of the ACM 35 (12), Dezember 1992, S. 29 - 38.

[BEE06] Berekoven, Ludwig; Eckert, Werner; Ellenrieder, Peter: Marktforschung - Methodische Grundlagen und praktische Anwendung, 11. Auflage, Wiesbaden 2006.

[Beg08] Begemann, Matthias: Normative Beschränkungen für unternehmerisches Handeln im Gesundheitswesen, in: Greiner, Wolfgang; Schulenburg, Johann-Matthias Graf von der; Vauth, Christoph (Hrsg.): Gesundheitsbetriebslehre, 1. Auflage, Verlag Hans Huber, Bern 2008, S. 63 - 78.

[Bel80] Belkin, Nicholas J.: Anomalous States of Knowledge as a Basis for Information Retrieval, in: Canadian Journal of Information Science (jetzt: The Canadian Journal of Information and Library Science) 5, 1980, S. 133 - 143.

[Ber94] Berners-Lee, Tim: Universal Resource Identifiers in WWW, Request for Comments 1630, Network Working Group, Stand: Juni 1994, http://tools.ietf.org/html/rfc1630, Zugriff am 28.05.2009.

[Ber98] Berners-Lee, Tim: Notation 3 - An readable language for data on the Web, W3C-Spezifikation, erste Version: 1998, Stand: 09.03.2006, http://www.w3.org/DesignIssues/Notation3.html, Zugriff am 28.05.2009.

[Ber01] Bergman, Michael K.: The Deep Web: Surfacing Hidden Value, in: The Journal of Electronic Publishing, August 2001, Vol. 7, Nr. 1, http://quod.lib.umich.edu/cgi/t/text/textidx?c=jep;view=text;rgn=main;idno=3336451.0007.104, Zugriff am 18.06.2007.

[BG04] Brickley, Dan; Guha, Ramanathan V.: RDF Vocabulary Description Language 1.0: RDF Schema, W3C Empfehlung, Stand: 10.02.2004, http://www.w3.org/TR/rdf-schema/#ch_introduction, Zugriff am 28.05.2009.

[BHC99] Bawden, David; Holtham, C.; Courtney, N.: Perspectives on Information Overload, in: ASLIB Proceedings 51 (8), September 1999, S. 249 - 255.

[BHL01] Berners-Lee, Tim; Hendler, James; Lassila, Ora: The Semantic Web, in: Scientific American 284 (5), 2001, S. 34 - 43.

[BKT94] Bowden, V.M.; Kromer, M.E.; Tobia, R.C.: Assessment of physicians' information needs in five Texas counties, in: Bulletin of the Medical Library Association, 82 (2), April 1994, S. 189-196.

[BMG07a] Bundesministerium für Gesundheit (BMG): Gesetzliche Krankenkassen in Deutschland 2006, http://www.die-gesundheitsreform.de/presse/infografiken/pdf/infografik_gkv_brd_2006.pdf , Zugriff am 26.06.2007.

[BMG07b] Bundesministerium für Gesundheit (BMG): Krankheitskosten in Deutschland 2002, 2007, http://www.die-gesundheitsreform.de/presse/infografiken/pdf/infografik_krankheitskosten_2002.pdf, Zugriff am 27.06.2007.

[BMG07c] Bundesministerium für Gesundheit (BMG): Medizinischer Fortschritt an ausgewählten stationären Eingriffen, 2007, http://www.die-gesundheitsreform.de/presse/infografiken/pdf /infografik_medizinischer_fortschritt.pdf, Zugriff am 27.06.2007.

[BMZ04] Belkin, N.J.; Muresan, G.; Zhang X.-M.: Using User's Context for IR Personalization, in: Ingwersen, Peter; van Rijsbergen, Keith; Belkin, Nick; Larsen, Birger (Hrsg.): Information Retrieval in Context : Proceedings of the ACM-SIGIR Workshop 2004, Sheffield University, 2004, S. 23 - 25.

Literaturverzeichnis 295

[BNH98] Bodenreider, Olivier; Nelson, Stuart J.; Hole, William T.; Chang, H. Florence: Beyond Synonymy: Exploiting the UMLS Semantics in Mapping Vocabularies, in: Lorenzi, Nancy M. (Hrsg.): Proceedings of the AMIA (American Medical Informatics Association) Annual Symposium 1999 (AMIA 1999), S. 815 - 819.

[BP98] Brin, Sergey ; Page, Lawrence: The Anatomy of a Large-Scale Hypertextual Web Search Engine, in: Computer Networks and ISDN Systems 30 (1-7), 1998, S. 107 - 117.

[BPT03] Bagci, Faruk; Petzold, Jan; Trumler, Wolfgang; Ungerer, Theo: Einsatz von XML zur Kontextspeicherung in einem agentenbasierten ubiquitären System, Paper für XMIDX-Workshop, Berlin 2003.

[BR99] Baeza-Yates, Ricardo; Ribeiro-Neto, Berthier: Modern Information Retrieval, Addison-Wesley, Harlow 1999.

[Bro98] Brown, P. J.: Triggering information by context, in: Personal Technologies 2 (1), März 1998, S. 1 - 9.

[Bry04] Bryant, Sue Lacey: The information needs and information seeking behaviour of family doctors, in: Health Information and Libraries Journal 21(2), 2004, S. 84 - 93.

[BVB03] van den Brink-Muinen, A.; Verhaak P.; Bensing, J.; Bahrs, O.; Deveugele, M.; Gask, L.; Mead, N.; Leiva-Fernandez, F.; Messerli, V.; Oppizzi, L.; Peltenburg, M.; Perez, A.: Doctor-patient communication in different European health care systems: relevance and performance from the patients' perspective, in: Family Practice, Vol. 20, Nr. 4, 2003, S. 478 - 485.

[CAJ93] Cimino, James J.; Aguirre, Anthony; Johnson, Stephen B.; Peng, Ping: Generic queries for meeting clinical information needs, in: Bulletin of Medical Library Association, Vol. 81 (2), April 1993, S. 195 - 206.

[Car03] Carlson, Christopher N.: Information Overload, Retrieval Strategies and Internet User Empowerment, in: Haddon, Leslie; Mante-Meijer, E.; Sapio, B.; Kommenon, K-H.; Fortunati, L.; Kant, A. (Hrsg.):The Good, the Bad and the Irrelevant: The User and the Future of Information and Communication Technologies, Conference Proceedings (Cost 269), 1-3, September 2003, Helsinki., S. 169 - 173.

[CDK07] Clasbrummel, Bernhard; Deiters, Wolfgang; Koch, Oliver; Grunau, Klaus; Meister, Sven: Analyse und Identifikation informationstechnischer Anwendungen und Einbindung in integrierte Versorgungsprozesse, Interner Abschlussbericht der Arbeitsgruppe Telemedizin am Fraunhofer ISST, 16.07.2007, Dortmund 2007.

[CEZ97] Cimino, James J.; Elhanan, Gai; Zeng, Qing: Supporting infobuttons with terminological knowledge, in: Masys, Daniel R. (Hrsg.): Proceedings of the AMIA (American Medical Informatics Association) Annual Fall Symposium 1997 (AMIA 1997), S. 528 - 32.

[Cim06] Cimino, James J.: Use, Usability, Usefulness, and Impact of an Infobutton Manager, in: Hersh, William (Hrsg.:) AMIA (American Medical Informatics Association) Annual Symposium Proceedings (AMIA 2006), S. 151 - 155.

[Cim94] Cimino, James J.: Data storage and knowledge representation for clinical workstations, in: International Journal of Bio-Medical Computing 34 (1-4), 1994, S. 185 - 194.

[Cim97] Cimino, James J.: Beyond the Superhighway: Exploiting the Internet with Medical Informatics, in: Journal of the American Medical Informatics Association (JAMIA) 4 (4), 1997, S. 279 - 284.

[CJA92]   Cimino, James J.; Johnson, Stephen B.; Aquirre, Anthony; Roderer, Nancy; Clayton, Paul D.: The Medline Button, in: Frisse, Marc E., (Hrsg.): Proceedings of the sixteenth annual Symposium on Computer Applications in Medical Care (SCAMC), New York 1992, S. 81 - 85.

[CJP93]   Cimino, James J.; Johnson, Stephen B.; Peng, Ping; Aquirre, Anthony: From ICD9-CM to MeSH Using the UMLS: A How-to Guide, in: American Medical Informatics Association (Hrsg.): Proceedings of the seventeenth annual Symposium on Computer Applications in Medical Care (SCAMC), New York 1993, S. 730 - 734.

[CLA04]   Cimino, James J.; Lia, Jianhua; Allena, Mureen; Currieb, Leanne M.; Grahama, Mark; Janetzkia, Viktoria; Leeb, Nam-Ju; Bakken, Suzanne; Patel, Vimla L.: Practical Considerations for Exploiting the World Wide Web to Create Infobuttons, in: Fieschi, Marius; Coiera, Enrico; Li, Yu-Chan Jack (Hrsg.): Proceedings of the 11th World Congress on Medical Informatics (Medinfo 2004), Amsterdam 2004, S. 277 - 281.

[CLB02]   Cimino, James J.; Li, Jianhua; Bakken, Suzanne; Patel, Vimla L.: Theoretical, Empirical and Practical Approaches to Resolving the Unmet Information Needs of Clinical Information System Users, in: Kohane, Isaac S. (Hrsg.): Proceedings of the AMIA (American Medical Informatics Association) Annual Symposium 2002 (AMIA 2002), S. 170 - 174.

[CML05]   Cimino, James J.; Meyer, Mark; Blank Lee, Nam-Ju; Bakken, Suzanne: Using Patient Data to Retrieve Health Knowledge, in: Friedman, Charles P.; Ash, Joan; Tarczy-Hornoch, Peter (Hrsg.): AMIA (American Medical Informatics Association) Annual Symposium Proceedings (AMIA 2005), S. 136 - 140.

[CMR07]   Chinnici, Roberto; Moreau, Jean-Jacques; Ryman, Arthur; Weerawarana, Sanjiva: Web Services Description Language (WSDL) Version 2.0, Part 1: Core Language, W3C Empfehlung, Stand: 26.06.2007, http://www.w3.org/TR/wsdl20/wsdl20.pdf, Zugriff am 16.05.2009.

[DA00]   Dey, Amind K.; Abowd, Gregory D.: Towards a better understanding of context and context-awareness, in: Morse, David R.; Dey, Amind K.: Proceedings of the CHI 2000 Workshop on The What, Who, Where, When, and How of Context-Awareness, Den Haag 2000, S. 304 - 307.

[DB93]   Dee, Cheryl; Blazek, Ron: Information needs of the rural physician: a descriptive study, in: Bulletin of the Medical Library Association 8 (3), July 1993, S. 259 - 264.

[DBK03]   Dahlem, David; Bychkov, Yury; Kawasme, Luay; Jahnke, Jens H.: Towards Context Oriented Web Services of Smart Personal Object Technologies (COWSPOTS), OOPSLA Workshop on Reference Architectures and Patterns for Pervasive Computing, Anaheim 2003, http://www.jeckstein.com/oopsla/pervasive-computing/Submissions/DavidDahlem.pdf, Zugriff am 22.10.2007.

[DCR06]   Del Fiol, Guilherme; Cimino, James; Rocha, Roberto; Maviglia, Saverio; Strasberg, Howard; Kuhn, Thomson: Infobutton Communication Standard Proposal, Draft Standard for Trial Use (DSTU) HL7 vom 10.03.2006, http://svn.hl7.nscee.edu/svn/hl7v3/v3-ballot-pkg/tags/ballot2006may/V3Ballots/input/infrastructure/infobutton/infobutton.doc, Zugriff am 16.05.2009.

[DDB02]   Deveugele, Myriam; Derese, Anselm; van den Brink-Muinen, Atie; Bensing, Jozien; De Maeseneer, Jan: Consultation length in general practice: cross sectional study in six European countries, in: British Medical Journal (BMJ) 325, 03.08.2002, S. 472 - 474.

Literaturverzeichnis

[Der92] Dervin, Brenda: From the mind's eye of the user: The sense making qualitative-quantitative methodology, in: Glazier, Jack D.; Powell, Ronald R. (Hrsg.): Qualitative research in information management, Englewood 1992, S. 6 - 84.

[Deu61] Deutsch, Karl: On social communication and the Metropolis, in: Daedalus 90, 1961, S. 99 - 110.

[Dey00] Dey, Amind K.: Providing Architectural Support for Building Context-Aware Applications, Dissertation (PhD.), Georgia Institute of Technology, Atlanta 2000.

[DIMoJ] Deutsches Institut für Medizinsche Dokumentation und Information (DIMDI): Gesamtinformationen: MEDLINE (ME05, ME00, ME95, ME90, ME83, ME66, ME60), o. J., http://www.dimdi.de/static/de/db/dbinfo/me66.htm_1478154527.htm, Zugriff am 03.06.2009.

[DIW01] Deutsches Institut für Wirtschaftsforschung (Hrsg.): Wirtschaftliche Aspekte der Märkte für Gesundheitsdienstleitungen, Gutachten im Auftrag des Bundesministeriums für Wirtschaft und Technologie, Berlin 2001, http://sustainableconomics.de/documents/dokumen-tenarchiv/17/38789/diw_GesundheitsDL_200112.pdf, Zugriff am 16.05.2009.

[Doy94] Doyle, Christina S: Information literacy in an information society: a concept for the information age, Syracuse 1994.

[DP98] Davenport, Thomas H.; Prusak, Laurence: Working Knowledge. How organizations manage what they know, Boston 1998.

[Dro90] Drosdowski, Günther (Hrsg.): Band 5. Duden Fremdwörterbuch, 5. Auflage, Mannheim, Leipzig, Wien, Zürich 1990.

[DSA01] Dey, Anind K.; Salber, Daniel; Abowd, Gregory D.: A Conceptual Framework and a Toolkit for Supporting the Rapid Prototyping of Context-Aware Applications, in: Human-Computer Interaction 16 (2), 2001, S. 97 - 166.

[Dru09] Drudge, Bob: Facts Encyclopedia Health and Medicine, Refdesk.com, Stand: 03.06.2009, http://www.refdesk.com/health.html, Zugriff am 03.06.2009.

[EBV92] Ely, John W., Burch, Richard J.; Vinson, Daniel C.: The information needs of family physicians: Case-specific clinical questions, in: Journal of Family Practice 35 (3), 1992, S. 265 - 269.

[Eck05] Eckardt, Jörg: Integrierte Klinische Pfade (IKP) - Integrierte Behandlungspfade (IBP), Stand: 10.12.2005, http://www.ecqmed.de/frames/pfade/pfade.htm, Zugriff am 30.06.2009.

[ED07] Engelbach, Wolf; Delp, Martin: Kontextbezogene Informationsversorgung: Anwenderanforderungen und Granularität der Modellierung, in: Fähnrich, Klaus-Peter; Härtwig, Jörg; Kiehne, Dierk-Oliver; Weisbecker, Anette (Hrsg.): Technologien und Werkzeuge für ein rollen- und aufgabenbasiertes Wissensmanagement: Zusammenfasser Bericht aus dem Forschungsprojekt PreBIS, Leipziger Beiträge zur Informatik 5, Leipzig 2007, S. 75 - 84.

[Eib04] Eibl, Thomas: Hypertext, München 2004.

[Ell93] Ellis, Dean B.: Modelling the information seeking patterns of academic researchers: a grounded theory approach, in: Library Quarterly 63 (1), 1993, S. 469 - 486.

[EM00]   Edmunds, Angela; Morris, Anne: The problem of information overload in business organizations: A review on the literature, in: International Journal of Information Management 20 (1), 2000, S. 17 - 28.

[EM02]   Eppler, Martin J.; Mengis, Jeanne: The Concept of Information Overload, MCM Research Paper, Oktober 2002, http://www.knowledgemedia.org/modules/pub/download.php?id=knowledgemedia-25, Zugriff am 16.05.2009.

[EOE99] Ely, John W.; Osheroff, Jerome A.; Ebell, Mark H.; Bergus, George R.; Levy, Barcey T.; Chambliss, Lee M.; Evans, Eric R: Analysis of questions asked by family doctors regarding patient care, in: British Medical Journal (BMJ) 319, 07.08.1999, S. 358 - 361.

[EOG00] Ely, John W.; Osheroff, Jerome A.; Gorman, Paul N.; Ebell, Mark H.; Chambliss, M. Lee; Pifer, Eric A.; Stavri, P. Zoe: A taxonomy of generic clinical questions: classification study, in: British Medical Journal (BMJ) 321, 12.08.2000, S. 429-432.

[EU97]   Ewert, Gisela; Umstätter, Walter: Lehrbuch der Bibliotheksverwaltung, Stuttgart 1997.

[FB88]   Frants, Valery I.; Brush, Craig B.: The need for information and some aspects of information retrieval systems construction, in: Journal of the American Society for Information Science 39 (2), 1988, S. 86 - 91.

[Fer03] Ferber, Reginald: Information Retrieval, Heidelberg 2003.

[Fin00] Fink, Kerstin: Know-how-Management. Architektur für den Know-how-Transfer, München, Wien 2000.

[Fis65] Fishenden, R. M.: Information Use Studies, Part 1 - Past Results and Future Needs, in: Journal of Documentation 21 (3), September 1965, S. 163 - 168.

[FLR07] Fuchs-Heinritz, Werner; Lautmann, Rüdiger; Rammstedt, Otthein; Wienold, Hanns (Hrsg.): Lexikon zur Soziologie, 4. Auflage, Wiesbaden 2007.

[FSV96] Frants, Valery I.; Voiskunskii, Vladimir G.: Development of IR Systems: New directions, in: Information and Processing and Management 32 (3), S. 162 - 175.

[FSV97] Frants, Valery I.; Shapiro, Jacob; Voiskunskii, Vladimir G.: Automated Information Retrieval - Theory and Methods, New York 1997.

[Fuh06] Fuhr, Norbert: Information Retrieval - Skriptum zur Vorlesung im Sommersemester 2006, Stand: 7. Dezember 2006, Universität Duisburg-Essen, http://www.is.informatik.uni-duisburg.de/courses/ir_ss06/folien/irskall.pdf, Zugriff am 16.05.2009.

[GAW94] Gorman, Paul N.; Ash, Joan; Wykoff, Leslie: Can primary care physicians' questions be answered using the medical journal literature?, in: Bulletin of the Medical Library Association 82 (2), April 1994, S. 140 - 146.

[GDS07] Gonzalez-Gonzalez, Ana I.; Dawes, Martin; Sanchez-Mateos, Jose; Fuertes-Riesgo, Rosario; Escortell-Mayor, Esperanza; Sanz-Cuesta, Teresa; Hernandez-Fernandez, Tomas: Information Needs and Information-Seeking-Behavior of Primary Care Physicians, in: Annals of Family Medicine 5 (4), Juli/August 2007, S. 345 - 352.

[GH95]   Gorman, Paul N.; Helfand, Mark: Information seeking in primary care: how physicians choose which clinical questions to pursue and which to leave unanswered, in: Medical Decision Making 15 (2), 1995, S.113 - 119.

Literaturverzeichnis 299

[GHG94] Giuse, Nunzia B., Huber, Jeffrey T., Giuse, Dario A., Brown, Clarence W. Jr., Bankowitz, Richard A.; Hunt, Susan: Information needs of health care professionals in an AIDS outpatient clinic as determined by chart review. Journal of the American Medical Informatics Association (JAMIA) 1 (5), S. 395 - 403.

[GHM07] Gudgin, Martin; Hadley, Marc; Mendelsohn, Noah; Moreau, Jean-Jacques; Nielsen, Henrik Frystyk; Karmarkar, Anish; Lafon, Yves: SOAP Version 1.2 Part 1: Messaging Framework (Second Edition), W3C Empfehlung, 27.04.2007, http://www.w3.org/TR/soap12-part1/, Zugriff am 29.05.2009.

[GK03] Gross, Tom; Klemke, Roland: Context Modelling for Information Retrieval - Requirements and Approaches, in: IADIS International Journal on WWW/Internet 1 (1), 2003, S. 29 - 42.

[GKS05] Grobecker, Claire; Krack-Roberg, Elle; Sommer, Bettina: Bevölkerungsentwicklung 2004, in: Statistisches Bundesamt (Hrsg.): Wirtschaft und Statistik, 12/2005, S. 1261 - 1272, http://www.destatis.de/jetspeed/portal/cms/Sites/destatis/Internet/DE/Content/Publikationen/Querschnittsveroeffentlichungen/WirtschaftStatistik/Bevoelkerung/Bevoelkentwicklung04,property=file.pdf, Zugriff am 02.07.2007.

[GKW06] Gaßner, Katrin; Koch, Oliver; Weigelin, Lena; Deiters, Wolfgang: Einsatzbereiche und Potenziale der RFID-Technologie im deutschen Gesundheitswesen: Praxisbeispiele - Nutzen - Erfahrungen, Stuttgart 2006.

[Goe02] Goesmann, Thomas: Ein Ansatz zur Unterstützung wissensintensiver Prozesse durch Workflow-Management-Systeme, Dissertation, Technische Universität Berlin, 2002.

[Gre07] Greving, Bert: Messen und Skalieren von Sachverhalten, in: Albers, Sönke; Klapper, Daniel; Konradt, Udo; Walter, Achim; Wolf, Joachim (Hrsg.): Methodik der empirischen Sozialforschung, 2. Auflage, Wiesbaden 2007, S. 65 - 78.

[Gru93] Gruber, Thomas R.: A translation approach to portable ontologies, in: Knowledge Acquisition 5 (2), 1993, S. 199 - 220.

[GSH08] Greiner, Wolfgang; Schumacher, Helge Knut; Honsel, Karsten; Sandmann, Dirk: Preissystem, in: Greiner, Wolfgang; Schulenburg, Johann-Matthias Graf von der; Vauth, Christoph (Hrsg.): Gesundheitsbetriebslehre, 1. Auflage, Verlag Hans Huber, Bern 2008, S. 267 - 302.

[Has05] Haseloff, Sandra: Context awareness in information logistics, Dissertation, Technische Universität Berlin, 2005.

[HB04] Haas, Hugo; Brown, Allen: Web Services Glossary, W3C Working Group Note, Stand: 11.02.2004, http://www.w3.org/TR/ws-gloss/, Zugriff am 24.11.2008.

[Hen08] Henrich, Andreas: Information Retrieval 1 - Grundlagen, Modelle und Anwendungen, Version 1.2, Stand: 07.01.2008, Lehrstuhl für Medieninformatik, Otto-Friedrich-Universität Bamberg, http://www.uni-baberg.de/fileadmin/uni/fakultaeten/wiai_lehrstuehle/medieninformatik/Dateien/Publikationen/2008/henrich-ir1-1.2.pdf, Zugriff am 01.08.2008.

[Her03] Hersh, William R.: Information Retrieval - A Health and Biomedical Perspective, 2. Auflage, New York 2003.

[Hes02] Hesse, Wolfgang: Ontologie(n), in: Informatik Spektrum 25 (6), Dezember 2002, S. 477 - 480.

[HGR95] Haux, R., Grothe, W., Runkel, M., Schackert, H. K., Windeler, J., Winter, A., Wirtz, R., Herfahrt, C.; Kunze, S.: Zugriff auf medizinisches Wissen über klinische Arbeitsplatzsysteme und medizinische Wissensserver: Erfahrungen und Konsequenzen für das Management von Krankenhausinformationssystemen, in: Trampisch, H. J.; Lange, S. (Hrsg.): Medizinische Forschung - Ärztliches Handeln, München 1995, S. 334 - 340.

[HHR04] Heinrich, Lutz J.; Heinzl, Armin; Roithmayr, Friedrich: Wirtschaftsinformatiklexikon, 7. Auflage, München Wien 2004.

[Him07] Himme, Alexander: Gütekriterien der Messung: Reliabilität, Validität und Generalisierbarkeit, in: Albers, Sönke; Klapper, Daniel; Konradt, Udo; Walter, Achim; Wolf, Joachim (Hrsg.): Methodik der empirischen Sozialforschung, 2. Auflage, Wiesbaden 2007, S. 375 - 390.

[HKK05] Hitz, Martin; Kappel, Gerti; Kapsammer, Elisabeth; Retschitzegger; Werner: UML@Work - Objektorientierte Modellierung mit UML 2, 3. Auflage, Heidelberg 2005.

[HKR08] Hitzler, Pascal; Krötzsch, Markus; Rudolph, Sebastian; Sure, York: Semantic Web - Grundlagen, Berlin 2008.

[HL99] Hwang, Mark I.; Lin, Jerry W.: Information Dimension, Information Overload and Decision Quality, in: Journal of Information Science 25 (3), 1999, S. 213 - 218.

[HN97] Hunt, Richard E.; Newman, Richard G.: Medical knowledge overload: a disturbing trend for physicians, in: Health Care Management Review 22 (1), 1997, S. 70 - 75.

[HN05] Hansen, Hans Robert; Neumann, Gustaf: Wirtschaftsinformatik I, 9. Auflage, Stuttgart 2005.

[Hor06] Horváth, Peter: Controlling, 10. Auflage, München 2006.

[HSS01] Hanani, Uri; Shapira, Bracha; Shoval, Peretz: Information Filtering: Overview of Issues, Research and Systems, in: User Modelling and User-Adapted Issues 11 (3), August 2001, S. 203 - 259.

[HSW02] Hederman, Lucy; Smutek, Daniel; Wade, Vincent; Knape, Thomas: Representing Clinical Guidelines in UML: A Comparative Study, in: Surjan, Gyorgy; Engelbrecht, Rolf, McNair, Peter (Hrsg.): Health Data in the Information Society, Proceedings of MIE2002, Amsterdam 2002, S. 471 - 477.

[IJ04] Ingwersen, Peter; Järvelin, Kalervo: Information retrieval in contexts, in: Ingwersen, Peter; van Rijsbergen, Keith; Belkin, Nick; Larsen, Birger (Hrsg.): Information Retrieval in Context, Proceedings of the ACM-SIGIR Workshop 2004, Sheffield 2004, S. 6 - 9.

[IK05] Ingwersen, Peter; Järvelin, Kalervo: The Turn: Integration of Information Seeking and Retrieval in Context, Dordrecht 2005.

[Ing04] Ingwersen, Peter: Information Retrieval in Contexts, in: Ingwersen, Peter; van Rijsbergen, Keith; Belkin, Nick; Larsen, Birger (Hrsg.): Information Retrieval in Context, Proceedings of the ACM-SIGIR Workshop 2004, Sheffield 2004, S. 6 - 9.

[Ing94] Ingwersen, Peter: Polyrepresentation of information needs and semantic entities: elements of cognitive theory for information retrieval, in: Croft, Bruce W. (Hrsg.): Proceedings of the Seventeenth Annual International ACM SIGIR Conference on Research and Development Information Retrieval, Dublin 1994, S. 101 - 110.

Literaturverzeichnis

[Ing96] Ingwersen, Peter: Cognitive perspectives of information retrieval interaction: elements of cognitive IR theory, in: Journal of Documentation 52 (1), S. 3 - 50.

[IRB04] Ingwersen, Peter; van Rijsbergen, Keith; Belkin, Nick; Larsen, Birger (Hrsg.): Information Retrieval in Context, Proceedings of the ACM-SIGIR Workshop 2004, Sheffield 2004.

[JBD04] Jahnke, Jens; Bychkov, Yury; Dahlem, David; Kawasme, Luay: Context-Aware Information Services for Health Care; in: Roth-Berghofer, Thomas; Schulz, Stefan (Hrsg.): Proceedings of the KI-04 Workshop on Modelling and Retrieval of Context, Ulm 2004, http://ftp.informatik.rwth-aachen.de/Publications/CEUR-WS/Vol-114/paper7.pdf, Zugriff am 22.10.2007.

[JBS97] Jablonski, Stefan; Böhm, Markus; Schulze, Wolfgang (Hrsg.): Workflowmanagement: Entwicklung von Anwendungen und Systemen - Facetten einer neuen Technologie, Heidelberg 1997.

[JI04a] Järvelin, Kalervo; Ingwersen, Peter: Extending Information Seeking and Retrieval Research Toward Context, in: Ingwersen, Peter; van Rijsbergen, Keith, Belkin, Nick; Larsen, Birger (Hrsg.): Information Retrieval in Context: Proceedings of the ACM-SIGIR Workshop 2004, Sheffield 2004, S. 11 - 15.

[Kal98a] Kaltenborn, Karl-Franz: Medizin- und gesundheitsrelevanter Wissenstransfer durch Medien, in: Kaltenborn, Karl-Franz (Hrsg.): Informations- und Wissenstransfer in der Medizin und im Gesundheitswesen, Frankfurt a. M. 1998, S. 1 - 12.

[Kal98b] Kaltenborn, Karl-Franz: Bedarf, Nutzung und Nutzen von Information und Wissen in der Medizin und im Gesundheitswesen: Informations- und Wissenstransfer in der Medizin und im Gesundheitswesen, in: Kaltenborn, Karl-Franz (Hrsg.): Informations- und Wissenstransfer in der Medizin und im Gesundheitswesen, Frankfurt a. M. 1998, S.81 - 136.

[Kal98c] Kaltenborn, Karl-Franz: Ergebnisse einer explorativen Studie zu Bedarf und Nutzung von Information und Wissen in der Medizin und im Gesundheitswesen, in: Kaltenborn, Karl-Franz (Hrsg.): Informations- und Wissenstransfer in der Medizin und im Gesundheitswesen, Frankfurt a. M. 1998, S. 137 - 183.

[Kal98d] Kaltenborn, Karl-Franz: Informations- und Wissenstransfer in der Informationsgesellschaft, in: Kaltenborn, Karl-Franz (Hrsg.): Informations- und Wissenstransfer in der Medizin und im Gesundheitswesen, Klostermann Verlag, Frankfurt am Main 1998, S. 534 - 563.

[Kay07] Kaya, Maria: Verfahren der Datenerhebung, in: Albers, Sönke; Klapper, Daniel; Konradt, Udo; Walter, Achim; Wolf, Joachim (Hrsg.): Methodik der empirischen Sozialforschung, 2. Auflage, Wiesbaden 2007, S. 49 - 64.

[KBV08] Kassenärztliche Bundesvereinigung (KBV): Grunddaten 2008 zur vertragsärztlichen Versorgung in Deutschland, Kapitel I - Ärzte, Stand: 31.12.2007, http://daris.kbv.de/daris/link.asp?ID=1003755564, Zugriff am 17.05.2009.

[KD07] Koch, Oliver; Deiters, Wolfgang: RFID im Gesundheitswesen - Nutzenpotenziale und Stolpersteine auf dem Weg zu einer erfolgreichen Anwendung, in: Bullinger, Hans-Jörg; Ten Hompel, Michael (Hrsg.): Internet der Dinge, Berlin, Heidelberg 2007, S. 191 - 201.

[Kec06] Kecher, Christoph: UML 2.0 - Das umfassende Handbuch, 2., aktualisierte und erweiterte Auflage, Bonn 2006.

[KGR06]   Koch, Oliver; Gaßner, Katrin; Ritz, Andrea: RFID im Gesundheitswesen – Betriebswirtschaftliche Aspekte des Einsatzes, in: RFID & Co., Sonderpublikation der Zeitung „Krankenhaus und Management", 1/2006, S. 2 -3.

[KH04]   Koch, Oliver; Herzog, Christian: Prozesssteuerung in der integrierten Versorgung, in: Hellmann, Wolfgang (Hrsg.): Handbuch Integrierte Versorgung: Strategien - Konzepte - Praxis, Loseblattausgabe, Landsberg 2004.

[KH07]   Kaya, Maria; Himme, Alexander: Möglichkeiten der Stichprobenbildung, in: Albers, Sönke; Klapper, Daniel; Konradt, Udo; Walter, Achim; Wolf, Joachim (Hrsg.): Methodik der empirischen Sozialforschung, 2. Auflage, Wiesbaden 2007, S. 79 - 88.

[KJ02]   Kekäläinen, Jaana; Järvelin, Kalervo: Evaluating Information Retrieval Systems under the Challenges of Interaction and Multi-Dimensional Dynamic Relevance, in: Bruce, Harry; Fidel, Raya; Ingwersen, Peter; Vakkari, Pertti (Hrsg.): Emerging Frameworks and Methods, Proceedings of the 4th International Conference on Conceptions of Library and Information Science (CoLIS 4), Seattle 2002, S. 253 - 270, http://www.info.uta.fi/tutkimus/fire/archive/JK05.pdf, Zugriff am 17.05.2009.

[KJM98]   Klassen, Terry; Jadad, Alejandro; Moher, David: Guides for reading and Interpreting systematic reviews, in: Archives of Pediatrics & Adolescent Medicine 152 (7), Juli 1998, S. 700 - 704.

[KK01]   Kuhlmann, Arndt; Königsmann, Thomas: Bedarfsgerechte Informationsverteilung mit Hilfe von @ptus news, in: Deiters, Wolfgang; Lienemann, Carsten (Hrsg.): Report Informationslogistik - Informationen just-in-time, Düsseldorf 2001, S. 177 - 190.

[KK05]   Koch, Oliver; Kaltenborn, Rossitza: Wissensmanagement am Arbeitsplatz - Mehr Zeit für Patienten durch bessere Information. Deutsches Ärzteblatt online vom 18.07.2005, www.aerzteblatt.de/aufsaetze/0506, Zugriff am 13.09.2007.

[Koc95]   Koch, Oliver: Analyse und Gestaltungsmöglichkeiten von Datenstrukturen multimedialer betrieblicher Kommunikations-Anwendungen, Diplomarbeit, Fachbereich Wirtschaftswissenschaften - Fachgebiet Wirtschaftsinformatik, Marburg 1995.

[Koc05]   Koch, Oliver: Unterstützung einrichtungsübergreifender Kommunikationsprozesse in der integrierten Versorgung, in: Jäckel, Achim (Hrsg.): Telemedizinführer 2005, 6. Ausgabe, Ober-Mörlen 2005 S. 72 - 75.

[Koc07]   Koch, Oliver: Process-based and context-sensitive information supply in medical care, in: Doan, Bich-Lien; Jose, Joemon; Melucci, Massimo (Hrsg.): Context-Based Information Retrieval, Proceedings of the CIR'07 Workshop on Context-Based Information Retrieval in conjunction with CONTEXT-07, Computer Science Research Report Nr. 114, Roskilde 2007, S. 93 - 104.

[Koc08]   Koch, Oliver: Syntaktische Interoperabilität (Lektion 4), in: Johner, Christian (Hrsg.): IT im Gesundheitswesen, Schriftlicher Management-Lehrgang in 10 Lektionen, 2. Auflage, Düsseldorf 2008.

[Kor76]   Koreimann, Dieter S.: Methoden der Informationsbedarfsanalyse, Berlin 1976.

[Krc05]   Krcmar, Helmut: Informationsmanagement, 4. Auflage, Berlin, Heidelberg, New York 2005.

Literaturverzeichnis

[KRV05]   Koch, Oliver; Reuter, Claudia; Vollmer, Guy: Bedarfsgerechte Unterstützung von Ärzten an ihrem Arbeitsplatz über informationslogistische IT-Anwendungen, Interner Projektabschlussbericht des Fraunhofer-Instituts für Software- und Systemtechnik (ISST), Dortmund 2005.

[Kuh90]   Kuhlen, Rainer: Zum Stand pragmatischer Forschung in der Informationswissenschaft, in: Herget, Josef; Kuhlen, Rainer (Hrsg.) Pragmatische Aspekte beim Entwurf und Betrieb von Informationssystemen. Proceedings des 1, internationalen Symposiums für Informationswissenschaft, Konstanz 1990, S. 13 - 18.

[Kuh91]   Kuhlthau, Carol Collier: Inside the search process: Information Seeking from the User's Perspective, in: Journal of the American Society for Information Science (JAMIA) 42 (5), 1991, S. 361 - 371.

[Kur04]   Kuropka, Dominik: Modelle zur Repräsentation natürlichsprachlicher Dokumente, Berlin 2004.

[KZ04]   Kaltz, Wolfgang; Ziegler, Jürgen: A Conceptual Model for Context-aware Web Engineering, in: Roth-Berghofer, Thomas; Schulz, Stefan (Hrsg.): Proceedings of the KI-04 Workshop on Modeling and Retrieval of Context, Ulm 2004, http://ftp.informatik.rwth-aachen.de/Publications/CEUR-WS/Vol-114/paper1.pdf, 12.10.2005.

[Lat04]   Latorilla, Elpidio: The history, Stand: 05.03.2004, http://www.care2x.org/history.php, Zugriff am 01.07.2009.

[LB02]   Lehmann, Thomas; Meyer zu Bexten, Erdmuthe: Handbuch der Medizinischen Informatik, München, Wien 2002.

[Lew05a]   Lewandowski, Dirk: Web Information Retrieval, DGI-Schrift Informationswissenschaft 7, Frankfurt a. M. 2005.

[Lew05b]   Lewandowski, Dirk: Web searching, search engines and Information Retrieval, in: Information Services and Use 18 (3), 2005, S. 137 - 147.

[LSW01]   Lienemann, Carsten; Schreckenberg, Michael; Wahle, Joachim: Intelligente Verkehrsinformationen durch w@ke up, in: Deiters, Wolfgang; Lienemann, Carsten (Hrsg.): Report Informationslogistik - Informationen just-in-time, Düsseldorf 2001, S. 209 - 220.

[LTW94]   Lundeen, Gerald; Tenopir, Carol; Wermager, Paul: Information Needs of the Rural Health Care Practitioners in Hawaii, in: Bulletin of the Medical Library Association 82 (2), 1994, S. 197 - 205.

[Mas43]   Maslow, Abraham H.: A Theory of Human Motivation, in: Psychological Review 50, 1943, S. 370 - 96.

[Mel08]   Melzer, Ingo: Service-orientierte Architekturen mit Web Services - Konzepte, Standards, Praxis, 3. Auflage, Heidelberg 2008.

[MH69]   McCarthy, John; Hayes, Patrick J.: Some Philosophical Problems from the Standpoint of Artificial Intelligence, in: Meltzer, Bernard; Michie, Donald (Hrsg.): Machine Intelligence 4, Edinburgh 1969, S. 463 - 502.

[MHM09]   McDonald, Clem; Huff, Stan; Mercer, Kathy; Hernandez, Jo Anna; Vreeman, Daniel J.: Logical Observation Identifiers Names and Codes (LOINC), Benutzerhandbuch, Stand: Januar 2009, http://loinc.org/international/german/german_loinc_user_guide.pdf, Zugriff am 20.03.2009.

[Mil60]   Miller, James G.: Information Input Overload and Psychopathology, in: American Journal of Psychiatry 116 (2), 1960, S. 695 - 704.

[MLM06]   MacKenzie, Matthew; Laskey, Ken; McCabe, Francis; Brown, Peter F.; Metz, Rebekah: Reference Model for Service Oriented Architecture 1.0, OASIS Standard, Stand: 12.10.2006, http://www.oasis-open.org/committees/download.php/19679/soa-rm-cs.pdf, Zugriff am 17.05.2009.

[Mor06]   Morgenroth, Karlheinz: Kontextbasiertes Information Retrieval, Berlin 2006.

[MP01]   Meissen, Ulrich; Pfennigschmidt, Stefan: Lernen aus „Lothar" - Sturmwarnungen mit @ptus weather, in: Deiters, Wolfgang; Lienemann, Carsten (Hrsg.): Report Informationslogistik - Informationen just-in-time, Düsseldorf 2001, S. 229 - 242.

[MSB01]   McKnight Lawrence K.; Stetson, Peter D.; Bakken, Suzanne; Curran, Christine; Cimino, James J.: Perceived information needs and communication difficulties of inpatient physicians and nurses, in: Journal of the American Medical Association (JAMIA) 8 (Supplement), 2001, S. 453 - 457.

[MSS92]   Margolis, Carmi Z.; Sokol, Nancy; Susskind, Oded; Abendroth, Tom; Stickley, William; Pliskin, Joseph S.; Davis, Scott; Gottlieb, Lawrence K.: Proposal for clinical algorithm standards, in: Medical Decision Making 12 (2), June 1992, S. 149 - 154.

[MSS00]   McDonald, Clement; Schadow, Gunther; Suico, Jeffrey; Heitmann, Kai U.: Sprechen Sie LOINC?, in: HL7-Mitteilungen 2000 (8), S. 6 - 11.

[MYB06]   Maviglia, Saverio M.; Yoon, Catherine S.; Bates, David W.; Kuperman, Gilad: KnowledgeLink: Impact of Context-Sensitive Information Retrieval on Clinicians' Information Needs, in: Journal of the American Medical Informatics Association (JAMIA) 13 (1), 2006, S. 67 - 73.

[NB76]   Norman, Donald A.; Bobrow, Daniel G.: On the Role of Active Memory Processes in Perception and Cognition, in: Cofer, Charles N.: The Structure of Human Memory, San Francisco 1976, S. 114 - 132.

[Nic96]   Nicholas, David: Assessing Information Needs: Tools and Techniques, London 1996.

[NieoJ]   Niederfranke, Simone: eRessourcen - Sammlung ausgewählter Informationsquellen, Universitätsbibliothek Siegen, o. J., http://digilink.digibib.net/cgi-bin/digimod/show.pl?mode=fach&sigel=467&CGISESSID=48b5aaa46b27f94534fae9046ba21ed6&ord=1668, Zugriff am: 03.06.2009.

[Nit01]   Nitschke, Jörg: Thesen zu Bedarf und Nutzung medizinischer Information und Literatur, in: medizin-bibliothek-information (mbi) 1 (1), 2001, S. 10 - 14.

[NLM07]   U.S. National Library of Medicine (NLM): Medical Subject Headings: Qualifiers - 2008, Stand: 06.10.2008, http://www.nlm.nih.gov/mesh/topsubscope2008.html, Zugriff am 01.06.2009.

[NLM08a]   U. S. National Library of Medicine (NLM): Fact Sheet Medical Subject Headings (MeSH), Stand: 15.12.2008, http://www.nlm.nih.gov/pubs/factsheets/mesh.html, Zugriff am 01.06.2009.

[NLM08b]   [NLM08b] U. S. National Library of Medicine (NLM): Fact Sheet - What's the Difference Between MEDLINE and PubMed, Stand: 22.04.2008, http://www.nlm.nih.gov/pubs/factsheets/dif_med_pub.html, Zugriff am 03.06.2009.

Literaturverzeichnis 305

[NLM08c] U. S. National Library of Medicine (NLM): PubMed Overview, Stand: 01.05.2008, http://www.ncbi.nlm.nih.gov/corehtml/query/static/overview.html, Zugriff am 03.06.2009.

[NLM09] U. S. National Library of Medicine (NLM): UMLS Knowledge Sources - April Release 2009AA Documentation, Stand: 02.04.2009, http://www.nlm.nih.gov/research/umls/umlsdoc.html, Zugriff am 01.06.2009.

[Noh04] Nohr, Holger: Wissensmanagement, in: Kuhlen, Rainer; Seeger, Thomas; Strauch, Dietmar (Hrsg.): Grundlagen der praktischen Information und Dokumentation, Band 1: Handbuch zur Einführung in die Informationswissenschaft und -praxis, 5. Auflage, München 2004, S. 257 - 270.

[NT97] Nonaka, Ikujiro; Takeuchi, Hirotaka: Die Organisation des Wissens, Frankfurt 1997.

[OASoJ] OASIS: OASIS Web Services Business Process Execution Language (WSBPEL), Technical Committee (TC), o. J., http://www.oasis-open.org/committees/tc_home.php?wg_ab-brev=wsbpel, Zugriff am 29.05.2009.

[OFB91] Osheroff, Jerome A.; Forsythe, Diana E.; Buchanan, Bruce G.; Bankowitz, Richard A.; Blumenfeld, Barry H.; Miller, Randolph A.: Physicians' information needs: analysis of questions posed during clinical teaching, in: Annals of Internal Medicine 114 (7), 1991, S. 576 - 581.

[OGM98] Ohno-Machado, Lucila; Gennari, John H.; Murphy, Shawn; Jain, Nilesh L.; Tu, Samson W.; Oliver, Diane E.; Pattison-Gordon, Edward; Greenes, Robert A.; Shortliffe, Edward H.; Barnett, Octo: The GuideLine Interchange Format: A Model for Representing Guidelines, in: Journal of the American Medical Informatics Association (JAMIA) 5 (4), 1998, S. 357 - 372.

[Okr05] Okroy, Manuel: Auf dem Weg zum Echtzeitunternehmen, in: Information Week, 06.05.2005, http://www.informationweek.de/services/showArticle.jhtml?articleID=193002041&pgno=2, Zugriff am 06.11.2008.

[OMG07b] Object Management Group (OMG): OMG Unified Modeling Language (OMG UML), Infrastructure, V2.1.2, Stand: November 2007, URL: http://www.omg.org/spec/UML/2.1.2/Infrastructure/PDF, Zugriff am 12.01.2009.

[OMG09] Object Management Group (OMG): Unified Modeling Language (UML) - OMG Formally Released Versions of UML, Stand: 08.01.2009, http://www.omg.org/spec/UML/, Zugriff am 29.05.2009.

[oV01] o.V.: Gebührenordnung für Ärzte (GOÄ) in der Fassung der Bekanntmachung vom 9. Februar 1996 (BGBl. I, S. 210), zuletzt geändert durch Artikel 17 des Gesetzes vom 4. Dezember 2001 (BGBl. I, S. 3320), http://bundesrecht.juris.de/bundesrecht/go__1982/gesamt.pdf, Zugriff am 29.05.2009.

[oV05] o. V.: UDDI Business Registry (UBR) Shutdown FAQ, Microsoft, Stand: 2005, http://uddi.microsoft.com/about/FAQshutdown.htm, Zugriff am 29.05.2009.

[oV06] o. V.: The Ultimate Guide to the Invisible Web, Online Education Database (OEDb), Stand: 18.12.2006, http://oedb.org/library/college-basics/invisible-web, Zugriff am 29.08.2009.

[Owe92] Owen, Robert: Clarifying the simple assumption of the information overload paradigm, in: Advances in Consumer Research 19 (1), 1992, S. 770 - 776.

[PHO02]   Price, Susan L.; Hersh, William R.; Olson, Daniel D.; Embi, Peter J.: SmartQuery: Context-Sensitive Links to Medical Knowledge Sources from the Electronic Patient Record, in: Kohane, Isaac S. (Hrsg.): Proceedings of the AMIA (American Medical Informatics Association) Annual Symposium 2002 (AMIA 2002), S. 627 - 631.

[Pol66]   Polanyi, Michael: The Tacit Dimension, Garden City 1966.

[Pol85]   Polanyi, Michael: Implizites Wissen, Frankfurt 1985.

[PP06]   Pilone, Dan; Pitman, Neil: UML 2.0 - In A Nutshell, Köln 2006.

[PPS04]   Prante, Thomas; Petrovic, Kostanija; Stenzel, Richard: Kontextbasiertes Individuelles Informationsmanagement für das Ubiquitous Computing, in: Keil-Slawik, Reinhard, Selke, Harald; Szwillus, Gerd (Hrsg.): Mensch & Computer 2004: Allgegenwärtige Interaktion, Proceedings of Mensch & Computer 2004, München 2004, S. 291 - 300.

[PRR99]   Probst, Gilbert; Raub, Steffen; Romhardt, Kai: Wissen managen, 3. Auflage, Wiesbaden 1999.

[PS08]   Prud'hommeaux, Eric; Seaborne, Andy: SPARQL Query Language for RDF, W3C Empfehlung, Stand: 15.01.2008, http://www.w3.org/TR/rdf-sparql-query/, Zugriff am 28.05.2009.

[Rau04]   Rausch, Till: Service Orientierte Architektur - Übersicht und Einordnung, 2004, http://www.till-rausch.de/assets/baxml/soa_akt.pdf, Zugriff am 17.05.2009.

[Rem02]   Remus, Ulrich: Prozeßorientiertes Wissensmanagement - Konzepte und Modellierung, Dissertation, Universität Regensburg, 2002.

[Reu04]   Reuter, Claudia: Realisierung klinischer Pfade, Diplomarbeit, Friedrich-Alexander Universität Erlangen-Nürnberg, 2004.

[Rij79]   van Rijsbergen, Cornelis J.: Information Retrieval, 2. Auflage, London 1979.

[RK96]   Rehäuser, Jakob; Krcmar, Helmut: Wissensmanagement im Unternehmen, in: Schreyögg, Georg; Conrad, Peter (Hrsg.): Managementforschung 6 - Wissensmanagement, Berlin, New York 1996, S. 1 - 40.

[Rob81]   Robertson, Stephen E.: The methodology of information retrieval experiment, in: Sparck-Jones, Karen (Hrsg.): Information Retrieval Experiment, London 1981, S. 9 - 31.

[RVK06]   Reuter, Claudia; Vollmer, Guy; Koch, Oliver: Work process-oriented implementation of medical guidelines, in: Shoniregun, Charles. A.; Logvynovskiy, Oleksandr (Hrsg.): Proceedings of the International Conference on Information Society (i-Society 2006), London 2006, S. 17 - 24.

[Sac04]   Sacher, Patrick: Kontext-Modellierung in RDF, Proseminararbeit SS 2004, Institut für Informatik, Universität Frankfurt 2004, http://www.dbis.informatik.uni-frankfurt.de/~tolle/RDF/DBISResources/Sem_SS2004/KontextModellierunginRDF_Aus-arbeitung_final.pdf, Zugriff am 20.10.2005.

[Sal03]   Salim, Maud: Information overload and its implications for a corporate library: As perceived by eight researchers at AstraZeneca, Masterarbeit, University College of Borås, 2003.

[Sal68]   Salton, Gerard: Automatic information organization and retrieval, New York 1968.

Literaturverzeichnis

[Sav07]   Savolainen, Reijo: Information behavior and information practice: reviewing the 'umbrella concepts' of information-seeking studies, in: The Library Quarterly 77 (2), 2007, S. 109 - 127.

[SB06]   Statistisches Bundesamt (Hrsg.): Bevölkerung Deutschlands bis 2050, Wiesbaden 2006, http://www.destatis.de/jetspeed/portal/cms/Sites/destatis/Internet/DE/Presse/pk/2006/Bev oelkerungsentwicklung/bevoelkerungsprojektion2050,property=file.pdf, Zugriff am 16.05.2009.

[SBG99]   Schmidt, Albrecht; Beigl, Michael; Gellersen, Hans-Werner: There is more to context than location, in: Computers & Graphics Journal 23 (6), December 1999, S. 893 - 902.

[Sch71]   Schroder, Harold M.: Conceptual Complexity and Personality Organization, in: Schroder, Harold M.; Suedfeld, Peter: Personality Theory And Information Processing, New York, 1971, S. 240 - 273.

[Sch73]   Schmidt, Ralf-Bodo: Wirtschaftslehre der Unternehmung, Band 2: Zielerreichung, Stuttgart 1973.

[Sch87]   Schneider, Susan Carol: Information Overload: Causes and Consequences, in: Human Systems Management 7 (2), 1987, S. 143 - 153.

[Sch92]   Schupp, Peter: Hypertext, München 1992.

[Sch96]   Schulte, Roy W.: 'Service Oriented' Architectures, Part 2, Gartner SSA Research Note SPA-401-069, 12.04.1996.

[SDL05]   Sarshar, Kamyar; Dominitzki, Philipp; Loos, Peter: Einsatz von Ereignisgesteuerten Prozessketten zur Modellierung von Prozessen in der Krankenhausdomäne -Eine empirische Methodenevaluation, in: Nüttgens, Markus; Rump, Frank J. (Hrsg.): EPK 2005 - Geschäftsprozessmanagement mit Ereignisgesteuerten Prozessketten, Proceedings zum 4. Workshop der Gesellschaft für Informatik e.V. (GI) und Treffen ihres Arbeitkreises „Geschäftsprozessmanagement mit Ereignisgesteuerten Prozessketten (WI-EPK)", Hamburg 2005, S. 97 - 116.

[SH05]   Stahlknecht, Peter; Hasenkamp, Ulrich: Einführung in die Wirtschaftsinformatik, 11. Auflage, Berlin, Heidelberg, New York 2005.

[Sim50]   Simmel, Georg: The sociology of Georg Simmel, Glencoe 1950.

[SKM04]   Seol, Yoon-Ho; Kaufman, David R.; Mendonça, Eneida A.; Cimino, James J.; Johnson, Stephen B.: Scenario-based Assessment of Physicians' Information Needs, in: Fieschi, Marius; Coiera, Enrico; Li, Yu-Chan Jack (Hrsg.): Medinfo 2004 - Proceedings of the 11th World Congress on Medical Informatics, Amsterdam 2004, S. 306 - 310.

[SL04]   Sarshar, Kamyar; Loos, Peter: Klassifikation von Sprachen zur Modellierung medizinischer Behandlungspfade, in: Rebstock, Michael (Hrsg.): Modellierung betrieblicher Informationssysteme -, Tagungsband zur Multikonferenz Wirtschaftsinformatik (MobIS 2004), Essen 2004, S. 43 - 59.

[SM83]   Salton, Gerard; McGill, Michael J.: Information Retrieval - Grundlegendes für Informationswissenschaftler, Hamburg 1983.

[Smi96]   Smith, Richard: What clinical information do doctors need?, in : British Medical Journal (BMJ) 313, 26.10.1996, S. 1062 - 1068.

[SNP04]   Shehzad, Anjum; Ngo, Hung Q.; Pham, Kim Anh; Lee, S. Y.: Formal Modeling in Context Aware Systems, in: Roth-Berghofer, Thomas; Schulz, Stefan (Hrsg.): Proceedings of the KI-04 Workshop on Modeling and Retrieval of Context, Ulm 2004, http://ftp.informatik.rwth-aachen.de/Publications/CEUR-WS/Vol-114/paper2.pdf, Zugriff am 16.05.2009.

[SN96]   Schulte, Row W.; Natis, Yefim V.: 'Service Oriented' Architectures, Part 1, Gartner SSA Research Note SPA-401-068, 12.04.1996.

[SSB94]   Slawson, David C.; Shaughnessy, Allen F.; Bennett, Joshua H.: Becoming a medical information master: Feeling good about not knowing everything, in: The Journal of Family Practice 38 (5), Mai 1994, S. 505 - 513.

[ST05]   Scheer, August-Wilhelm; Thomas, Oliver: Geschäftsprozessmodellierung mit der ereignisgesteuerten Prozesskette, in: Das Wirtschaftsstudium 34 (8-9), 2005, S. 1069 - 1078.

[ST94]   Schilit, Bill N.; Theimer, Marvin M.: Disseminating Active Map Information to Mobile Hosts, in: IEEE Network 8 (5), 1994, S. 22 - 32.

[Ste01]   Stelzer, Dirk: Informationsbedarf, in: Mertens, Peter (Hrsg.): Lexikon der Wirtschaftsinformatik, 4. Aufl., Berlin 2001, S. 238-239.

[Sto07]   Stock, Wolfgang: Information Retrieval - Informationen suchen und finden, München, Wien 2007.

[SVV99]   Speier, Cheri; Valacich, Joseph S.; Vessey, Iris: The influence of task interruption on individual decision making: An information overload perspective, in: Decision Sciences 30 (2), 1999, S. 337 - 359.

[SWM04]   Smith, Michael K.; Welty, Chris; McGuiness, Deborah L.: OWL Web Ontology Language Guide, W3C Empfehlung, Stand: 10.02.2004, http://www.w3.org/TR/owl-guide/, Zugriff am 24.09.08.

[Szy80]   Szyperski, Norbert: Informationsbedarf, in: Grochla, Erwin (Hrsg.): Handwörterbuch der Organisation, 2. Auflage, Stuttgart 1980, Sp. 904 - 914.

[TAC02]   Theodorakis, Manos; Analyti, Anastasia; Constantopoulos, Panos; Spyratos, Nicolas: A Theory of Contexts in Information Bases, in: Information Systems 27 (3), 2002, S. 151 - 191.

[Tay68]   Taylor, Robert S.: Question negotiation and information seeking in libraries, in: Journal of College and Research Libraries 29 (3), 1968, S. 178 - 194.

[TGF03]   Tazari, Mohammad-Reza; Grimm, Matthias; Finke, Matthias: Modelling user context, in: Jacko, Julie A.; Stephanidis, Constantine: HCI International 2003. Proceedings of the 10th International Conference on Human-Computer Interaction, Theory and Practice (Part II), Mahwah 2003, S. 293 - 297.

[Tor73]   Torkelson, N.R.: SDI as a control of information overload, in: Waldron, Helen; Long, F. Raymond: Innovative developments in information systems: Their benefits and costs, Proceedings of the 36th Annual Meeting of the American Society for Information Science, Westport 1973, S. 231 - 232.

[Wei91]   Weiser, Mark: The Computer for the 21st Century, in: Scientific American 265 (2), 1991, S. 94 - 104.

[Wes93]   Westbrook, Lynn T.: User Needs - A synthesis and analysis of current theories for the practitioner, in: RQ 32 (4), 1993, S. 541 - 549.

[Wil81]   Wilson, Tim D.: On User Studies and Information Needs, in: Journal of Documentation 37 (1), 1981, S. 3 - 15.

[Wil94]   Wilson, Tim D.: Information Needs and Uses, in: Vikkery, Brian C. (Hrsg.): Fifty years of information progress - A Journal of Documentation Review, Chapter 1, London 1994, S. 15 - 51.

[WPT02]   Wang, Dongwen; Peleg, Mor; Tu, Samsons W.; Boxwala, Aziz A.; Greenes, Robert A.; Patel, Vimla L.; Shortliffe, Edward H.: Representation primitives, process models and patient data in computer-interpretable clinical practice guidelines, in: International Journal of Medical Informatics, 68 (1-3), 2002, S. 59 - 70.

[Wya91]   Wyatt, Jeremy C.: Uses and sources of medical knowledge, in: Lancet 338, 1991, S. 1368 - 1372.

[Zah06]   Zahn, Reinhold: Im Jahr 2050 doppelt so viele 60-Jährige wie Neugeborene, Pressemitteilung Nr.464 des Statistischen Bundesamtes vom 07.11.2006, http://www.destatis.de/ jet-speed/portal/cms/Sites/destatis/Internet/DE/Presse/pm/2006/11/PD06__464__12421, templateId=renderPrint.psml, Zugriff am 16.05.2009.